"十二五"普通高等教育本科国家级规划教材
普通高等教育"十一五"国家级规划教材
普通高等教育"十五"国家级规划教材
全国普通高等学校优秀教材二等奖
全国高校出版社优秀畅销书一等奖

GUOJI MAOYI LILUN YU SHIWU

国际贸易理论与实务

（第五版）

主　编　殷　凤　陈　宪

副主编　韩太祥　赵金龙　宗毅君　林　僖　党修宇

中国教育出版传媒集团

高等教育出版社·北京

内容提要

本书是"十二五"普通高等教育本科国家级规划教材、普通高等教育"十一五"国家级规划教材、普通高等教育"十五"国家级规划教材,荣获全国普通高等学校优秀教材二等奖、全国高校出版社优秀畅销书一等奖等奖项。

本书共 17 章,包括:导论、古典与新古典国际贸易理论、现代国际贸易理论、贸易保护理论、国际贸易政策概述、国际贸易政策措施、区域经济一体化、世界贸易组织与多边贸易规则、国际贸易投资新规则、数字贸易规则、国际贸易与投资规则重要议题、国际贸易方式、商品与合同、国际贸易术语、国际货物运输、国际货物运输保险、国际贸易结算。本书以二维码形式链接了练习题、拓展阅读,利于学生掌握要点。

本书既可作为高等学校相关课程教材,也可作为相关从业人员参考用书。

图书在版编目(CIP)数据

国际贸易理论与实务 / 殷凤,陈宪主编. -- 5 版. --北京 : 高等教育出版社,2025. 1. -- ISBN 978-7-04-063795-3

Ⅰ. F740

中国国家版本馆 CIP 数据核字第 20251NP035 号

| 策划编辑 | 熊柏根 | 责任编辑 | 熊柏根 | 封面设计 | 张文豪 | 责任印制 | 高忠富 |

出版发行	高等教育出版社	网　　址	http://www.hep.edu.cn
社　　址	北京市西城区德外大街 4 号		http://www.hep.com.cn
邮政编码	100120	网上订购	http://www.hepmall.com.cn
印　　刷	上海新艺印刷有限公司		http://www.hepmall.com
开　　本	787 mm×1092 mm　1/16		http://www.hepmall.cn
印　　张	20	版　　次	2000 年 4 月第 1 版
字　　数	487 千字		2025 年 1 月第 5 版
购书热线	010 - 58581118	印　　次	2025 年 1 月第 1 次印刷
咨询电话	400 - 810 - 0598	定　　价	49.00 元

前　言

当前，国际经贸格局发生了重大变化，其一，经贸摩擦加剧，保护主义思潮、贸易壁垒和政治化倾向抬头，发达国家力图推动全球贸易版图重组，全球产业链、供应链呈现出分裂迹象，国际产业竞合态势发生重大变化，全球贸易流向和流量不断调整，"安全与发展"逐渐成为新的共识与趋势；其二，区域经济合作蓬勃发展，更多国家通过自由贸易协定和经济合作区等形式，促进贸易与投资自由化与便利化；其三，数字经济的快速发展为国际贸易带来了巨大机遇，跨境电子商务、数字贸易蓬勃发展，已成为经济全球化的新动力。与此同时，全球贸易形势的变化也使多边贸易体系的原则和机制受到了极大冲击，国际贸易规则面临着前所未有的挑战和变革，在成员组成、议题性质、内容覆盖及条款特征上，均呈现出诸多变化。

世界百年未有之大变局加速演进，中国经济发展面临复杂严峻的外部环境。中国放宽投资准入，实施自由贸易试验区提升战略，完善推进高质量共建"一带一路"机制走向国际实践，积极推动加入全面与进步跨太平洋伙伴关系协定（CPTPP）和数字经济伙伴关系协定（DEPA）等高标准经贸协议，主动对接相关规制、管理、标准，稳步扩大制度型开放，构建开放型经济新体制，持续推动高水平对外开放向更大范围、更宽领域、更深层次发展。

习近平总书记在党的二十大报告中指出："推动货物贸易优化升级，创新服务贸易发展机制，发展数字贸易，加快建设贸易强国。"在这样的背景下，教材应紧跟时代步伐，反映最新理论成果与实践进展，需要我们贯彻落实新发展理念，对国际贸易前沿理论、国际贸易政策和规则演进，以及中国的对外开放实践有更为深入的了解和认识，拓宽教材的国际视野，同时强化中国特色。本教材先后被列为普通高等教育"十五"国家级规划教材、普通高等教育"十一五"国家级规划教材、"十二五"普通高等教育本科国家级规划教材，并获得全国普通高等学校优秀教材二等奖、全国高校出版社优秀畅销书一等奖，已修订出版了四次，得到广大师生的关注与肯定。根据国际贸易理论与实践的最新发展，贯彻落实党的二十大精神，我们对原有内容进行了较大幅度的修改和补充，在保留原书精华和特色的基础上，追踪国际贸易领域的前沿问题，注重知识体系的完整性，加强可读性和逻辑性，同时增添了大量实际案例，并以二维码形式链接了拓展知识和相关资料，充分反映国际贸易领域的新变化，使读者在对现实问题的思考中提升理论知识的认知能力和实践的应用能力。

第五版的改动主要包括以下几点。

（1）在国际贸易原理、政策和实务的原有框架下，增加了国际贸易规则板块，介绍了服务贸易总协定（GATS）和国际服务贸易协定（TISA），跟踪世界贸易组织新近谈判进展，分析了多边国际贸易体制的局限，梳理了全面与进步跨太平洋伙伴关系协定（CPTPP）、美国-墨西哥-加拿大协议（USMCA）和区域全面经济伙伴关系协定（RCEP）的贸易与投资新规则，介绍了国际贸易投资规则重要议题，包括竞争中立原则、环境保护规则、劳工权利规则、准入前国民待遇和负面清单管理规则。

（2）在国际贸易理论板块，基于规模经济和产品差异，使用垄断竞争和寡头竞争模型，给出新贸易理论统一的逻辑解释;补充了新贸易理论的先驱者观点,体现了理论的发展源流;补充了基于资源禀赋解释产业内贸易的改进模型,以展示新古典贸易理论与新贸易理论的联系。

（3）根据国际贸易理论的最新发展趋势,增加了新新贸易理论的内容,重点介绍了异质企业贸易模型与企业内生边界模型。

（4）增加了数字贸易的概念、类型、测度及其对国际贸易的影响等内容,阐释了数字贸易壁垒的框架、表现形式、主要特点及其成因,并从多边框架与区域贸易协定的视角介绍了数字贸易规则。

（5）在国际贸易政策板块,系统梳理了中国对外贸易政策的历史沿革,回顾了中国自贸试验区的设立和发展实践。

（6）增加了区域经济一体化理论,分析区域经济一体化对成员和非成员的贸易效应和经济福利的可能影响;总结分析了欧洲、北美、亚太经济一体化实践和中国区域经济一体化的发展现状。

（7）根据实际教学要求,对国际贸易实务板块进行了较大幅度的删减,补充了"跨境电子商务"一节,依据国际商会最新版的《国际贸易术语解释通则 2020》(Incoterms® 2020),对与贸易术语有关的内容进行了补充和修改。

本次修订由上海交通大学陈宪,上海大学殷凤、韩太祥、赵金龙、宗毅君、林僖,博士生党修宇、孙明雪、曾伟嘉合作完成。高等教育出版社的编辑们做了大量工作,在此一并表示感谢!

恳请各位专家、各界读者和广大师生不吝赐教,指正书中的缺点和错误,以使本书能够不断修改完善,更好地服务于国家战略和社会经济发展,培养符合新时代要求的国际贸易专业人才。

编　者
2025 年 1 月

目　　录

第一章 导 论

清晨,你在家中享用着一杯热腾腾的哥伦比亚咖啡。这杯咖啡的背后隐藏着复杂的国际贸易网络和全球价值链。从南美洲的咖啡种植园开始,经过采摘、初步加工、海运至欧洲的大型港口,再经过精深加工、包装,最后通过全球分销链到达中国的零售商手中,这一系列的过程无不体现着国际贸易的深刻内涵。

首先,哥伦比亚的咖啡豆因其独特的风味在全球市场上享有盛誉,体现了资源禀赋差异导致的比较优势。当地农民利用适宜的地理气候条件,专注于咖啡豆的种植,这是劳动分工与专业化生产的一个缩影。

其次,咖啡豆经过初级加工后,通过国际贸易进入欧洲市场,这里的咖啡制造商利用先进的技术和设备进一步提升产品质量,并将品牌推向国际市场。这个过程展示了附加值的创造和国际贸易在推动产业升级中的作用。

再次,成品咖啡通过跨国公司构建的物流网络分发至世界各地,包括中国市场。在这个过程中,受到关税、非关税壁垒、自由贸易协定、汇率波动等各种国际贸易政策与环境因素的影响。

最后,当你在中国购买这杯咖啡,实际上是在参与一场跨越国界的交易,而这种交易对于哥伦比亚农民的收入、欧洲制造业的繁荣、全球物流业的发展,乃至中国本土消费市场的多样化都产生了直接影响。

思考题:

什么是比较优势、劳动分工与专业化生产?它们对各国经济结构和社会生活产生了哪些影响?

第一节 国际贸易的研究对象与本书主要内容

国际贸易(international trade)是指世界各国(地区)之间的商品和劳务的交换活动。从一个国家的角度来看,一国(地区)与其他国家(地区)进行商品和劳务的交换活动,则称为对外贸易(foreign trade)。它是在不同国家之间的分工——国际分工的基础上发展起来的,反映了世界各国之间的相互依赖关系。

尽管国际贸易与国内贸易有一定的共性,如都属于流通范畴,都由生产决定,又反作用于生产,在商品生产存在的条件下,都受价值规律自发地调节;但是,国际贸易与国内贸易无论在性质上,还是在业务上,都有很大的区别。首先,国内贸易所使用的货币是本国货币,而国际贸易只能采用国际通用货币或贸易双方共同接受的货币来结算和支付;其次,国内贸易一般是在国家统一的贸易政策指导下进行的,并且有统一的法律依据,而国际贸易则要面对不同国家不同的政策和法律环境,还要遵循诸多国际条约和惯例,导致贸易活动复杂化;再次,国际贸易与国内贸易的基础也不同,国内贸易的基础是国内的社会分工和专业化,国际贸易的基础则是国际上的分工和专业化;最后,两者获得市场信息的难易程度也不尽相同。有鉴于此,必须对国际贸易进行专门研究,才能揭示国际贸易的规律性,建立起对国际贸易政策的正确认识,掌握从事国际贸易所需的技能和方法。

西方经济学家和马克思主义经典作家一直都很重视研究国际贸易中的各种问题和规律。资本主义原始积累时期的重商主义(mercantilism)研究对外贸易如何带来财富;资本主义自由竞争时期的古典学派代表亚当·斯密(Adam Smith)和大卫·李嘉图(David Ricardo)探讨了国际分工形成的原因及其依据,论证了国际分工和国际贸易带来的利益;马克思(Marx)指出对外贸易是资本主义生产方式的基础和产物,并论证了对外贸易是阻止利润率下降的重要手段;20世纪20—30年代,经济学家赫克歇尔(Heckscher)和俄林(Ohlin)提出了按照要素禀赋进行国际分工、开展国际贸易的学说;第二次世界大战后,西方经济学家把比较优势论动态化,发展经济学家则努力探讨发展中经济体的贸易发展模式。

国际贸易是一门研究国际上商品和劳务交换的经济规律、国际贸易理论、基本政策、经贸规则和实务操作的理论和应用为一体的经济学科,其内容包括原理、政策、规则和实务四大部分。原理部分主要考察国际交换的内在因素及其规律性,并重点分析贸易基础和贸易利得;政策部分着重介绍贸易促进与贸易限制的手段、理由和经济影响;规则部分介绍世界贸易组织与多边贸易规则,阐释代表性国际经贸规则的内涵、特点和重要议题;实务部分讲解国际贸易的主要业务环节、程序和操作方法。

本书具体内容如下:

导论,阐述了国际贸易的研究对象,介绍了国际贸易的基本概念。

第一篇为国际贸易理论,包括三章(第二章至第四章),介绍、评价古典与新古典国际贸易理论、新贸易理论、新新贸易理论、贸易保护理论,并依据当代贸易实践对国际贸易理论前沿问题进行探讨。

第二篇为国际贸易政策,包括三章(第五章至第七章),具体分析国际贸易政策的演变,并对各时期中国的对外贸易政策进行陈述和讨论,介绍关税与非关税壁垒及其经济影响、公平贸易措施,以及鼓励出口和出口管制的政策手段,论述了区域经济一体化的理论与实践。

第三篇为国际贸易规则,包括四章(第八章至第十一章),介绍世界贸易组织与多边贸易规则、国际贸易投资新规则、数字贸易规则和国际贸易与投资规则重要议题。

第四篇为国际贸易实务,包括六章(第十二章至第十七章),介绍国际贸易实务中买卖双方所采用的各种交易的做法、各个主要业务环节及其操作流程,包括国际贸易方式、商品与合同、国际贸易术语、国际贸易运输、国际货物运输保险和国际贸易结算。

第二节　国际贸易的基本概念

国际贸易可以根据不同的标准划分为多种类型。

一、出口贸易和进口贸易

根据货物的流向不同,国际贸易可分为出口贸易、进口贸易。

出口贸易(export trade)是指将本国生产和加工的商品销往他国市场的贸易活动,进口贸易(import trade)是指将外国的商品输入本国市场销售的贸易活动。就一笔交易而言,对卖方是出口贸易,对买方则是进口贸易。在国际贸易中,一国对从外国进口的商品不经任何实质性加工改制,再行向外出口时,称为复出口(re-export);反之,一国的产品销往别国后未经加工改制又被该国重新购回时,称为复进口(re-import)。复进口主要是由产业分工、贸易方式,以及经济体制等因素造成的。此外,在国际贸易中,由于一国对于某种商品的各品种的生产和需求不一定一致,因此,在同类商品上往往既有出口也有进口。若在一定时期内,一国(地区)在某种商品大类的对外贸易中,出口量大于进口量,其超出部分便称为净出口(net export);反之,如进口量大于出口量,其超出部分便称为净进口(net import)。

二、总贸易和专门贸易

根据划分进出口的标准不同,国际贸易可分为总贸易和专门贸易。

以国境为标准划分进出口而统计的国际贸易称为总贸易(general trade)。凡进入国境的商品一律列为进口即总进口(general import)。凡离开国境的商品一律列入出口即总出口(general export)。一国(地区)总出口额与总进口额之和为该国(地区)总贸易额。过境贸易列入总贸易。美国、日本、英国、加拿大、澳大利亚、独联体国家、东欧及我国等采用这个划分标准。

以关境为标准划分进出口而统计的国际贸易称为专门贸易(special trade)。只有从外国进入关境和从保税仓库提出进入关境的商品,才列为进口,称专门进口(special import)。从国内运出关境的本国产品,以及进口后未经加工又运出关境的商品,列为出口,称专门出口(special export)。一国(地区)专门出口额与专门进口额之和为该国(地区)专门贸易额。过境贸易不列入专门贸易。采用这种划分方法的国家主要有德国、意大利、瑞士等。

关境是海关征税的领域。一般情况下,一国关境与国境完全重合,但也有不一致的情况。自由港、出口加工区、保税区等经济特区虽在国境之内,但却在关境之外,因此,设有经济特区的国家,关境小于国境。另外,若几个国家结成关税同盟(如加勒比海共同市场),对内取消一切贸易限制,对外建立统一的关税制度,则这些国家的关境大于国境。

三、货物贸易、服务贸易和数字贸易

货物贸易,也称有形贸易(visible trade),即通常意义上的商品购销活动。因为货物或商品具有看得见、摸得着的物质属性,故称有形贸易。服务贸易,也称无形贸易(invisible trade),是指国家(地区)间进行的以无形商品为交易对象的贸易活动。

国际贸易是从货物贸易开始发展的,当时贸易往来几乎都是商品的购销及货款的收支

活动。国际上经济关系的加深,先是围绕商品购销的各种服务,如运输、保险、金融、通信等的增加,后来拓展到旅游服务、专利及技术转让、资本移动及劳务贸易等领域。基于这些非有形商品的交换活动,一国(地区)在这些方面的支出为无形进口,在这些方面的收入则为无形出口,在这些方面的一切活动便是无形贸易。

服务贸易是一国的法人或自然人在其境内或进入他国境内向外国的法人或自然人提供服务的贸易行为。广义的服务贸易既包括有形的活动,也包括服务提供者与使用者在没有直接接触下交易的无形活动。

按照 WTO 于 1994 年签署的《服务贸易总协定》,服务贸易有四种提供方式:❶跨境交付:指服务的提供者在一成员的领土内,向另一成员领土内的消费者提供服务的方式,如在中国境内通过电信、邮政、计算机网络等手段向境外的消费者提供服务;❷境外消费:指服务提供者在一成员的领土内,向来自另一成员的消费者提供服务的方式,如中国公民在其他国家短期居留期间,享受所居留国家的医疗服务;❸商业存在:指一成员的服务提供者在另一成员领土内设立商业机构,在后者领土内为消费者提供服务的方式,如外国服务类企业在中国设立公司为中国企业或个人提供服务;❹自然人流动:指一成员的服务提供者以自然人的身份进入另一成员的领土内提供服务的方式,如某外国律师作为外国律师事务所的驻华代表到中国境内为消费者提供服务。

服务贸易按照与生产过程的关系,可以分为要素服务贸易(factor service trade)和非要素服务贸易(non-factor service trade)。要素服务贸易是一国向他国提供劳动、资本、技术与土地等生产要素的服务,并从国外得到收入的活动,包括对外直接投资和间接投资的收益、侨民汇款及技术贸易的收入。非要素服务贸易是提供严格符合"服务"定义的服务而获取外汇收入的交易,如国际运输、旅游、教育、金融、咨询、会计服务等,属于狭义的服务贸易。

在实际活动中,国际货币基金组织将国际投资收入排除在服务贸易收入之外。按照IMF 的统计:

$$服务贸易＝无形贸易－投资收入$$

按照世界贸易组织的分类,服务贸易共包括 12 大类:❶商业服务;❷通信服务;❸建筑及相关的工程服务;❹分销服务;❺教育服务;❻环境服务;❼金融服务;❽保健和社会服务;❾旅游和与旅游有关的服务;❿娱乐、文化和体育服务;⓫运输服务;⓬别处未包括的其他服务。

一般认为,货物贸易和服务贸易的主要区别是:货物的进出口经过海关手续,从而显示在海关的贸易统计上,这是国际收支中的重要项目;服务贸易则不经过海关手续,通常不显示在海关的贸易统计上,但它也是国际收支的组成部分。显然,这一理解是建立在服务产品具有无形性特征的基础上的。20 世纪 90 年代以来,电子科学技术迅速发展,服务产品具有无形性特征的结论被修改,部分服务产品有形化,如光盘等虽然是有形产品,但就其性质而言,应是服务产品。

数字贸易(digital trade)是指依赖信息网络和数字技术,在跨境研发、生产、交易和消费过程中产生的货物贸易、服务贸易,以及跨境数据流动贸易的总和。它可以通过数字订购或数字交互实现交易,包括但不限于实物商品的数字化交易、纯数字产品的交易,以及基于数字平台的服务和信息交换。

数字贸易的两大特征分别是贸易方式数字化和贸易对象数字化。其中,贸易方式的数字化是指信息技术与传统贸易开展过程中各个环节深入融合渗透,如电子商务、线上广告、数字海关、智慧物流等新模式和新业态对贸易的赋能,从而带来贸易效率的提升和成本的降低,表现为传统贸易方式的数字化升级;贸易对象的数字化是指数据和以数据形式存在的产品和服务贸易,一是研发、生产和消费等基础数据,二是图书、影音、软件等数字产品,三是通过线上提供的教育、医疗、社交媒体、云计算、人工智能等数字服务,表现为贸易内容的数字化拓展。通过数字技术和数字服务带来各领域颠覆性的创新,以数据为生产要素、数字服务为核心、数字交付为特征的数字贸易,催生了大量贸易新业态、新模式,正在成为数字经济的重要部分和全球贸易发展的重要趋势。

四、直接贸易、间接贸易和转口贸易

按照有无第三方参加,国际贸易可分为直接贸易、间接贸易和转口贸易。

直接贸易(direct trade)是指贸易商品由生产国直接运销到消费国,没有第三国参与的贸易活动;间接贸易(indirect trade)是指通过第三国或其他中间环节,把商品从生产国运销到消费国的贸易活动;转口贸易(entrepot trade)则是指一国(地区)进口某种商品不是以消费为目的,而是将它作为商品再向别国出口的贸易活动。商品生产国与消费国通过第三国进行的贸易对生产国和消费国而言是间接贸易;对第三国而言,则是转口贸易。转口贸易属于复出口,是过境贸易的一部分。

五、自由结汇方式贸易和易货贸易

按照国际收支中清偿工具的不同,在国际贸易中,凡以货币作为清偿工具的贸易称为自由结汇方式贸易(free liquidation trade),或称为现汇结算(cash settlement),而以货物经过计价作为清偿工具的贸易称为易货贸易(barter trade),亦称为换货贸易或对销贸易。

六、贸易条件

贸易条件是指一国的出口商品价格指数与进口商品价格指数的比率。用以对国际贸易中各国贸易利益和地位的变化情况进行具体分析。由于一个国家在国际贸易中的贸易利益不仅与进出口商品的价格有关,还与该国的贸易量和国内外的劳动生产率的高低有关,所以就有了不同形式的贸易条件。

贸易条件是一个相对而言的指标,通常设定以某一年份为基期,基期的出口商品价格指数、进口商品价格指数、贸易量和劳动生产率均为100,从而基期的各种贸易条件也为100。其后所研究的年份的指标,均相对于基期而定,如果贸易条件大于100,说明该贸易条件得到改善;如果贸易条件小于100,说明该贸易条件恶化了。

贸易条件有四种不同形式,如表1-1所示。

如果一国货币升值,可导致净贸易条件改善,但如果由于升值而导致出口量下降,其收入贸易条件可能恶化。

表 1-1　贸易条件的四种形式

类　别	含　义	公　式
1. 商品贸易条件或净贸易条件（commodity or net barter terms of trade）	商品贸易条件（N）指出口商品价格指数（P_X）与进口商品价格指数（P_Y）之比，以百分比反映，通常乘以 100。它表示出口一个单位商品能够获得多少单位进口商品	$N = \dfrac{P_X}{P_M} \cdot 100$
2. 收入贸易条件（income terms of trade）	以贸易量（Q_X）与商品贸易条件相乘来表示总贸易量变化的指数称为收入贸易条件（I）。它衡量基于出口的进口能力，即根据 $P_X \cdot Q_X$ 这一出口收入能够获得多少进口商品	$I = \dfrac{P_X}{P_M} \cdot Q_X$
3. 单因素贸易条件（single factoral terms of trade）	在商品贸易条件基础上，考虑出口商品劳动生产率（Z_X）的作用所得到的贸易条件称单因素贸易条件（S）。它表示包含在出口商品中的每单位生产要素所获得的进口商品数量。通过一国不同时期的单因素贸易条件的比较，可反映该国每单位生产要素的贸易利益的变化	$S = \dfrac{P_X}{P_M} \cdot Z_X$
4. 双因素贸易条件（double factoral terms of trade）	双因素贸易条件（D）是在商品贸易条件的基础上，考虑出口商品劳动生产率（Z_X）变化和进口商品劳动生产率（Z_M）变化后贸易条件的变化。它衡量需用包含在出口商品中的多少单位本国生产要素来换取包含在进口商品中的 1 单位外国生产要素	$D = \dfrac{P_X}{P_M} \cdot \dfrac{Z_X}{Z_M} \cdot 100$

七、外贸依存度

外贸依存度（degree of dependence upon foreign trade）是反映一国对外贸易与该国国民经济之间关系的重要指标，外贸依存度不仅表明一国经济依赖于对外贸易的程度，还可以在一定程度上反映一国的经济发展水平，以及参与国际经济的程度。它可以简单地用该国某一年份的进出口总值与该国的国内生产总值之比来表示：

$$外贸依存度 = \frac{进出口总值}{GDP}$$

也可以分别以出口总值或进口总值与 GDP 相比较，所得比值分别为出口依存度和进口依存度。

外贸依存度越高，表明经济的国际化程度越高，与国际市场的联系越紧密，也意味着该国（地区）经济增长对国际环境的依赖程度越深。

外贸依存度的大小反映了一国经济和外贸的关联程度，而这种关联程度又与该国的经济规模、发展水平、经济结构有关。通常小国的外贸依存度较高，而大国的外贸依存度较低；发达国家的外贸依存度较低，发展中国家外贸依存度较高；经济结构为出口导向型的国家外贸依存度较高，内向型的国家外贸依存度较低；三次产业变动对外贸依存度有很大影响，而产业结构又与一国的发展阶段有关。处于经济初级发展阶段的国家，由于农业比重较大、制成品比重不高、出口竞争力不强等，一般外贸依存度较低。

发达国家中可贸易程度较小的第三产业（服务业）占有较高比重，因此它们的外贸依存度通常也不高。相比之下，处于经济发展中期阶段的国家由于第二产业比重高，产品在国际上具有一定的竞争力，所以外贸依存度较高。从美国、日本等发达国家的经济发展史可以观察到，它们的外贸依存度经历了由低到高、再由高到低的变化。在全球化的环境中，世界各国的外贸依存度均有所增加。

拓展阅读

加快建设
贸易强国

本 章 小 结

1. 由于各国要素禀赋与科学技术的差异,以及要素国际流动等,国家之间才有开展贸易往来的必要和可能。国际贸易对于促进各国以及世界经济增长和人类社会进步具有重要意义。

2. 与国内贸易相比,国际贸易在发生基础、基本性质、业务操作、法律环境等方面具有不同的特征。国际贸易的复杂性与重要性决定其在理论研究与学习中的重要地位。

基 本 概 念

国际贸易 对外贸易 出口贸易 进口贸易 过境贸易 总贸易 专门贸易 有形贸易 无形贸易 数字贸易 直接贸易 间接贸易 转口贸易 易货贸易 自由结汇方式贸易 贸易条件 外贸依存度

复 习 思 考 题

一、选择题与判断题(请用手机扫描下方二维码作答)

二、简答题

1. 简述国际贸易的重要性。

2. 外贸依存度受哪些因素影响?

第一篇
国际贸易理论

　　国际贸易理论是对国际贸易发展历史与现实情况的具体描述和理论说明,主要研究国际贸易的历史进程及其在各个发展阶段上的规律性,分析与国际贸易密切相关的国际分工,核心内容是陈述并评价主要的国际贸易理论,及其对国际贸易实践的影响。

第二章　古典与新古典国际贸易理论

引导案例

英国生产一单位棉布需要100个人劳动一年,而如果酿造一单位葡萄酒则需要120个人劳动同样长的时间。因此,英国发现通过出口棉布来进口葡萄酒对自己比较有利。葡萄牙酿造一个单位葡萄酒需80个人劳动一年,生产一个单位毛呢需要90个人劳动一年。因此,对葡萄牙来说,出口葡萄酒以交换棉布是有利的。即使葡萄牙进口的商品在本国制造时所需要的劳动少于英国,这种交换仍会发生。虽然葡萄牙能够以90个人的劳动力生产棉布,但它宁可从一个需要100个人的劳动生产的国家进口棉布。对葡萄牙来说,与其挪用种植葡萄的一部分资本去织造棉布,还不如用资本来生产葡萄酒,因为由此可以从英国换得更多的棉布。最终,英国将以100个人的劳动产品交换80个人的劳动产品。

思考题:

如果英国和葡萄牙都生产具有相对优势的产品,那么分工后葡萄酒和棉布的产量是多少?假设两国的交换比价为1:1,通过国际贸易,两个国家的消费量是多少?是否获得了比较利益?

第一节　古典国际贸易理论

古典国际贸易理论包括绝对优势论和比较优势论。

一、绝对优势论

17世纪中期开始形成的古典经济学,最重要的代表人物是亚当·斯密。

自由贸易理论体系的建立是从亚当·斯密提出的绝对优势论(the theory of absolute advantage)开始的,这一理论为比较优势论的创立铺平了道路。

重商主义对外贸易理论得出一个颇为悲观的结论:国际贸易是一种零和博弈(zero-sum game),即一方之所得必为另一方之所失。如果是这样,那么自由贸易将是不可能的。然而,亚当·斯密在其著作《国民财富的性质和原因的研究》(*An Inquiry into the Nature and*

Causes of the Wealth of Nations）中提出的绝对成本理论，则证明了自由贸易的可能性与必然性，从而建立起了古典主义的国际贸易理论。

（一）绝对优势论的主要论点

1. 分工可以提高劳动生产率

斯密非常重视分工。他认为，分工可以提高劳动生产率，因而能增加国家财富。他以制针业为例来说明其观点。根据斯密所举的例子，在没有分工的情况下，一个粗工每天至多只能制造 20 枚针，有的甚至连 1 枚针也制造不出来。在分工之后，平均每人每天可制针 4 800 枚，每个工人的劳动生产率提高了几百倍。这显然是分工的结果。

斯密认为，分工是由交换引起的。至于交换的原因，他认为是人类特有的一种倾向。在斯密看来，交换是人类出于利己心并为达到利己的目的而进行的活动。人们为了追求私利，便乐于进行这种交换。为了交换，就要生产能交换的东西，这就产生了分工。

2. 分工的原则是绝对优势

斯密认为，分工既然可以极大地提高劳动生产率，那么每个人都专门从事他最有优势的产品的生产，然后彼此进行交换，则对每个人都有利。在斯密看来，适用于一国内部不同个人或家庭之间的分工原则，也适用于各国之间。他认为，每个国家都有其适宜生产某些特定产品的绝对有利的生产条件，如果每个国家都按照其绝对有利的生产条件（即生产绝对成本低）去进行专业化生产，然后彼此进行交换，则对所有交换国家都是有利的。国际分工之所以也应按照绝对优势的原则进行，斯密认为是因为"在某些特定商品的生产上，某一国占有那么大的自然优势，以致全世界都认为，跟这种优势作斗争是枉然的"。

3. 国际分工的基础是有利的自然禀赋或后天的有利条件

斯密认为，自然禀赋（natural endowment）和后天的有利条件（acquired endowment）因国家而不同，这就为国际分工提供了基础。因为有利的自然禀赋或后天的有利条件，可以使一个国家生产某种产品的成本绝对低于别国，而在该产品的生产和交换上处于绝对有利地位。各国按照各自的有利条件进行分工和交换，将会使各国的资源、劳动力和资本得到最有效的利用。这将会大大地提高劳动生产率和增加物质财富，并使各国从贸易中获益。

（二）绝对优势论的进一步说明

现以英国和美国生产小麦和棉布为例，对绝对优势论进一步分析说明。两国的绝对优势，如表 2-1 所示。

表 2-1　两国的绝对优势

每工时商品产量	国　家	
	美　国	英　国
小麦产量/蒲式耳	6	1
棉布产量/码	4	5

表 2-1 表明，美国在小麦生产上处于绝对有利地位，因为在美国每工时可生产 6 蒲式耳小麦，而在英国每工时只生产 1 蒲式耳小麦，即美国生产小麦的成本绝对低于英国。英国则在棉布生产上处于绝对有利地位，因为在英国每工时可生产 5 码布，而在美国每工时只生产 4 码布，即英国生产棉布的成本绝对低于美国。所以，在自由贸易条件下，英国应专门从事

棉布生产并出口一部分棉布,以换取美国的小麦;美国则应专门从事小麦生产并出口一部分小麦,换取英国的棉布。

如果两国按照1:1交换小麦和棉布,美国用6蒲式耳小麦可换取英国的6码棉布,比分工前的国内交换多获得2码棉布或节约1/2工时;而英国用6码棉布可换取美国的6蒲式耳小麦,即相当于30码棉布(因为6蒲式耳小麦在英国生产需要6工时,而6工时在英国可生产30码棉布),实际获益24码棉布或节约4.8工时。显然,分工后,小麦和棉布的生产效率在总体上均提高了,即劳动生产率提高了。因而在原有资源基础上,能生产出比分工前更多的小麦和棉布。可见,实行国际分工后,通过国际贸易,英、美两国都可同时受惠,利益就来自各自发挥生产中的绝对优势,使生产效率提高而增加的产品量。

(三)绝对优势论简评

斯密对国际贸易的研究从流通领域转到生产领域,从而提出了新的观点,这与重商主义相比是一大进步。他的绝对优势论反映了当时社会经济中已成熟的要求,成为英国新兴产业资产阶级反对贵族地主和重商主义者、发展资本主义的有力理论工具。他关于分工能够提高劳动生产率,参加国际分工、开展国际贸易对所有参加国都有利的见解,虽然经历了200多年的历史,但仍具有重大的现实意义。国际贸易可以是"双赢"局面,而不是零和博弈。

但是,斯密的绝对优势论本身有一定的局限性。它不能解释国际贸易的全部,只能说明国际贸易中的一种特殊情形,即具有绝对优势的国家参加国际分工和国际贸易能够获益。如果现实生活中,有的国家没有任何一种产品处于绝对优势,那是不是这个国家就不能参加国际贸易呢?对于这一重要问题,斯密的绝对优势论并未论及,李嘉图的比较优势论则对此作出了回答。

二、比较优势论

比较优势论(the theory of comparative advantage)的论点是罗伯特·托伦斯(Robert Torrens)在其1815年发表的《论对外谷物贸易》一文中首次提出的。大卫·李嘉图则在《政治经济学及赋税原理》中完善了这一理论。比较优势论的提出是自由贸易理论体系建立的标志,这一理论的问世具有划时代的意义。

(一)比较优势论的主要假定前提

大卫·李嘉图的比较优势论是以一系列假定为前提的。这些假定包括以下几点。❶只有两个国家,生产两种商品;❷自由贸易;❸劳动力在国内具有完全的流动性,但在两国之间则完全缺乏流动性;❹每种产品的国内生产成本都是固定的;❺没有运输费用;❻不存在技术变化;❼贸易按物物交换方式进行;❽以劳动价值论(the labor theory of value)为基础;劳动是唯一的生产要素,所有劳动都是同质的(homogeneous),生产每单位产品所需要的劳动投入维持不变。因此,任一商品的价值或价格都完全取决于它的劳动成本。

(二)比较优势论的基本内容

大卫·李嘉图以上述假定为前提,继承和发展了斯密的理论,建立了比较优势论。他认为,各国不一定要专门生产劳动成本绝对低(即绝对有利)的产品,而只要专门生产劳动成本相对低(即优势较大或劣势较小)的产品,便可进行对外贸易,并能从中获益和实现社会劳动的节约。大卫·李嘉图在阐述比较优势论时,是从个人的情况谈起的。"如果两个人都能制造鞋和帽,其中一个人在两种职业上都比另一个人强一些,不过制帽时只强 1/5 或 20%,而制鞋时则强 1/3 或 33%,那么这个较强的人专门制鞋,而那个较差的人专门制帽,岂不是对双方都有利么?"[①]

李嘉图由个人推及国家,认为国家间也应按"两优取其重,两劣取其轻"的比较优势原则进行分工。如果一个国家在两种商品的生产上都处于绝对有利地位,但有利的程度不同,而另一个国家在两种商品的生产上都处于绝对不利的地位,但不利的程度也不同。在此情况下,前者应专门生产比较最有利(即有利程度最大)的商品,后者应专门生产其不利程度最小的商品,通过对外贸易,双方都能取得比自己以等量劳动所能生产的更多的产品,从而实现社会劳动的节约,给贸易双方都带来利益。

按照绝对优势论,一个不具有绝对优势的国家是不能参与国际分工的。而李嘉图则认为一个国家可能没有绝对优势,但任何国家都具有比较优势,所以任何国家都能参与国际分工。李嘉图从更广泛的范围内解释了国际分工的成因,比较优势论成为了传统国际贸易理论的基石。

(三) 比较优势论的进一步分析

仍以英国和美国生产小麦和棉布为例分析比较优势论,两国的比较优势,如表 2-2 所示。

表 2-2　两国的比较优势

每工时商品产量	国　家	
	美　国	英　国
小麦产量/蒲式耳	6	1
棉布产量/码	4	2

虽然美国在两种产品的生产上都处于绝对有利地位,英国在两种产品的生产上都处于绝对不利地位;然而,两国生产的相对成本是不同的,因而两国各具比较优势,美国在小麦生产上具有比较优势,英国在棉布生产上具有比较优势。根据比较优势论,美国应专门从事小麦生产并出口部分小麦换取英国的棉布,而英国则应专门从事棉布生产,并出口部分棉布换取美国的小麦。如果两国间小麦和棉布的交换比例为 1∶1,美国用 6 蒲式耳小麦交换英国的 6 码棉布,比分工前的国内交换多获 2 码棉布或节约 1/2 工时,而英国用 6 码棉布可换取美国的 6 蒲式耳小麦,相当于国内生产的 12 码棉布,与分工前相比,实际获益 6 码棉布或节约 3 工时。可见,即使一国在两种商品的生产上都处于不利地位,通过两国分工与贸易,双方仍可获益。

(四) 比较优势论简评

比较优势论在历史上起过重大的进步作用。它曾为英国工业资产阶级争取自由贸易提供了有力的理论武器,而自由贸易政策又促进了英国生产力的迅速发展,使当时的英国在世界工业和贸易中居于首位。可见,比较优势论在推动自由贸易的事业中成效卓著。比较优势论揭示了一个客观规律——比较利益法则。其从实证经济学的角度证明了国际贸易的产

[①]　李嘉图.政治经济学及赋税原理[M].郭大力,王亚南,译.北京:商务印书馆,1962.

生不仅在于绝对成本的差异,而且在于比较成本的差异。一国只要按照比较优势原则参与国际分工和国际贸易,即专业化生产和出口本国生产成本相对较低(即具有比较优势)的产品,进口本国生产成本相对较高(即比较不利)的产品,便可获得实际利益。这一理论为世界各国参与国际分工和国际贸易提供了理论依据,成为国际贸易理论的一大基石。比较优势论也有一定的局限性。比如,比较优势论是建立在一系列假设前提基础上的,它把多变的经济世界抽象成静止的、均衡的世界,因而所揭示的各国从贸易中获得的利益是静态的短期利益,但这种利益是否符合一国经济发展的长远利益则不得而知。

"比较优势"影响深远,长期以来,被人们奉为国际分工的圭臬。发达国家主动转移不具有比较优势的产业,实现了利益最大化。发展中国家按照比较优势进行国际分工,尽管推进并实现了工业化,却往往掉入"比较优势陷阱"中不能自拔,导致经济结构扭曲,高度依赖先进国家的市场和要素资源。"比较优势陷阱"的存在,源于比较优势理论的局限性和人们对比较优势的片面理解。比较优势理论是以劳动价值论为基础的,以比较成本为分工的依据。当代经济和技术的进步,使竞争优势越来越依赖于创新和差异化优势,以竞争优势为主导的全球供应链对国际分工进行了深层次的整合,价值链分工已成为分工的主要形式,而劳动力成本在价值链分工中所占的权重日益降低。更重要的是,由于比较优势理论的历史局限性,未能考虑到经济发展中的社会成本(如社会保障)和环境成本,这些当年的隐性成本如今正成为重要的显性成本,甚至导致比较成本的逆转。再者,一直以来,按比较优势进行的国际分工,并不是完全由市场决定的。无论国家还是企业,长期利益往往比短期利益更多地影响其战略决策,包括政府干预,从而影响分工的选择。发达国家在分工选择中,占有明显的主动优势。"两优择其重,两劣择其轻"的教条,使人们忽略了"比较"和"被比较"的主从之分,当发展中国家的产业结构被动地处于价值链"微笑"曲线的低端时,就进入了"比较优势陷阱"。历史的教训和实践经验告诫人们,必须更全面、审慎地评估以"比较优势"为基石的发展政策。

第二节 新古典国际贸易理论

一、赫克歇尔和俄林的要素禀赋论

要素禀赋论(factor endowment theory)是现代国际贸易理论的新开端,被誉为国际贸易理论的又一大基石,其基本内容有狭义和广义之分。狭义的要素禀赋论用生产要素丰缺来解释国际贸易的产生和一国的进出口贸易类型。广义的要素禀赋论包括狭义的要素禀赋论和要素价格均等化理论。下面分别介绍 H-O 要素禀赋论和要素价格均等化理论。

(一)与要素禀赋论有关的几个概念

要素禀赋论通过生产要素、要素价格、要素密集度、要素密集型产品、要素禀赋及要素丰裕等概念进行表述和说明,掌握这些概念是理解要素禀赋论的关键。

1. 生产要素和要素价格

生产要素(factor of production)是指生产活动必须具备的主要因素或在生产中必须投入或使用的主要手段。其通常指土地、劳动和资本三要素,再加上企业家的管理才能为四要素,也有人把技术知识、经济信息也当作生产要素。要素价格(factor price)则是指生产要素

拓展阅读

比较优势论的经济学分析

拓展阅读

赫克歇尔、俄林、萨缪尔森与要素禀赋论

的使用费用或要素的报酬。例如,土地的租金、劳动者的工资、资本的利息及管理的利润等。

2. 要素密集度和要素密集型产品

要素密集度(factor intensity)是指产品生产中某种要素投入比例的大小。如果某要素投入比例大,称为该要素密集程度高。根据产品生产所投入的生产要素中所占比例最大的生产要素种类的不同,可把产品划分为不同种类的要素密集型产品(factor intensive commodity)。例如,生产小麦投入的土地所占的比例最大,便称小麦为土地密集型产品;生产纺织品投入的劳动所占的比例最大,则称纺织品为劳动密集型产品;生产电子计算机投入的资本所占的比例最大,便称电子计算机为资本密集型产品;依此类推。在只有两种商品(X 和 Y)、两种要素(劳动和资本)的情况下,如果 Y 商品生产中使用的资本和劳动的比例大于 X 商品生产中的资本和劳动的比例,则称 Y 商品为资本密集型产品,而称 X 商品为劳动密集型产品。

3. 要素禀赋和要素丰裕

要素禀赋(factor endowment)是指一国拥有各种生产要素的数量。要素丰裕(factor abundance)是指在一国的生产要素禀赋中,某要素供给所占比例大于别国同种要素的供给所占比例,且相对价格低于别国同种要素的相对价格。衡量要素的丰裕程度有两种方法:一种方法是以生产要素供给总量衡量,若一国某要素供给所占比例大于别国同种要素供给所占比例,则该国相对于别国而言,该要素丰裕;另一种方法是以要素相对价格衡量,若一国某要素的相对价格——某要素的价格和别的要素价格的比率,低于别国同种要素的相对价格,则该国该要素相对于别国丰裕。以总量法衡量的要素丰裕程度只考虑要素的供给,而以价格法衡量的要素丰裕程度则考虑了要素的供给和需求两方面,因而较为科学。

(二) H-O 要素禀赋论

H-O 要素禀赋论,即赫克歇尔-俄林要素禀赋论(Heckscher-Ohlin theory),又称要素比例说(factor proportions theory)。该学说由赫克歇尔首先提出基本论点,由俄林系统创立。它主要通过对相互依存的价格体系的分析,用生产要素的丰缺来解释国际贸易的产生和一国的进出口贸易类型。

1. 基本假设

要素禀赋论基于以下假设前提:

(1) 假定只有两个国家、两种商品、两种生产要素(劳动和资本)。这一假设的目的是便于用平面图说明理论。

(2) 假定两国的技术水平相同,即同种产品的生产函数相同。这一假设主要是为了便于考察要素禀赋,从而考察要素价格在两国相对商品价格决定中的作用。

(3) 假定 X 产品是劳动密集型产品,Y 产品是资本密集型产品。

(4) 假定两国在两种产品的生产上规模经济利益不变,即增加某商品的资本和劳动使用量,将会使该产品产量以相同比例增加,即单位生产成本不随着生产的增减而变化,因而没有规模经济利益。

(5) 假定两国进行的是不完全专业化生产,即尽管是自由贸易,两国仍然继续生产两种产品,亦即无一国是小国。

(6) 假定两国的消费偏好相同。若用社会无差异曲线反映,则两国的社会无差异曲线的位置和形状相同。

（7）在两国的两种商品、两种生产要素市场上,竞争是完全的。这是指市场上无人能够购买或出售大量商品或生产要素而影响市场价格,也指买卖双方都能掌握相等的交易资料。

（8）假定在各国内部,生产诸要素是能够自由流动的,但在各国间生产要素是不能自由流动的。这是指在一国内部,劳动和资本能够自由地从某些低收入地区、行业流向高收入地区、行业,直至各地区、各行业的同种要素报酬相同,这种流动才会停止,而在国际上,却缺乏这种流动性。所以,在没有贸易时,国际上的要素报酬差异始终存在。

（9）假定没有运输费用,没有关税或其他贸易限制。这意味着生产专业化过程可持续到两国商品的相对价格相等为止。

2. 基本内容

俄林认为,同种商品在不同国家的相对价格差异是国际贸易的直接基础,而价格差异则是由于各国生产要素禀赋不同,从而要素相对价格不同决定的,所以要素禀赋不同是国际贸易产生的根本原因。

（1）国家间的商品相对价格差异是国际贸易产生的主要原因。在没有运输费用的假设前提下,从价格较低的国家输出商品到价格较高的国家是有利的。

（2）国家间的生产要素相对价格的差异决定商品相对价格的差异。在各国生产技术相同,因而生产函数相同的假设条件下,各国要素相对价格的差异决定了两国商品的相对价格存在差异。

（3）国家间的要素相对供给不同决定要素相对价格的差异。俄林认为,在要素的供求决定要素价格的关系中,要素供给是主要的。在各国要素需求一定的情况下,各国不同的要素禀赋对要素的相对价格产生不同的影响:相对供给较充裕的要素的相对价格较低,而相对供给较稀缺的要素的相对价格较高。因此,国家间要素的相对价格差异是由要素相对供给量或供给比例不同决定的。

通过严密的分析,俄林得出结论:一个国家生产和出口那些大量使用本国丰裕的生产要素的产品,价格就低,因而有比较优势;相反,生产那些需大量使用本国稀缺的生产要素的产品,价格便贵,出口就不利。各国应尽可能利用丰裕、价格便宜的生产要素,生产具有价格优势的产品输出,以交换别国价廉物美的商品。

要素禀赋论的理论分析还可用图 2-1 加以形象归纳。从示意图的右下角开始分析,生产要素所有者的收入分配和社会消费偏好共同决定对最终产品的需求,而对最终产品的需求导致了对生产要素的派生需求,生产要素的供给和需求则决定要素的价格,生产要素的价格和生产技术又决定最终产品的价格。因此,不同国家商品相对价格的差异决定比较利益

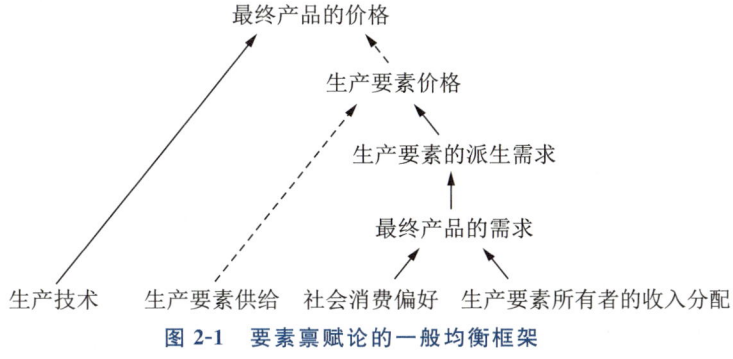

图 2-1　要素禀赋论的一般均衡框架

和贸易类型。但在两国偏好相同、技术水平相同，以及收入分配相同，从而对最终产品和要素需求相似的假设前提下，不同国家生产要素禀赋的差异便是商品相对价格存在差异的原因。

（三）要素价格均等化理论

国际贸易可能导致要素价格均等化的论点是由赫克歇尔首先提出的。俄林则认为，虽然各国要素缺乏流动性使世界范围内要素价格相等的理想状态不能实现，但商品贸易可以部分代替要素流动，弥补缺乏流动性的不足，所以，国际贸易可使要素价格存在均等化趋势。萨缪尔森论证了自由贸易将导致要素价格均等化。这一理论被称为 H-O-S 理论，它研究国际贸易对要素价格的影响。

要素价格均等化理论（factor price equalization theory）可表述为：在满足要素禀赋论的全部假设条件下，自由的国际贸易通过商品相对价格的均等化，将使同种要素的绝对和相对报酬趋于均等。

现以Ⅰ国和Ⅱ国为例，对要素价格均等化过程分析如下：

Ⅰ国劳动力充裕、资本稀缺，因而贸易前工资率低而利率高，应出口劳动密集型产品——X 产品，进口资本密集型产品——Y 产品；Ⅱ国则相反，劳动力稀缺、资本丰富，贸易前工资率高而利率低，应出口 Y 产品，进口 X 产品。两国开展贸易后，Ⅰ国增加 X 产品的生产，减少 Y 产品生产，因而导致对劳动力的派生需求的增加，工资率开始上升，而对资本的派生需求下降，资本的利率下降；Ⅱ国的情况恰好相反，出口 Y 产品，进口 X 产品，因而增加 Y 产品生产，减少 X 产品生产，对资本的派生需求增加，使利率上升，对劳动力的派生需求减少，使工资率下降。随着Ⅰ国工资率上升，利率下降，Ⅱ国利率上升，工资率下降，两国都有一股强大趋势推动要素价格趋向于一个共同的水准。可见，双方自由贸易的结果，是商品相对价格趋于一致，从而使要素价格趋于均等。

（四）H-O 要素禀赋论简评

赫克歇尔、俄林、萨缪尔森的国际贸易理论，是在比较优势论的基础上的一大进步。李嘉图及穆勒和马歇尔都假设两国交换是物物交换，国际贸易起因于劳动生产率的差异。而赫克歇尔、俄林是用等量产品的不同货币价格（成本）比较两国不同的商品价格比例，两国的交换是货币交换，各国的要素生产率是相同的，用生产要素禀赋的差异寻求解释国际贸易产生的原因和国际贸易的商品结构，以及国际贸易对要素价格的影响，认识到了生产要素及其组合在各国进出口贸易中居于重要地位。但 H-O 要素禀赋论和要素价格均等化理论所依据的一系列假设条件都是静态的，忽略了国际、国内经济因素的动态变化。

专栏 2-1
典型国家或地区要素禀赋差异

澳大利亚、新西兰、阿根廷等国家，土地资源丰富，而资本、劳动要素较少，这就使得这些国家的地租较低而工资、利息较高。从贸易结构角度来看，这些国家出口的是较多使用土地而较少使用资本、劳动的产品；像中国、印度等人口众多的国家，劳动密集型产品的出口就占较大比重;此外,像北欧各国出口森林制品、中东国家出口石油制品等。各国要素禀赋差异决定了各国要素价格的差异,要素价格不同又产生了不同的商品成本和价格,进而导致了国家贸易的产生,这便是要素禀赋理论的主要内容。

（资料来源:林琼慧,林俐,陈婷.国际贸易理论与实务[M].北京:经济科学出版社,2022.）

思考题:

要素禀赋差异不仅影响单个国家的产业结构和贸易模式,而且通过国际分工和全球价值链的形成与演化,深度塑造了全球经济的空间布局和联动发展态势。要素禀赋差异如何影响全球价值链的分布与形态?

（五）对 H-O 要素禀赋论的修正

经济学模型的特点是把变量简化到可以合理地解释经济现象的极限。这种简化的好处是使人们能够通过逻辑分析说明事物的本质。当实践证明这种分析已不能对事物本质作出有效的说明,修正模型就成为必要。H-O 要素禀赋论同样面临着经济、技术和制度进步带来的必要修正。

1. 生产函数的巨大差异带来的要素密集度的差异

同样的产品,由于技术进步或其他因素,其要素密集度的差别巨大。比如:在中国,农业是劳动密集型和土地密集型的产业;在美国,农业是管理密集型和土地密集型的产业。同样两个农产品丰富的国家,其农产品的要素密集度是完全不同的。

2. 要素的流动性彻底摧毁了以要素禀赋为基础的国际分工原则

无论是要素的流入还是流出,都创造了要素优化配置的先进生产力和竞争优势,从而改变了传统的依据要素禀赋而形成的国际分工。比如,日本是一个土地(自然资源)稀缺型的国家,但它利用资本和技术优势(大型运输工具),引入了土地资源(煤和铁矿石),建立了较强的钢铁工业。而中国则通过引进资本、技术和管理,成为世界制造业基地。

3. 规模经济和供应链优势形成的行业壁垒,在某些重要领域削弱乃至排除了要素禀赋带来的优势

一个例子是空中客车公司有"空中巨无霸"之称的 A380 超大型客机。空中客车公司花费了 140 亿美元的资金开发的 550 座的 A380 巨型客机。至少要卖掉 250 架 A380 客机才能弥补前期研发和固定投入,达到收支平衡。空中客车公司由于实现了规模经济——包括内部规模经济和供应链提供的外部规模经济,故因此而获利。它的竞争对手波音公司因为缺乏空中客车公司所拥有的规模经济而被排除在巨型客机的市场之外。A380 在投入服务后,打破了波音 747 在远程超大型宽体客机领域统领 35 年的纪录,结束了波音 747 在市场上 30 年的垄断地位。

二、里昂惕夫之谜

里昂惕夫之谜是针对 H-O 要素禀赋论所提出的一种质疑。它的提出成为西方传统微观国际贸易理论在当代新发展的转折点。

（一）对 H-O 要素禀赋论的实证检验——里昂惕夫之谜

第二次世界大战后,在第三次科技革命的推动下,世界经济快速增长,国际分工和国

际贸易迅猛发展,贸易商品结构和地区分布发生了很大变化,传统的国际贸易理论显得越来越脱离实际。这引起经济学家们对包括 H-O 要素禀赋论在内的已有学说的怀疑,并促成他们对一些理论的检验。从 1953 年开始,里昂惕夫在经济学界挑起了一场针对 H-O 要素禀赋论的大论战。通过检验,里昂惕夫提出了 H-O 要素禀赋论的反论——里昂惕夫之谜。

H-O 要素禀赋论认为:一国出口的是密集使用本国丰富要素生产的产品,进口的是密集使用稀缺要素生产的产品。美国是个资本丰富而劳动力稀缺的国家,按照 H-O 要素禀赋论,美国应出口资本密集型产品,进口劳动密集型产品。为了检验 H-O 要素禀赋论,1953 年,里昂惕夫用投入产出分析法对 1947 年美国 200 个行业进行分析,把生产要素分为资本和劳动两种,然后选出具有代表性的一揽子出口品和一揽子进口替代品,计算出每百万美元的出口品和每百万美元的进口替代品所需要的国内资本和劳动量及其比例,如表 2-3 所示。

表 2-3　每百万美元的美国出口品和进口替代品对国内资本和劳动力的需求量及其比例(1947 年)

对要素的需求量及其比例	出口品	进口替代品
资本(K)/美元	2 550 780	3 091 339
劳动力(L)/(人·年)	182.313	170.004
资本/劳动力(K/L)/(美元/人·年)	13 911	18 184

里昂惕夫的研究发现,美国进口替代品的资本密集程度反而高于出口品的资本密集程度(约高出 30%),因而得出与 H-O 要素禀赋论相反的结论:"美国之参加国际分工是建立在劳动密集型生产专业化的基础上,而不是建立在资本密集型生产专业化基础上。换言之,这个国家是利用对外贸易来节约资本和安排富余劳动力,而不是相反。"[①]里昂惕夫的惊人发现引起了经济学界的极大关注,被称为里昂惕夫之谜(the Leontief Paradox)。里昂惕夫 1956 年又利用投入产出法对美国 1951 年的贸易结构进行第二次检验,检验结果与第一次是一致的,"谜"仍然存在。

里昂惕夫之谜引发了其他经济学家对其他国家的贸易格局的类似研究,以检验 H-O 要素禀赋论。许多检验结果既未肯定地证实要素禀赋论,亦未明确地否定要素禀赋论。

(二)对里昂惕夫之谜的不同解释

里昂惕夫之谜(简称"谜")不仅促成了一些类似的研究工作,也引起了经济学家们对"谜"作出不同的解释。

1. *劳动效率的差异*

里昂惕夫认为各国的劳动生产率是不同的,1947 年美国工人的生产效率大约是其他国家的 3 倍,因此,在计算美国工人的人数时应将美国实际工人数乘以 3 倍。这样,按生产效率计算的美国工人数与美国拥有的资本量之比,较之于其他国家,美国就成了劳动力丰富而资本相对短缺的国家,所以它出口劳动密集型产品,进口资本密集型产品,与 H-O 要素禀赋论揭示的内容是一致的。这种解释是行不通的,里昂惕夫后来也否定了这种解释。因为,如

---

① 里昂惕夫.国内生产与对外贸易:美国地位的再审查[M]//姚曾荫.国际贸易概论.北京:人民出版社,1987.

果说美国的生产效率高于他国，那么，工人人数和资本量都应同时乘以3，这样美国的资本相对充裕程度并未受到影响。

2.人力资本的差异

人力资本（human capital）是指所有能够提高劳动生产率的教育投资、工作培训、保健费用等开支。克拉维斯（Kravis）、基辛（Keesing）、凯能（Kenen）和鲍德温（Baldwin）等经济学家用人力资本的差异来解释"谜"的产生。这些经济学家认为，里昂惕夫计量的资本只包括物质资本（physical capital），而忽略了人力资本，若将人力资本部分加到有形资本当中，将很明显地得出美国应出口资本密集型产品，进口劳动密集型产品。因为美国劳动比国外劳动包含更多的人力资本。他们还曾做过实际的估算和研究，成功地解开了"谜"。

3.贸易壁垒的存在

这种解释认为，"谜"是由于市场竞争不完全引起的。国际商品流通因受贸易壁垒的限制而使要素禀赋论揭示的规律不能实现。有人认为，美国政府为了解决国内就业，在制定对外贸易政策时有严重的保护本国非熟练劳动的倾向。如果实行自由贸易或美国政府不实行这种限制，美国进口商品的劳动密集程度必定比实际高。鲍德温的研究表明，如果美国的进口商品不受限制，其进口商品中劳动力所占的比率将比实际高5%。

4.自然资源因素被忽略

里昂惕夫采用双要素模型来进行分析，未考虑其他生产要素，如自然资源。实际上，一些产品既不是劳动密集型产品，也不属于资本密集型产品，而是自然资源密集型产品。比如，美国的进口品中初级产品占60%～70%，这些初级产品大部分是木材和矿产品，而这些产品的自然资源密集程度很高，把这类产品划归资本密集型产品无形中加大了美国进口品的资本与劳动的比率，使"谜"产生。如果考虑自然资源这个因素在美国进出口贸易结构中的作用，就可以对"谜"进行解释，里昂惕夫后来在对美国的贸易结构进行检验时，在投入产出表中剔除19种自然资源密集型产品，结果就成功地解开了"谜"，取得了与H-O要素禀赋论相一致的结果。这个原因也可用来解释加拿大、日本、印度等国的贸易结构中"谜"的存在。

5.要素密集型逆转发生

要素密集型逆转（factor intensity reversal）是指同一种产品在劳动力丰富的国家是劳动密集型产品，在资本丰富的国家又是资本密集型产品的情形。

当两种商品生产的替代弹性（elasticity of substitution）差异较大，随着要素相对价格的变化，在一种产品的生产中极易用一种生产要素代替另一种要素，而另一种产品的生产则很难用一种要素代替另一种要素，这时就可能发生要素密集型逆转。这是因为，当两种商品的替代弹性差异大，例如，X商品的替代弹性较大，Y商品的替代弹性较小，则资本丰富的国家将用资本密集型技术生产X商品，劳动力丰富的国家则用劳动密集型技术来生产X商品；与此同时，两国被迫使用类似技术生产Y商品，所以X商品在劳动力丰富的国家将成为劳动密集型商品，在资本丰富的国家成了资本密集型商品，因而发生了要素密集型逆转的情况。

一旦发生要素密集型逆转，要素禀赋论揭示的规律便无法实现，因而出现"谜"。上例中，Ⅰ国劳动力丰富，出口劳动密集型的X商品；Ⅱ国资本丰富，出口资本密集型的X商品。然而，两国不可能同时实行这种专业化，向对方出口同种产品，所以，H-O要素禀赋论便不能指出贸易的类型。因此,要素密集型逆转发生可作为解释"谜"产生的原因之一。但里昂惕夫对他所研究的资料进行定量分析发现,要素密集型逆转发生只有 1%。因此,它对要素禀赋论并无实质性的影响。

(三)里昂惕夫之谜简评

里昂惕夫之谜是西方传统国际贸易理论发展的界碑。里昂惕夫对 H-O 要素禀赋论的检验具有重大的理论意义,推动了战后国际贸易理论的新发展。他通过投入产出分析法对美国贸易结构的计算分析,开辟了用统计数据全面检验贸易理论的道路。"谜"和对"谜"的解释正是结合实际对 H-O 要素禀赋论前提中的劳动同质(即劳动生产率相同)、两要素模型和完全竞争等假定进行的修正。

本 章 小 结

1. 亚当·斯密的绝对成本理论证明了自由贸易的可能性与必然性。

2. 绝对优势论暗含一个前提,即贸易双方至少各拥有一种低成本的产品进行对外贸易。

3. 比较优势理论从更广泛的范围解释了国际分工的成因,并且指出,由此而产生的国际贸易能实现社会劳动的节约,并给贸易双方都带来利益。

4. 当代国际贸易实践表明,比较优势并不关注一个国家的产业结构布局,发展中国家面临的"比较优势陷阱"是一个必须正视的问题。

5. H-O 要素禀赋论用生产要素丰缺来解释国际贸易的产生和一国的进出口贸易类型。这一理论遭到了里昂惕夫的质疑。而里昂惕夫之谜及其解释推动了战后国际贸易理论的新发展。

基 本 概 念

绝对优势　比较优势　商品相对价格　生产要素　要素价格　要素禀赋　要素密集型逆转　人力资本

 复习思考题

一、选择题与判断题（请用手机扫描下方二维码作答）

二、简答题

1. 试述绝对优势论的主要论点。

2. 试述比较优势论的主要内容，并简评之。

3. 简述 H-O 要素禀赋论的基本假设，并说明这些假设的必要性。

4. 分别叙述 H-O 要素禀赋论和要素价格均等化理论的内容。

5. 什么是里昂惕夫之谜？如何解释里昂惕夫之谜的产生？

6. 什么是要素密集型逆转？在什么情况下才会发生这种现象？

第三章　现代国际贸易理论

引导案例

传统贸易理论主要涉及部门间贸易,即不同类产品之间的贸易,主要发生在不同发展水平国家之间的国际贸易。例如,在以前中美贸易中,中国向美国出口服装、鞋帽等劳动密集型制造品,美国向中国出口电脑软件、工程和商务咨询等知识密集型产品或服务。尽管里昂惕夫之谜对传统贸易理论的解释提出挑战,但仍然可以通过引入要素密集型逆转、人力资本、自然资源、技术特征等加以补充。但是,20世纪50年代之后,发达国家之间贸易量的规模和增长速度,均超过发达国家与发展中国家之间的规模和速度,而发达国家的技术、生产率和要素禀赋相似度较高,表现为同类产品的双向贸易特征,传统贸易无法有效解释,由此导致20世纪70年代之后新贸易理论的形成和发展。

如表3-1所示,2005年,美国进口了3.058亿美元的高尔夫球棒,同时又出口了3.187亿美元的高尔夫球棒,这意味着美国的高尔夫球棒几乎全部属于产业内贸易,因为根据下面正文中的产业内贸易衡量指标,美国高尔夫球棒的产业内贸易指数达到98%,进口高尔夫球棒的同时又出口,而且进出口数量接近,这在传统贸易理论看来,属于很奇怪的现象。

表 3-1　2005 年美国的产业内贸易指数

产品	进口值/百万美元	出口值/百万美元	产业内贸易指数/%
高尔夫球棒	305.8	318.7	98
疫苗	799.1	605.2	86
小汽车	1 199.0	800.9	80
威士忌	757.7	481.7	78
床垫	89.8	32.4	53
大型客机	5 988.2	18 821.5	48
冰橙汁	223.0	64.0	45
苹果	102.8	492.7	35
太阳镜	835.4	105.7	22
天然气	27 134.5	2 802.8	19
传真机	271.8	15.2	11
男式短裤	701.3	12.1	3

　　该表中还显示了美国更多的产业内贸易产品。例如,疫苗、小汽车和威士忌等产品,均具有很高的产业内贸易指数,这些产品均属于高度差异化的情况。对于小汽车和威士忌,每个出口国均销售有别于其他出口国的同类产品,它们的差异可能表现为款式、档次、功能、口味、品牌等,也可能仅仅表现为消费者的主观感觉。当然,男士短裤、传真机、天然气、苹果、太阳镜等,则得到较低的产业内贸易指数。这些产品中,有些是均质的,如天然气、苹果,这类产品更接近传统贸易理论解释的情况。传真机、太阳镜等是有差异的产品,美国进口这类产品,仅仅因为国外的生产成本更低。

　　思考题:
　　产业内贸易的具体表现形式有哪些?其成因与影响因素有哪些?

第一节　新贸易理论

一、产业内贸易的概念及衡量

　　产业是生产同类产品企业的集合,也称行业或部门。最广义的是第一、二、三产业,或者称为农业、工业和服务业,但实际经济活动中的产业则十分复杂,三大产业内部可以进一步细分,通常也称为产业、行业或部门。例如,工业内部有诸如家电产业、轿车行业、服装部门等。产业间贸易通常是指不同种类产品的国际贸易,典型形式是两国之间,一国出口农产品,进口工业品,另一国恰好相反。例如,日本从泰国进口大米,向泰国出口纺织品和服装。产业内贸易是指两个国家之间互相进口和出口同类产品的国际贸易,如美国向德国出口轿车,同时也从德国进口轿车。美国既向日本出口高尔夫球棒,也从日本进口高尔夫球棒[①]。这里的"同类产品"主要是指差异化产品,包括水平差异化和垂直差异化,前者是指质量、价格相似,但特征或属性不同的同类商品,如不同颜色、款式的轿车;后者是指质量、价格不同的同类商品,如不同档次的轿车。

　　但是,在经验和政策研究方面,如何界定同类的差异化商品却并不容易,因为理论定义相对简单一致,但统计定义比较复杂具体。从统计角度来看,产业内贸易定义为:按联合国《国际贸易标准分类》(SITC),以第三层次"组"为分界线。SITC把产品分为类、章、组、分组、基本项目五个层次,属于"组"以下的产品,在国家之间的相互进出口活动,就统计为产业内贸易。所以,特定贸易对象是否属于产业内贸易,经验上由贸易统计的细分层次决定。采用不同层次的贸易分类数据,有些可能由产业内贸易转换为产业间贸易,反之则反。

　　1966年,B. 巴拉萨(B. Balassa)提出贸易相关度的计算方法,即某一产业(设为 j 产业)净出口绝对值除以该产业贸易量,称为巴拉萨指数,公式是:

$$A_j = \frac{|X_j - M_j|}{(X_j + M_j)}$$

　　其中,$(X_j + M_j)$ 是双向贸易总值,$|X_j - M_j|$ 是产业内贸易绝对值。其经济含义是净出口在多大程度上被进口抵消,当出口或者进口为零,该指数等于1,贸易全部是产业间贸

---

① 芬斯特拉,泰勒.国际贸易[M].张友仁,等译.北京:中国人民大学出版社,2011.

易;当出口等于进口,该指数等于0,贸易全部是产业内贸易。巴拉萨指数值大小与产业内贸易水平呈反向关系,不太符合习惯。

1975年,格鲁贝尔(Grubel)和劳埃德(Loyld)提出度量产业内贸易的G-L指数,其含义是特定产业(例如,j产业)中,相对于该产业的贸易总量,出口在多大程度上被进口所抵销,其公式为:

$$B_j = \frac{(X_j + M_j) - |X_j - M_j|}{(X_j + M_j)} = 1 - A_j$$

可见,G-L指数在0到1之间,越接近于1,意味着产业内贸易水平越高,指数值大小与产业内贸易水平呈正向关系。当某一产业产品的进口、出口相等,即$X_j - M_j = 0$时,B_j为最大值1;当某一产业只有进口没有出口,或者只有出口没有进口,即没有产业内贸易时,B_j为最小值0。如果需要计算整个国家或整个制造业的产业内贸易水平,需要用每个产业的进出口值占该国总进出口值的比重为权重,对所有产业的G-L指数进行加权平均。

由于G-L指数反映的是特定时点静态的产业内贸易水平,无法显示产业内贸易水平的动态变化特征,为此,1991年,汉密尔顿和克里斯特提出边际产业内贸易(MIIT)的概念,反映产业内贸易的增量变化,并给出相应的H-K指数(也称MIIT指数)。它将特定产业在两个特定年份间的进口差额和出口差额进行比较,以此度量贸易模式变化的动态结构特征,弥补了将G-L指数进行简单比较的缺陷。但是,H-K指数无法阐述进出口贸易同时产生缩减时的产业内贸易现象,从而产生计量误差。

由于产业内贸易的差异化产品包括水平差异化和垂直差异化两类,经济学家进一步将产业内贸易分为水平产业内贸易(HIIT)和垂直产业内贸易(VIIT)。标准的G-L指数不能将这两类不同的产业内贸易加以区分,为此,有研究者将G-L指数加以扩展,将贸易重叠部分中质量相似的产品,从质量显著不同的产品中分离出来,从而区分水平和垂直产业内贸易,从而能够分别深入研究这两类产业内贸易的规模、变化和各自影响因素。

随着全球化的不断发展,各国生产过程日益国际化,跨国企业经营对国际贸易方式产生越来越大的影响,它们在世界范围内配置资源,实现产品价值链的国际分割和组合。G-L指数不能反映产业内贸易与生产国际化之间的关系,为此,有经济学家从边际产业内贸易的角度,进一步考虑生产国际化中的价值链分割现象,设法对特定产业内相关生产阶段垂直关联时的产业内贸易水平加以度量。马库森和马斯卡斯则考虑国家之间贸易水平和投资水平的联系,从跨国企业子公司经营的角度,构建跨国企业子公司销售指数,再结合产业内贸易指数,考察产业内贸易与产业内子公司经营的关系。

产业内贸易的出现引发了国际贸易理论的重大创新——诞生了新贸易理论。但是,要使理论创新被接受,不仅需要理论自身逻辑的严谨,也需要理论结论与经验现象及其变化相一致,即经受经验事实的检验。为此,如何在统计上对产业内贸易给出恰当的界定,对产业内贸易的规模、结构、类型及其变化设计合适的指标加以反映和衡量,是经济学家的一项重要任务。

二、产业内贸易理论的特征

古典与新古典国际贸易理论基于三个基础性假设,推导出一系列实证和规范的定理。

第一个假设是各国市场和世界市场均属于完全竞争市场;第二个假设是进行国际贸易的商品都是同质的,并且在不同国家完全相同;第三个假设是企业的生产技术具有规模报酬不变的性质,即产量变动比例等于要素投入变动比例。上述假设适合分析产业间的贸易,即各国交易的是不同产业的商品,但不适用于解释产业内贸易,即一国同时进口和出口属于同一产业的商品。

然而,解释产业内贸易现象的新贸易理论具有不同的假设:第一,不完全竞争(垄断竞争和寡头垄断)是国内和国际市场的常态;第二,国际贸易的商品并非同质而是差异化的;第三,企业的生产技术可以是规模报酬递增的,即产量增加比例大于要素投入增加比例。但是,基于这些假设的正规分析,需要一种新的分析工具,因其主要来自产业经济学的不完全竞争分析,新贸易理论也被称为国际贸易的产业组织方法。与古典和新古典贸易理论不同,新贸易理论没有统一的理论模型,而是一系列理论模型的集合(表 3-2)。这是由于不完全竞争市场和产品差别的不同情况:不完全竞争市场分为垄断竞争市场和寡头垄断市场;产品差别分为水平差异化和垂直差异化。

表 3-2　新贸易理论主要模型

产　　品	市场类型		
	完全竞争	垄断竞争	寡头垄断
同质产品	传统理论		布兰德-克鲁格曼模型
垂直差异	法尔威模型	克鲁格曼模型	
水平差异		兰开斯特模型	

考虑到不完全竞争市场和产品差异化的假设更加符合现实,这是否意味着要把古典和新古典理论视为脱离现实的理论而摒弃呢? 作为新贸易理论主要创始人的克鲁格曼回答了这个问题,"传统理论将世界贸易看成是全部类似小麦的商品交换,而新贸易理论则认为世界贸易大部分所交易的是类似飞机这样的产品。只要还有一部分世界贸易的商品确实是小麦那样的商品,并且影响小麦贸易的诸多因素还制约着飞机贸易,那么,传统理论就绝不会被遗忘。"[1]

特别需要指出的是,在自由贸易和保护贸易的政策争论中,新贸易理论注入了新的内容,这些内容不仅没有给上述政策争论提供较为确定的结论,反而使得争论更加复杂化。传统理论在这方面的争论中得出一些明确的结论,例如,国际贸易一定优于自给自足,排除次优状态后的自由贸易一定优于受限制的贸易。然而,新贸易理论却得出诸多相互矛盾的结论,这种情况主要归因于新贸易理论所采用的假设。

三、垄断竞争原理和规模经济原理

(一) 垄断竞争原理

新贸易理论的基本假设是产品差异化和市场不完全竞争,特别是垄断竞争。完全竞争市场是以存在大量消费者和企业、产品同质、信息完全、企业自由进出行业为特征的一种理

---

[1]　克鲁格曼.重新思考国际贸易[M]//甘道尔夫.国际经济学:第一卷.王小明,译.北京:中国经济出版社,1999.

想市场状态,现实中很少实际存在,主要是作为一种理论分析的基准,作为分析不完全竞争市场的参照系。不完全竞争包括完全垄断、垄断竞争和寡头垄断三种情况。垄断竞争既包含了垄断的某些方面,如企业能不同程度地控制价格,也包含竞争的某些方面,如众多企业及自由进出行业。垄断竞争市场中的企业行为及其均衡状态和条件,我们在"微观经济学"课程中已经有所了解,这里简要复习一下其核心内容。

在垄断竞争市场中,单个企业由于产品差异而具有不同程度的垄断势力,所以,面临着一条向右下方倾斜的需求曲线。在完全竞争市场上,企业面临一条无穷大弹性的需求曲线。但是,与完全垄断企业不同,垄断竞争企业面临行业内其他企业的进入竞争,从而自身的需求曲线会向左下方移动,不同价格导致的移动轨迹形成另一条需求曲线。

垄断竞争条件下,企业竞争均衡的情况,既不同于完全竞争市场,也不同于完全垄断市场。短期内,垄断竞争企业按照 MC＝MR 的原则确定产量,以实现利润最大化。如果这时企业定价高于平均成本,即短期内企业有超额利润,其他企业会进入该行业,与现有企业进行竞争,这样就会减少原有企业的市场份额,表现为需求曲线向左下方移动。

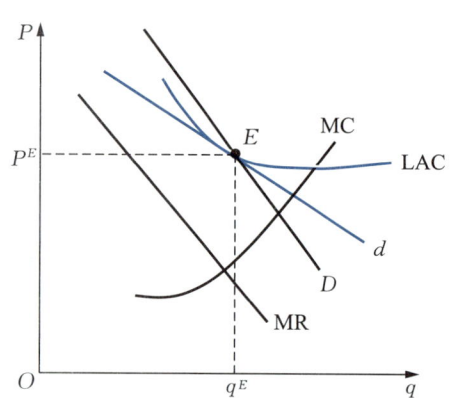

图 3-1 垄断竞争企业的长期均衡

上述的企业竞争过程的稳定状态如何达到呢?这一过程将一直持续到所有企业的价格等于平均成本,即超额利润消失。如图 3-1 所示,当调整进行到 E 点,企业需求曲线 d 与长期平均成本曲线 LAC 相切,经济利润正好为零,垄断竞争企业便达到了长期均衡。

(二)规模报酬原理

企业规模变化是指长期内的要素投入变化。但是,要注意区分两种情况:一种是不同要素的相互替代性变化,即企业可以通过不同的要素投入组合比例来生产相同的产量,这种情况不是企业规模变化;另一种是按给定投入组合比例增加或减少所有投入的数量,这才是企业规模变化。

规模报酬原理反映的是企业规模变化与产量变化之间的关系。这里要注意的是,反映企业技术关系的生产函数有短期和长期之分,短期内企业有一部分固定投入是不变的,但可变投入可以在一定范围内变化,相应的产量也会变化,但这是企业规模不变(或短期)条件下的产量变化,与规模报酬原理无关。企业规模变化是长期的过程,所有要素投入等比例变化,同时伴随产量的不同程度变化,这才是规模报酬原理的含义。企业规模变化就是指所有要素投入按同一比例增加或减少。企业以相同比例增加所有投入,即企业扩大了生产规模。

企业规模扩大所导致的产量增加比例,称为规模报酬程度,有三种可能情况:即不变规模报酬、递增规模报酬和递减规模报酬。当产量增加比例等于要素投入增加比例时,称为不变规模报酬或规模报酬不变。例如,企业所有投入增加一倍,其产量也增加一倍,这意味着企业的经营规模不影响其要素生产率,即无论企业是大是小,企业投入品的边际和平均产量均保持不变,这种情况下,进行一种特定生产的企业很容易被"复制",即两个相同规模企业得到的产量加总,等于它们合并为一家企业时的产量。

如果所有投入增加一倍,而产量的增加超过一倍,这种情况称为递增规模报酬或规模报酬递增。出现递增规模报酬的原因有多种,最主要的原因是大规模生产能够使分工更加专业化,能够更充分地利用大规模的厂房和先进设备等,从而提高要素生产率。汽车企业是递增规模报酬的一个典型例子,假如只有 2 个工人和 1 台机器,在一定的时间内只能生产一辆汽车,假如企业雇用 40 个工人和购买 20 台机器,相同时间内汽车产量能达到 25 辆,就是典型的递增规模报酬情况,即企业产量增加的比例大于要素投入数量增加的比例。

最后,有可能厂商增加两倍的要素投入,只得到小于一倍的产量增加,这就是规模报酬递减的情况。一些大型企业规模过于庞大,导致组织复杂和管理协调困难,降低了劳动和资本的生产率。这通常被认为是出现规模报酬递减的最主要原因。也可能随着规模的扩大,企业内部的沟通和监督变得困难,从而导致额外成本的产生。

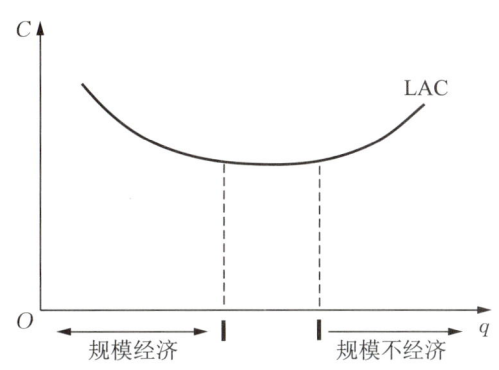

图 3-2　规模经济和规模不经济

与规模报酬递增和递减相对应的是规模经济和规模不经济,前者基于长期生产函数,从要素投入变动比例观察产量变动比例,后者则是基于长期成本函数,从产量变动比例观察要素投入变动比例,所以,两者正好互为倒数。当长期平均成本随产量上升而下降,就显示了规模经济;反之,当长期平均成本随产量上升而上升,就显示了规模不经济。规模经济和规模不经济,如图 3-2 所示。

基于生产函数的规模报酬与基于成本函数的规模经济是紧密相关的。如果企业决定使其产量翻番,而生产技术表现为不变的规模报酬,那么,必须使要素投入也同样翻番;如果要素价格不会因为该企业购买增加而上升,这种翻番的结果是成本同样翻番。这意味着总成本与总产量的比例不发生变化,所以,当生产函数表现为不变规模报酬,随厂商规模的变化,长期平均成本不变。

当生产函数表现为递增规模报酬,意味着总成本增长小于总产量增长,从而长期平均成本随规模扩大而下降,表现为平均成本曲线向右下方倾斜,这时,长期成本函数则显示出规模经济。

当生产函数表现为递减规模报酬,长期成本函数显示出规模不经济。表现为随规模扩大,总成本增长快于产量增长,平均成本曲线向右上方倾斜。

一般情况下,企业平均成本曲线呈 U 形。但有时生产上的规模经济,会使得企业长期平均成本曲线可能呈 L 形,也就是说,企业产量越大,平均成本越低。这时,规模越大的企业就越具有竞争优势,会把更多的小规模厂商挤出该行业。如果规模经济一直持续到整个市场只有一家厂商,就会形成自然垄断。规模经济和自然垄断,如图 3-3 所示。

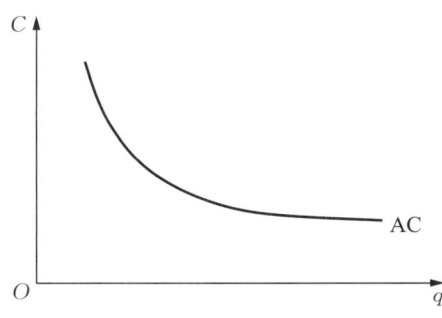

图 3-3　规模经济和自然垄断

四、垄断竞争与产业内贸易

（一）无贸易均衡

垄断竞争条件下，一家企业的短期均衡（图 3-4），与完全垄断均衡相似。企业具有对应于需求曲线的边际收益曲线，假定边际成本给定且不变，企业在 MR＝MC 的产量水平上，依据需求曲线定价，可以获得垄断利润。

垄断竞争市场上，从长期来看，如果一家企业获得垄断利润，其他企业会进入该行业，新企业的进入，使得原来企业的市场需求缩小，表现为它的需求曲线向左下方移动，一直移动到 d_1，即垄断利润消失为止，如图 3-5 所示。

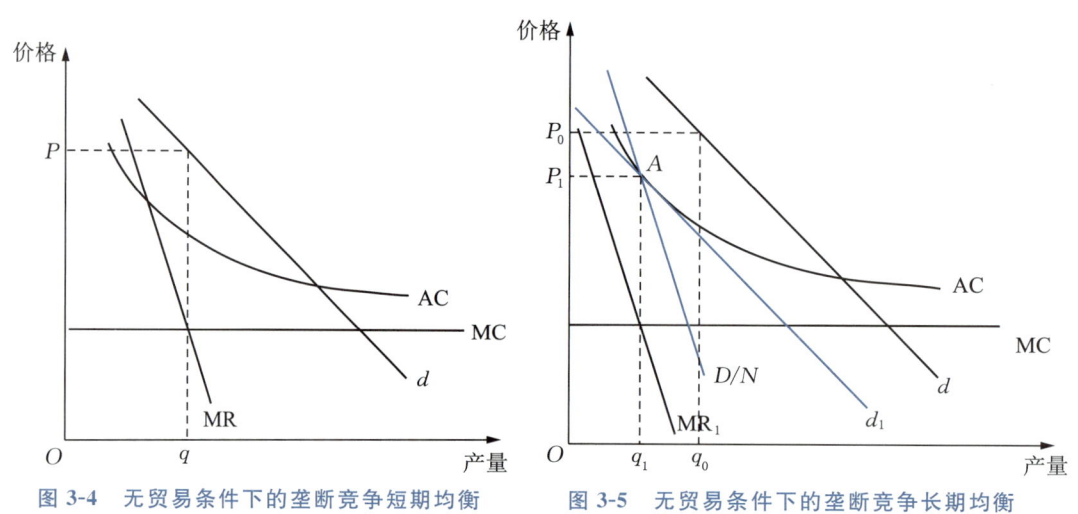

图 3-4　无贸易条件下的垄断竞争短期均衡　　图 3-5　无贸易条件下的垄断竞争长期均衡

需要说明的是，图中有一条 D/N 表示的需求曲线，需求曲线 d 是假定其他企业索要价格不变时，一家企业索要价格与其需求量的关系。但是，一家企业改变价格时，其他企业不会保持价格不变。一家企业调整价格（如降价）时，其他企业也会调整价格。所以，一家企业价格调整时的实际需求量不是沿着需求曲线 d 移动，而是需求曲线 d 的位置会移动，不同价格下的需求曲线 d 的位置移动轨迹，就是 D/N 需求曲线，它是该产业中所有企业索要相同价格时，每家企业的需求数量，是无贸易条件下的总市场需求 D 除以企业数量 N。通常情况下，一家企业面对的需求曲线 d 比需求曲线 D/N 更有弹性。假定从 A 点出发，只有一家企业降价，这时企业需求数量会沿着 d_1 移动，因为可以从其他企业吸引顾客。但是，如果所有企业以相同幅度降价，企业需求量会沿着 D/N 移动，即只能吸引较少的顾客。

（二）自由贸易均衡

现在考虑两国之间的自由贸易情况，假设：❶ 两国完全相同；❷ 无贸易均衡下有相同数量的消费者；❸ 相同的技术和成本曲线；❹ 相同的企业数量。在传统贸易理论框架中，两国之间不会发生国际贸易，在李嘉图的比较优势理论中，拥有相同生产技术和成本的国家，它们无贸易时的相对价格是相等的，从而不会产生贸易；在 H-O 要素禀赋论中，拥有相同禀赋的国家之间，无贸易时的相对价格也是一样的，仍然不会产生国际贸易。

但是，垄断竞争条件下，两个相同条件的国家会产生国际贸易，基本原因在于产品差异和规模经济。我们将两国无贸易均衡中的企业数量视为给定,并用这个企业数量来确定自由贸易条件下的均衡。

我们从无贸易条件下的长期均衡开始,如图 3-5 中的 A 点,并将其复制到图 3-6 中。当两国进行自由贸易,每家企业可获得的消费者数量翻了一番[假设(2)],企业数量也翻一番[假设(4)],因此,需求曲线与贸易前一样,有两倍消费者,也有两倍的企业,即 $2D/2N = D/N$,所以,A 点仍在需求曲线 D/N 上,如图 3-6 所示。

自由贸易发生时,由于消费者得到的产品品种数增加,其对每种产品的需求弹

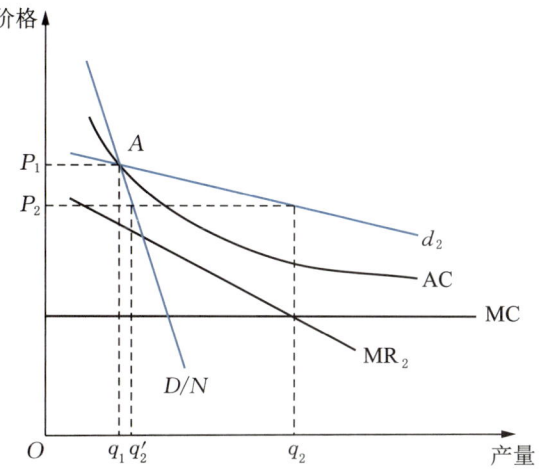

图 3-6 有贸易条件下的垄断竞争短期均衡

性会增大,即一家企业降价会吸引更多的本国和外国消费者,表现为企业需求曲线的斜率变小,d_2(图 3-6)比贸易前的 d_1(图 3-5)具有更大弹性。需求曲线 d_2 不再与平均成本曲线 AC 在 A 点相切而是相交,与这条需求曲线对应的边际收益是 MR_2。

在 d_2 和 MR_2 条件下,企业需要再次选择利润最大化的产量,依据 $MR = MC$ 原则,最优产量为 q_2,此时的价格为 P_2。由于 P_2 高于相关产量时的平均成本,该企业获得垄断利润。但是,由于垄断竞争行业有众多企业(本国和国外企业),且自由进出,所以,其他企业也有降价动力。所有企业都竞相降价,意味着每家企业的需求量将沿着需求曲线 D/N 而不是 d_2 移动,这样,每家企业的需求量是 q_2' 而不是期望的 q_2,在 q_2' 产量水平上,企业要价低于平均成本,意味着每家企业均有亏损。可见,在短期均衡时,企业会降价,期望在 q_2 产量上获利,但竞争的结果却是亏损。当然,q_2' 产量水平不是长期均衡。亏损会使得有些企业破产,退出该行业,这样会使幸存企业的需求量增加,减少了消费者可得的产品品种数。

由于一些企业的退出,在发生贸易后各国幸存下来的企业数减少了,企业数的减少,增加了对各个企业的需求量,表现为图 3-7 中的 D/N 向右移动。这时的长期均衡在 q_3 上达成,该产量上的价格等于平均成本,垄断利润消失,企业没有进入的动力,同时,所有企业获得正常利润,也不会退出。

这里的长期均衡与无贸易条件下的长期均衡有何区别呢?第一,尽管两国都有企业退出,但我们仍然可以预期,世界产品品种数会超过贸易前各国各自的品种数,相应地,企业面对的需求曲线 d_3 比无贸易时的需求曲线 d_1 弹性更大。第二,长期均衡水平,两国幸存企业索要的价格低于无贸易时的价格,并且产量更大。

上述模型解释了传统贸易模型不能解释的产业内贸易。由于两国技术相同,禀

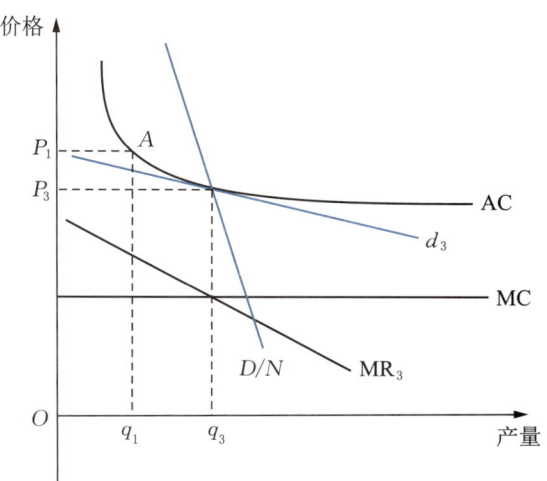

图 3-7 有贸易条件下的垄断竞争长期均衡

赋相同,所以,在李嘉图模型和 H-O 模型中,均不会发生国际贸易。但是新贸易理论将同一产业的差异化产品和企业的规模经济引入模型,解释了两国之间的产业内国际贸易,这是新贸易理论的核心观点。

上述新贸易理论模型中的贸易利益有两项。第一是价格下降使得消费者获益,因为这里的降价是来自规模经济,即平均成本随企业的产量增加而下降。平均成本降低对企业而言意味着生产率的提高,因此,国际贸易提高了相关国家的生产率。第二是消费者获得的产品品种数增加了,消费者的效用不仅与所购买商品的数量正相关,而且还与可购买的产品品种数正相关。

新贸易理论中涉及短期的调整成本,即实现长期均衡的过程中,会有一些企业退出,这些倒闭的企业使得工人要寻找新工作而经历一段时间的失业。然而,从长期来看,这些工人会找到新的工作,因而将这种失业成本看作是暂时的。当然,这里需要将短期的调整成本与长期的贸易利益进行比较。

五、寡头垄断与产业内贸易

(一) 产品倾销模型

对于均质产品,假定其市场属于不完全竞争,企业可以对不同国家的购买者索取不同价格,这种定价策略通常被称为价格歧视。国际贸易条件下,企业不仅可以索取高于其边际成本的价格,而且可以在国内和国外市场索取不同的价格,当然,这需要企业具有相应的分割市场能力,即能够阻止在不同国家之间进行套利交易。

一家企业在国外市场以低于本国价格或以低于平均成本价格销售产品,即为倾销。倾销在国际贸易中较为普遍,尽管 WTO 有相关限制性规则,也无法消除。这里我们关注的是,企业为何要倾销? 并以此解释一部分产业内贸易的现象。

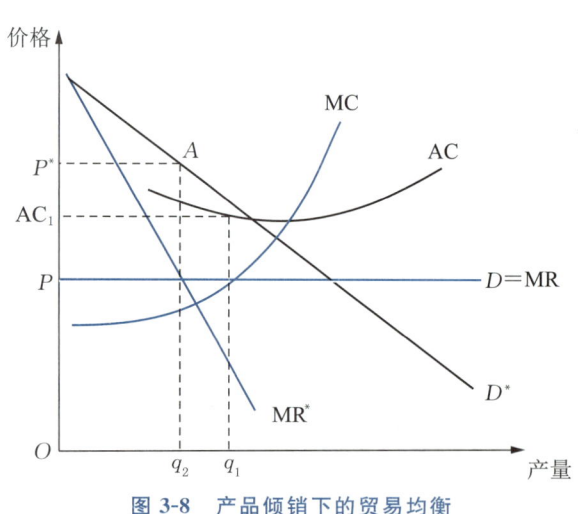

图 3-8　产品倾销下的贸易均衡

表面上看,以低于国内价格或平均成本价格出口,一定是无利可图的,从而违背企业经营目标。但事实不完全是这样,有时,企业在国外市场的倾销也是有利可图的。

假设一家垄断企业既在本国市场销售也在国外市场销售,且能在国内、国外市场索取不同价格,如图 3-8 所示。D^* 表示该企业的本国市场需求,相应的边际收益为 MR^*。由于该企业具有垄断势力,所以,其需求曲线向右下方倾斜。

但是在出口市场上,该企业面临来自外国市场上的当地企业竞争,因此,该企业的出口需求曲线变得更有弹性,即如果它在当地市场提价,将会失去更多顾客;如果在出口市场面对充分竞争,则其出口需求曲线将变成无穷大弹性。假定出口价格固定在 P,意味着在出口市场的完全竞争,出口边际收入等于价格。

现在我们确定该企业利润最大化水平,以及在每个市场上的价格。对于歧视性垄断者而言,利润最大化的均衡产量条件是:$MR = MR^* = MC$。如图 3-8 所示,该企业在产量 q_1 时,有 $MR = MC$。但并非所有产品均是供应出口的,有部分产品在本国市场销售,本地销售数量由该企业的本国边际收益 MR^* 等于其出口边际收益 MR,及其本国边际成本 MC^* 和出口边际收益 MR 决定,所有这三个变量均等于价格,尽管该企业对本国市场所要的价格为 P^*,一旦达到这种水平,该企业在两个市场均达到利润最大化,在本国市场销售 q_2,出口销售 $q_1 - q_2$。这样就解释了同质产品贸易的微观原因。

从图 3-8 可以看出,该企业在本国市场索取 P^* 的价格,销售 q_2 的数量。出口价格 P 低于本国市场价格 P^*,由其以较低价格将同一产品销售到出口市场,具有倾销的性质。当总产量为 q_1,该企业的平均成本为 AC_1,低于本国价格 P^*,但高于出口价格 P,根据平均成本高于出口价格的特征,企业也属于倾销。

所以,从市场结构的性质看,倾销的定价策略可以一定程度上解释两国之间同类产品产生国际贸易的原因。

(二) 相互倾销

以上分析只是关注一国企业在另一国的倾销,但是两个国家的企业均在对方市场倾销也是经常发生的,这就是相互倾销。通常情况是,两国出于政策考虑,都指控对方以过低的出口价格在本国市场销售产品,从而获得有利于本国企业的裁决,征收反倾销税。这里关注的不是政策问题,而是两国企业都对其出口产品索要低于本国市场的价格,如何有利可图,以及这种行为所导致的同类产品国际贸易。

因为垄断竞争条件下,企业需求曲线向右下方倾斜,所以,边际收益随销售量增加而下降。在有出口市场情况下,本国企业不必在国内市场销售额外产品并压低价格,而是可以出口到国外市场,增加国外销售当然会压低国外企业的价格。由于两国企业均有动机如此行事,均衡结果是两国企业在彼此市场上销售。因此,在没有产品差异的条件下,相互倾销也会导致双向贸易,就是说,即使是均质产品的条件下,不完全竞争也会形成同类产品的产业内贸易。

如图 3-9 所示,假定本国和外国企业具有相同的市场需求,从而边际收益也相同,具有

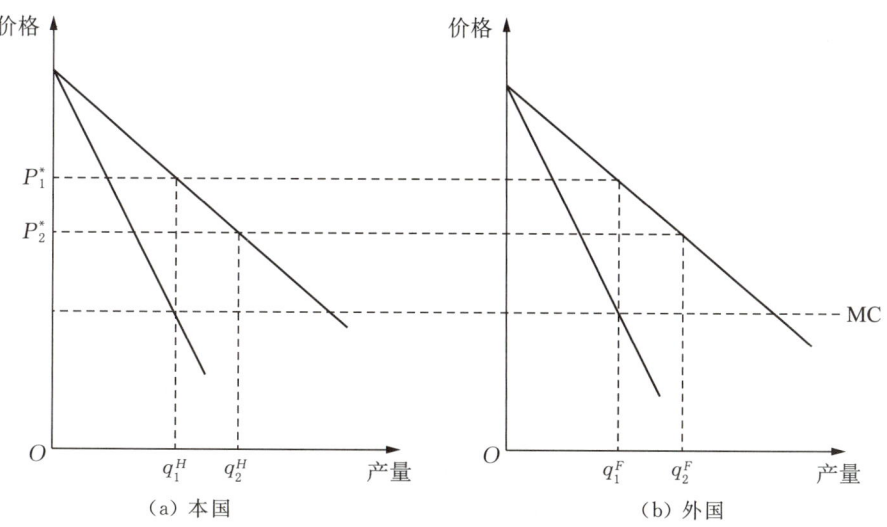

图 3-9　相互倾销下的贸易均衡

相同的边际成本。在封闭经济条件下,本国和外国市场的均衡均出现在边际收益等于边际成本处,这时的产量为 q_1^H 和 q_1^F,价格为 P_1^*,这是无贸易时的均衡。

基于封闭经济的垄断竞争均衡,可以发现外国具有向本国出口的动力,因为外国企业在本国市场多销售一单位产品,使得本国市场销售量增加,价格下降,但是,外国企业的边际收益高于其边际成本,所以,出口是有利的。那么,外国企业向本国出口多少呢?只要出口价格高于其出口成本,外国企业将一直持续向本国市场出口。具体而言,考虑到运输费用并假定其保持不变,那么,外国企业向本国市场出口量的均衡水平,将在其边际成本加上运输费用等于其出口边际收益时达到。

外国企业出口到本国市场,导致本国市场的价格下降,从而减少了本国企业的利润。因此,本国企业通过调整其在本国市场的销售量,对外国企业的进入作出反应。它遵循相似的利润最大化原则,就是使得自己在本国市场的销售量达到边际收益等于边际成本的水平。

我们知道,本国市场价格与外国企业向本国的出口数量和本国企业的最优销售量之和有关,从而本国市场有贸易时的均衡价格为 P_1^*,低于无贸易时的均衡价格,但高于边际成本;本国市场的需求量由本国企业和外国企业共同满足。

由于本国企业与外国企业具有完全相同的条件,既然外国企业有进入本国市场的动力,那么,本国企业同样具有进入外国市场的动力。因此,可以预期,外国市场有贸易时的均衡与本国也是相同的。有贸易时的均衡价格低于无贸易时的均衡价格,高于边际成本,也就是 P_1^*,其市场需求量也由两国企业共同满足。

在有关倾销的贸易争端中,通常将一家外国企业在本国市场的价格(扣除运输成本)与该外国企业在其本国市场的价格相比较,这里外国企业扣除运输成本的出口价格,低于其在本国市场的售价,所以属于倾销;而本国企业在国外市场扣除运输成本的价格也低于在本国市场的售价,同样属于倾销。两国企业都在对方国家市场上倾销,可以判定为"相互倾销"。因此,双向倾销模型解释了垄断竞争条件下,即使产品不存在差异时,两国之间也能发生相同产品国际贸易的部分原因。这是由于不完全竞争条件下,企业有进入彼此市场的内在动力所致。

值得注意的是,消费者从这种相互倾销的市场进入中受益。在两个国家市场上,进口商品的进入都降低了均衡价格(相对于无贸易均衡时的价格)。总之,竞争企业的进入,导致市场竞争加剧,均衡数量增加,均衡价格降低。这虽然使消费者受益,但减少了每家企业的总利润。

第二节　新新贸易理论

20 世纪中后期以来,各国企业的生产组织方式发生了很大的变化,生产的分散化(产品内国际分工,即以产品工序环节为对象的国际分工)逐渐成为国际分工的新特征,跨国公司内部贸易与中间品贸易占比显著上升,如根据 WTO 统计,近 30 年来中间品贸易额占全球贸易总额的比例已超过 2/3。与此同时,全球 FDI 也在快速增长。尽管传统的国际贸易理论与新国际贸易理论能够较好地解释产业间贸易与产业内贸易,但对解释这些国际经贸新现象与新特征却缺乏足够的说服力。因此,急需新的理论体系出现以对其进行更合理、更充分的阐释。

　　诸多实证分析结果表明,大部分企业都不从事出口,并且与仅服务于国内市场的企业相比,出口企业的生产率会更高且规模更大。这说明,生产率高的企业往往会选择出口,但生产率低的企业不会选择出口,这些特征事实是传统国际贸易理论和新国际贸易理论都不能很好解释的。因此,沿着这条线索进行的后续研究就逐渐形成了新新贸易理论一个主要分支:异质性企业的国际化路径选择问题。

　　此外,很多研究还表明,企业的生产组织方式正逐步趋于全球化,企业生产分割行为越来越普遍,外包(outsourcing)与垂直型对外直接投资(vertical FDI)发展迅速。这说明,一方面,部分企业通过外包等行为不断推进跨国生产组织活动,但另一方面,还有很多企业采用一体化和内部化生产来节约交易成本,同样,这些现象也不是传统国际贸易理论和新国际贸易理论能够充分解释的。因此,沿着这条线索进行的后续研究就逐渐形成了新新贸易理论的另一个重要分支:异质性企业的全球生产组织方式选择问题(或者说,异质性企业在资源配置方式上的选择问题)。

　　在这些前期研究和实证分析的基础上,新新贸易理论(new-new trade theory)得以产生并逐步发展形成理论体系。一般认为,新新贸易理论主要分为两大分支:一支称为异质性企业贸易理论(trade theory of heterogeneous firms),主要是以 Melitz 提出的异质企业贸易模型为理论基础;另一支称为企业内生边界理论(endogenous boundary model of the firm),其主要以 Antràs 等提出的企业内生边界模型为基础。其中,异质性企业贸易理论主要阐述同一产业内的异质性企业在出口决策上的选择问题,如什么样的企业才能出口? 而企业内生边界理论主要阐述同一产业内的异质性企业在生产组织方式上的选择问题,如单个企业应如何组织生产方式,是选择外包还是一体化? 如果选择外包,什么情况下采用国际外包,什么情况下选择国内外包? 如若选择一体化,什么情况下采用国际一体化,什么情况下选择国内一体化?

　　图 3-10 展示了新新贸易理论主要的研究内容和解答的问题。

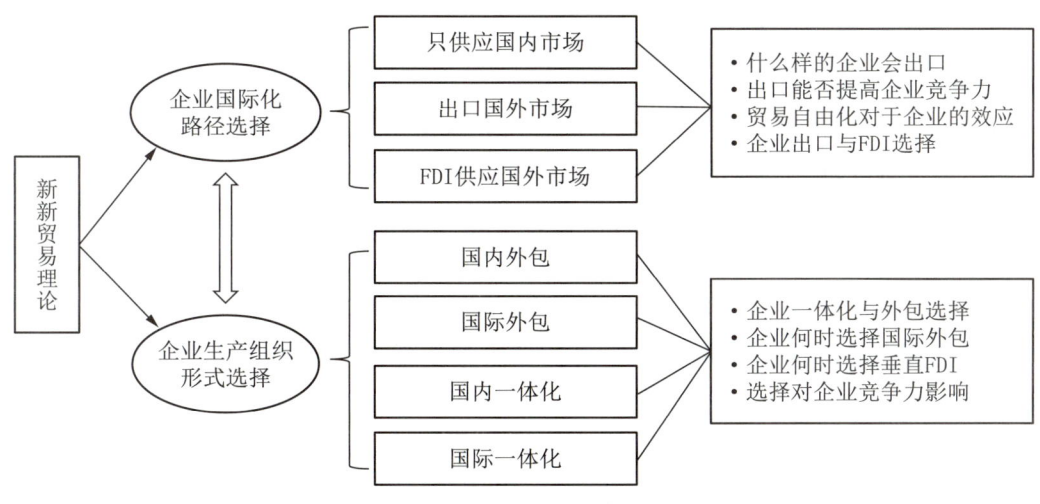

图 3-10　新新贸易理论主要的研究内容和解答的问题

　　新新贸易理论将贸易研究的视角从过去的宏观层面、中观层面向微观层面进行转变,即国际贸易理论所研究的问题,从国家与国家之间、行业与行业之间如何进行国际贸易,转变为微观的企业如何进行国际贸易。

因此，从研究的范围来看，传统贸易理论（古典贸易理论与新古典贸易理论）主要研究产业间贸易，新国际贸易理论主要研究产业内贸易，并且传统国际贸易理论与新国际贸易理论都蕴含着一个共同的假设：同一行业内的企业都是同质的（无差异的）；而新新贸易理论则放松了这一基本假设条件，将同一行业内企业间的异质性作为其关键的特征性假设。

表 3-3 归纳了不同国际贸易理论的基本假设、主要结论、代表性基础文献，以及对各种贸易现象的解释能力等。

表 3-3　国际贸易理论的比较与总结

项　　目	传统国际贸易理论	新国际贸易理论	新新国际贸易理论
基本假设	完全竞争市场 规模报酬不变 企业同质性 产品同质化	不完全竞争市场 规模经济 企业同质性 产品差异化	不完全竞争市场 规模经济 企业异质性 产品差异化
主要结论	比较优势或要素禀赋差异是国家之间产生国际贸易的主要原因	市场结构差异、规模经济和产品差异化推动了国际贸易的产生	异质性假设可以使企业选择不同的内部化生产组织方式和不同的国际化路径
解释的贸易现象	产业间贸易	产业内贸易	产业内贸易 产业内企业生产组织行为 产业内企业出口选择行为
代表性基础文献	Ricardo(1817)，Heckscher(1919)，Ohlin(1933)等	Dixit 与 Stiglitz(1977)，Krugman(1979,1980)等	Melitz(2003)，Antràs(2003)等

本节将着重对新新贸易理论的两个基本理论模型进行介绍。

一、异质企业贸易模型

企业生产率异质性说由 Bernard 和 Jensen 提出，他们较早提出这样的质疑：出口企业是否比不出口企业具有更高的生产率？而真正在异质性企业贸易理论上取得重要突破的一个代表性基础文献，是 2003 年美国经济学家马克·梅利茨（Marc Melitz）在《计量经济学》期刊上发表的《贸易对产业内重置与总产业生产率的影响》一文。Melitz 在垄断竞争贸易模型的基础上进行拓展，构建了一个考虑企业异质性的垄断竞争动态产业模型，在该模型中，只有少数高生产率企业能够从事出口。可以说，Melitz 提出的异质企业贸易模型奠定了新新贸易理论的重要基础，同时也为后人根据企业层面数据进行实证研究提供了理论依据。

（一）异质企业贸易模型介绍

Melitz 首先以封闭经济为起点进行研究，之后引入国际贸易，探讨在开放经济均衡条件下的异质性企业决策及国际贸易的影响。

通过比较封闭经济与开放经济两种情况，Melitz 发现国际贸易主要产生了以下几方面的影响：

1. 企业生产率

开放经济条件下,企业根据自身生产率水平将被分化为三种类型,即 E 型企业(export firms)、D 型企业(domestic firms)和 N 型企业(non-producers)。其中,E 型企业的生产率水平最高,它们在国内市场销售产品的同时,也进行出口;D 型企业的生产率水平居中,只能在国内市场销售;N 型企业的生产率水平最低,会退出生产,即被淘汰出市场。最终,整个行业的生产率都因国际贸易的自由化而得到提升。

2. 产品种类

Melitz 证明,只要冰山成本不是特别高,则开放经济均衡时的行业内企业数量会多于封闭经济均衡时的企业数量。这也说明,开放条件下的消费者可以享用的产品种类会增加,进而消费者总福利会上升。

拓展阅读

异质企业贸易模型推导

3. 企业平均利润

在行业自由进入条件不变的前提下,国际贸易的开展会导致企业平均利润的提高。

(二)异质企业贸易模型的拓展与实证检验

在 Melitz 提出异质企业贸易模型后,后续有很多文献对其进行了拓展研究。

其中,一个重要的拓展是关于异质性企业国际化方式的选择问题。在 Melitz 提出的异质企业贸易模型中,企业面临三种选择,即出口、仅在国内销售和退出生产,但并未涉及企业服务国际市场方式的选择问题,即企业是通过出口还是对外直接投资(FDI)进入国际市场。2004 年,Helpman、Melitz 和 Yeaple 三位学者合作在《美国经济评论》上发表了《异质性企业出口与 FDI》一文。论文开创了异质性企业国际化方式选择类研究文献的新篇章,引入企业异质性假设,并考虑了建立海外分公司的决策,即企业是以出口还是 FDI 的形式进行国际化。研究结果表明,企业究竟是选择出口还是 FDI,是由企业根据其生产率决定的:首先,只有高生产率的企业才会参与国际化决策,而在这些高生产率企业中,生产率最高的企业会采取 FDI 方式进入国际市场,成为跨国公司,而生产率次之的企业会以出口方式进入国际市场。其次,生产率较低的企业只在国内市场销售,而生产率最低的企业会被淘汰出局。最后,企业异质性特征明显的产业,会更多地采用 FDI 方式。在理论模型分析基础上,该论文还采用美国不同生产部门参与国际市场的数据,实证检验了理论模型的结论。

对 Melitz 提出的异质企业贸易模型的另一个重要拓展,是关于市场竞争程度对异质性企业贸易决策的影响问题。在 Melitz 构建的异质企业贸易模型中,较大程度上沿用了 Krugman 关于市场结构为垄断竞争的假定,由于模型采用的是 CES 效用函数,模型中未能明确分析市场竞争激烈程度的差异对异质性企业贸易决策的影响。对此,Melitz 和 Ottaviano 发表在《经济学研究评论》期刊中的《市场规模、贸易与生产率》一文,通过引入内生成本加成的拟线性效用函数,进一步考察了贸易的福利来源,并指出不同市场竞争的激烈程度是由市场中的企业数量和平均生产率内生决定的。研究发现,市场规模和贸易开放程度都会影响市场竞争的激烈程度和异质企业的市场决策;市场的一体化程度越高、市场竞争越强,则企业的总生产率越高、利润越少。该文构建的理论分析框架,为后续研究区域贸易一体化对异质性企业生产率及商品溢价的影响,奠定了理论基础。

在实证检验方面,大量文献支持 Melitz 的基本结论。如,Eaton、Kortum 和 Kramarz 采用法国出口企业和非出口企业对比数据,得出了与 Melitz 相似的结论:出口企业比不出口企业具有较高的生产率。Bernard 等采用 1993 年至 2000 年的美国企业微观数据实证分析了企业的贸易和投资等行为,研究发现,国际化程度越高的美国企业,其在经济中的作用越大,其中,出口的企业占据主导作用,并且美国 1/3 以上的就业是由出口企业提供的。Crespi 等采用英国 1994 年至 1996 年和 1998 年至 2000 年的企业创新调查数据,研究英国企业的自选择效应和出口学习效应,研究结果表明,出口企业从海外客户那里得到的创新信息可以为其带来较高的生产率增长。

二、企业内生边界模型

20 世纪 90 年代以来,随着经济全球化程度的加深,以跨国公司为主导的公司内部贸易(intra-firm trade)和对外直接投资发展迅速,这使国际贸易实践发生了重大变化。对此,既有国际贸易理论的解释能力非常有限,迫使经济学家们对这些新现象的成因进行反思。

Antràs 建立了一个关于企业边界的不完全契约产权模型,来分析跨国公司的边界和生产的国际定位,并能够预测企业内贸易的类型。之后,Antràs 和 Helpman 又进一步做了重要拓展。这两篇重要的基础性文献共同探讨了异质企业是如何影响企业边界及国内外包、离岸外包、FDI 等战略的实施,同时也讨论了企业组织形式如何影响贸易模式的问题。

拓展阅读

企业外包
与一体化

专栏 3-1
苹果、英特尔与波音的生产组织方式

苹果和英特尔都是在世界上影响力很大的跨国公司,两者的生产分割和外购方式可以在很大程度上说明制造企业生产组织方式的选择问题。

根据苹果公司 2010 年年报披露的情况,苹果公司所有产品及其零部件均由第三方企业制造,产品运输和后勤管理也采用外购方式。苹果公司最终产品组装目前分布在美国、中国、韩国等地。关键部件制造和供应分布在美国、中国、德国、爱尔兰、以色列、日本、韩国、马来西亚、荷兰、菲律宾、泰国和新加坡等。

与苹果公司不同,英特尔公司一直采取公司内部垂直一体化生产方式,对外购和利用第三方生产设施采取谨慎和严格限制策略。英特尔公司有数千个供应商提供各种材料和服务,也委托第三方制造公司承担一些制造工作,但主要限于网络和通信产品。对于其核心产品微处理器、芯片组则不外购,任何重要环节(研究、开发和制造)全部集中在公司内,制造工厂均由英特尔自行投资建造。仅少数几家芯片组制造工厂位于国外,其余工厂均建造在美国国内。根据公司年报,截至 2009 年 12 月月底,Intel 公司 64% 的晶片制造包括微处理器和芯片组在美国国内制造,制造厂主要在亚利桑那州、俄勒冈州、新墨西哥州和马萨诸塞州。其余 36% 晶片在美国以外制造,制造工厂位于爱尔兰、以色列和中国。组装和测试主要在马来西亚、中国、哥斯达黎加和越南进行。

20 世纪 60 年代,波音 727 飞机的设计、开发、制造均依靠波音公司自主投资,独立完成,按价值计算进口零部件只占 2%。20 世纪 70 年代为了顺利出口飞机,飞机制造企业开始将一些零部件生产转移到国外,进口零部件比重逐步提高。波音飞机外购零部件从 747 机型的简单结构部件发展到 777 机型的复杂中心机翼。波音 787 梦想飞机的零部件和子系统依靠全球采购,主要部件供应企业来自澳大利亚、加拿大、中国、意大利和日本。按价值计算,波音 787 飞机 90% 的设计和子系统依靠外购,进口比重提高到 70%。中国对波音飞机供货不断增加也从一个侧面说明飞机制造业生产分割和外购不断加深。波音 787 飞机采取的系统集成和全球采购生产组织方式,表明波音公司商用飞机制造已经放弃完全自主投资方式,不再独立承担新型客机的设计和制造,而是根据新型飞机和零部件的复杂程度,在全球范围选择风险共享伙伴,采取与风险共享合作者共同承担研发和生产成本的方式减少投资。波音公司从企业内部一体化生产转变为向本国和国外外购。

思考题:

1. 苹果公司为何会采取比较彻底的生产分割和外购方式组织生产?
2. 英特尔公司为何主要采取一体化而不是外购方式组织生产?
3. 为什么波音公司将生产组织方式从企业内部一体化生产转变为向本国和国外外购?

(一) 企业内生边界模型介绍

Antràs 将 Grossman-Hart-Moore(GHM)三位学者建立的企业产权模型与 Helpman 和 Krugman 的贸易理论相结合,将不完全契约和产权理论引入到不完全竞争和差异性产品的标准化贸易模型中,构建了一个关于企业边界(boundaries)的不完全契约产权模型,并通过建立公司边界与资本密集度(capital intensity)的关联,探讨企业应如何做出生产组织方式国际化的决策,即对于中间投入品的进口,企业什么情况下应选择垂直一体化(FDI),什么情况下应选择外包。

Antrà 提出的企业内生边界模型认为,在资本密集型行业中,企业更倾向于选择垂直一体化(FDI)模式组织生产,即跨国公司内部贸易的形式;但在劳动密集型行业中,企业更倾向于通过契约方式外包给其他外国企业生产,即通过契约进行企业间贸易的形式。

Antràs 还对美国在 1987 年、1989 年、1992 年和 1994 年的制造业数据进行实证分析,结果发现,对于资本密集型产品(如化工产品),美国企业更倾向于在跨国公司内部进口,但对于劳动密集型产品(如纺织品),则更倾向于从非附属公司进口。此外,在美国进口总额中,企业内部贸易的占比是较高的;美国从资本较充裕国家的进口,更倾向于在跨国公司内部进行,即采用垂直一体化(FDI)的形式,而从资本较为匮乏的国家进口则更多地采用外包的形式。

(二) 企业内生边界模型的拓展与实证检验

Antràs 和 Helpman 将 Melitz 提出的异质企业贸易模型和 Antràs 提出的企业内生边界模型相结合,构建了一个新的南北贸易模型。假设世界上只有两个国家:南方国家和北方国家,且北方国家的工资率要高于南方国家;世界上只存在一种生产要素:劳动;同一行业内的企业是异质的(生产率不同)。在此基础上,进一步假设企业在不同的生产组织形式下,其固定成本也是不同的:❶垂直一体化的固定成本高于外包的固定成本;❷离岸生产的固定成本高于本地生产的固定成本。因此,国外外包的固定成本高于本地外包的固定成本,FDI 的固定成本高于国内一体化的成本,国内一体化的固定成本高于国内外包的固定成本,FDI 的固定成本高于离岸外包的固定成本。并且,在南北国家之间也存在固定成本差异,即企业在南方生产的固定成本大于北方,同时垂直一体化要求的固定成本大于外包形式下要求的固定成本。

在这些基本假设前提下,企业需要对其内生组织边界进行自我选择行为,即企业面临应该选择一体化还是外包,应该选择国内还是国外等决策问题。对于北方企业而言,在国外(南方)的制造成本会更低,因此,北方企业面临四种生产组织决策选择:❶国内一体化生产;❷国内外包;❸国外一体化生产(FDI);❹离岸外包。Antràs 和 Helpman 的研究结论表明,企业生产率的差异影响了企业内生组织边界的自我选择行为。

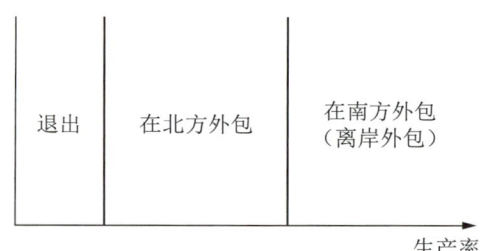

图 3-11　零部件密集型行业的企业生产组织形式选择

注:零部件密集是指企业的零部件是主要的生产环节。

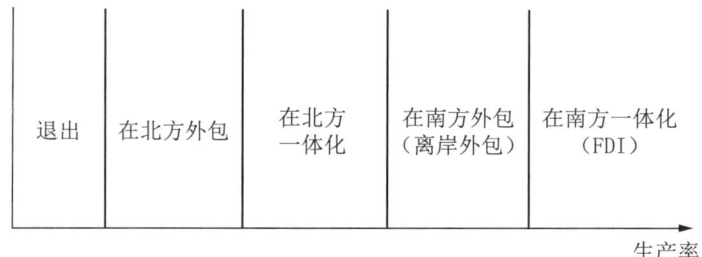

图 3-12　总部密集型行业的企业生产组织形式选择

注:总部密集是指企业总部是生产的主要部门。

如图 3-11 和图 3-12 所示,Antràs 和 Helpman 认为,在企业边界内生的模型中,与 Melitz 提出的异质企业贸易模型的结论相一致,行业中生产率最低的企业都会退出生产。而在存活下来的北方企业中,存在其他多种生产组织形式的选择问题:❶若其所在的行业是零部件密集型的(component-intensive),则仅考虑外包的生产组织形式,即生产率较低的企业通过国内外包的形式获取中间投入品,生产率较高的企业通过国外外包的形式获取中间投入品。❷若其所在的行业是总部密集型的(headquarter-intensive),则面临外包或一体化的生产组织形式选择,即生产率较低的企业在国内获取中间投入品,而生产率较高的企业在国外获取中间投入品;在国内获取中间投入品的企业中,生产率较低的企业通过国内外包进行中间品生产,生产率较高的企业在内部进行中间品生产,即国内一体化;在国外获取中间投入品的企业中,生产率较低的企业通过离岸外包进行中间品生产,生产率较高的企业通过离岸市场一体化(即 FDI)的方式获得中间投入品。换言之,只有生产率最高的企业才会成为跨国公司。此外,该模型还有助于解释南北工资差距不断加大和中间贸易成本不断减少的影响,解释了南方国家的贸易一体化程度落后于北方国家的原因,并较好地解读了当前国际贸易模式和国际投资现象。

除此之外,还有一些文献对 Antràs 的企业内生边界模型进行重要拓展。如,Grossman 和 Helpman 建立了一般均衡框架下的外包和贸易模型,并假定外包是一种不完全契约条件下寻找合作伙伴的投资活动,分析中间品的供给、国内与国外市场的相对搜寻成本等对外包选择的影响。Antràs 和 Helpman(2006)拓展了 Antràs 和 Helpman(2004)的模型,允许存在不同程度的契约摩擦(contractual frictions),进一步研究异质性企业的国际化生产组织形式选择问题,并决定区域选择。

在实证检验方面,Nunn 分析了契约不完全性对国际贸易的影响,并将司法质量作为契约不完全性程度的主要衡量标准,结果表明,在控制了传统的比较优势变量(实物资本和人力资本)及其他可能的影响变量后,契约执行制度更完善的国家在契约密集型产品的出口上具有更显著的比较优势,因此,良好的契约环境也是比较优势的一个重要来源。进一步地,Nunn 和 Trefler 利用美国 5 705 种产品的公司内部贸易与外部进口数据进行实证分析,发现总部投入突出且生产率高的企业具有较多的企业内贸易,并且供应商的契约环境改善会导致企业内贸易增加。

三、新新贸易理论的主要贡献与政策含义

与此前的传统国际贸易理论和新国际贸易理论相比较,新新贸易理论开启了国际贸易研究的新领域,其贡献主要表现为以下三个方面。

第一,新的理论假设前提。新新贸易理论放松了传统贸易理论与新贸易理论中"行业内企业同质"的基本假定,转而从异质性企业的假设前提下进行研究,在研究方法上取得新的突破,从而提出了国际贸易的新观点。如,由于企业是异质的,国际贸易会导致资源和市场份额在行业内的企业间进行重新配置,即生产率最低的企业被迫退出,市场份额向高生产率企业集中,从而提高整个行业的平均生产率,进而提升社会福利水平。

第二,新的理论研究视角。之前的国际贸易理论主要是从宏观和中观层面分析不同国家(地区)、不同产业之间的国际贸易行为与利益分配问题,新新贸易理论则主要从微观企业层面着手,探讨由于企业内在的异质性(如生产率)等因素,导致企业选择了不同的经营决策和生产组织模式等问题,这使得国际贸易理论获得了新的微观基础和新的研究视角。新新贸易理论将研究主体落实到具体的微观企业,为后续国际贸易领域的研究愈加重视实证分析奠定了重要基础,让"事实说话",由此掀起了一股基于"大数据"的计量热潮。

第三,新的理论整合基础。传统国际贸易理论主要在比较优势理论及 H-O 要素禀赋理论的基础上探讨产业间贸易问题;新国际贸易理论主要在规模经济、产品差异化和不完全竞争理论的基础上探讨产业内贸易问题;新新贸易理论则是将产业组织理论、交易费用理论、不完全契约理论与国际贸易理论进行整合,在此基础上,通过构建异质企业贸易模型和企业内生边界模型来研究企业国际化路径的选择问题,从而对此前的国际贸易理论进行了有益的补充、完善和发展。

因而,新新国际贸易理论也蕴含了较为丰富的政策含义。

首先,在不提高单个企业生产率水平的情况下,仍然可以通过贸易和开放来提高一个行业乃至全国的生产率水平。因此,对于发展中国家或地区而言,应提高对外开放水平,积极参与国际分工,在适宜的程度上充分发挥其对企业的优胜劣汰效应,从而提高整个行业的平均生产率水平。

拓展阅读

企业内生边界模型推导

其次，自由贸易可以导致资源的重新配置，使资源和市场份额向高生产率企业转移，但这也可能会导致因资源过度垄断而造成整体市场效率的损失。因此，贸易和开放可能会给部分落后地区的某些产业带来不利影响，这可能会造成地区间经济差距加大，并产生地域分工固化效应。

最后，由于新新贸易理论起步于 21 世纪初期，其理论体系仍处于不断完善之中，不可避免地存在着一些理论局限性。❶新新贸易理论仅以生产率差异来反映企业异质性，还有待引入体现企业异质性的其他因素，诸如企业规模、组织结构、跨国经营方式（出口、FDI、独资、合资等）、企业战略、市场定位等。❷新新贸易理论的均衡是在一般均衡分析法下得到的，没有考虑家庭和企业的动态最优化决策等问题。

本 章 小 结

1. 产业内贸易是指相似发展水平国家之间的同类产品双向贸易，技术和生产率差异，以及资源禀赋差异均无法有效解释产业内贸易的存在，由此促进了新贸易理论的产生和发展。

2. 新新贸易理论产生的两大背景：一是国际贸易领域微观数据的分析结论对以往的国际贸易理论提出了挑战，二是跨国公司内部贸易在国际贸易中的作用日益增强。

3. 新新贸易理论主要以 Melitz 提出的异质企业贸易模型和 Antràs 提出的企业内生边界模型为代表。这两个理论模型都以微观企业的行为作为研究对象，以异质企业假设为主要特征，研究企业的国际化行为、生产组织行为及其经济效应。

基 本 概 念

产业内贸易　产品差异化　垄断竞争　规模经济原理　生产率　异质性企业　新新贸易理论　异质企业贸易模型　企业内生边界模型

复习思考题

一、选择题与判断题（请用手机扫描下方二维码作答）

二、简答题

1. 试归纳新贸易理论的主要特征。

2. 产业间贸易和产业内贸易的区别何在？

3. 传统贸易理论、解释产业内贸易的早期理论、新贸易理论有何区别？

4. 产品差异化、规模经济和不完全竞争对新贸易理论的重要性何在？

5. 垄断竞争条件下无贸易均衡与有贸易均衡的区别何在？

6. 寡头垄断市场结构和同质产品结合如何解释了产业内贸易？

7. 与传统国际贸易理论和新国际贸易理论相比，新新国际贸易的"新"主要体现在哪些方面？

8. 异质企业贸易模型的主要结论有哪些？

第四章 贸易保护理论

幼稚产业保护论在历史上有多个成功的案例,这些案例通常涉及政府通过关税、补贴、技术要求和认证标准等手段来保护和培育国内尚未成熟的产业。

(一)日本汽车工业

在第二次世界大战后的重建时期,日本政府采取了一系列幼稚产业保护政策,为国内汽车工业提供了保护和支持。通过限制进口汽车和关键零部件的数量和规格,以及提供财政和税收优惠政策,日本汽车工业得以快速发展。如今,日本汽车品牌在全球市场上具有竞争力。

(二)韩国船舶工业

在 20 世纪 50 年代,韩国政府实施了一系列保护措施,通过限制船舶进口、提供财政支持和税收优惠等措施,促进了本土船舶工业的发展。如今,韩国的船舶制造商如现代重工、三星重工等成为全球领先的船舶制造企业。

(三)中国钢铁工业

在 20 世纪 50 年代至 70 年代,中国政府实施了一系列保护政策,通过限制进口、提供优惠贷款和补贴等措施,推动了中国钢铁产业的发展。如今,中国是全球最大的钢铁生产国之一。

(四)其他发展中国家的实践

许多发展中国家在经济发展初期也曾采取过类似的幼稚产业保护政策,如巴西、印度和东南亚的一些国家在特定时期对电子、化工、汽车零部件等领域进行了不同程度的保护,促进了相关产业的发展。

思考题:

如何从生产力、产业选择、经济发展阶段、动态比较优势等角度去理解幼稚产业保护论?其理论依据主要有哪些?在实践中会遇到哪些挑战和问题?

第一节　重商主义

一、重商主义及其对外贸易学说

重商主义是资本主义生产方式准备时期建立起来的代表商业资产阶级利益的一种经济学说和政策体系。它产生于 15 世纪,全盛于 16 世纪和 17 世纪上半叶,从 17 世纪下半叶开始盛极而衰。

重商主义的产生有着深刻的历史背景。15 世纪以后,西欧封建自然经济逐渐瓦解,商品货币经济关系急剧发展,封建主阶级力量不断削弱,商业资产阶级的力量不断增强,社会经济生活对商业资本的依赖日益加深。与此同时,社会财富的重心由土地转向了金银货币,货币成为全社会所追求的东西,并被认为是财富的代表形态和国家富强的象征。当时金银货币主要来自商业资产阶级所经营的内外贸易,尤其是对外贸易。因此,对外贸易被认为是财富的源泉,重商主义便应运而生。

重商主义所重的"商"是对外经商,重商主义学说实质上是重商主义对外贸易学说,是巨商大贾、学者、政府官员中的所谓重商主义者关于对外贸易的理论观点和政策主张。重商主义对外贸易学说以重商主义的财富观为理论基础,认为货币是一国财富的根本、富强的象征,一切经济活动的目的是积累财富,获取财富的途径则是对外贸易顺差。因而主张国家干预经济活动,鼓励本国商品输出,限制外国商品输入,"多卖少买",追求顺差,使货币流入国内,以增加国家财富和增强国力。

重商主义经历了从 15 世纪至 16 世纪中叶的早期和 16 世纪下半叶至 17 世纪的晚期两个发展阶段。其对外贸易学说也相应地分为早期和晚期,早期称为货币差额论,主要代表人物有海尔斯(Hales)和斯坦福德(Stafford)等;晚期称贸易差额论,最重要的代表人物是托马斯·孟。货币差额论与贸易差额论关于致富的具体措施和方法有所不同。

货币差额论把增加国内货币积累、防止货币外流视为对外贸易政策的指导原则,认为国家采取行政手段,直接控制货币流通,禁止金银输出,在对外贸易上遵循少买(或不买)多卖的原则,使每笔交易和对每个国家都保持顺差,就可以使金银流入国内。

贸易差额论反对国家政府限制货币输出,认为那样做不但是徒劳的,而且是有害的。因为对方国家会采取对等措施进行报复,使本国贸易减少甚至消失,货币积累的目的将无法实现。贸易差额论认为,对外贸易能使国家富足,但必须谨守进出口贸易总额保持顺差的原则。贸易差额论还认为,国内金银太多,会造成物价上涨,使消费下降,使出口减少,影响贸易差额;如果出现逆差,则货币自然外流。因而,国家应准许适量货币输出国外,这非但不会使货币流失,而且还会像猎鹰叼回"肥鸭"一样,吸收更多的货币,使国家更加富裕。贸易差额论者信奉"货币产生贸易,贸易增加货币"。托马斯·孟曾透彻地分析了西班牙由富变穷的原因,即西班牙不能更充分地用金银从事对外贸易。西班牙早期通过垄断赚取了大量金银。垄断丧失后,宫廷和战争的大量开销,本土又不能供应相应商品,全靠输出金银购买,金银流失殆尽,西班牙由富变穷。

二、重商主义贸易政策

重商主义提出了一系列强制性的保护贸易政策主张,大致可归纳为四种。

（一）货币政策

重商主义的货币政策，可追溯到中世纪，但在 16 世纪才相当普遍。当时奉行重商主义的国家，如西班牙和英国都颁布过各种法令，规定严厉的刑罚，禁止货币输出。在禁止货币输出的同时，各国都想方设法吸收国外货币。政府通过法令，规定外国人来本国进行贸易时，必须将出售货物所得到的全部款项用于购买本国的货物，以免货币外流。到了重商主义的晚期发展阶段，货币政策有所放宽，准许输出适量货币，以期获得更多的货币。

（二）奖出限入政策

重商主义者极力主张国家管制对外贸易，通过奖出限入政策促进出口，减少进口，实现贸易顺差，积累货币财富。在进口方面，实行重商主义的国家不仅禁止奢侈品输入，而且对一般制成品的进口也严加限制。因为奢侈品、工业制成品价格昂贵，进口这些商品要输出大批金银，影响货币积累。英、法等国就曾制定过禁止奢侈品进口的法令。在出口方面，由于原料价格低廉，加工后产品增值、价格变贵，所以重商主义者主张出口制成品代替出口原料。并且，其认为输出廉价原料，再用高价购买其制成品是一种愚蠢的行为。另外，国家还用现金奖励在外国市场上出售本国商品的商人。例如，当时英国曾禁止输出羊毛、皮革和锡等原料，奖励那些不输出原料及在英国制造并出口工业品的生产者。

（三）保护关税政策

保护关税政策在重商主义的早期发展阶段便开始实行，晚期阶段已成为扩大出口、限制进口的重要手段之一。这种政策通过对进口的制成品设置关税壁垒，课以重税，使进口的商品价格提高，售价昂贵，从而达到限制进口的目的；对进口的原料和出口的制成品，则减免关税或出口制成品时退还进口原料所征的关税，以支持和鼓励本国制成品的生产和出口。例如，法国 1667 年实行保护关税政策，把从英国、荷兰进口的呢绒税率提高 1 倍，花边等装饰品的进口税率也提高 1 倍，阻止了这些产品的进口，而对法国急需的工业原料如羊毛、铁、锡、铅等的进口及工业制成品的出口则加以鼓励。

（四）发展本国工业政策

重商主义者认为，保持贸易顺差的关键在于本国能够多出口竞争力强的工业制成品，因此他们主张实施鼓励国内工业发展的政策。当时实行重商主义的各国都围绕着发展本国工业制定并执行了种种政策措施。例如，为了发展制造业和加工工业，有的国家高薪聘请外国工匠，禁止熟练技工外流和机器设备输出，鼓励原料和半成品输入，还向工场手工业者发放贷款和提供各种优惠条件；为了给工业发展提供充足的劳动力，鼓励增加人口；为了降低工业生产成本，实行低工资政策；为了提高产品质量，制定工业管理条例，加强质量管理。

三、重商主义贸易学说简评

重商主义贸易学说是重商主义的核心，是西方最早的国际贸易学说，它在历史上曾起过进步作用，并具有一定的现实意义。

首先，在理论上，重商主义贸易学说冲破了封建思想的束缚，开始了对资本主义生产方式的最初考察，指出了对外贸易能使国家富足。马克思曾肯定过重商主义是对资本主义生产方式的最初的理论探讨。同时，重商主义贸易学说（晚期）认识到了货币不仅是流通手段，而且具有资本的职能，只有将货币投入流通，尤其是对外贸易，才能取得更多的货币。重商主义贸易学说的理论观点代表了资本原始积累时期处于上升阶段的商业资本的利益,因而具有历史进步意义。其次,在政策上,重商主义贸易学说提供了关于国家干预对外贸易的一系列主张。当时西欧各国实行重商主义贸易政策,促进了商品货币关系的发展,加速了资本的原始积累,促进了资本主义生产方式的建立,推动了历史的进步。而且,重商主义贸易政策中,许多主张和措施对当今世界各国制定对外贸易政策仍有一定的影响,如积极发展本国工业、鼓励原材料进口和制成品出口等一些措施,仍有借鉴意义。

但是,由于商业资产阶级的历史局限性和国际贸易实践的限制,重商主义对外贸易学说存在许多缺陷和不足。首先,重商主义对外贸易学说的理论观点是不成熟的、肤浅的,没有形成完整的体系。许多观点是以专题或小册子的形式阐发的,而且除少数人(如托马斯·孟等)外,绝大多数重商主义者都只针对某个具体问题一事一议,虽然各种观点之间存在一些联系,但并不紧密。其次,重商主义贸易学说对国际贸易问题的研究是不全面的。它只研究如何从国外取得金银货币,而未探讨国际贸易产生的原因,以及能否为参加国带来实际利益。而且,它对社会经济现象的探索仅限于流通领域,而未深入生产领域,因而无法揭示财富的真正来源。最后,重商主义对外贸易学说包含一些明显错误的观点。重商主义者把货币与财富混为一谈,并错误地认为货币是衡量一个国家富强程度的尺度。因而得出对外贸易是财富的源泉,对外贸易的目的就是从国外取得货币,而货币有限、此得彼失等错误结论。当然也就无法认识到国际贸易有促进各国经济发展的重要意义。

第二节 汉密尔顿的保护关税说

美国取得独立战争的胜利后,经济遭受了严重破坏,加之第二次世界大战后英国的经济封锁,使其经济更加凋敝。当时摆在美国面前有两条路:一条是实行保护关税政策,独立自主地发展本国工业;另一条是实行自由贸易政策,继续向英国、法国、荷兰等国出售小麦、棉花、烟草、木材等农林产品,用以交换这些国家的工业品,满足国内市场的工业品需求。

汉密尔顿站在工业资产阶级一边,极力主张实行保护关税制度,并于 1791 年向国会递交了一份题为《关于制造业的报告》。在报告中,他阐述了保护和发展制造业的必要性和有利条件,极力主张实行保护关税政策,并提出了以加强国家干预为主要内容的一系列措施。

一、保护关税说的主要论点

汉密尔顿认为,制造业有许多优点:提高机械化水平,促进社会分工;扩大就业;吸引移民流入,加速国土开发;提供创业机会,充分发挥个人才能;自我消化农产品原料和生活必需品,保证农产品销路,稳定农产品价格等。因此,制造业的发展对国家利益关系重大。他还认为,保护和发展制造业对维护美国的经济和政治独立具有重要意义。一个国家如果没有一定的工业基础,不但不能使国家富强,而且很难保住其独立地位。况且,美国工业起步晚,基础薄弱,技术落后,生产成本高,难与经济起步早的国家如英、法、荷等国的廉价商品进行自由竞争。因此,必须用关税将美国新建立起来的工业保护起来,使之生存、发展和壮大。他指出,为了保护和发展制造业,政府应加强干预,实行保护关税制度,具体采取如下措施:第一,向私营工业发放贷款,扶植私营工业发展;第二,实行保护关税制度,保护国内新兴工业;第三,限制重要原料出口,免税进口本国急需原料;第四,给各类工业发放奖励金,并为必需品工业发放津贴;第五,限制改良机器及其他先进生产设备输出;第六,建立联邦检查制度,保证和提高工业品质量;第七,吸收外国资金,以满足国内工业发展需要;第八,鼓励移民迁入,以增加国内劳动力供给。

二、保护关税说简评

汉密尔顿的上述主张,虽然仅有一部分被美国国会采纳,却对美国政府的内外经济政策产生了重大和深远的影响。汉密尔顿的保护关税说为落后国家进行经济自卫和与先进国家相抗衡提供了理论依据。这一学说的提出,标志着从重商主义分离出来的西方国际贸易理论两大流派已基本形成。

第三节　李斯特的保护幼稚工业论

一、保护幼稚工业论的理论基础

生产力理论和经济发展阶段论是李斯特保护幼稚工业论的理论基础。李斯特从德国工业资产阶级的利益出发,关心发展生产力,特别是关心德国工业生产力的发展。在他看来,财富本身固然重要,但发展生产力更为重要。他还把生产力与财富的关系喻为果树与果实的关系。生产力犹如结果实的果树,而财富则是果树结出的果实。生产力是创造财富的源泉,财富是生产力的结果。他认为一个国家开展对外贸易,也应着眼于发展生产力,而不能仅仅着眼于财富存量的多少。

李斯特根据他的生产力理论,批评古典政治经济学"没有考虑各个国家的性质及它们各自的特有利益和情况",是忽视民族特点的世界主义经济学。为此,他提出了经济发展阶段论。他认为,从经济方面看来,国家都必须经过如下各个发展阶段:原始未开化时期、畜牧时期、农业时期、农工时期、农工商业时期。在不同的阶段,应实行不同的对外贸易政策。在一个国家的经济由原始未开化转入畜牧、农业时期,对比较先进的国家实行自由贸易是大有好处的。因为通过自由贸易可为其猎场、牧场或森林及农产品和其他原料谋得出路,并可换回更好的衣料、用具、机器及贵金属等,以促进本国农业的发展,并培育工业基础。在一个国家进入农工商业时期以后,实行自由贸易也是可取的。因为国内工业品已具备国际竞争力,通过自由贸易,可以"在国外市场上进行无所限制的竞争,使从事于农工商业的人们在精神上不致松懈,并且可以鼓励他们不断努力保持既得的优势地位"。唯有处于农工时期才需要保护,因为本国农业已取得较大成就且工业已有发展,但"由于还存在着一个比它们更先进的工业国家的竞争力量,使它们在前进道路上受到了阻碍——只有处在这种情况下的国家,才有理由实行商业限制以便建立并保护它们自己的工业"。如果实行自由贸易政策就永远不可能发展到经济发达国家的水平。

李斯特认为,当时的葡萄牙和西班牙处于农业时期,德国和美国处于农工时期,法国仅靠农工商业时期的边缘,尚未进入农工商业时期,只有英国实际达到了农工商业时期。李斯特据其经济发展阶段论,为各国的贸易政策进行了历史主义的解释,并为德国及其他一些经济相对落后的国家实行保护贸易政策提供了理论依据。

二、保护幼稚工业论的主要论点

李斯特在生产力理论和经济发展阶段论的基础上,提出了保护幼稚工业论,主张经济相对落后国家应实行保护贸易政策,使其幼稚工业经过保护能够成熟,与国外竞争者匹敌。

如前所述,李斯特认为,只有那些在农业、工业、社会和政治上已较充分发展,具备精神上和物质上的必要条件和手段,即已进入农工业发展阶段的国家,如德国和美国,可以把本国建成工业国家,只是由于世界上有一个比它更先进的国家的竞争使它在前进道路上受到阻碍,才有理由实行保护贸易政策。

李斯特还认为,保护制度并非保护一切产品。粮食和原料等贸易无须保护,因为它们受到自然保护,不怕竞争;以奢侈品为主的精制品贸易也不用保护或只需轻度保护,因为这些物品的国外竞争不会对国家经济发展造成威胁。只有与国家工业发展有关的幼稚工业,即有发展前途但刚刚发展且有强有力的国外竞争者的工业才需要保护。这些工业经过相当一段时间(大约 30 年)保护而成熟后就不再需要保护,到那时就应取消保护政策。

为保护幼稚工业,李斯特提出:"对某些工业品可以实行禁止输入,或规定的税率,事实上等于全部,或至少部分地禁止输入"。同时,"凡是在专门技术与机器制造方面还没有获得高度发展的国家,对于一切复杂机器的输入应当允许免税,或只征收轻微的进口税"。

李斯特承认,实行保护关税政策,会使国内工业品价格提高,导致本国在价值方面有些损失。但他认为这种损失是暂时的,是发展本国工业所必须付出的代价,牺牲的只是眼前利益,而得到的则是生产力的发展。

李斯特主张保护贸易政策应通过国家干预经济来实行。李斯特认为,国家在必要时,应限制一部分国民经济活动,如干预对外贸易,以促进国民经济的发展。

三、保护幼稚工业论简评

李斯特的保护幼稚工业论具有十分重要的理论意义。这一理论的提出,确立了保护贸易理论在国际贸易理论体系中的地位,标志着从重商主义分离出来的西方国际贸易理论两大学派——自由贸易学派和保护贸易学派的完全形成。

李斯特的保护幼稚工业论的许多观点是有价值的,对落后国家制定对外贸易政策有一定借鉴意义。在他的生产力理论中,关于"财富的生产力比之财富本身不晓得要重要多少倍"的思想是深刻的;他关于经济发展的不同阶段应采取不同的对外贸易政策的观点是科学的,为落后国家实行保护贸易政策提供了理论依据;他关于以保护贸易为过渡和仅以幼稚工业为保护对象的主张是积极的,说明了他同时承认国际分工和自由贸易的利益;他对保护贸易政策的得失的分析是实事求是的,揭示了建立本国高度发达的工业是提高生产力水平的关键。

李斯特的保护幼稚工业论在德国工业资本主义的发展过程中起过积极的作用。在保护政策的扶植下,经过 1843 年、1846 年两次提高关税,德国经济确实在短期内有了迅速的发展,赶上了英、法等国。

保护幼稚工业论在现实中有着广泛的影响力,世界贸易组织也以该理论为依据,列有幼稚产业保护条款,允许一国为了建立新工业或为了保护刚建立不久、尚不具备竞争力的工业采取进口限制措施,通过高关税、进口许可证、征收临时进口附加税等手段加以保护。但李斯特的保护幼稚工业论也存在一些缺陷。比如,他对影响生产力发展的各种因素和经济发展阶段的分析十分混乱,他把各种不同的社会范畴、技术范畴、经济范畴与政治范畴混杂在一起,作为"生产力增长的源泉"。又如,他的经济发展阶段论以经济部门为划分基础,这也是欠妥的。特别值得关注的是,李斯特以工业化为核心的理论,认为粮食和资源不需要保护,而在当前国际贸易体系中,对资源的保护已成为贸易自由化的主要障碍。

第四节　普雷维什的中心-外围论

一、中心-外围论的主要论点

(一)国际经济体系分为中心和外围两部分

古典学派等研究国际贸易时将世界视为一个整体,李斯特在考察国际贸易时强调国家的重要性,普雷维什则将世界经济体系分为中心和外围两个部分来探讨国际贸易问题。普雷维什认为,国际经济体系在结构上分为两部分:一部分是由发达工业国家组成的中心;另一部分是由广大发展中国家组成的外围。中心和外围在经济上是不平等的:中心是技术的创新者和传播者,外围则是技术的模仿者和接受者;中心主要生产和出口制成品,外围则主要从事初级品生产和出口;中心在整个国际经济体系中居于主导地位,外围则处于依附地位并受中心控制和剥削。在这种国际经济贸易关系下,中心国家主要享有国际贸易的利益,外围国家则享受不到这种利益。这是造成中心国与外围国经济发展水平差距加大的根本原因。

(二)外围国家贸易条件不断恶化

普雷维什用英国60多年(1876—1938年)的进出口价格统计资料推算了初级产品和制成品的价格指数之比,以说明主要出口初级产品的外围国和主要出口工业品的中心国的贸易条件的变化情况。结果表明,外围国家的贸易条件出现长期恶化的趋势。若将1876—1880年外围国家的贸易条件设为100,到1936—1938年,外围国家的贸易条件已降到64.1,说明20世纪30年代与19世纪70年代相比,外围国家的贸易条件恶化了35.9。此即著名的普雷维什命题。普雷维什认为,外围国家贸易条件恶化是由以下原因造成的:

第一,技术进步利益分配不均。科技发明往往发生于中心国家,且直接用于中心国家的工业发展。外围国家由于自身技术条件等的限制和中心国家的限制措施,几乎享受不到世界科技进步的利益,只能长期向中心国家提供初级产品。理论上,中心国家因技术进步而使其出口的制成品劳动生产率提高应比外围国家出口的初级产品劳动生产率提高更快,因而制成品价格降幅应比初级产品价格降幅大。但随着中心国家技术进步和工业发展,企业家利润和工人收入不断提高,而且提高幅度大于劳动生产率的提高幅度,加之工业品的垄断性,工业品价格非但不下降反而上涨。而外围国家的收入增长低于劳动生产率的提高幅度,且初级产品垄断性较弱,价格上涨缓慢,在价格下降时又比工业品降得更快。所以,外围国家的初级产品贸易条件必然恶化。

第二,工业制成品和初级产品需求的收入弹性不同。一般地,工业制成品需求的收入弹性比初级产品需求的收入弹性大。随着人们收入的增加,对工业品的需求会有较大的增加,因而工业品的价格就会有较大程度的上涨。相反,随着人们收入的增加,对初级产品的需求增加较小,因而对初级产品价格不会有很大的刺激作用,使初级产品价格上涨很小,甚至下降。所以,以出口初级产品为主的外围国家的贸易条件存在长期恶化趋势。

第三,中心和外围工会的作用不同。中心国家的工人有强大的工会组织,在经济高涨时,可以迫使雇主增加工资,经济萧条时,可以迫使雇主不降或少降工资,因而使工业品价格维持在较高水平上。外围国家工会组织不健全,力量薄弱,没有能力控制或影响工资,经济繁荣时期工资上升幅度不大,萧条时期工资大幅度下降,因而使外围国家初级产品价格较低。这是造成外围国家贸易条件恶化的又一原因。

(三)外围国家必须实行工业化,独立自主地发展民族经济

普雷维什基于对国际经济体系的中心和外围的划分,对旧的分工体系和贸易格局下外围国家贸易条件长期的恶化进行了分析,提出了外围发展中国家必须实行工业化的主张。他认为,外围国家应该改变过去把全部资源用于初级产品的生产和出口的做法,充分利用本国资源,努力发展本国的工业部门,逐步实现工业化。他根据拉丁美洲各国的实际情况,提出了进口替代的工业化发展战略,即采取限制工业品进口的措施,努力发展本国工业,使工业品逐步实现自给自足,改变依靠从中心国进口的局面。随着世界经济形势的变化和拉美国家经济的发展,他又进一步提出了出口替代的发展战略,即大力发展本国工业品出口,改变出口商品结构,由以出口初级产品为主向以出口工业品为主转变。这样,外围国家的工业品不仅能够满足本国的需要,而且可以向中心国家出口,使外围国家的工业更趋成熟。为了实现工业化,普雷维什主张外围国家实行保护贸易政策。他认为,在一个相当长的时期内,保护政策是发展中国家发展工业所必需的。在出口替代阶段,为了鼓励制成品出口,除了实行保护关税政策,还应有选择地实行出口补贴措施,以增强发展中国家的制成品在世界市场上的竞争力。普雷维什指出,外围国家的保护政策与中心国家的保护政策性质不同。外围国家的保护是为了发展本国工业,有利于世界经济的全面发展;而中心国家的保护是对外围国家的歧视和遏制,不仅对外围国家不利,于整个世界经济发展也是不利的。因此,他呼吁中心国对外围国放宽贸易限制,减少对外围国工业品的进口歧视,为外围国的工业品在世界市场上的竞争提供平等的机会。

20世纪60年代后,鉴于世界工业品市场竞争激烈和中心国在世界市场上的垄断优势对外围国发展工业品出口极其不利的状况,普雷维什主张发展中的外围国家建立区域性共同市场,开展区域性经济合作,以便相互提供市场促进发展中国家间的经济发展。

二、中心-外围论简评

普雷维什作为发展中国家的代言人,从发展中国家的利益出发,对国际贸易问题进行了开拓性的探讨。中心-外围论对第二次世界大战后世界经济格局的分析使发展经济学家对战后国际经济关系的不平等认识又上升到一个新的理论高度,为第三世界国家反对旧的国际经济关系、争取建立新的国际经济秩序提供了思想武器。普雷维什关于发展中国家经济发展战略的建议,对拉丁美洲和其他发展中国家都具有直接的指导和借鉴意义。

第五节　战略性贸易保护理论

20世纪70年代中期以来,世界产业结构和贸易格局发生了重大变化,新贸易保护主义盛行。在此背景下,一些经济学家力图从新的角度探寻政府干预对外贸易的理论依据。战

略性贸易保护理论正是在这样的背景下提出来的。

战略性贸易保护理论以赫尔普曼（Helpman）和克鲁格曼（Krugman）等为代表。该理论认为,工业品的国际市场竞争是不完全的,工业品的生产存在规模经济,故一国政府可通过贸易保护和补贴、信贷优惠、国内税收优惠等国内政策,保护和扶持那些承担巨大风险、需大规模生产以获取规模经济,并能产生外部经济的高新技术产业和对本国未来发展至关重要的行业,以创造本国在这些产业上的比较优势,获取大量的外部经济利益,为本国未来发展增强后劲。

一、战略性贸易保护理论的基本论点

战略性贸易保护理论有两个基本论点:其一,由于国际贸易中不完全竞争和规模经济的存在,国际市场竞争逐渐变成为几个具有规模经济优势的少数厂商之间的竞争与博弈,因而市场份额对这些厂商而言就变得更为重要,因为谁占领市场,谁就获得超额利润。这时,政府采取战略性贸易政策,通过对本国企业补贴可助其取得市场份额,在国际竞争中取胜,而本国企业因此获得的利润将大大超过政府所支付的补贴。其二,由于市场对一些企业的外部经济效应缺乏足够的反应,由政府干预来弥补这种反应不足,可创造一种环境,使某些企业的行为给其他企业带来好处,从而推动其他企业的发展。

二、战略性贸易保护理论两方面的政策主张

（一）不完全竞争市场（主要是寡头市场）方面的战略性政策干预

它主要包括给予本国企业生产补贴、对外国竞争产品进口征收关税和对本国消费者予以补贴等措施。这些政策干预有可能通过影响本国企业及其外国竞争对手的决策行为,转移一部分纯经济利润（超过正常利润部分）,并产生一定的反托拉斯效果,从而提高本国福利水平。

（二）外部经济效应方面的战略性政策干预

这方面的贸易政策往往要和产业政策相配合,才能达到预期效果,具体包括信贷优惠、国内税收优惠或补贴、对国内企业进口中间品的关税优惠及对外国竞争产品进口征收关税等措施。若某一产业发展的社会效益高于其个体效益,即具有外部经济效应,则通过政府扶持能使该产业不断获取动态递增的规模效益,并在国际竞争中获胜,结果企业所得的利润会大大超过政府所支付的补贴。而且,该产业的发展还能通过技术创新的溢出推动其他产业的发展。

战略性贸易保护理论与李斯特的幼稚工业保护理论在一定意义上具有异曲同工之妙,但两者又有本质的区别。一个是寡头垄断条件下的贸易保护主张;另一个是自由竞争条件下的贸易保护主张。战略贸易理论所保护的是具有规模收益递增特点的战略性产业,这些产业是与幼稚工业有很大区别的。

三、对战略性贸易保护理论的评价

战略性贸易保护理论的核心,是强调政府通过干预对外贸易而扶持战略性产业的发展,是一国在不完全竞争和规模经济条件下获得资源优化配置的最佳选择,这一理论具有一定的合理性和说服力,它表明了在现实与自由贸易理论前提相背离的当今世界,政府干

预对外贸易的必要性。作为传统贸易理论的补充和发展,战略性贸易保护理论不仅在很大程度上解决了被传统贸易理论忽略或处理不佳的问题,使贸易理论更加贴近现实,而且改变了贸易政策选择的思维方式,使政策选择走出了比较优势的误区,由于现实的市场结构是以寡头垄断为特征的,因而自由贸易政策就可能不是一个国家唯一正确的政策选择。战略性国际贸易理论学者根据产业组织理论和博弈论的研究成果,创造性地探讨了在不完全竞争和规模经济条件下,适当的干预政策对一国产业发展和贸易发展的积极影响,建立了战略性贸易政策的理论框架,论证了在一定条件下,一国能够通过采取那些增强其国内产业竞争优势的政策而获得利益。它对发达国家和发展中国家的贸易和产业政策都产生了较大的影响。

然而,由于该理论背离了自由贸易传统,强调适当的政策干预有可能影响市场的运行效果,主张通过政府的直接干预来转移他国利润从而提高本国的福利水平,并在实践中被扩展为战略贸易理论的逻辑起点,因而遭到了许多批评。这些批评主要集中在战略贸易理论模型的运用,实际上构成了现代贸易保护主义政策的理论支持,并且,一般均衡论是主流经济学的基本概念,战略贸易理论突破传统的分析框架也在一定程度上制约着该理论在主流经济学中的地位。而且,战略性贸易保护理论存在着难以克服的弊端,制约其在实践中的可行性。首先,战略性产业难以准确选择,一旦错误选择战略性产业,就会造成资源浪费。其次,尽管战略性贸易政策在实践中确实可以起到扶持相应产业发展的作用,但它毕竟是一种以邻为壑的政策,其实施是以他国利益的牺牲为代价的,因而势必会招致贸易对象国的强烈反应乃至报复,从而引发贸易保护主义的抬头,削弱战略性贸易政策的功效。再次,政府通过贸易政策支持本国企业,可能导致企业对政府的依赖,不利于企业和所属产业的发展与成熟。最后,战略性贸易政策的实施是有许多限制性条件的,其中有些条件是客观存在的,有些条件则不一定能够满足。这种状况必然会使战略性贸易政策运用的现实性和有效性大打折扣,再者,信息的不完全也有可能会导致政府决策的失误,从而造成资源错置、效率降低,甚至产生负面效果的情形。

本 章 小 结

1. 由于国际贸易对贸易参与国的福利影响是不均等的,一些利益受损国家为了避免福利损失,拿起了贸易保护的武器,而保护贸易理论则是贸易保护实践的需要,并为后者提供理论基础。

2. 历史上,保护贸易理论出现了很多论点。主要有重商主义、汉密尔顿的保护关税说、李斯特的保护幼稚工业论、普雷维什的中心-外围论、战略性贸易保护理论等。

基 本 概 念

重商主义　幼稚工业　战略性贸易保护理论

复习思考题

一、选择题与判断题（请用手机扫描下方二维码作答）

二、简答题

1. 试述保护幼稚工业论的要旨。

2. 简述战略性贸易保护理论的基本论点。

第二篇
国际贸易政策

　　国际贸易政策是一国(地区)在一定时期内对进口贸易和出口贸易所实行的政策,是总的经济政策的组成部分,是为经济发展服务的。各国(地区)的对外贸易政策因各自的经济体制、经济发展水平,以及产品在国际市场上的竞争能力的差异而有所不同,并且随其经济实力的变化而不断调整,但就其制定对外贸易政策的目的而言,大体上是一致的:保护本国产业、促进产品出口、实现贸易平衡、提高国家竞争力、增加财政收入、维护国家安全、实现可持续发展等。

第五章　国际贸易政策概述

引导案例

　　当前,地缘政治博弈加剧触发全球产业链转移和重构,引起广泛关注。全球产业链重构的未来趋势也将受到政治干预和市场力量之间反复博弈的影响。虽然短期来看,政治因素可能表现出更强的主动性和干扰性,但长期来看,经济和市场的力量仍是重塑全球产业链格局的决定性因素。

　　2017年之后中美关系的急剧转向和中美战略竞争的显性化是其中最重要的变量。美国不仅通过贸易摩擦来削弱中美双边贸易,通过科技战遏制中国的产业升级势头,还通过构建盟友体系来孤立中国。2020年的新型冠状病毒感染和2022年的乌克兰危机也对全球产业链重构造成巨大的影响。新型冠状病毒感染对企业的供应链管理冲击很大,最有效率的即时(just-in-time)供应在危机情况下暴露出重大风险,企业不得不尽可能收缩供应链。从国家间的产业链分布来看,这也就意味着从高度的全球化转向更高的本土化、近岸化和区域化。

　　美国作为第二次世界大战后全球治理体系的领导者和主要塑造者,在近年来全球贸易治理体系的变革中依然是最大的变量。自2008年美国次贷危机爆发以来,美国经济的全球领导地位相对衰落,美国对全球治理体系的心态也发生了越来越显著的深刻变化。而从2017年开始,美国贸易政策发生了根本性转向。美国政府依仗美国的经济和贸易实力,通过单边加征关税的方式,迫使中国和其他贸易伙伴向美国作出多方面让步,扩大市场开放。相应地,跨太平洋伙伴关系协定(TPP)和世界贸易组织等以贸易自由化为导向、以相互市场开放为手段、以规则来约束成员贸易政策的传统国际贸易治理体系就被抛在一边。与此同时,区域贸易体系的重要性提升,但也面临挑战。在多边贸易机制摇摇欲坠的情况下,区域贸易协定受到更多关注和重视。总体来看,区域贸易协定与多边贸易体制彼此相容,而且规模越大的区域协定越能促进全球化发展。

　　思考题:

　　在全球化进程中,国际贸易政策的设计与执行面临着多重复杂环境的影响。请思考当前有哪些显著的复杂因素,并分析其对国际贸易政策的影响。

第一节　国际贸易政策的演变

国际贸易政策的演变反映了全球经济结构、政治格局、科技发展,以及国家间经济关系的变化和发展趋势,体现了各国在全球经济发展不同阶段下的利益诉求和战略调整。其历史演变可以概括为以下几个阶段:重商主义阶段(15世纪至17世纪)、自由贸易与保护贸易并存阶段(18世纪中叶至19世纪末)、超保护贸易阶段(19世纪末至第二次世界大战期间)、贸易自由化阶段(第二次世界大战后至70年代初)、新贸易保护主义阶段(70年代中期以后)、管理贸易与协调贸易政策阶段(80年代中期至今)。

一、重商主义阶段

在15世纪至17世纪资本主义生产方式准备时期,为了完成资本的原始积累,英、法等欧洲资本主义国家信奉重商主义的学说和政策,积极推行国家干预对外贸易的做法,采取严格的贸易保护措施。早期重商主义者认为,只有货币才是财富,他们追求的目标是谋取对外贸易顺差,在国内积累货币财富,把贵重金属留在国内。因此,由政府或国王本人直接垄断或管制对外贸易,采取一系列行政法律措施,严禁奢侈品进口和金银出口。到重商主义晚期,工场手工业和航海运输业迅速发展,商业资产阶级认识到不应当对货币的流动过分加以限制,于是,由管制金银的进出口变为管制货物的进出口,试图用更多的出口来获取贸易顺差和金银进口。这样,他们除了向原料进口提供优惠,对其他进口货物则实行保护关税和种种限制措施,同时采用各种强有力的政策手段奖励出口。可见,该时期西欧各国普遍推行的是典型的奖出限入的保护贸易政策。

二、自由贸易与保护贸易并存阶段

18世纪中叶至19世纪末,资本主义进入自由竞争时期。在资本主义的经济基础上,建立了适合工业资产阶级利益的对外贸易政策。该时期的贸易政策以自由贸易政策为基调,经济落后国家实行保护贸易政策。

由于各国工业发展水平不同,所采取的贸易政策也不完全相同。英国在产业革命后,工业迅速发展,确立并巩固了"世界工厂"的地位,其产品具有强大的国际竞争力,英国需要以工业制成品的出口换取原料和粮食的进口。为此,英国资产阶级迫切要求国内外政府放松对外贸活动的管制。经过长期斗争之后,在19世纪前期,逐步取得了自由贸易政策的胜利。当时英国的自由贸易政策是国家对进出口贸易不设置任何障碍,也不进行干预,让商品在国内外市场自由竞争,所以是一种开放性的贸易政策。

三、超保护贸易阶段

从19世纪末到第二次世界大战期间,资本主义处于垄断时期。在这一时期,垄断代替了自由竞争,成为一切社会经济生活的基础。此时,各国普遍完成了产业革命,工业得到迅速发展,世界市场的竞争日益激烈。尤其是1929—1933年的世界性经济危机,使市场矛盾进一步尖锐化。于是,各国垄断资产阶级为了垄断国内市场和争夺国外市场,纷纷要求实行超贸易保护政策。超贸易保护政策是一种侵略性的贸易保护政策,与自由竞争时期的保护贸易政策相比,有着明显的区别:❶它不是防御性地保护国内幼稚工业,以增强其自由竞争能力,而是保护国内高度发达或出现衰落的垄断工业,以巩固国内外市场的垄断;❷保护的对象不是普通的工业资产阶级,而是垄断资产阶级;❸保护的手段也趋于多样化,除了高关税,还有其他各种奖出限入的措施。不过,就美国而言,其对外经济政策的自由贸易成分越来越强,这反映出"金元帝国"在其鼎盛时期的战略态势。

四、贸易自由化阶段

第二次世界大战后至 20 世纪 70 年代初,世界政治经济力量重新分化组合。美国的实力空前提高,强大的经济实力和快速扩张的经济,使其既有需要又有能力冲破当时发达国家所流行的高关税政策。日本和西欧为了战后经济的恢复和发展,也愿意彼此放松贸易壁垒,扩大出口。此外,国际分工进一步深化,推动生产国际化和资本国际化,跨国公司迅速兴起,迫切需要一个自由贸易环境以推动商品和资本流动。于是,这一时期发达资本主义国家的对外贸易政策先后出现了自由化倾向。这种倾向主要表现在多边主义的贸易体制开始建立,大幅度削减关税和降低或撤销非关税壁垒。其中关贸总协定(GATT)缔约方的平均进口最惠国税率下降至 30% 左右。欧共体(现为欧洲联盟)实行关税同盟,对内取消关税,对外减让关税,使关税大幅度下降。此外,在发展中国家的努力下,发达国家给予来自发展中国家的制成品和半制成品的进口以普遍优惠制待遇。在非关税减让方面,发达国家不同程度地放宽了进口数量限制,扩大进口自由化,增加自由进口的商品;放宽或取消外汇管制,实行货币自由兑换,促进了贸易自由化的发展。

然而,值得注意的是,战后的贸易自由化在一定程度上和保护贸易政策相结合,是一种有选择的贸易自由化。在具体实行中,这种自由化政策形成了这样的趋势:工业制成品的贸易自由化程度超过农产品,机器设备等资本品超过工业消费品,区域性经济集团内部超过其外部,发达国家超过发展中国家。因此,这种贸易自由化倾向发展并不平衡,甚至是不稳定的。当本国经济利益受到威胁,保护贸易倾向必然重新抬头。

五、新贸易保护主义阶段

新贸易保护主义是相对于自由竞争时期的贸易保护主义而言的,它形成于 20 世纪 70 年代中期。其间,资本主义国家经历了两次经济危机,经济出现衰退,陷入滞胀的困境,就业压力增大,市场问题日趋严重。因此,以国内市场为主的产业垄断资产阶级和劳工团体纷纷要求政府采取保护贸易措施。此外,由于工业国家发展不平衡,美国的贸易逆差迅速上升,其主要工业产品,如钢铁、汽车、电器等,不仅受到日本、西欧等国家的激烈竞争,甚至面临一些新兴工业化国家,以及其他出口国的竞争威胁。在这种情况下,美国一方面迫使拥有巨额贸易顺差的国家开放市场,另一方面则加强了对进口的限制。因此,美国成为新贸易保护主义的重要策源地。美国率先采取贸易保护主义措施,引起了各国贸易政策的连锁反应,各国纷纷效仿,致使新贸易保护主义得以蔓延和扩张。

新贸易保护主义不同于 20 世纪 30 年代的旧贸易保护主义。第一,贸易保护措施由过去以关税壁垒和直接贸易限制为主,逐渐被间接的贸易限制所取代。发达国家求助于关贸总协定的免责条款,即为了维护本国暂时性的国际收支平衡,或为了避免进口国国内工业受到大量进口的严重损害等,从本国的需要和目的出发,重新进行贸易立法解释,设置进口限制,并且越来越倾向于滥用反补贴、反倾销措施,来削弱新兴工业化国家及其他出口国在劳动密集型产品成本方面的优势,阻挡发展中国家新的进口竞争。第二,贸易政策措施朝制度化、系统化和综合化的方向发展。贸易保护制度越来越转向于管理贸易(managed trade)制度,不少发达国家越来越把贸易领域的问题与其他经济领域的问题,甚至包括某些非经济领域的问题联系起来,进而推动许多国家的贸易政策明显向综合性方向发展。第三,其重点从限制进口转向鼓励出口,双边和多边谈判与协调成为扩展贸易的重要手段。第四,从国家贸易壁垒转向区域性贸易壁垒,实行区域内的共同开放和区域外的共同保护。

六、管理贸易与协调贸易阶段

(一)管理贸易日益成为贸易政策的主导内容

美国先后于 1974 年、1978 年和 1988 年制定了综合贸易法案,开始了其从自由贸易政策向管理贸易政策的转变。在美国的示范和推动下,"管理贸易"逐渐成为西方发达国家基本的对外贸易制度。各国政府更加强调政府积极介入外贸的作用。由于贸易结构的不断升级,管理贸易所包括的商品种类逐渐增多,不仅包括劳动密集型产品和农产品,而且包括劳务产品、高科技产品和知识产品等。

(二)对外贸易政策与对外关系相结合的趋势加强

各国把对外贸易看成是处理国家关系越来越重要的手段。美国是这方面的典型代表。如克林顿政府执政后很快把对外贸易提升至"美国安全的首要因素"的高度,并通过调整贸易政策的方式来调节对外关系。如美国利用人权、民主、军事控制等问题干扰贸易的情况时有发生,对社会主义国家不授予普遍优惠制待遇。这些做法都把贸易政策与其政治目标相结合。

(三)"公平贸易"和"互惠主义"将代替发达国家的"自由贸易"和"多边主义"

发达国家一方面反对贸易保护主义,另一方面又强调贸易的公平性。与高筑壁垒抑制外国竞争的保护主义或放任自流的自由主义政策都有所不同,这种公平贸易是指在支持开放性的同时,以寻求"公平"的贸易机会为主旨,主张贸易互惠的"对等"与"公平"原则。具体表现为:❶进入市场机会均等,判定的标准为双边贸易平衡,而不仅仅以是否满足双方进入要求为标准;❷贸易限制对等,即以优惠对优惠,以限制对限制;❸竞赛规则公平。可以预见,西方发达国家在未来的贸易政策中将继续沿着"公平贸易"的路子走下去。

(四)以非关税壁垒为主要手段

非关税壁垒在西方各国贸易政策中的作用日益明显。例如,西方国家为抵制发展中国家劳动密集型产品的进口,采取的主要措施是数量限制和"反倾销"手段。毋庸置疑,西方发达国家未来的外贸政策中,单纯的关税措施和直接的非关税措施都会相应减少,但各种新型的更灵活和更隐蔽的非关税壁垒会不断出现,并成为贸易政策的主体。

(五)政府推动高科技产业发展和鼓励出口成为推动外贸活动的主导措施

战后随着国际分工的深化和自由贸易的发展,西方各国对国外市场的依赖性不断加强,从而许多国家把奖出限入的重点从限制进口转到鼓励出口。各国纷纷制定了促进高科技产业发展的政策,竞相资助研发活动,大力鼓励发展高技术部门。

（六）建立经济一体化，实行共同的对外贸易政策

20 世纪 90 年代以来，区域经济集团化发展迅猛，发达国家通过建立各种一体化形式，加强成员之间的贸易自由化，并以联合的经济实力和共同的对外贸易政策来对付外界的贸易攻势。随着区域经济集团化的发展，这种区域内采取更加统一的贸易政策的趋势将有增无减。

综合以上分析，发达国家推行的是一种有管理的、可调节的自由贸易政策。不完全的自由贸易政策和不断演变的保护贸易政策仍将长期并存，不仅在不同的情况下发挥着各自的作用，而且有时还交汇融合，共同支配或影响着一个国家的对外贸易活动。

七、当代发展中国家的外贸政策

全世界众多发展中国家的经济发展水平相差悬殊，在不同时期内推行的政策措施更是各不相同，因而并无整齐划一的贸易政策可言。第二次世界大战以后多数发展中国家所实施的对外贸易政策，大致有两种基本的形式，即进口替代政策和出口替代（导向）政策。

（一）进口替代政策

进口替代政策，就是一国采取关税、进口数量限制和外汇管制等严格的限制进口措施，限制某些重要的工业品进口，扶植和保护本国有关工业部门发展的政策。实施这项政策的目的在于用国内生产的工业品替代进口产品，以减少本国对国外市场的依赖，促进民族工业的发展。这种政策的出台与战后发展中国家的贸易条件恶化有关。在殖民时期，由于殖民政策的影响，殖民地国家严重地依赖宗主国的工业产品。战后，初级产品对制成品的比价下降，这就迫使发展中国家必须以更多的出口商品（初级产品）来换取进口品（制成品），国际收支逆差与年俱增。于是广大发展中国家旨在改变单一经济、发展民族工业的进口替代政策应运而生。

从 20 世纪 50 年代起，许多发展中国家相继实行了进口替代政策。从各国实施的政策来看，由于经济水平和所具备的条件不同，大致可分为两类国家。第一类在战前就具有一定的工业基础，一般侧重先建立耐用消费品工业来替代该类产品的进口。另一类国家由于原有的工业基础比较薄弱，它们的进口替代首先从非耐用消费品工业入手。

进口替代政策对于一些发展中国家的进口替代工业部门的发展起到了一定的积极作用。但随着进口替代工业的发展，进口替代政策面临着一些严重的问题。第一，进口替代工业主要面向国内市场，其发展难免受到国内市场相对狭小的限制，此外一些工业部门的生产率低下，生产成本高，在国际市场缺乏竞争力，难以扩大出口，从而阻碍了进口替代工业的进一步发展。第二，随着进口替代工业的发展，所需的生产设备和某些原材料的进口也相应增加，导致生产设备和原材料的进口代替了消费品进口，其结果不仅不能减少外汇支出、平衡外汇收支，反而导致国际收支的恶化。第三，由于政策着眼于进口替代工业，对基础设施重视不够，特别是忽视农业的发展，严重削弱国家的发展后劲，阻碍了整个工业化的进程。随着进口替代工业的发展，这些问题日趋严重。因此，从 20 世纪 60 年代中期以来，一些发展中国家，特别是一些新兴工业化国家和地区的政府及其经济学者日益认识到扩大制成品出口的必要性，开始从实行进口替代政策转向出口替代政策，试图以此促进工业化和民族经济的发展。

（二）出口替代（导向）政策

出口替代（导向）政策，是指一国采取各种措施手段来促进出口工业的发展，用工业制成品和半制成品出口替代初级产品出口，促进出口产品的多样化，以增加外汇收入，并带动工业体系的建立和经济的持续增长。

20世纪60年代中期前后，东亚和东南亚一些国家和地区最先转向出口替代（导向）政策。在它们的示范影响下，其他国家和地区也相继仿效。由于各国具体条件不同，实施这一政策的措施和策略也不尽相同。大致来看，有三种表现类型：第一种是拉美国家（如巴西、墨西哥、阿根廷等国）的做法，它们一般是在原进口替代的基础上发展出口替代工业，即把出口替代与进口替代结合起来。第二种是原来出口初级产品的国家，如马来西亚、泰国、科特迪瓦等国，日益增加对初级产品的加工出口，提高附加值。第三种是"亚洲四小龙"，它们地域狭小，矿产资源贫乏，就充分利用劳动力资源发展劳动密集型的装配加工工业，通过出口加工工业，引导国内产业升级，向技术和资本密集型过渡，从而成长为新兴的工业化国家（地区）。

出口替代（导向）政策对一些发展中国家，特别是新兴工业化国家和地区的工业化，以及工业制成品的出口起了积极作用。但是，各国实施出口替代（导向）政策也产生了不少问题。由于该政策的主要目标是促进出口，为此而建立的工业严重地依赖于世界市场。特别是20世纪70年代中期以来，发达国家的贸易保护主义重新抬头，给依赖制成品出口的发展中国家带来了严重的影响。少数实施这种政策的国家，由于片面追求出口增长，忽视国内消费，造成国内消费品短缺，加上为刺激出口而实行货币贬值，致使国内货物和进口货物的价格上涨，通货膨胀率上升。

第二节　中国对外贸易政策

从中华人民共和国成立到1978年，基于当时的国内外条件，我国执行的是国家管制的封闭型的保护贸易政策。在外贸经营体制上高度集中，以行政管理为主；在调节进出口贸易上主要靠计划、数量限制的直接干预，关税不起主要作用；人民币汇率一直高估；不参与世界性的经济贸易组织，不开展双边贸易等。这种封闭型的保护贸易政策对于粉碎"禁运""封锁"，顶住外国的经济压力起过积极作用，同时也带来许多副作用，即对国内企业保护过度，造成企业效率不高，国际竞争能力低下；不能积极参与国际分工；外贸发展缓慢。随着国内外形势的变化，尤其是1978年12月党的十一届三中全会之后，原来内向型的保护贸易政策不能适应已经变化的情况。在这一背景下，我国调整外贸政策，由国家统制下的内向型保护贸易政策转变为国家统制下的开放型保护贸易政策。

中国对外贸易政策发展经历了以下五个阶段。

一、第一阶段（1949—1978年）：计划经济下的国家统制贸易

1978年之前，中国建立了集外贸经营与管理为一体、政企不分、统负盈亏的外贸管理体制，中央以指令性计划直接管理少数的专业性贸易公司进行进出口（1978年年底外贸公司有130多家）。在这一阶段，我国对外贸易的目标主要是进出口贸易在总体上达到平衡。这有利于国际收支平衡，维持较低的国内价格水平，但使中国与世界市场的有机联系被割断，

不利于外贸和整个国民经济的发展。

二、第二阶段(1979—1991年):有计划的商品经济下的部分贸易开放

1978年12月,党的十一届三中全会在北京召开,会议作出实行改革开放的历史性决策,将对外开放确定为中国的长期基本国策之一,由此开启了"对内经济搞活,对外经济开放"的伟大探索征程。这一阶段外贸政策的主要内容是放开部分贸易经营权(包括对外资企业),以及贸易公司自主化改革。为了配合外贸企业改革,国家采取了放宽外汇管制,实行出口退税政策,原外经贸部下放部分权力等一系列配套改革的措施,增强了运用经济杠杆调节宏观经济的能力,并为外贸企业利用市场机制、实现自主经营创造了外部环境。

这一时期主要是从城市和地区、企业、法律,以及经济调控手段等多个方面进行对内改革和对外开放的尝试。

首先,城市和地区的对外开放呈现出"层层深入、次第展开"的鲜明特征:先通过试办经济特区为外向型经济的转型和发展积累经验,然后逐步推广至沿海城市和地区,并最终实现对内陆地区的开发和开放。以改革开放重大决议的提出为起点,从试办经济特区,到开发开放沿海城市和地区,再到将内陆地区也纳入经济开放范畴,这种"由外及内""先富带动后富"战略的有效落实,为后续相关政策的制定起到了良好的示范作用。

其次,在试办经济特区的同时,企业层面的体制改革也经历了由单一的指令性计划管理到市场经济自由配置的深刻转变。

再次,随着中国对外贸易体制的深度改革和经营权下放,国内经营主体也变得更加多元,需要依靠更加健全、可靠的法律法规制度来进一步规范和约束主体行为,以保障各方合法权益并维护市场秩序。

最后,为了更好地促进对外贸易体制改革,国家也采取了一系列经济调控手段,主要通过对外贸易管制和汇率制度改革两种方式得以实现。

除了对外贸易体制改革,国家还通过制定财政补贴和税收激励政策来扩大对外投资规模,同时,力求稳中有增地吸引外资、利用外资。

三、第三阶段(1992—2001年):符合国际规范的贸易政策体系改革

1986年,中国向关贸总协定(现为世界贸易组织)提交"复关"申请,至此,中国的对外贸易政策改革开始以符合国际规则为导向,涉及国内管理的各个方面。本阶段改革的方向是统一政策,平等竞争,自负盈亏,工贸结合,推行代理制,初步建立以市场经济为基础的外贸管理体制和调控体系。

在进出口管理方面,中国自1992年起大幅降低关税总水平,先是在1992年4月取消所有进口调节税,又先后于1992年12月、1993年12月、1996年4月和1997年10月四次实行自主降税,使关税总水平由1992年年末的43.2%降至1999年年初的15.3%,降幅高达64.58%。同时,减少进口配额、许可证等非关税措施的适用范围。

在外贸经营权方面,我国进一步推行了外贸放开经营,加快授予具备条件的国有生产企业、科研院所及商业物资企业外贸经营权,并加快转换外贸企业经营机制,在外贸领域推行现代企业制度。

在服务贸易方面,自1992年起我国逐步向外资开放服务贸易领域。国家在金融、保险、

房地产、商业零售、咨询、会计师服务、教育等诸多领域积极进行试点开放,并陆续颁布了一些短期或过渡性的法律法规进行规范管理。随着服务业改革的深入,我国的电信等敏感部门也开始了与外资的合作。

在外汇管理体制改革方面,我国1994年进行以外汇管理体制改革为核心的综合配套外贸体制改革,实施汇率并轨,建立了以市场供求为基础的、单一的、有管理的浮动汇率制度,并实行人民币经常项目下可兑换政策,取消外汇留成制和上缴外汇任务,并建立了外汇指定银行间的外汇交易市场。

在对外直接投资方面,政策取向由"保守型"向"鼓励型"深刻转变。越来越多国内企业开始响应对外投资"走出去"的号召,国内企业对外承包工程的数量持续增加。同时,外商对华直接投资也进入跨越式发展阶段。1999年,《外商收购国有企业的暂行规定》的颁布明确授予外商收购国有企业的权利。在一系列相关政策的推动下,中国逐渐成为世界上极具吸引力的投资目的地之一。

在法律法规建设和透明度方面,我国于1994年颁布了第一部《对外贸易法》,确立了维护公平自由的对外贸易秩序等原则,奠定了对外贸易的基本法律制度,进入了系统地完善外经贸领域法律法规的改革阶段。此外,在货物贸易、知识产权、反倾销等领域出台了一系列法律法规,如《知识产权海关保护条例》《外汇管理条例》《技术引进和设备进口贸易工作管理暂行办法》《反倾销和反补贴条例》等,政策透明度也不断加强。

这一阶段,中国基本形成了全方位的对外开放格局。在城市和地区方面,东北、西北和西南地区陆续开放,并逐渐扩展至部分内陆省会城市。中国对外开放的区域进一步扩大,在缩小不同地区之间的经济发展水平差异的同时,呈现出全方位、多层次、宽领域的对外开放格局。

四、第四阶段(2002—2012 年):扩大对外开放,加快推进贸易自由化和贸易投资便利化

2001年12月11日,中国正式加入世界贸易组织,成为世界贸易组织第143个成员。这是中国深度参与经济全球化的里程碑,标志着中国改革开放进入了历史新阶段。我国在市场准入、国内措施、外资待遇、服务贸易等领域均较好地履行了"入世"承诺和义务。这一阶段我国的对外贸易政策体系改革已经与国际贸易体制接轨,并同步发展,政策变化的动力由单纯的内生或外生,转变为内外协调。

(一)加快对外经济贸易法制化建设

中国根据世界贸易组织的规定和入世承诺,清理了2 300多部法律法规,通过废除不合时宜的条款与修订现有规定,建立健全了贸易促进、贸易救济法律体系,并基本形成了体系完整、符合中国国情、与国际惯例接轨的保护知识产权法律法规体系。

(二)进一步降低关税,削减非关税措施

大幅降低关税税率,中国平均关税水平从入世前的15.3%逐步降低至2005年的9.7%,农产品和制成品的平均关税水平分别下降为14.6%和8.9%,2005年中国将信息技术产品关税税率由13.3%削减至零关税。关税约束率自2005年起一直维持在100%。自2005年1月起,取消对424个税号产品的进口配额、进口许可证和特定招标等非关税措施,转为实施

包括关税配额、非自动进口许可和自动进口许可等在内的进口许可制度，仅保留了根据国际公约为保证生命安全、保护环境而实施进口管制产品的许可证管理，以及部分农产品及相关工业品的关税配额管理。

（三）全面开放外贸经营权

自 2004 年 7 月起，企业的外贸经营权由审批制改为登记备案制，所有外贸经营者均有权经营"国营贸易管理产品"以外的所有产品的进出口，显著增强了企业从事外贸活动的自主性和灵活性，形成了国有企业、外资企业和民营企业多元化的外贸经营格局。2010 年，上述三类企业分别占中国进出口总额的 21%、54% 和 25%。

（四）进一步扩大服务市场开放

2007 年中国履行完在服务贸易领域的全部开放承诺，涉及《服务贸易总协定》列表（12 大部门、160 多个分部门）中的 9 个大部门、100 多个分部门，中国在服务贸易领域的承诺开放水平远高于发展中成员平均水平，开放范围已接近发达国家水平。

（五）营造更为公平的市场竞争环境

中国通过建立、完善公平贸易法律制度和执法、监督机制，遏制和打击侵权、倾销、走私、扰乱市场秩序等不公平贸易行为，努力为境内外企业提供一个宽松、公平、稳定的市场环境。中国坚决反对任何形式的贸易保护主义，严格遵守世界贸易组织规定，在实施经济刺激计划时平等对待境内外产品，促进境内外企业的公平竞争。

五、第五阶段（2013 年至今）：构建开放型经济新体制、推进新一轮高水平对外开放

2013 年中国提出了以共建"一带一路"为引领，构建开放型经济新体制、推进新一轮高水平对外开放的理念。

党的十八届三中全会正式提出"构建开放型经济新体制"，2015 年 5 月，下发了《中共中央　国务院关于构建开放型经济新体制的若干意见》。2017 年党的十九大报告明确提出"推进贸易强国建设"。党的二十大报告把"推进高水平对外开放"作为"加快构建新发展格局，着力推动高质量发展"的重要内容。我们要稳步扩大规则、规制、管理、标准等制度型开放；推动货物贸易优化升级，创新服务贸易发展机制，发展数字贸易，加快建设贸易强国；营造市场化、法治化、国际化一流营商环境；推动共建"一带一路"高质量发展；有序推进人民币国际化；深度参与全球产业分工和合作，维护多元稳定的国际经济格局和经贸关系。

同期，一系列贸易政策开始配套实施。

（一）自由贸易区战略

党的十七大把自由贸易区建设上升为国家战略，党的十八大提出要加快实施自由贸易区战略。党的十八届三中全会提出要以周边为基础加快实施自由贸易区战略，形成面向全球的高标准自由贸易区网络。截至 2024 年 7 月 1 日，我国已与 29 个国家和地区签署了 22 个自贸协定，自贸伙伴覆盖亚洲、大洋洲、拉丁美洲、欧洲和非洲，与自贸伙伴贸易额占对外贸易总额的 1/3 左右。目前，洪都拉斯和中国正在共同推进自由贸易协定谈判，同时中国-东盟自贸区 3.0 版谈判也取得积极进展。

为进一步深化改革、扩大开放实现中国经济可持续高质量发展，自 2013 年起，在保税区

拓展阅读

中国自由贸易区改革

建设的基础上开始了自由贸易区试验。2013年9月29日,中国第一个自由贸易试验区——上海自由贸易试验区成立。2015年12月,国务院发布了《关于加快实施自由贸易区战略的若干意见》,将加快实施自由贸易区战略确定为中国新一轮对外开放的重要内容。党的十八大以来,中国先后设立22个自由贸易试验区及海南自由贸易港,形成了覆盖华东、华南、华北、华中、东北和西南地区,统筹沿海、内陆、沿边的改革开放创新格局,为中国经济高质量发展及世界经济复苏注入了正能量。

(二) 实施积极的进口政策,逐步实现进出口平衡

我国推出了中国国际进口博览会(China International Import Expo,CIIE)。这一盛会成为全球首个以进口为主题的国家级展会,彰显了中国支持贸易自由化和经济全球化的坚定承诺。国家发展改革委、财政部、商务部调整《鼓励进口技术和产品目录》,完善进口贴息政策,并加大进口信贷支持力度,积极扩大进口和优化进口结构。

(三) 对接国际高标准,实行高水平的贸易和投资自由化与便利化政策

2013年推动世界贸易组织达成《贸易便利化协定》、2015年达成《信息技术协定》扩围协议。我国还参与发起《环境产品协定》谈判,签署《关于电子商务的联合声明》《关于投资便利化的部长联合声明》,启动加入《政府采购协定》谈判,全方位参与新的贸易规则议题。2021年,世界贸易组织宣布"服务贸易国内规制联合声明倡议"谈判圆满结束。

中国参与的区域全面经济伙伴关系协定(RCEP)已于2022年1月启动,并取得积极进展,目前RCEP对15个成员全面生效。中国还正式申请加入全面与进步跨太平洋伙伴关系协定(CPTPP)和数字伙伴关系协定(DEPA)。全面实行准入前国民待遇加负面清单管理制度,大幅度放宽市场准入,扩大服务业对外开放,从2013年第一张自贸试验区外商投资准入负面清单的190项限制措施减少到现在的27项,在全国范围内的限制措施由93项减少为31项,大幅减少了外资市场准入限制。目前,自由贸易试验区外贸准入负面清单已实现制造业清零。2020年实施新的《外商投资法》,它为我国推进更高水平对外开放提供了法治保障。我国仍在不断完善跨境货物、服务、运输、人员等自由便利政策。2021年,我国《海南自由贸易港法》正式发布,次年海南推出第一张跨服务贸易负面清单,对建设中国特色自由贸易港具有重大意义。2024年,国务院办公厅印发《扎实推进高水平对外开放更大力度吸引和利用外资行动方案》,这一文件提出了一系列创新举措和政策支持,以更大力度吸引和利用外资,推动中国经济高质量发展。

(四) 加大对外投资支持力度,推动企业"走出去",为企业拓展国际市场提供更多的机会

我国加强制度建设,将促进、服务、监管和保障纳入法治化轨道;深化对外投资领域的"放管服"改革,实施对外投资备案管理办法,加大对外投资合作事中事后监管力度;完善双边投资合作机制,与有关国家签署投资合作协议、双边经贸合作中长期发展规划;强化服务保障,建成"走出去"公共服务平台;重视绿色投资和数字经济投资,出台相关工作指引;创新对外投资方式,实施绿地投资、收购并购、股权置换等多种形式。

(五) 鼓励新业态的升级和壮大,跨境电子商务、市场采购贸易等新业态快速增长,成为新的增长点

这一时期,根据《中国加入世界贸易组织关税减让表修正案》,中国主要对信息技术产品履行关税减让义务,先后于2017年1月、2017年7月、2018年7月、2019年1月、2019年7

月、2020 年 7 月、2021 年 7 月、2022 年 7 月、2023 年 1 月、2023 年 7 月和 2024 年 1 月多次实施降税,使关税总水平维持在 7.4% 的较低水平。同时,为进一步提升贸易便利化水平,中国于 2016 年 7 月正式加入《国际运输公约》,通过减少非必要的通关手续,大幅提高了成员之间的运输效率;又于 2018 年 4 月将出入境检验检疫划入海关通关一体化管理框架,充分整合并运用其海关资源,以达到降低通关成本、提高通关效率,从而进一步推动贸易便利化发展的效果。外汇管制方面,这一时期服务贸易的外汇管理改革取得新进展。2013 年 9 月,中国全面取消服务贸易事前审批,将所有收付汇业务的办理权限下放到银行,免去了各企业为筹备审批材料而投入大量人力、物力的需要,一定程度上提高了相关企业的经营效率。2014—2017 年,先后推出"沪港通""深港通"和"债券通"等跨境证券投资新机制。

此外,对现行法律法规的清理和重组工作仍在继续。《进出口商品检验法》分别于 2002 年 4 月、2013 年 6 月、2018 年 4 月、2018 年 12 月和 2021 年 4 月历经五次修订。《外贸法》则分别于 2016 年 11 月和 2022 年 12 月历经两次修订。2018 年 3 月,对《知识产权海关保护条例》进行第二次修订。2020 年 11 月,对《技术进出口管理条例》进行第三次修订。本次修改,集中于条例中对技术进口合同的特殊规定,取消了被诟病的与《与贸易有关的知识产权协定》约定的国民待遇义务不相符的规定。

专栏 5-1
跨境电商综合试验区

中国跨境电子商务综合试验区是中国设立的跨境电子商务综合性质的先行先试的城市区域,旨在跨境电子商务交易、支付、物流、通关、退税、结汇等环节的技术标准、业务流程、监管模式和信息化建设等方面先行先试,通过制度创新、管理创新、服务创新和协同发展,破解跨境电子商务发展中的深层次矛盾和体制性难题,打造跨境电子商务完整的产业链和生态链,逐步形成一套适应和引领全球跨境电子商务发展的管理制度和规则,为推动中国跨境电子商务健康发展提供可复制、可推广的经验。

2022 年 11 月 14 日,国务院同意在廊坊市等 33 个城市和地区设立跨境电子商务综合试验区。此次扩围之后,中国跨境电子商务综合试验区数量达到 165 个,覆盖 31 个省份。

商务部、海关总署、税务总局等部门出台了一系列支持跨境电商综合试验区发展的政策措施,最具含金量的主要有以下四个方面。

1. 无票免税

跨境电商零售出口"无票免税"政策是指对跨境电子商务综合试验区内的跨境电子商务零售出口企业未取得有效进货凭证的货物,凡符合规定条件的,出口免征增值税和消费税。

2. 所得税核定征收

跨境电商零售出口企业所得税核定征收政策是指综试区内符合一定条件的出口企业试行核定征收企业所得税办法,采用应税所得率方式核定征收企业所得税,应税所得率统一按照 4% 确定。符合小型微利企业优惠政策条件的,可享受小型微利企业所得税优惠政策;其取得的收入属于我国《企业所得税法》第二十六条规定的免税收入的,可享受免税收入优惠

拓展阅读

国务院印发《全面对接国际高标准经贸规则推进中国(上海)自由贸易试验区高水平制度型开放总体方案》

政策。

　　3.通关便利化

　　通关便利化政策是指跨境电商综试区内符合条件的跨境电子商务零售商品出口,海关通过采用"清单核放,汇总申报"的便利措施进行监管验放,提高企业通关效率、降低通关成本。

　　4.放宽进口监管

　　放宽进口监管条件是指对跨境电商零售进口商品不执行首次进口许可批件、注册或备案要求,按个人自用进境物品监管。

　　思考题:

　　关于支持跨境电商综合试验区发展的政策措施,其主要意图体现在哪些方面?

本 章 小 结

　　1.国际贸易政策随着世界政治、经济与国际关系的变化而变化。历史上已经出现过的贸易政策有重商主义阶段、自由贸易与保护贸易并存阶段、超保护贸易阶段、贸易自由化阶段、新贸易保护主义阶段、管理贸易与协调贸易政策阶段。

　　2.同一个国家在不同时期以及不同国家在同一时期往往实行不同的对外贸易政策。进入 20 世纪 90 年代后,发达国家对外贸易政策出现了新的发展趋势,在政策协调的基础上实施某些保护措施,不完全的自由贸易政策和不断变化的保护贸易政策相辅相成,构成了发达国家外贸政策的显著特征。

　　3.第二次世界大战以后多数发展中国家实施过两种基本的对外贸易政策,即进口替代政策和出口替代(导向)政策,部分发展中国家(地区)在完成了工业化进程后,在经济和社会进步中取得了重大的成就。

　　4.从政策性的开放试点,到逐步形成全方位、多领域的制度性对外开放格局,中国对外贸易政策大体上可分为五个阶段。

基 本 概 念

　　重商主义　超保护贸易　新贸易保护主义　管理贸易　公平贸易　对外贸易总政策　商品政策　国别政策　对外贸易体制改革　对外开放

复习思考题

一、选择题（请用手机扫描下方二维码作答）

二、简答题

1. 各国制定对外贸易政策的目的是什么？

2. 简述国际贸易政策的历史演变。

3. 试述发达国家对外贸易政策的发展趋势和特点。

4. 比较保护贸易政策、超保护贸易政策与新贸易保护主义。

5. 改革开放以来，中国对外贸易政策经历了哪几个阶段，主要有什么举措？

第六章　国际贸易政策措施

引导案例

　　日本作为一个典型的资源匮乏型发达国家，其国际贸易政策在很大程度上反映了其对资源安全和经济可持续性的重视。由于日本的自然资源极度贫乏，尤其是石油的自给率仅为 2.3%，天然气自给率为 3.4%，并且在粮食和其他大宗商品方面也对进口有较高的依赖度，因此，日本采取了一系列国际贸易政策措施来确保稳定的资源供应。

　　例如，在能源领域，日本政府实施了多元化的能源进口策略，与多个国家和地区建立长期稳定的合作关系，确保能源供应链的安全。同时，日本通过签订自由贸易协定（FTA）和其他国际合作框架，降低资源进口关税，提升资源获取效率。此外，日本企业也在海外直接投资，如购买矿产资源权益、参股资源开发公司，以获得上游资源控制权，并通过技术研发和节能措施减少对资源进口的依赖。

　　在日本的粮食安全保障政策中，一方面，它积极参与国际粮食市场，大量进口小麦、玉米、大豆等农产品；另一方面，通过农业补贴和科研投入保护和发展国内农业生产基础，以防国际市场波动带来的风险。此外，日本还通过国际援助和合作项目，支持发展中国家提高农业生产能力，间接保障自身的粮食进口来源。

　　思考题：

　　面对资源禀赋约束，应如何调整资源获取方式、优化资源配置、促进产业升级，以及缓解对外部资源过度依赖的风险？有哪些国际贸易政策工具？

　　国际贸易政策的具体内容一般包括关税制度和政策、非关税壁垒的种类和做法、鼓励出口的体制和手段、限制进口及管制出口的政策和手段，以及参与国际经济一体化的战略和政策等。

第一节　关　　税

　　关税（customs duty；tariff）是指进出口货物经过一国（地区）关境时，由政府设置的海关向本国（地区）进出口商课征的一种税收。由于征收关税提高了进出口商品的成本和价格，客观上限制了进出口商品的数量，故关税又被称为关税壁垒（tariff barrier）。关税是国家税收的一种，是对外贸易政策的重要工具。征收关税的作用主要有两个方面：一是增加本国财政收入；二是保护本国的产业和国内市场。其中以前者为目的征收的关税称为财政关税（revenue tariff），以后者为目的征收的关税称为保护关税（protective tariff）。

一、关税的种类

按照征收的对象或商品流向，关税可分为进口税、出口税、过境税。

（一）进口税

进口税（import duty）是指进口商品进入一国关境或从自由港、出口加工区、保税仓库进入国内市场时，由该国海关根据海关税则对本国进口商所征收的一种关税。进口税又称正常关税（normal tariff）或进口正税。

进口税是保护关税的主要手段。通常所说的关税壁垒，实际上就是对进口商品征收高额关税，以此提高其成本，从而削弱其竞争力，起到限制进口的作用。

各国进口税税率的制定是基于多方面因素的考虑，从有效保护和经济发展出发，对不同商品制定不同的税率。一般地说，进口税税率随着进口商品加工程度的提高而提高，即工业制成品税率最高，半制成品次之，原料等初级产品税率最低甚至免税，这称为关税升级（tariff escalation）。进口国同样对不同商品实行差别税率，对国内紧缺而又急需的生活必需品和机器设备予以低关税或免税，而对国内能大量生产的商品或奢侈品则征收高关税。

1. 进口税税率

一般说来，进口税税率可分为普通税率、最惠国税率、普惠制税率和特惠税率四种税率。

（1）普通税率。

如果进口国未与该进口商品的来源国签订任何关税互惠贸易条约，则对该进口商品按普通税率征税。普通税率是最高税率，一般比优惠税率高 1～5 倍，少数商品甚至更高。目前仅有个别国家对极少数国家（一般是非建交国家）的出口商品实行这种税率，大多数只是将其作为其他优惠税率减税的基础。因此，普通税率并不是被普遍实施的税率。

（2）最惠国税率。

这是对签有最惠国待遇条款的贸易协定国家实行的税率。最惠国待遇（mos-favored-nation treatment，MFNT）是指缔约方各方实行互惠原则，凡缔约方一方现在和将来给予任何第三方的一切特权、优惠和豁免，也必须同样给予其他缔约方。最惠国待遇的主要内容是关税待遇。最惠国税率是互惠的，且比普通税率低。由于世界上大多数国家都加入了签订有多边最惠国待遇条约的世界贸易组织，或者通过个别谈判签订了双边最惠国待遇条约，因而这种关税税率实际上已成为普遍实施的税率。但最惠国税率并非是最低税率。在最惠国待遇中往往规定有例外条款，如在缔结关税同盟、自由贸易区，或有特殊关系的国家之间规定更优惠的关税待遇时，最惠国待遇并不适用。

（3）普惠制税率。

这是发达国家向发展中国家提供的优惠税率。它在最惠国税率的基础上实行减税或免税，通常按最惠国税率的一定百分比征收，并且不是互惠的，而是单向的。因此，享受普惠制待遇的发展中国家往往能促进出口。

（4）特惠税率。

特惠税（preferential duty）又称优惠税，是一国基于传统或历史原因，对来自特定国家的进口商品给予特别优惠的低关税或免税待遇。使用特惠税的目的是增进与受惠国之间的贸易往来。税率一般低于最惠国税率和协定税率。特惠税不适用于从非优惠国家或地区进口的商品，一般是在签订有友好协定、贸易协定等国家之间实施的，任何第三国不得根据最惠国待遇条款要求享受这一优惠待遇。

拓展阅读

《洛美协定》

特惠税包括非互惠的特惠关税和互惠的特惠关税。非互惠的特惠关税最有影响的是《洛美协定》国家之间的特惠税。它是欧盟向参加协定的非洲、加勒比海和太平洋地区的发展中国家单方面提供的特惠关税。互惠的特惠关税不一定是对等的。互惠的特惠关税主要是区域贸易协定或双边自由贸易协定成员间根据协定实行的特惠税。如欧盟成员之间、北美自由贸易协定成员之间、中国与东盟国家之间实行的特惠税。

2. 进口附加税

进口附加税（import surtax）是指进口国海关对进口的外国商品在征收进口正税之外，出于某种特定目的额外加征的关税。进口附加税不同于进口税，在一国海关税则中并不能找到，也不像进口税那样受到世界贸易组织只能降不能升的严格约束，其税率的高低往往视征收的具体目的而定。

进口附加税又称特别关税，是一种临时性的特定措施。其目的主要有：应对国际收支危机，维持进出口平衡；防止外国产品低价倾销；对某个国家实行歧视或报复等。进口附加税是限制商品进口的重要手段，在特定时期有较大的作用。一般来说，对所有进口商品征收进口附加税的情况较少，大多数情况是针对个别国家和个别商品征收进口附加税。进口附加税主要有反倾销税、反补贴税、紧急关税、惩罚关税和报复关税五种。

（1）反倾销税。

反倾销税（anti-dumping duty）是对实行倾销的进口货物所征收的一种临时性进口附加税。征收反倾销税的目的在于抵制商品倾销，保护本国产品的国内市场。因此，反倾销税税额一般按倾销差额征收，由此抵消低价倾销商品价格与其正常价格之间的差额。反倾销税常被滥用，发挥非关税壁垒的作用，限制商品的进口。

（2）反补贴税。

反补贴税（countervailing duty）又称反津贴税、抵消税或补偿税，是指进口国为了抵消某种进口商品在生产、制造、加工、买卖及输出过程中接受的直接或间接奖金或补贴而征收的一种进口附加税。征收反补贴税的目的在于增加进口商品的价格，抵消其所享受的贴补金额，削弱其竞争能力，使其不能在进口国的国内市场上进行低价竞争或倾销。反补贴税税额一般按奖金或补贴的数额征收，不得超过该产品接受补贴的净额，且征税期限不得超过 5 年。反补贴常为一些国家充当非关税壁垒，限制有关商品的进口。

（3）紧急关税。

紧急关税（emergency tariff）是为消除外国商品在短期内大量进口对国内同类产品生产造成重大损害或重大威胁而征收的一种进口附加税。当短期内外国商品大量涌入，一般正常关税已难以起到有效保护作用，因此，需借助税率较高的特别关税来限制进口，保护国内生产。由于紧急关税是在紧急情况下征收的临时性关税，因此，当紧急情况缓解后，紧急关税必须撤除，否则会受到别国的关税报复。

（4）惩罚关税。

惩罚关税（penalty tariff）是指出口国某商品违反了与进口国之间的协议，或者未按进口国海关规定办理进口手续时,由进口国海关对该进口商品征收的一种临时性的进口附加税。这种特别关税具有惩罚或罚款性质。例如,某进口商虚报成交价格,以低价假报进口手续,一经发现,进口国海关将对该进口商征收特别关税作为罚款。另外,惩罚关税有时还被用作贸易谈判的手段。

（5）报复关税。

报复关税（retaliatory tariff）是指一国为报复他国对本国商品、船舶、企业、投资或知识产权等方面的不公正待遇,对从该国进口的商品所课征的进口附加税。通常在对方取消不公正待遇时,报复关税也会相应取消。然而,报复关税也像惩罚关税一样,易引起他国的反报复,最终导致关税战。

征收进口附加税主要是为弥补正税的财政收入作用和保护作用的不足。由于进口附加税比正税所受国际社会约束要少,使用灵活,因而常常会被用作限制进口与贸易斗争的武器。我国于1997年3月25日颁布了《中华人民共和国反倾销和反补贴条例》,并于2001年11月26日颁布了《中华人民共和国反倾销条例》。

3. 差价税

差价税（variable levy）又称差额税,是当本国生产的某种产品的国内价格高于同类进口商品的价格,为削弱进口商品的竞争力,保护本国生产和国内市场,按国内价格与进口价格之间的差额征收的关税。征收差价税的目的,是使该种进口商品的税后价格保持在一个预定的价格标准上,以稳定进口国内该种商品的市场价格。

对于征收差价税的商品,有的规定按价格差额征收,有的规定在一般关税以外另行征收,这种差价税实际上属于进口附加税。差价税没有固定的税率和税额,而是随着国内外价格差额的变动而变动,因此是一种滑动关税（sliding duty）。

4. 普遍优惠制

普遍优惠制（generalized system of preferences，GSP）简称普惠制,是发达国家给予发展中国家出口的制成品和半制成品（包括某些初级产品）普遍的、非歧视的、非互惠的一种关税优惠制度。普遍性、非歧视性和非互惠性是普惠制的三项基本原则。普遍性是指发达国家对所有发展中国家出口的制成品和半制成品给予普遍的关税优惠待遇;非歧视性是指应使所有发展中国家都无歧视、无例外地享受普惠制待遇;非互惠性即非对等性,是指发达国家单方面给予发展中国家特殊关税减让而不要求发展中国家给予对等待遇。

拓展阅读

普惠制方案

（二）出口税

出口税（export duty）是出口国家的海关在本国产品输往国外时,对出口商所征收的关税。目前大多数国家对绝大部分出口商品都不征收出口税,因为征收出口税会抬高出口商品的成本和国外售价,削弱其在国外市场的竞争力,不利于扩大出口。但世界上仍有少数国家（特别是经济落后的发展中国家）征收出口税。

征收出口税的目的主要是:第一,对本国资源丰富、出口量大的商品征收出口税,以增加财政收入。第二,为了保证本国的生产,对出口的原料征税,以保障国内生产的需要和增加国外商品的生产成本,从而加强本国产品的竞争能力。第三,为保障本国市场的供应,除了对某些出口原料征税,还对某些本国生产不足而又需求较大的生活必需品征税,以抑制价格上涨。第四,控制和调节某些商品的出口流量,防止盲目出口,以保持在国外市场上的有利价格。第五,为了防止跨国公司利用"转移定价"逃避或减少在所在国的纳税,向跨国公司出口产品征收高额出口税,维护本国的经济利益。

我国历来采取鼓励出口的政策,但为了控制一些商品的流量,对少数资源性产品及需要规范出口秩序的半制成品或制成品采取了征收出口税的办法。为适应出口管理制度的改革需要,促进能源资源产业的结构调整、提质增效,自 2019 年 1 月 1 日起,我国对化肥、磷灰石、铁矿砂、矿渣、煤焦油、木浆等 94 项商品不再征收出口关税。

(三)过境税

过境税(transit duty)又称通过税或转口税,是一国海关对通过其关境再转运第三国的外国货物所征收的关税。其目的主要是增加国家财政收入。目前,大多数国家对过境货物只征收少量的签证费、印花费、登记费及统计费等。WTO 各成员同意不征收过境税,以促进国际贸易的自由流动和效率提升。

二、关税的征收

(一)关税的征收方法

关税的征收方法又称征收标准,一般来说,可分为从量税、从价税和混合税三种。

1. 从量税

从量税(specific duty)是以进口货物的重量、数量、长度、容量和面积等计量单位为标准计征的关税。其中,重量单位是最常用的从量税计量单位。从量税的计算公式为:

$$从量税税额＝货物计量单位数×从量税率$$

以重量为单位征收从量税应注意:在实际应用中,各国计算重量的标准各不相同,一般采用毛重、半毛重和净重。毛重(gross weight)是指商品本身的重量加内外包装材料在内的总重量;半毛重(demigross weight)是指商品总重量扣除外包装后的重量;净重(net weight)则是指商品本身的重量,不包括内外包装材料的重量。

2. 从价税

从价税(advalorem duty)是以货物价格作为征收标准的关税。从价税的税率表现为货物价格的百分值。从价税的计算公式为:

$$从价税税额＝进口货物总值×从价税率$$

征收从价税的一个重要问题是确定进口商品的完税价格(dutiable value)。完税价格,是指经海关审定的作为计征关税依据的货物价格,货物按此价格照章征税。各国规定了不同的海关估价确定完税价格,目前大致有以下三种:出口国离岸价(FOB)、进口国到岸价(CIF)和进口国的官方价格。美国、加拿大等国采用离岸价格来估价,我国和西欧等国采用到岸价格作为完税价格。

3. 混合税

混合税(mixed duty)是在税则的同一税目中订有从量税和从价税两种税率,征税时混合使用两种税率计征。混合税又可分为复合税和选择税两种。

(1)复合税。

复合税(compound duty)是指同时使用从量、从价两种税率征税,以两种税额之和作为该种商品的关税税额。复合税按从量、从价的主次不同又可分为两种情况:一种是以从量税为主加征从价税,即在对每单位进口商品征税的基础上,再按其价格加征一定比例的从价税。另一种是以从价税为主加征从量税,即在按进口商品的价格征税的基础上,再按其计量单位加征一定数额的从量税。

（2）选择税。

选择税(alternative duty)是指对某种商品同时订有从量和从价两种税率,征税时由海关选择其中一种征税,作为该种商品的应征关税额。一般是从高计征,在物价上涨时使用从价税,物价下跌时使用从量税。有时,为了鼓励某种商品的进口,或给某出口国以优惠待遇,也有选择税额较低的一种税率征收关税的。

由于混合税结合使用了从量税和从价税,从量税会增加低档商品的税负,从价税则增加高档商品的税额,哪一种方法更有利,就使用哪一种方法或以其为主征收关税,因而无论进口商品价格高低,都可起到一定的保护作用。目前,世界上大多数国家都使用混合税。

（二）关税的征收依据

各国征收关税的依据是海关税则。海关税则(customs tariff)又称关税税则,是一国对进出口商品计征关税的规章和对进出口应税与免税商品加以系统分类的一览表。海关税则是关税制度的重要内容,是国家关税政策的具体体现。

海关税则一般包括两个部分:一部分是海关课征关税的规章条例及说明,另一部分是关税税率表。其中,关税税率表主要包括税则号列(tariff no.或 heading no.或 tariff item)、商品分类目录(description of goods)及税率(rate of duty)三部分。商品分类目录将种类繁多的商品或按加工程度,或按自然属性、功能和用途等分为不同的类。随着经济的发展,各国海关税则的商品分类越来越细,这不仅是由于商品种类日益增多而产生技术上的需要,更主要的是各国开始利用海关税则,更有针对性地限制有关商品进口和更有效地进行贸易谈判,将其作为实行贸易歧视的手段。

为了减少各国海关在商品分类上的矛盾,统一税则目录出现并不断被完善。相继有《海关合作理事会税则商品分类目录》《国际贸易标准分类》《商品名称及编码协调制度》等。

海关税则中的同一商品,可以采用一种税率征税,也可以采用两种或两种以上税率征税。按照税率表的栏数,可将海关税则分为单式税则和复式税则两类。

1. 单式税则

单式税则(single tariff)又称一栏税则,是指一个税目只有一个税率,即对来自任何国家的商品均以同一税率征税,没有差别待遇。目前,只有少数发展中国家,如委内瑞拉、巴拿马、哥伦比亚等国仍实行单式税则。

2. 复式税则

复式税则(complex tariff)又称多栏税则,是指同一税目下设有两个或两个以上的税率,即对来自不同国家的进口商品按不同的税率征税,实行差别待遇。其中,普通税率是最高税率,特惠税率是最低税率,在两者之间,还有最惠国税率、协定税率、普惠制税率等。目前大多数国家都采用复式税则。

在单式税则或复式税则中,依据制订税则的权限,又可分为自主税则或国定税则和协定税则。前者是指一国立法机构根据关税自主原则单独制定,不受对外签订的贸易条约或协定约束的一种税率。后者则指一国与其他国家或地区通过贸易与关税谈判,以贸易条约或协定的方式确定的关税税率。协定税则是在本国原有的国定税则以外,通过与他国进行关税减让谈判而另行规定的一种税率,因此要比国定税则的税率低。此外,在单式税则或复式税则中,依据进出口商品流向的不同,还可分为进口货物税则和出口货物税则。

拓展阅读

国际贸易
商品分类
标准

三、关税的经济效应

关税的经济效应是指一国征收关税对其国内价格、贸易条件、生产、消费、贸易、税收、再分配及福利等方面所产生的影响。关税的经济效应可以从整个经济的角度来分析,也可以从单个商品市场的角度来考察,前者属于一般均衡分析,后者为局部均衡分析。为便于分析和理解,本节仅从局部均衡的角度分别讨论小国和大国征收关税所产生的经济效应。

(一)小国征收关税的经济效应

设某国为小国,其对 X 商品的供给、需求、贸易状况如图 6-1 所示。图中,横坐标轴表示 X 商品的数量,纵坐标轴表示 X 商品的价格,S_X 和 D_X 分别代表 X 商品的供给曲线和需求曲线,两线相交于 E 点,E 点为隔离均衡点,P_e 为隔离均衡价格。在自由贸易条件下,当不计运费,国内价格等于国际价格,为 P_{X1}。在此价格下,该国对 X 商品的需求量为 AB,本国自行生产的数量为 AC,需进口的数量为 CB。S_F 为该国进口所面对的出口供给曲线,平行于横坐标轴,弹性无穷大。若该国对 X 商品的进口征收额度为 T 的关税(税率为 T/OP_{X1}),则其进口面对的是包括关税在内的新的出口供给曲线 S_{F+T},征收关税对国内经济产生了以下影响。

1. 价格效应(price effect)

这是指征收关税对进口国价格的影响。由于小国对商品的国际价格没有影响力,因此课征关税后,X 商品的国际价格仍为 P_{X1},但其国内价格却升至 P_{X2};且 $P_{X2}=P_{X1}+T$,即小国征收关税使进口品及其进口替代品的国内价格提高了与所征税额相当的幅度。

2. 贸易条件效应(terms-of-trade effect)

这是指征收关税对进口国贸易条件的影响。小国对进口商品征收关税使该商品的国内价格上升,从而使其国内生产扩张,消费减少,进口缩减。但小国进口量的减少并不会对国际市场的供求关系产生显著影响,因而不能影响该商品的国际价格,故小国的关税贸易条件效应并不存在。

3. 消费效应(consumption effect)

消费效应即征收关税对可进口品消费的影响。在图 6-1 中,小国征收进口关税后,对可进口 X 商品的需求量因价格提高而由 AB 减至 GH,即减少 BN 数量的 X 商品消费。

4. 生产效应(production effect)

生产效应即征收关税对进口国进口替代品生产的影响。如图 6-1 所示,小国征收进口关税后,由于进口品价格提高了等同于关税额的水平,因而刺激进口替代品的生产扩张,直至生产者价格达到($P_{X1}+T$)的水平,即进口替代品的产量由 AC 增至 GJ。所增加的 CM 数量的进口替代品生产乃关税的生产效应,又称替代效应(substitution effect)或保护效应(protection effect)。关税越高,保护程度亦越高。当关税提高为 $P_{X1}P_e$,或更高,实为禁止性关税,关税的保护效应发挥得最完全。

5. 贸易效应(trade effect)

贸易效应即征税引起的进口量变化。征收关税后,由于生产增加、消费减少,所以进口数量由 CB 减为 JH。其中,所减少的 BN 数量的进口乃消费减少所致;减少的 CM 数量进

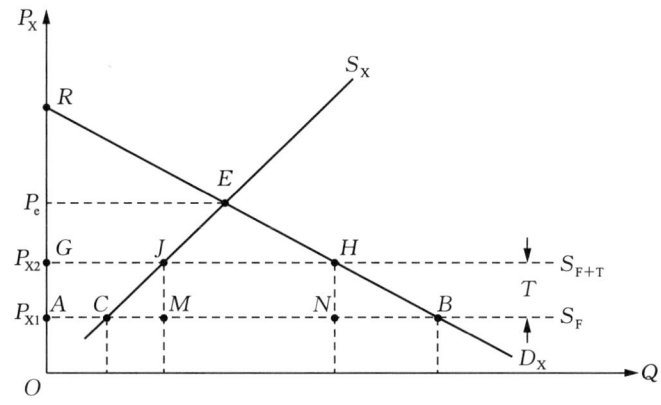

图 6-1 小国征收关税的经济效应

口则由生产增加所致。故关税的贸易效应为消费效应和生产效应之和。

6. 财政效应（revenue effect）

财政效应即征收关税对国家财政收入发生的影响。小国征收额度为 T 的关税后,政府取得了 $T \times JH = \square MJHN$ 的关税收入,使财政收入增加,此乃关税的财政效应。

7. 收入再分配效应（income-redistribution effect）

征税前,X 商品的消费量为 AB,消费者剩余为 $\triangle RAB$;征税后,X 商品的消费量为 GH,消费者剩余为 $\triangle RGH$,故消费者剩余减少了 $\square AGHB$。然而,征收关税后,生产者由于增加 CM 的进口替代品生产而增加了 $\square AGJC$ 的生产者剩余,政府由于征收关税而增加了 $\square MJHN$ 的财政收入。$\square AGJC$ 和 $\square MJHN$ 实际上是社会收入由消费者增加消费负担而转移给生产者和政府的部分。

8. 福利效应（welfare effect）

如上所析,征税后,消费者剩余减少 $\square AGHB$,其中 $\square AGJC$ 转移为生产者剩余增加的部分,$\square MJHN$ 成为政府的关税收入,余下的 $\triangle JMC$ 和 $\triangle HNB$ 是征税所致的福利净损失（net welfare loss）或无谓的损失（dead weight loss）,即关税的社会成本。$\triangle JMC$ 代表生产的净损失,由增加 CM 数量的进口替代品生产使资源使用效率下降所致;$\triangle HNB$ 代表消费的净损失,是关税人为地抬高了进口品价格进而扭曲消费所产生的消费效用的净损失。

以上所讨论的各种效应的大小,取决于征税商品的供给与需求弹性及关税税率高低。对于相同的关税税率,需求曲线越富弹性,消费效应越大;同样,供给曲线越富弹性,生产效应越大。因此,一国对某商品的供给与需求越富弹性,关税的贸易效应越大,而财政效应越小。

关税的负担决定于进口需求与出口供给的弹性大小,弹性越大者,关税的负担越轻;弹性越小者,关税的负担越重。由于小国进口所面对的出口供给弹性无限大,因此小国课征进口关税,关税完全由其本国消费者负担,而关税收入全部由小国的政府所获得。

（二）大国征收关税的经济效应

大国与小国征收关税最主要的差异在于大国征收关税可以影响贸易条件,小国则不然。现用图 6-2 对大国征收关税进行局部均衡分析。图 6-2 中,S_H 表示某大国 X 商品的国内供给曲线,S_{H+F} 表示 X 商品的总供给曲线（由国内供给曲线和国外供给曲线合计而得）,D_H 表示 X 商品的国内需求曲线。在自由贸易条件下,该国的国内需求曲线 D_H 与总供给曲线

S_{H+F} 相交于 B 点,价格为 P_h,该国对 X 商品的需求量为 AB,其中,AC 数量由国内生产者提供,CB 数量靠进口弥补。若该国对 X 商品征收额度为 T 的关税(税率为 T/OP_w),则对国内经济产生以下效果:

征税后,总供给曲线将上移为 S_{H+F+T},D_H 与 S_{H+F+T} 相交于 H 点,故国内价格升为 P'_h,该国对 X 商品的需求量为 GH,其中 GJ 数量由本国提供,JH 数量通过进口来满足。征税所致的消费者剩余损失为 $(a+b+c+d)$ 部分,其中 a 为生产者剩余增加部分,c 为政府向国内消费者征收的关税收入,其余的 $(b+d)$ 部分为保护的成本或无谓的损失。但由于该国是大国,征收关税提高了国内价格,减少了消费和进口,使国际价格下降(由 P_w 降至 P'_w),从而改善其贸易条件并从中获益,即政府从外国出口商间接获得了 □$MNIK$,即 e 部分的关税收入。因此,征收关税引起的福利净变动是 $[e-(b+d)]$。如果贸易条件改善带来的利益大于保护的成本,即 e 大于 $(b+d)$,则该国从征收关税中获益,福利增加;如果 e 小于 $(b+d)$,则该国发生福利净损失;如果 e 等于 $(b+d)$,则该国既未从征收关税中获利,亦未因征税而发生净损失。

大国征收关税与小国相似,其所产生的各种效应大小也决定于课税商品的供给和需求弹性及所征关税的高低。在一定的供给和需求条件下,一国政府可通过征收最适关税以使其福利最大化。这一问题将在本节后续内容中进一步讨论。

大国征收关税后,使其国内价格提高,并使国际价格下降,表示关税由进出口国共同负担。如图 6-2 所示,进口国消费者负担 P'_hP_w 的关税,出口商负担 $P_wP'_w$ 的关税,关税额为 $T=P'_hP_w+P_wP'_w=P'_hP'_w$。而关税负担的大小,决定于进出口国进口需求与出口供给弹性的大小。进口需求弹性越小,国内价格上涨幅度越大,则进口国的关税负担越重,出口国负担越轻;出口供给弹性越大,国际价格下跌幅度越小,则出口国的关税负担越轻,进口国的负担越重。反之则反。

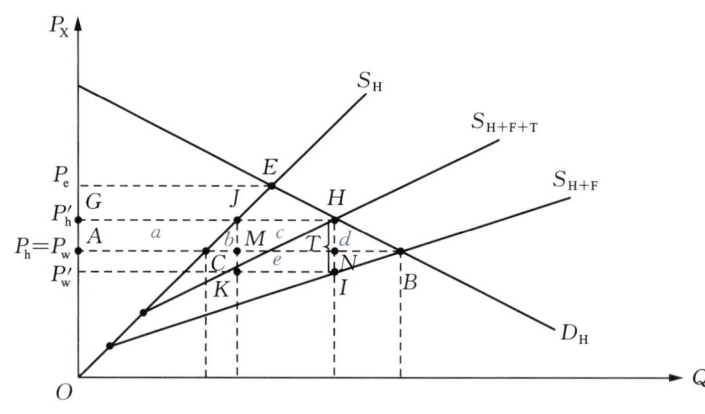

图 6-2　大国征收关税的经济效应

通过以上对小国和大国征收关税的局部均衡分析可见,征收关税虽然使本国供应商受益并对政府有利,但却极大地损害了消费者福利,最终使社会遭受无谓的损失。降低关税,则会增进国民福利和消费者利益,而仅对相关的部分生产者及国库收入不利。在关税保护下的国内生产是低效率的生产,不利于资源的合理配置,因而也不应该长期对其提供保护。因此,除了在少数情况下,如进口大国能用关税影响进口货物的价格,使其从中得到的利益超过保护的成本时,或在本国经济存在着其他办法不能纠正的缺陷时,才能考虑采取征收关税的手段,否则应尽量实行自由贸易政策。

四、最适关税

最适关税(optimal tariff 或 optimal customs duty)是经济学中的一个概念,它指的是一个国家在其边境对进口商品征收关税时,可以使本国经济福利达到最大化的关税水平。在理论上,最适关税并不是指绝对的零关税或完全禁止进口的高关税,而是指在考虑了各种经济因素后的某个特定关税率,这个关税率使得政府通过关税带来的收益与因关税导致的消费者剩余减少、生产者剩余增加之间的净收益最大化,即在零关税与禁止性关税之间,寻找某一最佳点,在这一点,因贸易条件改善而额外获得的收益恰好抵消了因征收关税而产生的生产扭曲和消费扭曲所带来的额外损失。

拓展阅读

最适关税

在关税理论中,一般认为进口国对进口货品征收关税,会使进口国国内被保护产业的产品价格提高,诱导国内生产要素流向被保护产业。边际成本递增,进口国以高成本生产造成社会福利损失。这种损失随着关税税率的提高而以递增的速度增加。但若进口国是一个贸易大国,为避免因对其进口货品征收关税而使其进口数量减少,出口国不得不降低出口货品价格以维持出口规模。在其他条件不变的情况下,进口国可以用同等数量的出口货品换回较多的进口货品,从而改善进口国的贸易条件,进口国由此可以增加其社会福利。如果关税税率提高,贸易条件将继续改善,进口国得到的利益也会增加。贸易条件改善的速度呈递减趋势并受出口国供给弹性的影响。关税税率变化使进口国边际利益增加等于边际利益减少时的关税就是最佳关税。最佳关税与出口国供给弹性呈反比。出口国供给弹性越小,最佳关税越大;反之,出口国供给弹性越大,最佳关税越小。贸易小国的进口数量在国际市场上的比重很小,不能改变贸易条件,其所面临的供给弹性无穷大。故贸易小国没有最佳关税。最佳关税是一种基于出口国不征收报复关税的理论假设。实际上,进口国追求最佳关税的努力不可避免地招致出口国的报复,最后形成关税战。

最适关税是一个复杂的概念,它要求政策制定者在充分理解和分析本国及外国经济行为的基础上作出决策,同时还需要考虑现实世界中的复杂互动和动态变化。在现代国际贸易环境中,最适关税的实践应用受到 WTO 规则,以及其他多边和双边贸易协定的严格约束。

第二节　非关税壁垒

非关税壁垒(non-tariff barriers,NTBs)目前尚无统一的定义,它泛指除关税措施以外一切限制贸易的措施,如进口许可证制度、进口配额制、进口押金制度、外汇管制、歧视性政府采购政策(规定本国政府机构在采购时要有限购买本国产品)、复杂的海关手续、严格的技术标准和卫生检疫规定等,可以通过国家法律、法令以及各种行政措施的形式来实现。非关税壁垒和关税壁垒一起充当政府干预贸易的政策工具。

近年来,随着世界经济一体化进程的加速和国际贸易环境的变化,非关税壁垒迅速发展,以技术标准、环境要求为核心的新型非关税措施大量涌现,成为市场准入的主要障碍。

一、非关税壁垒的特点

(一)灵活性

制定和实施非关税壁垒措施通常采用行政手段,其制定、调整或变更都快捷简便,具备较大的弹性空间,在限制进口方面表现出更大的灵活性和时效性。

(二)有效性

有些非关税壁垒对进口的限制是绝对的,比如用进口配额等预先规定进口的数量和金额,超过限额就禁止进口。这种方法在限制进口方面更直接、更严厉,因而也更有效。

(三)隐蔽性

非关税壁垒往往以一些合理合法的借口,比如公平贸易、环境保护、人类健康等,制定相应的政策法规来限制进口,或者规定严苛的标准和烦琐的手续,使出口商难以应对。它既能以正常的海关检验要求的名义出现,也可借用进口国的有关行政规定和法令条例,使之巧妙地隐藏在具体执行的过程中而无需作公开的规定。

(四)歧视性

非关税壁垒可以针对某种商品相应制定,从而限制该商品的主要出口国,甚至直接针对某些国家而设置,因而更具歧视性。

由于非关税壁垒在限制进口方面比关税壁垒更有效、更隐蔽、更灵活和更有歧视性,因而成为贸易保护主义的主要手段。

二、传统非关税壁垒的主要措施

(一)进口配额制

拓展阅读

非关税壁垒
的分类

进口配额(import quotas)又称进口限额,指一国政府对一定时期内(通常为一年)进口的某些商品的数量或金额加以直接限制;在规定的期限内,配额以内的货物可以进口,超过配额则不准进口,或者征收较高关税后才能进口。因此,进口配额制是限制进口数量的重要手段之一。进口配额制主要有绝对配额和关税配额两种形式。

1. 绝对配额

绝对配额(absolute quotas),即在一定时期内,对某些商品的进口数量或金额规定一个最高限额,达到这个限额后,便不准进口。绝对配额按照其实施方式的不同,又有全球配额、国别配额和进口商配额三种形式。

(1)全球配额。

全球配额(global quotas;unallocated quotas),即对某种商品的进口规定一个总的限额,对来自任何国家或地区的商品一律适用。主管当局通常按进口商的申请先后或过去某一时期内的进口实际额发放配额,直至总配额发完为止,超过总配额就不准进口。由于全球配额不限定进口国别或地区,因而进口商取得配额后可从任何国家(地区)进口。这样,邻近国家或地区因地理位置接近、交通便捷、到货迅速,而处于有利地位。这种情况使进口国家在限额的分配和利用上难以贯彻国别政策,因此,不少国家转而采用国别配额。

(2)国别配额。

国别配额(country quotas),即政府不仅规定了一定时期内的进口总配额,而且将总配额在各出口国(地区)之间进行分配。因此,按国别配额进口时,进口商必须提供进口商品的原产地证明书。与全球配额不同的是,实行国别配额可以很方便地贯彻国别政策,具有很强的选择性和歧视性。进口国往往根据其与有关国家或地区的政治经济关系分别给予不同的额度。一般来说,按照配额的分配由单边决定还是多边协商,国别配额可以进一步分为自主配额和协议配额。

❶ 自主配额（autonomous quotas），又称单方面配额（unilateral quotas），是由进口国自主地、单方面强制规定在一定时期内从某个国家或地区进口某种商品的配额，而不需征求输出国家的同意。自主配额的确定一般参照某国过去一定时期内的出口实绩，按一定比例确定新的进口数量或金额。自主配额由进口国家自行制定，往往带有不公正性和歧视性。由于分配额度差异，易引起某些出口国家或地区的不满或报复，因而更多的国家倾向于采用协议配额，以缓和进出口国之间的矛盾。

❷ 协议配额（agreement quotas），又称双边配额（bilateral quotas），是由进口和出口两国政府或民间团体之间通过协议来确定配额。协议配额如果是通过双方政府协议达成，一般需将配额在进口商或出口商中进行分配；如果是双边的民间团体达成的，应事先获得政府许可，方可执行。由于协议配额是双方协商决定的，因而较易执行。目前，协议配额的运用十分广泛。

（3）进口商配额。

进口商配额（importer quotas），是对某些商品进口实行的配额。进口国为了加强垄断资本在对外贸易中的垄断地位和进一步控制某些商品的进口，将某些商品的进口配额在少数进口厂商之间进行分配。

2. 关税配额

关税配额（tariff quotas），即对商品进口的绝对数额不加限制，而对在一定时期内，在规定配额以内的进口商品，给予低税、减税或免税待遇，对超过配额的进口商品则征收较高的关税，或征收附加税甚至罚款。

关税配额按征收关税的优惠性质，可分为优惠性关税配额和非优惠性关税配额。优惠性关税配额，是对关税配额内进口的商品给予较大幅度的关税减让，甚至免税，超过配额的进口商品即征收原来的最惠国税率。非优惠性关税配额，是对关税配额内进口的商品征收原来正常的进口税，一般按最惠国税率征收，对超过关税配额的部分征收较高的进口附加税或罚款。

关税配额与绝对配额的不同之处在于：绝对配额规定一个最高进口额度，超过就不准进口，而关税配额在商品进口超过规定的最高额度后，仍允许进口，只是超过部分被征收较高关税。可见，关税配额是一种将征收关税同进口配额结合在一起的限制进口的措施。两者的共同点是：都以配额的形式出现，可以通过提供、扩大或缩小配额向贸易对方施加压力，使之成为贸易歧视的一种手段。

（二）"自动"出口配额制

"自动"出口配额（voluntary export quotas），又称"自动"出口限制（voluntary export restraints），是指出口国在进口国的要求和压力下，"自动"规定某一时期内（一般为3~5年）某些商品对该国的出口限额，在该限额内自行控制出口，超过限额即禁止出口。从其效果来看，相当于进口配额制中的绝对配额和国别配额。

虽然从实质上来说，"自动"出口配额制和进口配额制都是通过限制数量来限制进口，但仍有许多不同之处。这表现在：第一，从配额的控制方面看，进口配额制由进口国直接控制进口配额来限制商品进口，"自动"出口配额制则由出口国直接控制配额，限制一些商品对指定进口国家的出口，因此，是一种由出口国家实施的为保护进口国生产者而设计的贸易政策措施。第二,从配额制定的原因看,"自动"出口配额制表面上好像是出口国自愿采取措施控制出口,而实际上是在进口国的强大压力下才采取的措施,并非出于出口国自愿。进口国往往以某些商品的大量进口威胁到其国内某些工业,即以"市场混乱"(market disruption)为借口,要求出口国实行"有秩序增长"(orderly growth),"自动"限制出口数量,否则将采取报复性贸易措施。第三,从配额的影响范围看,进口配额制通常应用于一国大多数供给者,而"自动"配额制仅应用于几个甚至一个特定的出口者,具有明显的选择性。那些未包括在"自动"配额制协定中的出口者,可以向该国继续增加出口。第四,从配额适用时限看,进口配额制适用时限较短,往往为 1 年;而"自动"出口配额制适用时限较长,往往为 3～5 年。

"自动"出口配额制主要有两种形式:

1. 非协定的"自动"出口配额

它是指出口国政府并未受到国际协定的约束,自动单方面规定对有关国家的出口限额,出口商必须向政府主管部门申请配额,在领取出口授权书或出口许可证后才能出口;也有的是出口厂商在政府的督导下,"自动"控制出口。

2. 协定的"自动"出口配额

它是指进出口双方通过谈判签订自限协定(self-restriction agreement)或有秩序销售协定(orderly marketing agreement),规定一定时期内某些商品的出口配额。出口国据此配额发放出口许可证或实行出口配额签证制(export visa),自动限制商品出口,进口国则根据海关统计进行监督检查。"自动"出口配额大多属于这一种。

(三)进口许可证制

进口许可证制(import licensing system)是指一国政府规定某些商品必须申领许可证方可进口的管理进口贸易和控制进口的行政措施。该制度要求所规定商品的进口以向有关行政管理机关申领许可证作为先决条件。各国实施进口许可证制的目的主要在于:❶收集进口货物统计数据;❷分配或控制配额管理商品进口或出口总量;❸依一国的对外贸易政策的需要,禁止或限制某些产品的进口;❹根据原产地区别对待各种进口商品;❺为实行有关技术或卫生检疫措施、法规而对某些商品的进口实施管制或禁止。

进口许可证制通常结合进口配额管理实施,通过进口许可证分配进口配额。这种有定额的进口许可证制,进口国预先规定有关商品的进口配额,在配额限度内根据进口商的申请签发一定数量或金额的许可证,配额用完即停止发放。但有些许可证并不与进口配额相结合,即无定额的进口许可证,进口国预先不公布进口配额,只是在个别考虑的基础上颁发有关商品的进口许可证。这种许可证的发放完全由进口国主管部门掌握,因此更具有隐蔽性,往往给正常的国际贸易带来困难。

进口许可证按照进口商品的许可程度可分为自动进口许可证和非自动进口许可证。

1. 自动进口许可证

自动进口许可证(automatic import licensing)是指在任何情况下,对申请一律予以批准签发的许可证。此类许可证的提供是自动的、无限制的和非歧视的,并且是迅速的。根据《进口许可证程序协议》的规定,从事应证商品进口业务的任何个人、企业或机构,只要符合进口国的法定要求,都具有平等申请和取得进口许可证的资格,有关当局收到的许可证申请若系完整准确,则可以立即批准。审批时间最长不超出 10 个工作日。实施自动许可证的主要目的不在于限制有关产品的进口,而是为国家统计进口贸易数据提供方便。自动进口许可证对进口的限制作用即使有也非常有限。

2. 非自动进口许可证

非自动进口许可证(non-automatic import licensing)是指不属于自动进口许可证范围的进口许可证程序。在国际贸易中,非自动进口许可证经常被当作一种限制进口数量的行政管理措施发挥作用,是一种非关税壁垒。

三、非关税壁垒的其他形式

(一) 外汇管制

外汇管制(foreign exchange control)也称外汇管理,是指一国政府通过法令对国际结算和外汇买卖加以限制,以平衡国际收支和维持本国货币汇价的一种制度。负责外汇管理的机构,一般都是政府授权的中央银行(如英国的英格兰银行),但也有些国家另设机构,如法国设立外汇管理局担负此任。一般说来,实行外汇管制的国家,大多规定出口商须将其出口所得外汇收入按官方汇率(official exchange rate)结售给外汇管理机构,而进口商也必须向外汇管理机构申请进口用汇。此外,外汇在该国禁止自由买卖,本国货币的携出入境也受到严格的限制。这样,政府就可以通过确定官方汇率、集中外汇收入、控制外汇支出、实行外汇分配等办法来控制进口商品的数量、品种和国别。

外汇管理和对外贸易密切相关,因为出口必然要收汇,进口必然要付汇。因此,如果对外汇有目的地进行干预,就可直接或间接地影响进出口。外汇管制的方式主要有以下四种。

1. 数量性外汇管制

此方式即国家外汇管理机构对外汇买卖的数量直接进行限制和分配。一些国家实行数量性外汇管制时,往往规定进口商必须获得进口许可证后,方可得到所需的外汇。

2. 成本性外汇管制

此方式即国家外汇管理机构对外汇买卖实行复汇率制(system of multiple exchange rates),利用外汇买卖成本的差异来间接影响不同商品的进出口,达到限制或鼓励某些商品进出口的目的。复汇率,也称多重汇率,是指一国货币对外汇率有两个或两个以上,分别适用于不同的进出口商品。其作用是,根据出口商品在国际市场上的竞争力,为不同商品规定不同的汇率以加强出口;根据保护本国市场的需要为进口商品规定不同的汇率以限制进口等。

3. 混合性外汇管制

此方式即同时采用数量性和成本性外汇管制,对外汇实行更为严格的控制,以影响商品进出口。

4. 利润汇出限制

此方式即国家对外国公司在本国经营获得的利润汇出加以管制。

一国外汇管制的松紧,主要取决于该国的经济、贸易、金融及国际收支状况。一般情况是,工业发达国家外汇管制较松,发展中国家的外汇管制则松紧不一,从紧者居多。

(二) 进口押金制

进口押金(advanced deposit)制又称进口存款制或进口担保金制,是指进口商在进口商品前,必须预先按进口金额的一定比值和规定的时间,在指定的银行无息存储一笔现金的制度。这种制度无疑加重了进口商的资金负担,起到了限制进口的作用。它同外汇管制操作所遵循的理论如出一辙，即设法控制或减少进口者手中的可用外汇，来达到限制进口的目的。进口押金制对进口的限制有很大的局限性。如果进口商以押款收据作担保，在货币市场上获得优惠利率贷款，或者国外出口商为了保证销路而愿意为进口商分担押金时，这种制度对进口的限制作用就微乎其微了。

（三）最低限价制和禁止进口

最低限价（minimum price）制，是指一国政府规定某种进口商品的最低价格，凡进口商品的价格低于这个标准，就加征进口附加税或禁止进口。

禁止进口（prohibitive import）是进口限制的极端措施。当一国政府认为一般的限制已不足以解救国内市场受冲击的困境，便直接颁布法令，公开禁止某些商品进口。一般而言，在正常的经贸活动中，禁止进口的极端措施不宜贸然采用，因为这极可能引发对方国家的相应报复，从而酿成愈演愈烈的贸易战，这对双方的贸易发展都无好处。

（四）国内税

国内税（internal taxes）是指一国政府对本国境内生产、销售、使用或消费的商品所征收的各种捐税，如周转税、零售税、消费税、销售税，等等。任何国家对进口商品不仅要征收关税，还要征收各种国内税。

在征收国内税时，对国内外产品实行不同的征税方法和税率，以增加进口商品的纳税负担，削弱其与国内产品竞争的能力，从而达到限制进口的目的。办法之一是对国内产品和进口产品征收差距很大的消费税。国内税的制定和执行完全属于一国政府，有时甚至是地方政府的权限，通常不受贸易条约与协定的约束。因此，把国内税用作贸易限制的壁垒，会比关税更灵活和更隐蔽。

（五）进出口的国家垄断

进出口的国家垄断（state monopoly）也称国营贸易（state trade），是指对外贸易中，某些商品的进出口由国家直接经营，或者把这些商品的经营权给予某些垄断组织。国营贸易的实质是国家通过对进出口经营范围的管理，使国家能够对关系国计民生的重要进出口商品实行有效的宏观管理。经营这些受国家专控或垄断的商品的企业，称为国营贸易企业（state trading enterprises）。国营贸易企业一般为政府所有，但也有政府委托私人企业代办。

国家垄断的进出口商品主要有四大类：烟酒、农产品、武器和石油。

（六）歧视性政府采购政策

歧视性政府采购政策（discriminatory government procurement policy），是指国家通过法令和政策明文规定政府机构在采购商品时必须优先购买本国货。有的国家虽未明文规定，但优先采购本国产品已成惯例。这种政策，实际上是歧视外国产品，起到了限制进口的作用。

（七）海关估价制度

拓展阅读

《海关估价协议》

海关估价制度（customs valuation system）原本是海关为了征收关税而确定进口商品价格的制度，但在实践中它经常被用作一种限制进口的非关税壁垒措施。进口商品的价格可以由许多种确定办法，如：成交价，即货物出售给进口国后经调整的实付或应付价格；外国价，即进口商品在其出口国国内销售时的批发价；估算价，即由成本加利润推算出的价格，等等。不同计价方法得出的进口商品价格高低不同，有的还相距甚远。海关可以采用高估的方法进行估价，然后用征从价税的办法征收关税。这样一来，就可提高进口商品的应税税额，增加其关税负担，达到限制进口的目的。

四、技术性非关税壁垒

技术性非关税壁垒以技术壁垒为核心，主要包括技术壁垒、环境壁垒和社会壁垒。

（一）技术壁垒

技术壁垒，即技术性贸易壁垒（technical barriers to trade）指的是一国以维护国家安全、保障人类健康、保护生态环境、防止欺诈行为及保证产品质量等为理由，通过颁布法律、法令、条例、规定，建立技术标准、认证制度、卫生检验检疫制度等方式，制定的一些严格的标准或规定，使某些外国产品难以适应，从而限制商品的进口。

从表现形式来看，技术壁垒主要是技术法规、标准及合格评定程序。

拓展阅读

技术壁垒的
主要内容

（二）环境壁垒

环境壁垒（environmental barriers to trade），即绿色壁垒，是指一种以保护生态环境、自然资源和人类健康为借口的贸易保护主义新措施。其内容非常广泛，不仅对与资源环境、人类健康有关商品的生产、销售有规定和限制，而且对安全、卫生、防污等也有规定和限制。

拓展阅读

环境壁垒的
主要内容

（三）社会壁垒

社会壁垒（social barriers to trade）是指以劳动者劳动环境和生存权利为理由采取的贸易保护措施，由各种国际公约的社会条款（包括社会保障、劳动者待遇、劳动权利、劳动技术标准等条款）构成，它与公民权利和政治权利相辅相成。社会壁垒可能成为阻碍发展中国家出口劳动密集型产品的主要障碍。社会壁垒不但可能发展成为一种新的贸易壁垒，还可以与环境壁垒联合起来形成一种更新型、更复杂、更难以对付的环境——社会贸易壁垒。

拓展阅读

碳关税

在社会壁垒方面颇为引人注目的标准是 SA8000（社会责任管理体系），该标准是从 ISO9000（质量管理体系）演绎而来，是全球首个道德规范国际标准，旨在提供基于国际劳工权益规范和标准采用者所在国家劳工法律的标准，以保护和协助所有在企业控制和影响范围内的生产或提供服务的人员。SA8000 适用于世界各地，任何行业，不同规模的公司。其依据与 ISO9000 及 ISO14000（环境管理体系）一样，皆为一套可被第三方认证机构审核的国际标准，自 1997 年问世以来，受到了公众极大的关注。目前，全球大的采购集团青睐有 SA8000 认证企业的产品，这迫使很多企业投入巨大人力、物力和财力去申请与维护这一认证体系，这无疑会大大增加成本。特别是发展中国家，劳动力成本是其最大的比较优势，社会壁垒将大大削弱发展中国家在劳动力成本方面的比较优势。

拓展阅读

社会责任
管理体系

拓展阅读

世界贸易组
织对技术性
贸易壁垒
的规定

第三节　实现公平贸易的救济措施

在降低贸易壁垒，推动贸易自由化的同时，一成员的国内产业有可能因为市场开放而遭受损害。尤其当这种损害是由于其他成员的不公平贸易行为而造成的时候，进口方如何采取贸易救济措施以保护本国市场和产业，就成为题中应有之义。但是，以采取贸易救济措施、实现公平贸易之名，行保护贸易之实，也成为当前贸易保护主义的主要表现之一。所以，制定相应的法律制度，规范贸易救济措施，成为 WTO 多边贸易体制的一个重要内容。

一、反倾销

反倾销(anti dumping)适用的法律规范，是《关于执行 1994 年关贸总协定第六条的协议》，即通常所说的《反倾销协议》。

(一)反倾销三要素的确认标准

倾销事实、产业损害和两者的因果关系，构成了反倾销三要素。

1. 倾销的判定

倾销的定义为："如一产品自一成员出口至另一成员的出口价格低于在正常贸易过程中在出口方供销费用的相同产品的可比价格，即低于其正常价值(normal value)进入另一方的商业，则该产品被视为倾销。"

(1)出口价格。一般情况下以交易商业发票为准。

(2)正常价值。《反倾销协议》规定了确定正常价值的三种方法：❶国内价格。在正常交易中，出口方国内市场的价格，且该产品在国内市场的销量占该产品出口量的 5% 以上。❷第三方价格。在正常交易中，向第三方出口相同产品的价格，如有不同的价格，应以最高价为准，且该第三方的销量不低于出口到反倾销市场销量的 5%。❸结构价格。有关产品在原产地生产成本基础上，加上合理的销售费用、管理费用和其他有关费用及利润所形成的价格。

《反倾销协议》还规定，以上三种方法应依次使用，并在原则上确认非市场经济国家的国内价格不能作为出口价格相比较的基础。

对于非市场经济国家产品的正常价值如何确定，《反倾销协议》未作出规定。根据欧美国家的实践，一般也有三种方法：❶替代国价格。选择一个经济发展水平与该国相似的属于市场经济体制的第三国生产的相似产品的成本或出售价作为基础，来计算正常价值。❷结构价格。用出口方生产产品的各项投入的数量，如原材料、动力、劳动工时等，按一个市场经济国家的价格计算出成本，再加上相关费用和利润。❸相似产品在进口方的销售价格。

至于市场经济国家与非市场经济国家的划分，并无肯定的标准。美国采用的判断市场经济地位的六条依据是：❶货币的可兑换程度；❷劳资双方进行工资谈判的自由程度；❸建立合资企业或外资企业的自由程度；❹政府对生产方式的所有和控制程度；❺政府对资源分配、企业的产出和价格决策的控制程度；❻美国商务部认为合适的其他判断因素。

2. 进口国国内产业损害的确定

(1)国内产业。

国内产业是指进口方国内生产与倾销产品相同或类似产品的生产者全体，或虽不构成全体，但其产品总量构成国内相同或类似产品总产量主要部分的国内生产者。

在关税同盟中，整个区域内的生产者整体被视为国内产业。

(2)产业损害。

产业损害分为三种情况：一是进口方生产相同产品的产业受到实质性损害；二是进口方生产相同产品的产业受到实质性损害威胁；三是进口方建立生产相同产品的产业受到实质性阻碍。

确定产业损害一般从三个方面来确认：一是产品进口数量及其相对和绝对增长；二是倾

销产品对进口方市场相似产品价格的影响；三是对产业的潜在威胁和对新产业建立的阻碍。

3. 因果关系

进口方必须以充分的证据证明倾销的进口产品与进口方产业损害之间存在客观的因果关系，还应审查其他影响因素，如需求与消费模式改变、技术进步、其他进口来源产品的数量与价格，等等。

(二) 反倾销措施的实施

进口方可以通过临时反倾销措施、价格承诺、最终反倾销措施等三种方式，实现对国内产业的救济。

1. 临时反倾销措施(provisional measures)

在反倾销调查中，经初裁认定三要素存在，为防止在调查期间有关产业受到更严重的损害，进口方可以采取临时反倾销措施。可以采取征收临时反倾销税，或者要求支付现金保证金方式。临时反倾销措施只能在反倾销案正式发起调查 60 天之后才能采取，实施期一般为 4 个月，最长不超过 9 个月。

2. 价格承诺(price undertakings)

初裁肯定后，如果出口商主动承诺提高有关商品的出口价格或停止以倾销价格出口，并得到进口方的同意，反倾销调查程序应暂时中止，并且不采取临时性反倾销措施。如果出口方违反承诺，则进口方有权立即采取临时性反倾销措施。

3. 最终反倾销措施

最终反倾销措施即征收反倾销税(anti-dumping duties)。征收反倾销税不得超过倾销幅度，当涉及出口厂商较多，可以抽样调查，逐个认定，未被抽样的企业，则按抽样确定的倾销幅度的加权平均值计收反倾销税。

征收反倾销税的有效期一般自开征日起不超过 5 年，可以追溯到审查开始之日起征。5 年期满后进行复审，以决定是否延长反倾销措施。

(三) 反倾销的调查程序

1. 反倾销申请(anti-dumpling application)

反倾销的调查程序通常由进口方境内产业或其代表提交书面申请而开始，特殊情况下，有关当局也可以主动开始反倾销调查。

提出申请的企业，即支持反倾销调查的企业的总产量，应大于反对反倾销调查的企业的总产量，且支持者的总产量应不低于国内总产量的 25%。

申请书应包括反倾销三要素的证据和其他相关材料。

2. 调查和证据

一旦立案，进口方有关当局应发布公告，并将有关申请书等资料提供给包括出口方在内的各利害关系方，将调查内容及要求提供的信息以调查表的形式通知出口商或其他利害关系方，调查表的答复期限为收到后至少 30 天，并可根据需要延长。

如果倾销幅度低于 2%，或倾销数量低于进口量的 3%，被认为是"微量允许"，应终止调查。

在调查期间，当局应举办听证会，向各方提供进行陈述和辩论的机会。对于出口方所提供的信息，必要时在征得当事人同意后可进行现场调查。

3. 初裁与终裁

初裁是指在适当调查的基础上,进口方当局作出肯定或否定的有关倾销与损害的初步裁定。初裁的法律意义在于进口方当局可以采取临时反倾销措施或接受价格承诺措施。

终裁是指进口方当局最终确认进口产品倾销并造成损害而作出对其征收反倾销税的裁决。

裁决的依据是各利害关系方提供的证据,如果任何利害关系方以任何方式不履行举证责任,调查当局将按照已获得的证据以"最佳获得信息"(best information available,BIA)方式裁决,这一裁决显然不利于不予合作的利害关系方。

拓展阅读

美国反倾销
调查程序

二、反补贴

反补贴(countervailing)的适用法律规范是"乌拉圭回合"谈判通过的《补贴与反补贴措施协议》(Agreement on Subsidies and Countervailing Measure,SCM)。

(一)补贴的概念与分类

1. 补贴(subsidies)的概念

补贴是指一成员政府或任何公共机构向某些企业提供的财政资助或对价格或对收入的支持,从而直接或间接地增加从其境内出口某种产品或减少向其境内进口某种产品,或者对其他成员的利益造成损害或损害威胁的政府性措施。

与补贴概念密切相关的一个概念是专向性(specific),指成员政府有选择地专门给予境内某些特定企业或产业优惠或好处。根据协议,WTO成员只有对专向性补贴才可采取行动。

2. 补贴的分类

(1)禁止性补贴(prohibited subsidies)。

禁止性补贴是指成员不得实施或维持的补贴,包括出口补贴和进口替代补贴。

出口补贴指法律上或事实上以企业出口实绩为条件而给予的补贴,又称红灯补贴。SCM列举了12种类型的出口补贴:❶政府按出口实绩对企业或产业直接给予补贴;❷外汇留成或类似的出口奖励;❸出口装运补贴;❹政府直接或间接地对出口产品生产过程中的投入品或服务提供更优惠的条件;❺对出口产品的企业免除或减免或缓征直接税或社会福利;❻缩小税基,对应征收的直接税给予特殊的折扣;❼超额退还或免除出口企业的间接税;❽超额免除或缓征用于出口产品生产之货物或服务的前期累积间接税;❾超额退还用于生产出口商品的进口投入物的进口税费;❿政府或政府控制的机构对出口生产提供优惠性出口信贷担保或保险项目;⓫政府或政府控制的机构以低于实际应付利率水平对出口产品生产提供出口信贷;⓬构成出口补贴的其他由政府公共账户开支的项目。

进口替代补贴指以使用国产品为条件而给予的补贴。进口替代补贴既可以给予使用国产品的生产商,也可以直接给予使用者或消费者。如对进口替代产品的使用者给予物质奖励,允许生产者对进口替代的国产设备进行加速折旧,或者对此类设备的增值税予以全额抵扣,对购买进口替代设备提供优惠贷款等。

(2)可申诉补贴(actionable subsidies)。

可申诉补贴是指那些在一定范围内可实施而不被严格加以禁止的补贴,但若这种补贴对其他成员的经济利益造成不利影响,受到不利影响的成员可向使用此类补贴措施的成员提出申诉,进而采取反补贴措施。可申诉补贴又称黄灯补贴。

这里所说的不利影响,主要是指三种情况:一是对另一成员的国内产业造成损害;二是致使其他成员丧失或减损其根据《1994年关贸总协定》所获得的利益;三是对其他成员的利益造成严重损害。上述国内产业的损害,与反倾销类似。其他成员的利益减损或严重损害,主要表现为市场机会的丧失或价格受到压制。

(3) 不可申诉的补贴(non-actional subsidies)。

不可申诉的补贴是指各成员方在实施这类补贴的过程中一般不受其他成员的反对,且其他成员不得对该类补贴采取反补贴措施。它又称绿灯补贴。

此类补贴又分两类:第一类是非专向性补贴,即那些具有普遍性、不针对特定对象的补贴。另一类是符合特定条件的专向性补贴,包括:科研活动补贴、落后地区补贴、环境保护补贴。上述补贴通常是为本国经济长远发展需要而采取的,对国际贸易产生的消极影响不大。

(二) 反补贴救济机制

SCM确立了两种不同的救济机制:一是反补贴特别补救机制,直接通过WTO争端解决机制或补贴与反补贴委员会采取适当的反补贴措施而获得救济,这种方式相对快捷。二是反补贴调查机制,通过成员自己的反补贴主管机构采取反补贴措施而获得救济。当然,对同一种补贴,最终只能采用一种救济措施。

1. 反补贴特别补救机制

SCM规定,针对三种不同的补贴,一成员有理由认为另一成员在实施禁止性补贴或可诉补贴并对其造成不利影响或不可诉补贴与协议规定条件不符,均可要求与其磋商。如双方未能在规定期限内(分别为30天、60天)达成协议,任何一方可将该事项提交WTO争端解决机构(不可诉补贴应提交补贴与反补贴委员会),要求成立专家组予以处理。专家组应在规定期限内(分别为90天、120天)作出最终报告,并向所有成员发送,如确认申请事实,则应在报告中建议实施补贴的成员在规定时间内取消补贴。

2. 反补贴调查机制

反补贴调查机制和反倾销调查程序一致,只是在微量允许和磋商环节上有些许不同,主要有以下几点。

(1) 关于微量允许。反补贴调查中,若补贴低于从价金额的1%,单个发展中成员(反倾销中指所有成员)补贴产品低于进口量的4%,被认为是微量允许,应终止调查。

(2) 磋商先行的程序。进口方当局在收到申请后,应在发起反补贴调查前,先行邀请可能被调查的成员进行磋商,以澄清事实,寻求可能的解决方案。此种磋商,在调查全过程中贯彻始终。

(3) 承诺方式。除了出口商作出价格承诺,反补贴调查中还包括了出口方政府承诺取消或限制补贴这一方式。

3. 反补贴措施

具体措施包括:临时措施、自愿承诺和征收反补贴税。

(1) 临时措施。在肯定性初裁后,进口方当局可以征收临时反补贴税或现金保证金或银行保函,临时措施为期不超过4个月。

(2) 自愿承诺。这种承诺有两种形式:一是由出口方政府同意取消或限制补贴;二是由出口商作出价格承诺,提高产品价格消除补贴的影响。承诺只能在初裁后才能进行,如进口方接受承诺,即应中止或终止调查。

（3）征收反补贴税。反补贴税的征收应按受补贴者所获利益进行计算,不应笼统地把政府提供的投资、贷款、货款、商品或服务,均视为企业所获利益,除非它们与正常的商业交易存在差异。反补贴税的征收可以追溯至开始调查日。

三、保障措施

保障措施(safeguard measures)适用的法律规范主要是"乌拉圭回合"谈判通过的《保障措施协议》(Agreement on Safeguards),还包括《1994 年关贸总协定》第十九条,以及《农业协议》《纺织品和服装协议》《服务贸易总协定》等有关条款。

（一）保障措施的含义

保障措施是一种免责条款。当 WTO 成员履行因"减让表"中所承诺的义务,导致进口激增并对其国内产业造成严重损害或严重损害威胁时,可免除其承诺的义务或放宽协定所规定的行为规则,从而对上述严重损害进行补救或避免可能产生的后果。保障措施允许暂时恢复有限度的贸易壁垒,有助于减轻或缓解竞争压力,以及经济结构调整中的利益冲突。

（二）实施保障措施的条件

1. 进口数量大幅增加

这里的大幅增加包括绝对增加和相对增加。前者指进口数量的绝对值增加;后者指进口数量与进口方国内生产量相比的比率增加,即如果进口数量并未增加,但国内相同产品生产量大幅下降,就可导致大幅度相对增加。

进口数量大幅增加还隐含了这种增加是最近发生的、突然的、急剧的,以及在增长数量和增长比率方面都是显著的。

2. 进口产品大量增加是由于"不可预见的发展"造成的

"不可预见的发展"通常被理解为作出关税减让和其他贸易壁垒削减时不能合理地预见到的情况,而恰恰是因为承担并履行了"减让表"和多边协议规定的义务,导致了进口产品大量增加。保障措施的实施方必须证明进口产品大量增加事件的不可预见,并证明事件是由于上述义务的履行而引起的。

3. 进口产品大量增加对国内产业造成严重损害或严重损害威胁

国内产业的解释与《反倾销协议》的规定相同。"严重损害"应是对某一国内产业"重大全面损害","严重损害威胁"则是指"明显迫近"的严重损害。

确定"严重损害"(serious injury),比反倾销要素中的"实质损害"(material injury)更为严格。要求有关当局对影响该产业状况的所有客观和可量化的因素进行全面评估,包括:有关产品进口量的绝对或相对增加的比率和数量、增加的进口产品在国内市场的占有份额,以及国内产业的销售水平、总产量、生产能力、设备利用率、利润与亏损、就业等方面的变化;还应包括当事方向进口当局提出的评估因素和当局调查认为必要的"其他因素"。

（三）实施保障措施的程序要求

1. 调查

调查应按成员事先规定的程序进行,并予以公布来保持透明度。当局应举行公开听证会,为当事人及各利害关系方提供陈述和答辩的机会,并对公共利益加以特别关注。调查结束后,应公布调查报告,列明对一切事实和法律问题的调查结果,并作出有说服力的结论。

2.通知和磋商

成员应及时向 WTO 保障措施委员会通报下列事项:发起调查的决定和理由;对进口产品增长造成严重损害或严重损害威胁的调查结果;就实施或延长保障措施作出的决定。

成员在决定采取保障措施前,应向有重大利害关系的出口方提供磋商的机会,以寻求适当的贸易补偿方式。

《保障措施协议》鼓励成员通过充分协商达成谅解。

(四)保障措施的实施

(1)实施形式。保障措施的实施形式包括:提高关税、数量限制和配额。

(2)实施原则。保障措施的实施必须遵循适度原则和非歧视原则。

(3)实施期限。保障措施实施期限一般不超过 4 年,特殊情况可延长,但最长不超过 8 年。超过 1 年期限的保障措施应逐步放宽限制。超过 3 年期限的保障措施,应在实施期的中期之前对实施结果加以审议。

(4)临时性保障措施。危急情况通常是指已有证据显示损害存在,而任何延迟将导致不可补救的损失,在向保障措施委员会通报后,有关成员可以采取提高关税税率的临时性保障措施,采取后应立即与主要利害关系成员进行磋商。临时性保障措施期限不得超过 200 天,且应作为最终保障措施期限的一部分。

四、争端解决机制

解决成员之间的贸易争端,是世界贸易组织的主要职能之一。争端解决机制是多边贸易机制的支柱,具有统一性、效率性和强制性的特点。贸易争端的范围,涉及《1994 年关贸总协定》及其各项协议、《WTO 协议》本身及其所附全部货物贸易协议、《服务贸易总协定》《与贸易有关的投资措施协议》,以及《与贸易有关的知识产权协定》等。争端解决机制的基本原则是平等(equitable)、迅速(fast)、有效(effective)、双方接受(mutually acceptable)。WTO 按照《关于争端解决的规则与程序的谅解》(Understanding on Rules and Procedures Governing the Settlement of Disputes,DSU)规定的规则和程序解决争端。DSU 是司法管辖和外交磋商相结合的平衡体制。DSU 规定设立争端解决机构(Dispute Settlement Body,DSB)负责监督争端解决机制的有效顺利运行。DSB 由 136 个成员参加,DSB 的主席采用轮值制,由发达国家和发展中国家代表每年轮流担任。

第四节　鼓励出口与出口管制措施

各国除了利用关税和非关税措施限制进口,还采取各种鼓励出口的措施扩大商品的出口。限制进口和鼓励扩大出口是国际贸易政策相辅相成的两个方面。无论采取自由贸易政策还是保护贸易政策的国家,都无例外地会采用这种奖出限入的政策。此外,出于政治、经济或军事方面的考虑,一些国家对某些主要资源和战略物资,实行出口管制、限制或禁止出口。

一、鼓励出口措施

鼓励出口措施是指出口国政府通过经济、行政和组织等方面的措施,促进本国商品的出口,开拓和扩大国外市场。各国鼓励出口的措施很多,既有宏观的,也有微观的。本节将从国家宏观经济政策方面论述几种主要的鼓励出口措施。

(一) 出口信贷

出口信贷(export credit)是一个国家的银行为了鼓励商品出口,加强商品的竞争能力,对本国出口厂商或外国进口厂商提供的贷款。这是一国的出口厂商利用本国银行的贷款扩大商品出口,特别是金额较大、期限较长的贷款,如成套设备、船舶等出口的一种重要手段。出口信贷利率一般低于相同条件资金放贷的市场利率,利差由国家补贴,并与国家信贷担保相结合。

出口信贷按借贷关系可以分为卖方信贷和买方信贷两种。

1. 卖方信贷

卖方信贷(supplier's credit)是指出口方银行向出口商(即卖方)提供的贷款。其贷款合同由出口商与银行签订。卖方信贷通常用于那些金额大、期限长的项目。因为这类商品的购进需用很多资金,进口商一般要求延期付款,而出口商为了加速资金周转,往往需要取得银行的贷款。卖方信贷正是银行直接资助出口商向外国进口商提供延期付款,以促进商品出口的一种方式。

2. 买方信贷

买方信贷(buyer's credit)是指出口方银行直接向进口商(即买方)或进口方银行提供的贷款,其附加条件就是贷款必须用于购买债权国的商品,这就是约束性贷款(tied loan)。买方信贷由于具有约束性而能起到扩大出口的目的。

买方信贷属银行信贷,由于银行资金雄厚,提供信贷能力强,高于一般厂商,故国际上采用买方信贷的比例大大超过采用卖方信贷的比例。

出口信贷能有力地扩大和促进出口,因此,西方国家一般都设立专门银行来办理此项业务,如美国进出口银行、日本输出入银行、法国对外贸易银行、加拿大出口开发公司等。这些专门银行除对成套设备、大型交通工具的出口提供出口信贷外,还向本国私人商业银行提供低利率贷款或给予贷款补贴,以资助这些商业银行的出口信贷业务。

我国于 1994 年 7 月 1 日正式成立的中国进出口银行,是由国家出资设立、直属国务院领导、支持中国对外经济贸易投资发展与国际经济合作、具有独立法人地位的国有政策性银行。依托国家信用支持,积极发挥在稳增长、调结构、支持外贸发展、实施"走出去"战略等方面的重要作用,加大对重点领域和薄弱环节的支持力度,促进经济社会持续健康发展。

(二) 出口信贷国家担保制

出口信贷国家担保制(export credit guarantee system),就是国家为了扩大出口,对于本国出口商或商业银行向国外进口商或银行提供的信贷,由国家设立的专门机构出面担保。当外国债务人因政治风险或经济困境而拒绝付款,这个国家机构即按照承保的数额给予补偿。这项措施是国家替代出口商承担风险,能使银行减少或避免贷款不能收回而蒙受的损失,有利于银行扩大出口信贷业务,促进商品输出。这是一种提高商品非价格竞争力的重要手段。

出口信贷国家担保制的担保对象主要有两种:❶对出口厂商的担保。出口厂商输出商品时所需的短期或中长期信贷均可向国家担保机构申请担保。有些国家的担保机构本身不向出口厂商提供出口信贷，但可为出口厂商取得出口信贷提供有利条件。例如，有的国家采用保险金额的抵押方式，允许出口厂商所获得的承保权利，以"授权书"方式转移给供款银行而取得出口信贷，这种方式使银行提供的贷款得到安全保障，一旦债务人不能按期还本付息，银行可直接从担保机构得到补偿。❷对银行的直接担保。通常银行所提供的出口信贷均可申请担保。这种担保是担保机构直接对供款银行承担的一种责任。有些国家为了鼓励出口信贷业务开展，往往给银行更为优厚的待遇。

（三）出口补贴

出口补贴（export subsidy）又称出口津贴，是一国政府为了降低出口商品的价格，增强其在国外市场的竞争力，在出口某商品时给予出口商的现金补贴或财政上的优惠待遇。

1. 出口补贴方式

政府对出口商品可以提供补贴的范围非常广泛，但不外乎两种基本方式。

（1）直接补贴。

直接补贴（direct subsidy），即政府在商品出口时，直接付给出口商的现金补贴，主要来自财政拨款。其目的是弥补出口商品国内价格高于国际市场价格所带来的亏损，或者补偿出口商所获利润率低于国内利润率所造成的损失。有时候，补贴金额还可能大大超过实际的差价或利差，这已包含出口奖励的意味，同一般的出口补助已不可同日而语。这种补贴方式以欧盟对农产品的出口补贴最为典型。

此外，这种现金补贴还可能来自一国的同业公会。为了鼓励和支持同行业的部分厂商向外拓展市场和大量出口，既发展壮大本行业的生产规模，又避免彼此间在国内市场的过度竞争，这种企业组织有时愿意拿出一定的金额进行出口补贴。

（2）间接补贴。

间接补贴（indirect subsidy），即政府对某些商品的出口给予财政上的优惠，如退还或减免出口商品所缴纳的销售税、消费税、增值税、所得税等国内税，对进口原料或半制成品加工再出口，给予暂时免税或退还已缴纳的进口税，免征出口税，对出口商品实行延期付税、减低运费、提供低息贷款，以及对企业开拓出口市场提供补贴等。其目的仍然在于降低商品价格，以便更有效地打进国际市场。

2. 出口补贴的经济效应分析

从经济效应上看，一般来说，出口补贴的结果会使出口工业生产增加，国内消费减少，出口量增加，国内价格上涨。由于出口补贴使得出口比在国内销售更加有利可图，而且政府没有限制出口数量，企业当然要扩大生产，尽量出口，除非在国内市场销售也能获得同样的收入。而且，由于补贴只给出口的商品，要想在国内市场获得同样的收入，除了提价别无他法。在涨价之后，消费自然减少。从另一个角度说，国内消费者也必须付出与生产者出口所能得到的一样的价格，才能确保一部分商品留在国内市场而不是全部出口。

但如果受补贴方是个出口大国，出口补贴对其国内价格、生产、消费及社会利益虽然具有相同的经济效益，但程度是不同的。因为出口大国增加出口会造成国际市场价格下降，出口商品生产者就不能得到全额出口补贴效益，生产和出口的增长也会小于小国，国内价格的涨幅和消费量的下降也会低于小国，但整个社会的净损失却比小国实行补贴时要大。因此，在出口已占世界市场很大份额时，还使用补贴来刺激出口未必是明智之举。

由于各国都实行奖出限入的外贸政策，因而纷纷采取形形色色的补贴措施以促进本国产品出口,而进口国政府往往采用反补贴以消除补贴这种行为对进口国有关产业的不利影响。因此,补贴和反补贴已成为当今国际经济贸易关系中的一个突出问题。

应当看到,出口补贴行为会扭曲商品在国际市场上的价格,易于在价格竞争中获取一定优势,甚至会对进口国的商品或同类商品的生产造成损害。就此而言,出口补贴行为显然是国际贸易中的不公平行为。然而,对于经济落后的发展中国家来说,给予某些出口工业制成品以适度的补贴,仍是减少其国际收支逆差的重要一环。鉴于此,世界贸易组织在原则上反对出口补贴行为的同时,还是允许某些发展中国家在特殊情况下适度采用这种做法。

（四）商品倾销

商品倾销(dumping)是指商品以明显低于公平价格的价格,在国外市场上大量抛售,以打击竞争对手,占领或巩固国外市场。商品倾销通常由私营垄断企业进行,但随着贸易战的加剧,一些国家设立专门机构直接对外倾销商品。

按照倾销的具体目的,商品倾销可分为三种。

(1) 偶然性倾销(sporadic dumping)。这种倾销通常是因为销售旺季已过,或因公司改营其他业务,在国内市场上不能售出"剩余货物",而以较低的价格在国外市场上抛售。

(2) 间歇性或掠夺性倾销(intermittent or predatory dumping)。这种倾销是以低于国内价格甚至低于生产成本的价格,在国外市场销售商品,挤垮竞争对手后再凭垄断力量提高价格,以获取高额利润。

(3) 持续性倾销(persistent dumping),又称长期性倾销(long-run dumping)。这种倾销是无限期地、持续地以低于国内市场的价格在国外市场销售商品。

（五）外汇倾销

外汇倾销(exchange dumping),是指一国降低本国货币对外国货币的汇价,使本国货币对外贬值,从而达到提高出口商品价格竞争力和扩大出口的目的。这是因为一国的货币贬值即汇率下跌后,出口商品用外国货币表示的价格降低,这就提高了该国商品的价格竞争能力,从而有利于扩大出口。同时,进入该国的外国商品以该国货币表示的价格就会上涨,削弱了外国商品的价格竞争力,从而又会限制进口。因此,外汇倾销会同时起到扩大出口和限制进口的双重作用,是向外倾销商品和争夺国外市场的一种特殊手段。

然而,外汇倾销不能无限制和无条件地进行,必须具备一定的条件才能起到扩大出口和限制进口的作用。❶本国货币对外贬值的幅度大于国内物价上涨的程度。本国货币对外贬值,必然引起进口原料和进口商品的价格上涨,由此带动国内物价普遍上涨,使出口商品的国内生产价格上涨。当出口商品价格上涨幅度与货币对外贬值幅度相抵,因货币贬值而降低的出口商品外汇标价会被因生产成本增加引起的该商品的国内价格上涨所抵消。由于货币对外贬值可以使出口商品的外汇标价马上降低,而国内物价上涨却有一个时滞,因此,外汇倾销必须在国内价格尚未上涨或上涨幅度小于货币贬值幅度的前提下进行。由此可见,外汇倾销所起作用的时间是有限制的,或者说外汇倾销的作用是暂时的。❷其他国家不同时实行同等程度的货币贬值和采取其他报复性措施。换言之,外汇倾销措施必须在国际社会认可或不反对的情况下方能奏效。❸不宜在国内通货膨胀严重的背景下贸然采用。一国货币的对内价值与对外价值是互为联系、彼此影响的。一国货币汇价下跌(即对外价值下跌)迟早会推动其对内价值的下降,从而给已经严重的通货膨胀火上浇油。

最后，必须注意实行外汇倾销的代价很大。由于外汇倾销的实质是降低出口商品的外汇标价以换取出口数量的增加，从而达到增加外汇收入的目的，因此，外汇倾销实际上使同量出口商品所能换回的进口商品数量减少，贸易条件趋于恶化。这就是说，外汇倾销可以推动商品出口大量增加，并不等于出口额必然随之增加。另外，它有时甚至会引起国内经济的混乱，出现得不偿失的结果。

二、经济特区

经济特区（special economic zone），是指一个国家（地区）在其管辖的地域内划出一定非关境的地理范围，实行特殊的经济政策，以吸引外商从事贸易和出口加工等业务活动。其目的是促进对外贸易的发展，鼓励转口贸易和出口加工贸易，繁荣本地区和邻近地区的经济，增加财政收入和外汇收入。因此，建立经济特区是一国实行对外开放政策和鼓励扩大出口的一项重要政策。

经济特区的类型主要有：

1. 自由港和自由贸易区

自由港（free port）又称自由口岸，是世界性经济特区的最早形式，是指全部或绝大多数外国商品可以豁免关税自由进出口的港口。自由港在经济和贸易方面的基本特征是"自由"，具体表现为贸易自由、金融自由、投资自由、运输自由。自由港一般具有优越的地理位置和港口条件，其开发目标和营运功能与港口本身的集散作用密切结合，以吸引外国商品扩大转口。目前，如德国的汉堡、不来梅，丹麦的哥本哈根，意大利的热那亚和的里雅斯特，法国的敦刻尔克，葡萄牙的波尔图，以及新加坡和我国的香港特区，都是世界著名的自由港。

自由贸易区（free trade zone）由自由港发展而来，它是以自由港为依托，将范围扩大到自由港的邻近地区。自由贸易区与自由港的功能基本相似，以促进对外贸易为主，也发展出口导向的加工业和工商业、金融业、旅游和其他服务业。自由贸易区一般分两种：一种是包括了港口及其所在的城市，如中国香港。另一种是仅包括港口或其所在城市的一部分，如德国汉堡自由贸易区是汉堡市的一部分，占地仅 5.6 平方英里。

自由港和自由贸易区都划在一国关境以外，外国商品除了进港口时免缴关税，一般还可在港区内进行改装、加工、挑选、分类、长期储存或销售。外国商品只是在进入所在国海关管辖区时才纳税。

设立自由港和自由贸易区的主要目的是方便转口和对进口货物进行简单加工，主要面向商业，并以转口邻近国家和地区为主要对象，多设在经济发达国家或地区。自由港以欧洲为最多，自由贸易区以美洲为最多。

2. 保税区

保税区（bonded area）又称保税仓库区（bonded warehouse），是由海关设置的或经海关批准设置的特定地区和仓库。外国商品可以免税进出保税区，在保税区内还可对商品进行储存、改装、分类、混合、展览、加工和制造等。但是，商品若从保税区内进入本国市场，则必须办理报关手续，缴纳进口税。

3. 出口加工区

出口加工区（export processing zone）是指一个国家或地区在其港口、机场附近交通便利的地方,划出一定区域范围,新建和扩建码头、车站、道路、仓库和厂房等基础设施,并提供减免关税和国内税等优惠待遇,鼓励外商在区内投资设厂,生产以出口为主的制成品。

出口加工区是 20 世纪六七十年代,在一些发展中国家和地区建立和发展起来的,其在非洲和亚洲最多。出口加工区与自由贸易区相比,其主要特点是面向工业,以发展出口加工业为主,而不是面向商业。出口加工区既提供了自由贸易区的某些优惠待遇,又提供了发展工业生产所必需的基础设施,是自由贸易区与工业区的一种结合体,即兼有工业生产与出口贸易两种功能的工业贸易型经济特区。东道国设置出口加工区的主要目的是吸引外国投资,引进先进技术和设备,扩大出口加工工业和加工品的出口,增加外汇收入,促进本地区外向型经济的发展。

出口加工区有综合型和专业型两种。前者在区内可经营多种出口加工工业,如菲律宾的巴丹出口加工区即属此类;后者在区内只准经营某种特定的出口加工产品,如印度孟买的山特克鲁斯电子工业出口加工区,专业发展电子产品的生产和出口。目前,世界各地的出口加工区大部分是综合型出口加工区。

4. 科学工业园区

科学工业园区(science-based industrial park)又称工业科学园、科研工业区、高技术园区(high-tech park)等,是一种科技型经济特区。它以加速新技术研制及其成果应用,服务于本国或本地区工业的现代化,并便于开拓国际市场为目的,通过多种优惠措施和方便条件,将智力、资金高度集中用于高新技术研究、试验和生产。

科学工业园区的主要特点是:有充足的科技和教育设施,以及高校、研究机构;以一系列企业组成的专业性企业群为依托;区内企业设施先进、资本雄厚、技术密集程度高,信息渠道畅通、交通发达,政策优惠;鼓励外商在区内进行高科技产业的开发;吸引和培养高级技术人才;研究和发展尖端技术和产品。与出口加工区侧重扩大制成品加工出口不同,科学工业园区旨在扩大科技产品的出口和扶持本国技术的发展。

科学工业园区有自主型和引进型两类。前者主要靠自有先进技术、充裕资金及高级人才来促进本国高新技术产业的发展,发达国家新设园区多属此类;后者则采取引进外资、技术、信息与人才的办法来进行合作研究与开发,发展中国家和地区所设园区多属此类。

5. 自由边境区和过境区

自由边境区(free perimeter)也称自由贸易区域(free trade area),是指设在本国的某一地段,采取自由贸易区或出口加工区的优惠措施,对区内使用的机器、设备、原料和消费品,实行减税或免税,以吸引国内外厂商投资。与出口加工区不同,外国商品在自由边境区内加工制造后主要用于区内使用,只有少数用于出口。因此,设立自由边境区的目的是吸引投资开发边境地区的经济。有些国家对优惠待遇规定了期限,或在边境地区生产能力发展后,就逐渐取消某些优惠待遇,甚至废除自由边境区。自由边境区现不常用,仅见于拉丁美洲少数国家。

过境区(transit zone)又称中转贸易区,是指某些沿海国家为方便内陆邻国的进出口货运,根据双边协定,开辟某些海港、河港或边境城市作为过境货物的自由中转区,对过境货物简化海关手续,免征关税或只征收小额的过境费。过境区与自由港的区别在于过境货物在过境区内可短期储存或重新包装,但不得加工制造。过境区一般都提供保税仓库设施。泰国的曼谷、印度的加尔各答、阿根廷的布宜诺斯艾利斯等,都是这种以中转贸易为主的过境区。

6.综合型经济特区

经济特区随着国际经济关系,特别是国际贸易、金融和经济技术交流的发展,以各种不同形式发展,并出现向综合化发展的趋势。综合型经济特区(comprehensive special economic zone)是一种多行业、多功能的特殊经济区域,其特点主要是规模大、经营范围广。它不仅重视发展出口工业和对外贸易,同时也发展农牧业、旅游业、金融服务业、交通运输业、邮电通信业及其他一些行业,对区域经济的发展具有重要的意义。

拓展阅读

经济特区的发展历史

拓展阅读

中国的经济性特区

三、出口管制措施

出口管制(export control),是指国家通过法令和行政措施,对本国出口贸易实行管理和控制。出于政治、军事和经济上的考虑,各国都有可能限制和禁止某些战略性商品和其他重要商品输往国外。出口管制的主要目的是维护国家的安全和利益,而出口限制是政府对出口货物的数量或价格等进行限制,以达到货币政策、贸易政策、国家安全等目的。主要措施:❶对国内生产所需的原料,半成品以及供应不足的商品,实行出口许可证制,限量出口;❷对战略物资、尖端技术及先进产品,实行特种出口许可证,严加控制;❸承担某种国际义务,对某类商品实行自动限制出口;❹对出口商品质量价格等,国家加以管制,加强其竞争能力。

(一)出口管制的对象

需要实行出口管制的商品主要有以下几类。

(1)战略物资和先进技术资料:如武器、军事装备、军用飞机、军舰、先进的电子计算机和通信设备、高级传感器技术、导航系统、航天器技术、核技术、化学武器、生物武器相关物资、高性能材料等。这些商品和技术的出口往往关系到国家安全和军事防务,因此受到严格的出口管制。

(2)国内生产所需的短缺物资:能源商品(如石油、天然气、稀有金属矿产)、高科技产业所需的特殊原材料、半导体芯片制造所需的硅片、光刻胶等关键原料,以及医药行业的一些重要药物成分等。这些商品的出口管制是为了保证国内生产及消费需求。

(3)历史文物和艺术珍品:出于保护国家文化遗产和防止非法贩卖的目的,很多国家会对具有一定历史、文化价值的艺术品和文物实施出口管制。

(4)"自动出口限制"商品:根据国际协议或进口国压力,出口国自愿限制某些具有竞争优势商品的出口,以缓解贸易摩擦或保护进口国相关产业。如根据纺织品"自限协定",出口国必须自行管理本国的纺织品出口。与上述几种情况不同,一旦对方的压力有所减缓或者基本放弃,本国政府自然会相应地放松管制措施。

(5)其他国家和地区禁止出口或严格限制的商品:根据国际制裁或双边或多边协议,某些国家还需要对其出口商品实施管控,以遵守国际社会对特定国家或地区的禁运政策。

(6)生态环境保护和可持续发展相关商品:某些国家和地区为了保护生态环境和野生动植物资源,会对涉及濒危物种及其制品的商品实行出口管制。

(二)出口管制的形式

出口管制的形式主要有单方面出口管制和多边出口管制两种。

1. 单方面出口管制

其指一国根据本国的出口管制法案,设立专门的执行机构,对本国某些商品的出口进行审批和颁发出口许可证,实行出口管制。例如,美国长期以来就推行这种出口管制战略。美国《出口管理条例》(Export Administration Regulations, EAR)是美国出口管制制度的核心法规。我国 2020 年 10 月 17 日第十三届全国人民代表大会常务委员会第二十二次会议通过了《出口管制法》。

2. 多边出口管制

其指几个国家政府,出于共同的政治和经济目的,通过一定的方式建立国际性的多边出口管制机构,商讨和编制多边出口管制货单和出口管制国别,规定出口管制的办法等,以协调彼此的出口管制政策和措施。然后由各参加国依据上述精神,自行办理出口商品的具体管制和出口申报手续。例如,1949 年 11 月成立的巴黎统筹委员会就是这样一个典型的国际性多边出口管制机构。

(三)出口管制的程序

一般而言,西方国家出口管制的程序是:其有关机构根据出口管制的有关法案制定出口管制货单(commodity control list)和输往国别分组管制表(export control country group);列入出口管制的商品,必须办理出口申报手续,获取出口许可证后方可出口。

近年来,不论是发达国家还是发展中国家,出口管制体系都在经历着深刻的变化,以适应全球经济形势、科技发展,以及地缘政治格局的变迁,更加注重防范战略物资和技术流失的风险,保障各自的国家安全和核心利益。

在全球层面上,各国都在加强出口管制合作,共同降低新兴技术和战略物资的非法转让风险。同时,各国也在根据自身安全需求调整出口管制框架,加强对先进技术、关键材料和设备的跨境流动控制。

另外,数字经济的发展使得数据、算法等无形资产成为新的出口管制对象。许多国家开始关注和制定针对数字经济产品和服务的出口管制规则,尤其是在网络安全、数据保护、加密技术等方面。

2020 年 10 月 17 日,中国颁布了《出口管制法》,标志着中国出口管制进入了统一、全面和系统的法治化阶段。这部法律不仅明确了国家实行统一的出口管制制度,而且将管制范围扩大至未列入清单但存在危害国家安全和利益风险的物项,建立了更为完善的出口许可制度和监管机制。

中国不断完善自身的出口管制清单制度,逐步加强对两用物项、敏感技术及其他具有战略价值产品的出口管制,确保出口活动符合国家安全和发展利益的要求。

拓展阅读
美国出口管制制度之出口管制环节

第五节　进口鼓励政策

进口鼓励政策是指进口国政府通过有关经济和行政的办法和措施鼓励外国商品进口的行为总称。

一、进口鼓励政策的类型

进口鼓励政策可分为长期和短期两种类型。

（1）长期进口鼓励政策，一般适用于进口国长期短缺的商品的进口。这类政策一经制定就相对稳定，以保持国外货源的正常供应。

（2）短期进口鼓励政策，一般适用于进口国暂时短缺的商品的进口。这种政策往往具有临时性，政府随时都可能宣布废除。

二、进口鼓励政策实施的对象

进口鼓励政策实施的对象主要包括：国内紧缺的生产性原材料；国内急需的各种先进的生产技术和设备；国内生产极少或根本不生产的某些产品；某些特殊的具有战略安全意义的商品。

三、进口鼓励政策的具体内容

（一）关税政策

政府对鼓励进口的商品实行特殊的关税优惠政策，视不同情况采取降低关税直至全部免除关税的措施。比如许多发达国家都对进口的原材料实行关税减免。此外，进口鼓励的关税政策往往还和出口鼓励的关税政策结合起来使用。比如，用进口原材料生产的出口产品的退税政策就是如此。这种退税政策鼓励了出口，但同时也鼓励了用进口原材料生产出口品，实际上也等于鼓励原材料进口。

（二）非关税政策

非关税政策通常是用来限制进口的。但是，如果一国需要鼓励某些商品进口，就可以通过降低非关税措施的保护程度达到鼓励的目的。由于非关税措施具有极大的灵活性，它特别能够适应政府对外贸易政策的各种变化。比如，政府可以通过放松对进口许可证的申领的管制程度有选择地鼓励某些商品进口，也可以通过对进口配额的控制，进口商品的检验等环节有针对性地鼓励某些商品的进口。

（三）国家专营

政府通过国家对某些商品的进口专营直接控制进口规模，在需要实行进口鼓励政策的情况下，政府可以比较容易地扩大有关商品的进口规模。

（四）自由贸易试验区

设立自由贸易试验区，在特定区域试行更加开放的进口政策。

本 章 小 结

1. 关税是一国对外贸易政策的重要手段。关税种类繁多，根据不同的标准可以分为不同的种类。关税的征收方法有从量税、从价税和混合税。

2. 与关税壁垒相比，非关税壁垒具有很强的灵活性、有效性、隐蔽性和歧视性，因而日渐成为贸易保护主义的主要手段,成为各国尤其是发达国家政府干预对外贸易的重要政策工具。非关税壁垒种类繁多,根据不同的标准有不同的分类。

3. 技术性非关税壁垒成为国际贸易壁垒的重要组成部分,它既反映了人类社会的进步,也在某些方面构成了对国际贸易的限制。

4. 反倾销的目的是通过征收反倾销税以抵消倾销产品的低价优势,实施反倾销必须满足三个要素,即倾销事实、产业损害以及两者因果关系的存在。征收反倾销税的幅度应不高于倾销价格与正常价值之间的差额。

5. 补贴可分为三类:禁止性补贴、可申诉的补贴和不可申诉的补贴。反补贴和反倾销的有关规定基本相似,有三点细微差别:一是对"微量允许"的标准规定不同;二是反补贴调查程序规定了磋商先行的原则,而反倾销则没有;三是承诺方式,除了出口商作出价格承诺,反补贴调查中还包括了出口方政府承诺取消或限制补贴这一方式。

基 本 概 念

关税　保护关税　反倾销税　反补贴税　非关税壁垒　进口配额制　进口许可证制　外汇管制　技术壁垒　环境壁垒　社会壁垒　卖方信贷　买方信贷　自由港　自由贸易区　出口管制　进口鼓励政策

复习思考题

一、选择题与判断题(请用手机扫描下方二维码作答)

二、简答题

1. 普惠制的基本原则是什么? 普惠制方案一般包括哪些主要内容? 给惠国的自我保护措施有哪些?

2. 小国课征关税,其福利水平为何一定下降? 大国课征关税,其福利水平可能的变化如何?

3. 什么是最适关税？小国有无最适关税？大国的最适关税税率大致如何确定？

4. 试述非关税壁垒的主要种类。非关税壁垒有哪些特点？与关税相比，它有哪些优缺点？

5. 评述技术性非关税壁垒对国际贸易的影响。

6. 比较反倾销与反补贴调查程序的异同。

7. 简述争端解决机制的特点和基本原则。

8. 综述贸易救济措施的主要种类、实施目的、程序与实施方式。

9. 商品倾销有哪几种？倾销所致的损失可通过哪些途径得以补偿？

10. 出口加工区与自由港或自由贸易区有何不同？

第七章　区域经济一体化

引导案例

2022年1月1日,区域全面经济伙伴关系协定(RCEP)对文莱、柬埔寨、老挝、新加坡、泰国、越南等6个东盟成员,以及中国、日本、新西兰和澳大利亚共10国正式生效。这是中国对外开放的里程碑。RCEP签署后,我国已与29个国家和地区签署22个自贸协定,与自贸伙伴的贸易额占比由此前的27%扩大到35%左右,与现有自贸伙伴的双向开放水平也得到提升,充分彰显了我国坚定不移扩大开放的决心。RCEP签署将有助于推动共建"一带一路"高质量发展,全面提高对外开放水平,推动开放型世界经济建设和构建人类命运共同体。

2022年1月1日生效以来,RCEP带来了区域内贸易的稳步增长。2022年中国同RCEP其他14个成员贸易额为12.95万亿元人民币,同比增长7.5%,占中国当年外贸总额的30.8%。商务部国际贸易经济合作研究院发布的《RCEP对区域经济影响评估报告》模拟结果显示,到2035年,RCEP将带动区域出口和进口累计增量规模分别达到8 571亿美元和9 837亿美元,为本地区和全球经济增长注入强大动力。

RCEP充分发挥各国比较优势,利用原产地累积规则,为打造具有全球竞争优势的东亚地区优质产业链提供了新机遇。由于RCEP成员发展水平差异,客观上形成了本地区特有的发展势能,每个国家都可以依据原材料、技术、资本、劳动力、加工制造能力等,依照比较优势加入地区生产体系。

目前RCEP区域内贸易约50%为中间品贸易,各成员在产业链、供应链上有着紧密联系。RCEP原产地累积规则促进了中间品贸易的快速增长,地区产业链、价值链一体化发展和整合效应日益显现。很多企业已经依托不同成员比较优势,开始实行生产环节跨境布局和整合,这将促进地区经济一体化水平不断提高,进一步巩固已有的东亚地区生产网络,增强整个区域产业链供应链韧性,有利于在北美、东亚、西欧三大全球区域生产网络中,进一步提升东亚地区竞争优势。

思考题:

应如何提升东亚地区区域经济一体化水平?对于中国具有怎样的意义?

经济一体化始于第二次世界大战后。20 世纪 50 年代和 60 年代，出现了大批经贸集团。20 世纪 70 年代到 80 年代初期处于停顿状态。20 世纪 80 年代后期又掀起世界范围经贸集团化的高潮。自 WTO 主导的多边贸易自由化谈判停滞以来，以区域经济集团化为代表的区域经济一体化逐渐成为各经济体重塑国际经贸规则的重要舞台，正呈现出多元化、跨区域、深度一体化等新特征。特别是欧洲、北美和亚太的区域经济一体化发展引人注目，在世界经济发展中举足轻重，同时也推动了其他地区的区域经济一体化进程，区域经济一体化已成为当今世界经济贸易发展的主要特征，并对国际分工、国际贸易乃至世界政治经济格局产生了广泛而深远的影响。本章将从区域经济一体化的含义和类型入手，详细阐述区域经济一体化的贸易和福利效应，重点介绍当前各区域经济集团的实践概况，以及中国参与区域经济合作的最近进展。

第一节　区域经济一体化概述

一、区域经济一体化的含义

区域经济一体化（regional economic integration），是指地理区域上比较接近的两个或两个以上的国家实行的某种形式的经济联合或组成的区域性经济组织。随着经济全球化的发展，跨地区的经济一体化组织也不断涌现。经济一体化往往通过条约的形式，组成各种类型松散的经济联合，建立超国家的决策和管理机构，制定共同的政策措施，实施共同的行为准则，设定较为具体的共同目标，实现成员的产品乃至生产要素在本地区内自由流动，促进地区性的专业分工，从而发挥规模经济效益，迅速发展生产技术，不断提高成员的经济福利。它也要求参加一体化的国家让渡部分国家主权，由一体化组织共同行使这一部分主权，实行经济的国际干预和调节。国际经济一体化一般是以地区经济合作为其核心内容，逐步扩展到其他领域的合作。

一体化不是按通常的双边或多边协定进行的国际经济合作和经济协调。它要求打破国界，实行紧密的国家合作和国际调节，并必须建立起一整套共同机构。这是经济一体化组织区别于其他国际组织的特点，如经济合作与发展组织、77 国集团、24 国集团等，都不宜称为国际经济一体化组织。

二、区域经济一体化的形式

目前存在的区域经济一体化组织，无论从内容还是层次来看差异都很大。从不同角度考虑可以分为不同的类型。

（一）按一体化的程度划分

经济学家巴拉萨把区域经济一体化分成四个阶段，即贸易一体化、要素一体化、政策一体化和完全一体化。在实践中，区域经济一体化组织分成五种类型。

1. 自由贸易区

自由贸易区（free trade area，FTA），是指两个或两个以上的国家（地区）之间相互取消了商品和服务的贸易壁垒，使商品和服务在区域内完全自由流动，但各成员仍然保持各自对其他非成员的贸易壁垒。自由贸易区是目前区域经济一体化中最普遍、最基本的合作形式，约占区域经济一体化组织的 90%。成立于 1960 年 1 月的欧洲自由贸易联盟（European Free Trade Association，EFTA）是目前存续时间最长的自由贸易区。其他典型的自由贸易区还包括 2018 年生效的《全面与进步跨太平洋伙伴关系协定》、2020 年成立的《美国-墨西哥-加拿大协定》（前身为 1994 年成立的北美自由贸易协定），以及 2023 年全面生效的《区域全面经济伙伴关系协定》。

2. 关税同盟

关税同盟（customs union，CU），是指两个或两个以上的国家（地区）之间通过贸易协定建立统一的关境，在关境内部完全取消商品和服务的贸易壁垒，实现内部的自由贸易，并对关境外部的非同盟国家实施共同的对外贸易政策。关税同盟具有一定程度的超国家性质，以利于监管统一对外贸易政策的实施，以及协调同盟国家和非同盟国家之间的关系，其在一体化程度上超过自由贸易区。世界上最早最著名的关税同盟是比利时、卢森堡和荷兰组成的关税同盟。比利时和卢森堡早在 1920 年就建立了关税同盟，第二次世界大战中，荷兰加入比卢关税同盟，组成比卢荷关税同盟。此外，还有 1958 年成立的欧洲经济共同体（欧盟的前身）、1969 年成立的南部非洲关税同盟和安第斯共同体（前称安第斯条约组织）等。

3. 共同市场

共同市场（common market，CM），是指两个或两个以上的国家（地区）之间除了建立关税同盟，还取消了对生产要素流动的各自限制，允许劳动力、资本等在成员之间自由流动。由于在自然人和跨国资本流动方面不存在任何限制，因此建立共同市场需要成员在财政、货币和就业政策方面进行高度的协调和合作。欧盟于 1993 年年初实现了共同市场。其他正在向这一方面努力的区域经济一体化组织还包括中美洲共同市场、南方共同市场、东非共同市场等。

4. 经济联盟

经济联盟（economic union，EU），是指成员之间不但商品、服务与生产要素可以完全自由流动，执行共同的对外贸易政策，而且要求成员采用统一的财政和货币政策、使用统一的货币，并协调成员的税率。欧盟是目前最接近经济联盟定义的区域经济一体化组织，尽管部分成员没有采用统一的货币——欧元，并存在着一定程度的国别税率差异和跨国监管（如对能源市场的管制）。

5. 完全经济一体化

完全经济一体化（complete economic integration，CEI），是区域经济一体化的最高级形式。完全经济一体化不仅具有经济联盟的全部特点，而且由对所有成员均具有约束力的相应机构来协调各成员的所有重大经济政策，如财政政策、货币政策、福利政策、农业政策，以及有关贸易及生产要素流动的政策，并执行共同的对外经济政策。这样，该集团相当于具备了完全的经济一体化国家地位。完全经济一体化和以上几种一体化形式的主要区别在于：它拥有新的超国家的权威机构，实际上支配着各成员的对外经济主权。

以上五种经济一体化形式，虽然依次反映经济一体化的逐级深化，但一体化的不同层次并不意味着不同的一体化集团必然从现有形式向较高级形式发展和过渡。也就是说，阶段之间不一定具有必然过程。此外，一体化目标有高有低，结合范围有广有狭，但是都涉及成员将局部主权让渡给共同体的问题。主权让渡（或称为主权共享）的程度，一般都取决于一体化目标的高低。区域经济一体化的层次，如图 7-1 所示。

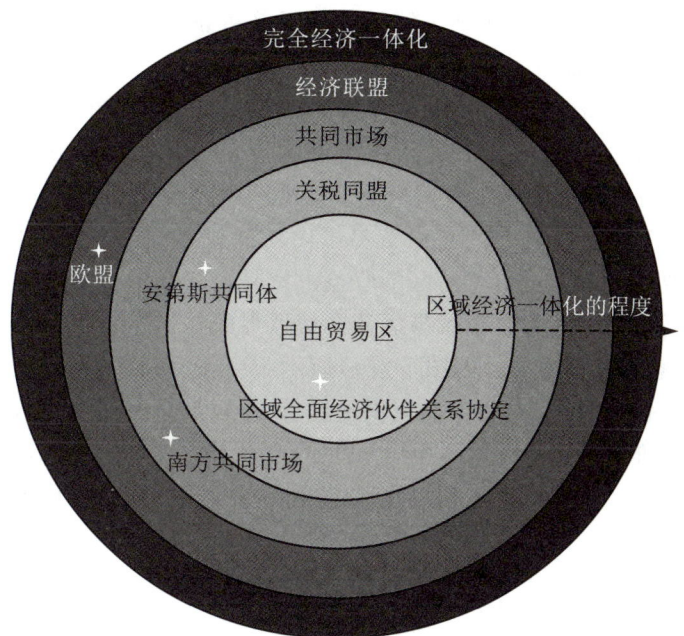

图 7-1 区域经济一体化的层次

（二）按一体化的范围划分

1. 部门一体化

部门一体化（sectoral integration），是指区域内各成员的一种或几种产业（或商品）的一体化。如 1952 年建立的欧洲煤钢共同体与 1958 年建立的欧洲原子能共同体均属此类。

2. 全盘一体化

全盘一体化（overall integration），是指区域内各成员的所有经济部门加以一体化。如欧洲经济共同体（欧洲联盟）就属此类。

（三）按参加国的经济发展水平划分

1. 水平一体化

水平一体化（horizontal integration），又称横向一体化，是由经济发展水平相同或接近的国家（地区）所形成的经济一体化形式。从区域经济一体化的发展实践来看，现存的一体化大多属于这种形式。如欧洲经济共同体（欧盟）、中美洲共同市场等。

2. 垂直一体化

垂直一体化（vertical integration），又称纵向一体化，是由经济发展水平不同的国家（地区）所形成的一体化。如 1994 年 1 月 1 日成立的北美自由贸易区，将经济发展水平不同的发达国家（美国、加拿大）和发展中国家（墨西哥）联系在一起，使建立自由贸易区的国家（地区）在经济上具有更大的互补性。

第二节 区域经济一体化理论

区域经济一体化的动态效应是指参与一体化进程的国家（地区）在长期发展中产生的深层次经济影响，这些效应通常伴随着经济活动结构的变化、技术和管理经验的扩散、市场规模的扩大、竞争力的提升等,着重体现了区域内部经济关系的深化、资源配置效率的提高以及经济社会发展的长远动力。

本节重点分析区域经济一体化对成员和非成员的贸易效应和经济福利的可能影响。

以自由贸易区为例。缔结自由贸易协定可能会带来两种贸易效应——贸易转移(trade diversion)和贸易创造(trade creation)。当自由贸易区内较高成本的生产商取代区外较低成本的生产商,就会发生贸易转移。当自由贸易区内较低成本的生产商取代区外较高成本的生产商,就会发生贸易创造。自由贸易区的收益由贸易转移和贸易创造的相对大小所决定。只有贸易创造超过贸易转移时,自由贸易区才会使世界获益。

假设有 3 个国家:X,Y 和 Z。如图 7-2(1)所示,D_Z 和 S_Z 分别表示 Z 国某产品的供给曲线和需求曲线。假设 Z 国在这种产品上供不应求,可以从 X 国和 Y 国进口这种产品。其中,X 国产品的市场价格是 $p_X=20$,Y 国产品的市场价格是 $p_Y=30$。在自由贸易的小国情形下,Z 国自己生产 10,并从 X 国进口这种产品,进口量为 70,总消费量为 80。

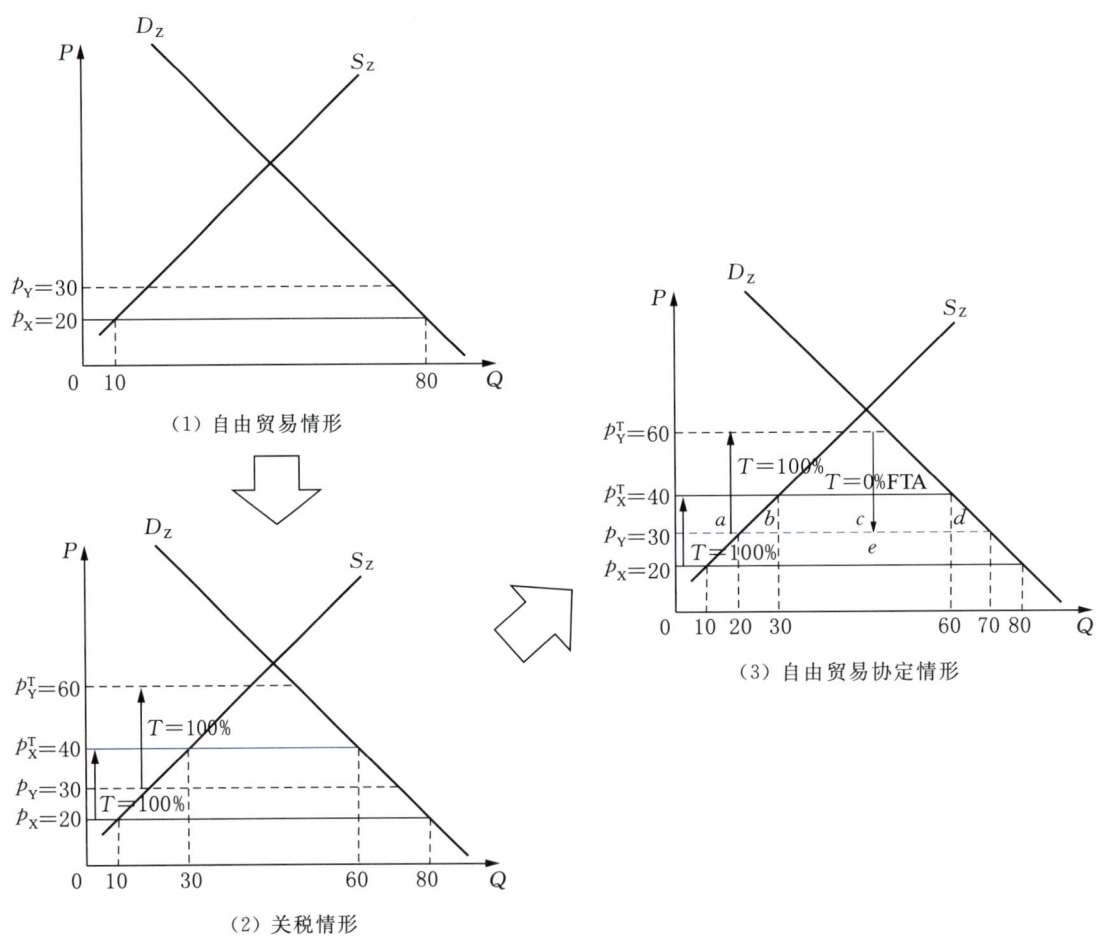

(1) 自由贸易情形

(2) 关税情形

(3) 自由贸易协定情形

图 7-2　贸易转移与贸易创造

如图 7-2(2)所示,假设 Z 国对从 X 国和 Y 国进口这种产品征收 100% 的从价关税。此时,X 国这种产品在 Z 国的销售价格为 $p_X^T=40$,Y 国这种产品的销售价格为 $p_Y^T=60$。在这种情形下,Z 国仍然将从 X 国进口这种产品,进口量为 30,自己生产 30,总消费量为 60。

如图 7-2(3)所示,假设 Z 国和 Y 国之间建立了自由贸易区,取消了从 Y 国进口产品的所有关税,但仍然保留了对其他国家的关税壁垒。那么,Z 国从 Y 国进口这种产品的价格将下降为 $p_Y=30$,而从 X 国进口这种产品由于仍需要缴纳关税,其市场价格仍然为 $p_X^T=40$。因此,Z 国将选择从价格较低的 Y 国进口这种产品,进口量为 50,自己生产 20,总消费量为 70。

由此可见,建立自由贸易区后,Z 国的进口行为发生了两方面的变化:一是改变了进口的来源地。由原先从区外成本较低的生产商(X 国)进口转变为从区内成本较高的生产商(Y 国)进口这种产品,即发生了贸易转移。贸易转移的数量为 30,等于自由贸易区成立之前 Z 国从 X 国的进口量;二是增加了进口总量。由于 Y 国不加征关税的产品比 X 国加征关税之后的产品更加便宜,Z 国从 Y 国进口这种产品的总量将比原来从 X 国进口的更多。区内较低成本的生产商(Y 国)取代区外较高成本的生产商(X 国)时,即发生了贸易创造。贸易创造的数量为 20,等于自由贸易区成立之后 Z 国从 Y 国的进口量减去自由贸易区成立之前 Z 国从 X 国的进口量。

自由贸易区对上述贸易量的影响,会进一步影响各国的经济福利。Z 国和 Y 国之间建立自由贸易区之后,产品的进口价格将由 $p_X^T=40$ 下降为 $p_Y=30$,Z 国消费者将从中获益,其大小为 $a+b+c+d$。生产者将受损,其大小为 a。政府的关税收入损失为 $c+e$。因此,建立自由贸易区给 Z 国带来的社会净福利为 $(b+d)-e$。可见,社会净福利究竟是增加还是减少取决于 $b+d$ 和 e 的相对大小。一般来说,当加征关税之后 X 国的价格和自由贸易下 Y 国的价格之间的差距越大,由于价格下降带来的贸易创造就会越多,Z 国获得净收益的可能性就越大。当自由贸易下 X 国的价格和 Y 国的价格的差距越小,由于贸易转移所带来福利损失就会越小,Z 国越有可能获得净福利。

作为自由贸易区成员,Z 国的产品进入 Y 国也将获得免税待遇。因此,Z 国也可能从增加出口方面获益。对于非成员,拥有较低成本优势的 X 国被高生产成本的 Y 国所取代,因此将遭受福利净损失。

第三节　区域经济一体化实践

20 世纪 90 年代中期以来,区域主义蓬勃发展,全球缔结的区域贸易协定数量迅速增长,区域经济贸易集团数目也在不断增加,经济发展水平较高的国家或地区甚至加入了多个不同程度的区域经济合作组织,以 WTO 为代表的多边经贸合作机制逐渐转向区域经贸合作。当前国际经贸呈现出欧洲、北美、亚太地区三足鼎立的区域化格局。

一、欧洲经济一体化

(一)欧盟的形成与扩张

欧洲联盟(European Union),简称欧盟(EU),由欧洲共同体(European Community,EC)发展而来,总部设在比利时首都布鲁塞尔,是一个集政治实体和经济实体于一身、在全球区域经济一体化进程中起着重要典范作用的区域经济集团。

欧盟的前身欧洲共同体是欧洲煤钢共同体、欧洲经济共同体和欧洲原子能共同体的统称。1951 年 4 月,法国、德国、意大利、荷兰、比利时、卢森堡六国政府签署《建立欧洲煤钢共同体条约》，又称《巴黎条约》，该条约于 1952 年 7 月生效，欧洲煤钢共同体正式成立。1957 年 3 月，上述六国签署《罗马条约》（即《建立欧洲经济共同体条约》和《建立欧洲原子能共同体条约》的统称），并于 1958 年 1 月组建欧洲经济共同体和欧洲原子能共同体。1965 年 4 月，上述六国签署的《布鲁塞尔条约》决定合并这三个共同体机构，统称为欧洲共同体。1967 年 7 月，《布鲁塞尔条约》生效，欧洲共同体正式成立。1991 年 12 月，欧洲共同体成员签署了旨在促使欧洲一体化纵向深度发展和成立政治及经济货币联盟的《欧洲联盟条约》，又称《马斯特里赫特条约》，该条约于 1993 年 11 月生效，欧洲联盟正式成立，这标志着欧共体由经济实体向经济政治实体过渡。

欧洲联盟自成立以来，先后经历了七次扩张和英国脱欧，成员从最初的 6 国发展到目前的 27 国。欧盟的扩张历程如表 7-1 所示。

表 7-1　欧洲联盟扩张历程

扩张次序	扩张时间	新加入的国家	成员数目
第一次扩张	1973 年 1 月	英国、丹麦、爱尔兰	9
第二次扩张	1981 年 1 月	希腊	10
第三次扩张	1986 年 1 月	西班牙、葡萄牙	12
第四次扩张	1995 年 1 月	瑞典、芬兰、奥地利	15
第五次扩张	2004 年 5 月	塞浦路斯、捷克、爱沙尼亚、匈牙利、拉脱维亚、立陶宛、马耳他、波兰、斯洛伐克、斯洛文尼亚	25
第六次扩张	2007 年 1 月	罗马尼亚、保加利亚	27
第七次扩张	2013 年 7 月	克罗地亚	28

资料来源：WTO 网站区域贸易协定数据库。

2016 年 6 月，英国全民公投决定"脱欧"；2017 年 3 月，英国"脱欧"程序正式启动；2020 年 1 月，欧盟正式批准了英国"脱欧"，英国正式退出欧盟。至此，欧盟成员减少为 27 个。

2023 年 12 月，在欧洲理事会峰会上，欧盟组织和各国领导人同意启动乌克兰和摩尔多瓦的入盟谈判，并授予格鲁吉亚欧盟候选国地位。这是乌克兰危机仍在继续的背景下，欧盟推动自身扩张的又一步。

（二）欧盟的组织机构与经济政策

1. 主要组织机构

欧盟是一个超国家的权力组织机构，兼有国家组织属性与联邦特征。欧盟的条约赋予组织机构立法权限，使其能够自主决策。在机构组成与权力分配方面，欧盟强调并鼓励每个成员的参与，并以共享、法制、分权和制衡为原则，各成员也支持将国家部分主权转移至欧盟。按条约规定，欧盟的主要组织机构有如下几个。

欧盟委员会（European Commission）是欧盟唯一有权起草法令的机构，受欧洲议会的监督，负责起草政策、法规、报告和建议，保证欧盟政令在各成员间畅通，同时代表欧盟参加国际经济贸易谈判。欧盟理事会（Council of the European Union）是欧盟最主要的决策机构，由各成员的部长组成，负责欧盟各类事务的决策和立法。欧洲议会（European Parliament）是欧盟的监督、咨询机构，权力有限，但拥有部分预算决定权，可以 2/3 多数原则弹劾委员会。欧洲法院（European Court of Justice)是欧盟的司法机构,基本职能是监督欧盟法律的执行力度,保证各成员的法律与欧盟的法律相一致,同时对欧盟法律及各项条约条款进行解释。此外,欧盟还有欧洲审计院、欧洲中央银行、欧洲投资银行、欧洲地区委员会等机构。

2. 主要经济政策

建立关税同盟,取消内部关税。1968 年 7 月,欧共体建成了关税同盟,对内逐步取消关税与进口限制,对外统一关税率。欧共体内部关税壁垒的消除实现了成员之间贸易的自由化,促进成员间进出口贸易的同时,还给各成员带来了不同程度的经济效益。

实行共同农业政策。共同农业政策是欧共体建立农业共同市场和推行农业一体化的计划和政策,《罗马条约》规定其基本目标为提高农业生产率、保证农业人员收入的公平性、稳定农产品市场、保障农产品的充分供应和保持对消费者的合理价格。共同农业政策的内容主要包含三方面:一是阻挡或者减缓外部的廉价农产品对欧共体市场造成的冲击,内部建立共同价格机制;二是提高区内农产品的国际竞争力,对外建立共同的农产品关税壁垒;三是保障共同农业政策的顺利实施,建立健全资金保障机制。共同农业政策的实施取得了一定的成就,不仅促进了成员间农产品贸易的增长,也提高了整个区内的农业劳动生产效率。

建立欧洲货币体系。为巩固关税同盟和共同农业政策的成果,促进欧洲经济一体化纵深发展,欧共体在 20 世纪 60 年代末 70 年代初提出建立经济与货币联盟的计划。1978 年 12 月,欧共体首脑达成协议,决定建立欧洲货币体系,并于次年 3 月实施。其核心内容主要包含三方面,一是统一欧洲货币单位;二是继续实行和扩大汇率的联合浮动体制;三是逐步设立"欧洲货币基金"。《马斯特里赫特条约》的正式生效加速了这一进程的推进,1995 年 12 月,欧盟首脑会议通过《马德里决议》,将单一货币命名为欧元,于 1999 年 1 月 1 日正式启动,并在实行欧元的欧盟成员中实行统一货币政策。采用欧元是欧洲经济一体化进程中具有里程碑意义的重大事件。从经济层面看,欧元的使用有助于增大欧盟内部市场的竞争程度,提高效率水平,从而促进欧盟成员的经济增长;从政治层面看,欧元的流通使欧盟形成了联邦制式的中央银行体系和货币运行制度,加强了欧盟成员间的合作联系,进而强化了欧盟的政治地位和权力。

拓展阅读

欧洲经济一体化的贸易效应

二、北美经济一体化

(一)北美自由贸易区的形成与发展

北美自由贸易区(North American Free Trade Area,NAFTA)由美国、加拿大和墨西哥三国组成,是当时全球经济规模最大的自由贸易区,也是世界上第一个由发达国家和发展中国家组成的贸易集团,为南北经济合作起到了示范作用,对世界经济格局产生了深远的影响。

北美自由贸易区是在《美加自由贸易协定》的基础上发展而来的。1988 年 1 月,美国和加拿大签署《美加自由贸易协定》,该协定于 1989 年 1 月正式生效,协定确立了 10 年间逐步削减并取消区内双边贸易全部关税的目标。《美加自由贸易协定》的签署及生效推动了北美地区经济一体化的谈判进程,其所确定的基本准则成为美国同墨西哥等拉美国家谈判的依据,其所包含的内容成为后续美国、墨西哥和加拿大三国进行 NAFTA 谈判的蓝本。

1990 年 8 月,美国、加拿大、墨西哥开始就三国的自由贸易协定进行洽谈,经过一年多的艰辛谈判,1992 年 8 月,三国一致同意建立北美自由贸易区,并于同年 12 月正式签署《北美自由贸易协定》(North American Free Trade Agreement,NAFTA)。1994 年 1 月,该协定生效,这标志着北美自由贸易区正式成立。

(二)《美国-墨西哥-加拿大协定》的签署

NAFTA 生效之后的二十年间,对美国、加拿大、墨西哥之间的经济一体化起到了积极的推动作用。NAFTA 促进了墨西哥和加拿大对美国的贸易,并吸引大量来自美国的技术和资本。然而,由于美国经济规模远超墨西哥和加拿大两国,所以其对美国经济总体产生的影响相对有限。NAFTA 生效之后,美国对加、墨两国的贸易额也出现快速增长,但是进口增幅大于出口,致使美国对两国出现持续的贸易逆差。同时,美国国内一些劳工团体和利益集团也认为,NAFTA 造成了大量制造业就业岗位向墨西哥转移,降低了美国工人工资,带来了失业和低技能工人的贫困问题。因此,特朗普开始推动对该协定进行重新谈判。

2017 年 1 月,特朗普提议对《北美自由贸易协定》重新谈判。2017 年 8 月,美国、加拿大、墨西哥三国启动 NAFTA 的升级谈判,并于 2018 年 11 月签署了《美国-墨西哥-加拿大协定》(The United States-Mexico-Canada Agreement,USMCA)协议文本,以此取代已实施多年的 NAFTA。2020 年 7 月,该协定正式生效。与 NAFTA 不同,USMCA 每六年需由三国进行一次阶段性审议,以作为继续生效的前提条件。USMCA 将美国、墨西哥和加拿大近 5 亿个的消费者集结为单一市场,2023 年三国 GDP 占全球 GDP 的比重约为 29.4%,为整个北美地区提供了 1 700 万个就业机会。

(三) NAFTA 与 USMCA 文本内容的比较

NAFTA 一共包含 22 个章节,不仅涉及市场准入、商务规则,还涉及服务业、投资、知识产权、争端解决机制等。关于成员间贸易商品的关税减免,该协定规定 15 年内分四个阶段来实现关税税项及税率的减免,直至 2008 年实现区域内跨国贸易商品的全部免税流通。此外,NAFTA 还确定了原产地规则,以保障仅北美地区制造的商品享受协定中所规定的优惠。NAFTA 还要求成员相互开放金融市场,放宽对外来资金的约束限制,加强知识产权保护力度,并增加区域内投资与贸易,以实现扩大就业和促进经济增长。

USMCA 协议条款长达 1 812 页(含附录),包含初始条款和一般定义、国民待遇和市场准入、农业、原产地规则、原产地程序、纺织品与服装、海关管理与贸易便利化等 34 个章节,涉及传统议题、传统议题深化、深度一体化议题、横向新议题和其他制度性议题五类议题。其中,数字贸易、劳工、环境、中小企业等新议题的出现,是 USMCA 为适应时代发展而进行的调整。

从章节分布来看,NAFTA 所涉及的议题基本可以从 USMCA 中找到相应的章节,而 USMCA 中涉及新兴领域的议题,如承认墨西哥对碳氢化合物的所有权、数字贸易、中小企业、竞争力、反腐败、良好的监管实践、宏观经济政策和汇率问题等 7 个章节在 NAFTA 中并无对应。可以看出相较于 NAFTA,USMCA 在议题广度上有明显的拓展。

此外,USMCA 在货物贸易、服务贸易和投资三大议题内容上进行了深化。在货物贸易相关议题上,USMCA 通过增加出口许可证程序的透明度、出口关税、税收和其他费用条款,采取更高效的货物放行程序,具体规定电子系统的沟通交流、支付等功能的运用,以进一步提升贸易便利化程度。在服务贸易相关议题上,USMCA 增加了数字贸易章节并对电子商务议题内容进行深化。

USMCA 的 32.10 条款,即"毒丸条款",被广泛看作是美国用来限制其他贸易伙伴国与

拓展阅读

NAFTA 和
USMCA 的
章节内容
对比

中国签署协议的,可以防止"中国不受关税制约通过加拿大和墨西哥向美国销售产品,在经济上孤立中国"的重要新的手段。32.10 条款规定:如果协议中任何成员与"非市场经济国家"达成自贸协议,那么其他成员可以在六个月后退出并建立自己的双边贸易协定;谈判前三个月通知另外两个缔约方;经请求,该缔约方应尽可能提供有关这些谈判目标的信息;在签署协议至少 30 天前允许其他缔约方审查全文。简言之,"毒丸条款"是为针对协定缔约方与非市场经济地位国家展开自由贸易谈判,而设置的一系列限制和义务条款。

"毒丸条款"违背了 WTO 非歧视原则等基本原则。该条款中提到的所谓的"非市场经济国家"并没有国际公认标准,而是依据美国、墨西哥、加拿大任意一国的国内法。USMCA将非市场经济国家定义为"在协定签署之日,协定任何一方因其贸易救济法而被认定为不具有市场经济地位,并且与协定任何一方没有签订自由贸易协定"的国家。

USMCA 中的"毒丸条款"也绝非只是 32.10 条这一项,USMCA 附件 14D 规定,在墨西哥投资的外国国有企业投资者无权援引投资争端解决程序寻求救济,这被称为"小毒丸条款"。

"毒丸条款"使得美国通过与其他国家签订自由贸易协定而对中国做出了排他性安排,限制中国加入区域性或地区性的经济安排。

(四) 北美经济一体化的经济增长效应

北美自由贸易区的建立和 USMCA 的签署是北美地区经济一体化推进进程中所取得的重大成就,不仅推动了北美地区的贸易增长,还加强了区域内的经济关联和产业竞争。

自 1994 年 1 月,NAFTA 运行以后,其对美国、墨西哥和加拿大三国之间的经贸往来产生了重要影响。NAFTA 要求区域内各成员相互取消贸易壁垒,这极大地促进了美墨加三国之间进出口贸易规模的扩张。1995—2018 年,美国、墨西哥和加拿大三国间的双边贸易规模均呈现出明显的增长趋势。其中,美国与加拿大的双边货物贸易额由 2 580.88 亿美元上升到 5 608.01 亿美元,增幅达到 117.29%,年均增速达到 5.10%;美国与墨西哥的双边货物贸易额由 1 167.19 亿美元上升到 5 654.77 亿美元,增幅达到 384.48%,年均增速达到16.72%;墨西哥与加拿大的双边货物贸易额由 52.75 亿美元上升到 391.68 亿美元,增幅达到 642.52%,年均增速达到 27.94%。

2020 年 7 月,USMCA 正式生效,美国国际贸易委员会 2019 年 4 月发布的研究报告显示,与保留 NAFTA 的基准情形相比,估计 USMCA 生效 6 年后,将令美国国内生产总值增加 682 亿美元(增幅 0.35%),整体就业增加 17.6 万个(增幅 0.12%)。同时,协定将令美国对加拿大和墨西哥出口分别增加 191 亿美元(增幅 5.9%)和 142 亿美元(增幅 6.7%);进口将分别增加 191 亿美元(增幅 4.8%)和 124 亿美元(增幅 3.8%)。此外,USMCA 对美国经济产生最重要影响的是减少数字贸易政策不确定性的条款和适用于汽车业的新原产地规则。协定规定北美地区所产汽车 75% 的组成部件产自本地区,才可享受零关税优惠,高于NAFTA 中所规定的 62.5%。还规定 40% 至 45% 的汽车零部件必须由时薪至少 16 美元的工人生产。这虽有利于增加美国汽车零部件生产及就业,但会导致汽车价格上升和销量下降,最终对美国消费者造成不利影响。

《USMCA Forward 2024》明确指出,北美政府民间社会和企业之间的合作创造了更强大的经济,更具竞争力。

三、亚太经济一体化

与欧洲经济一体化过程的标准化模式相比,亚太地区的区域经济一体化进程则呈现出许多独具特色的特征,其合作领域更宽泛、合作机制更多样、合作层次更丰富。不同层次的区域经济合作形式相互交织,构成了亚太地区错综复杂的合作网络。其中,影响力较大的合作机制有亚太经合组织、东南亚国家联盟、《全面与进步跨太平洋伙伴关系协定》与《区域全面经济伙伴关系协定》。

(一)亚太经合组织

亚太经合组织(Asia-Pacific Economic Cooperation,APEC)是亚太地区层级最高、领域最广、最具影响力的经济合作机制,成立于1989年,目前包含澳大利亚、文莱、加拿大、智利、中国、中国香港、印度尼西亚、日本、韩国、墨西哥、马来西亚、新西兰、巴布亚新几内亚、秘鲁、菲律宾、俄罗斯、新加坡、中国台北、泰国、美国和越南21个成员。该组织以捍卫自由开放的贸易和投资、加速区域经济一体化进程为宗旨,为南北合作和南南合作开辟了一条新路径,并提供了一个创新平台。

自亚太经合组织成立以来,特别是在领导人非正式会议成为固定机制以后,APEC在推动亚太区域经济一体化方面也发挥了积极作用。截至2023年11月,APEC一共举行了30次领导人非正式会议,每次会议基本都会通过较为重要的文件,进而逐步完善亚太经合组织的机制与制度。特别是2010年横滨APEC部长级会议确定把亚太经合组织转型为亚太自由贸易区,并于2014年北京APEC会议期间正式启动,这把亚太区域经济一体化提升到了一个新的更高层面。

(二)东南亚国家联盟

1. 东盟的成立与发展进程

东南亚国家联盟(Association of Southeast Asian Nations,ASEAN),简称东盟,于1967年成立。ASEAN的前身是马来西亚、菲律宾和泰国于1961年在曼谷成立的东南亚联盟。1967年8月马来西亚、菲律宾、泰国、新加坡和印度尼西亚5国在曼谷举行会议,并发表了《东南亚国家联盟成立宣言》,即《曼谷宣言》,东盟正式成立。1977年,东盟签署《东盟特惠贸易安排协定》(PTA),标志着东南亚区域经贸合作迈开了步伐。

2. 东盟自贸区的经济贸易效应

东盟自贸区于2002年1月1日正式启动,是东南亚经济一体化建设的重要里程碑,对东盟区域内贸易产生了积极的影响。2003—2021年,东盟区域内的货物贸易规模迅速扩大,贸易总额由217 144.25万美元增长至710 776.39万美元,实现227%涨幅;区域内货物进出口均呈现出增长态势,贸易顺差年均值高达35 000万美元。可见,东盟自由贸易协定(AFTA)生效后的政策效果十分明显,该协定极大地促进了东南亚区域经贸合作。

东盟经过特惠贸易区安排、自由贸易区和经济共同体的发展,区域经济一体化程度得到加强。不仅增强了成员间的经济联系,还提升了整个区域在全球经济格局中的地位和影响力。这一方面表现为东盟贸易一体化水平有所提升,另一方面表现为东盟投资一体化程度逐步提高,自贸区降低了投资门槛,鼓励双向投资流动,尤其是在基础设施、制造业、农业和服务业等领域,促进了产业内贸易的发展。这不仅加速了成员的产业升级,还推动了区域内供应链和价值链的整合。自 2013 年习近平总书记提出建设更为紧密的中国-东盟命运共同体以来,中国与东盟经济融合持续加深,经贸合作日益加快。2021 年,在中国和东盟建立对话关系 30 周年纪念峰会上,双方正式宣布建立中国-东盟全面战略伙伴关系。中国-东盟自贸区建设 20 多年来,有力促进了中国与东盟贸易投资高速增长。

一是双方互为最大贸易伙伴。2013 年以来,中国与东盟贸易年均增速 8.8%,高出同期中国整体年均增速 3.8 个百分点。2023 年,双边贸易继续增长,规模达 6.41 万亿元人民币,东盟连续 4 年保持中国第一大贸易伙伴地位,中国也连续多年为东盟第一大贸易伙伴。

二是产业链供应链深度互联。中国与东盟发挥各自比较优势,深化产业链供应链融合发展。2023 年,中国对东盟进出口中间品 4.13 万亿元人民币,东盟连续多年保持中国中间品第一大贸易伙伴。双方在绿色能源、消费电子等产业合作不断深化,中国对东盟出口的锂电池、太阳能电池,进口音视频设备零件均高速增长。同时,东盟是中国农产品和能源产品的重要进口来源,中国棕榈油进口几乎全部来自印度尼西亚和马来西亚,印度尼西亚、缅甸分别是中国煤炭、锡矿砂第一大进口来源国。

中国-东盟自贸区 3.0 版建设,将全面提升中国-东盟全面战略伙伴关系水平,通过加大双方在数字经济、绿色经济和供应链产业链方面的合作,助推双方经贸关系高质量发展,促进区域经济一体化。

(三)《全面与进步跨太平洋伙伴关系协定》与《区域全面经济伙伴关系协定》

1.《全面与进步跨太平洋伙伴关系协定》建设进程

《全面与进步跨太平洋伙伴关系协定》(Comprehensive Progressive Agreement for Trans-Pacific Partnership,CPTPP)目前由日本主导,共包括日本、加拿大、澳大利亚、智利、新西兰、新加坡、文莱、马来西亚、越南、墨西哥和秘鲁 11 个成员,于 2018 年生效。

CPTPP 是从《跨太平洋伙伴关系协定》(TPP)发展而来的。2005 年,新加坡、新西兰、智利、文莱四国签署了《跨太平洋战略经济伙伴关系协议》。2008 年 11 月,美国宣布加入TPP。随后,加拿大、墨西哥、秘鲁、澳大利亚、马来西亚、越南和日本加入谈判,在经历 21 轮艰苦谈判后,最终于 2015 年 10 月达成协定。但由于 2017 年 1 月特朗普宣布退出 TPP,该协定从未生效。同年 11 月,日本表示将与剩下的 10 个成员继续推进 TPP 正式达成一致,并将 TPP改名为 CPTPP。新的自由贸易协定即 CPTPP 于 2018 年 12 月正式生效。

CPTPP 开放标准高、覆盖范围广、边境后议题多,充分体现了"自由、公平、包容"的开放原则,是国际高水平自贸协定的代表,对于构建亚太高标准自贸区网络、促进亚太经济一体化合作有着重大意义。近几年,多个国家和地区相继提出加入 CPTPP 的申请,包括英国(2021 年 2 月)、中国(2021 年 9 月)、韩国和厄瓜多尔(2021 年 12 月)、哥斯达黎加(2022 年 8月)、乌拉圭(2022 年 12 月)、乌克兰(2023 年 7 月)等。2023 年 7 月,英国正式签署 CPTPP,是加入该协议的首个欧洲国家。

2. CPTPP 生效前后区域内经贸表现

CPTPP 生效四年多来,由于新型冠状病毒感染的影响,其对全球经贸的影响力尚未完全显现,但随着新型冠状病毒感染逐步被控制,CPTPP 在缔约方的经贸合作方面逐渐发挥积极作用。从缔约方经济增长情况来看,2019 年 11 个缔约方的 GDP 合计约为 107 315.0 亿美元,较 2018 年增长 0.96%,其中 9 个缔约方 GDP 总量均实现正增长,仅日本、墨西哥的GDP 小幅下降。2020 年受新型冠状病毒感染的影响,除文莱和越南以外,CPTPP 其余缔约方 GDP 均有所下跌。2021 年随着新型冠状病毒感染逐渐被控制,绝大多数 CPTPP 缔约方迅速扭转经济负增长趋势,迈入经济复苏正轨,其中 GDP 增长幅度排名前三名是秘鲁、智利和新加坡,分别实现 13.35%、11.67%和 7.61%GDP 增幅(图 7-3)。从 CPTPP 区域内贸易规模来看,2019—2022 年 11 个缔约方之间的相互贸易总额高达 39 632.8 亿美元,较 2014—2017 年增加了 6 643.1 亿美元,其中区域内出口增加了 3 088.2 亿美元,区域内进口增加了 3 554.9 亿美元。此外,CPTPP 区域内贸易逆差在 2014—2018 年较为稳定,基本保持在 370 亿美元左右,而在 2019—2022 年呈现出较为明显的上升趋势,由 2019 年的 433.6 亿美元增长至 2022 年的 628.3 亿美元。可见,CPTPP 协议有效促进了各缔约方之间的贸易往来,但同时也拉大了区域内出口与进口的差距(图 7-4)。

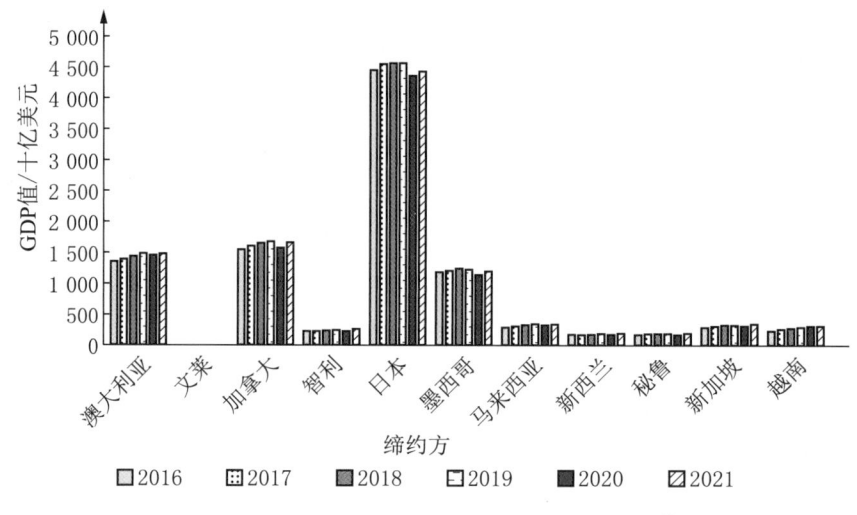

图 7-3　2016—2021 年 CPTPP 缔约方 GDP 值①

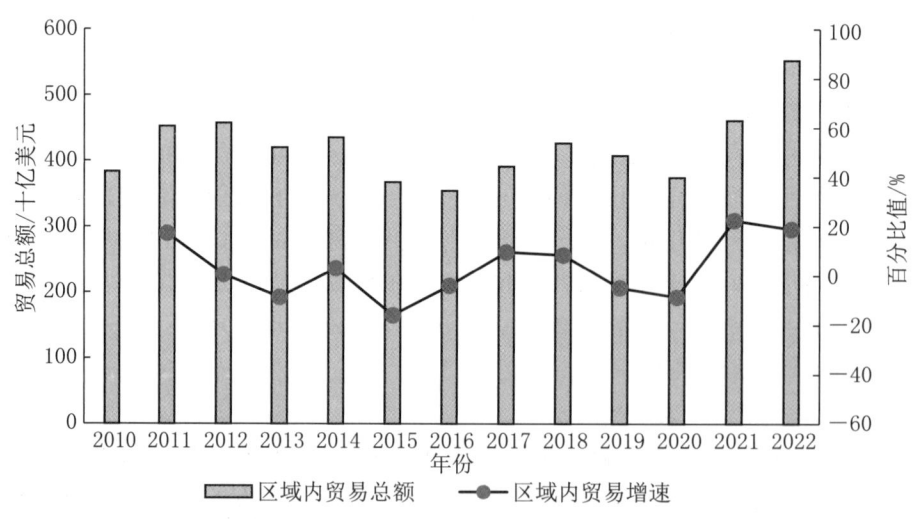

图 7-4　2014—2022 年 CPTPP 区域内贸易概况

---

① 文莱的 GDP 值相较其他国家极小。

3.《区域全面经济伙伴关系协定》建设进程

《区域全面经济伙伴关系协定》(Regional Comprehensive Economic Partnership Agreement, RCEP)是由东盟、中国、日本、韩国、澳大利亚和新西兰共同推动达成的大型区域贸易协定。

RCEP 最先由东盟于 2012 年发起,在历经 8 年共计 31 轮正式谈判后,最终 15 方达成一致,于 2020 年 11 月签署 RCEP。2022 年 1 月,RCEP 在东盟六国(文莱、柬埔寨、老挝、新加坡、泰国和越南)和中国、日本、澳大利亚和新西兰 4 个非东盟成员正式生效实施;2022 年 2 月 1 日和 3 月 18 日先后在韩国和马来西亚生效;2023 年 1 月 2 日,RCEP 对印度尼西亚正式生效;2023 年 6 月 2 日,RCEP 对菲律宾正式生效,标志着 RCEP 对东盟 10 国和澳大利亚、中国、日本、韩国、新西兰 15 个签署方全面生效。RCEP 区域总人口、GDP 总值、货物贸易金额均占全球比重约 30%,协定对 15 个签署方全面生效,标志着全球人口最多、经贸规模最大、最具发展潜力的自由贸易区进入全面实施的新阶段。

拓展阅读

RCEP 建设进程

RCEP 由序言、20 个章节和 4 部分市场准入附件共 56 个承诺表组成,覆盖范围广泛,除涉及货物贸易、服务贸易及投资领域外,还包括知识产权、电子商务、竞争、中小企业、经济与技术合作和政府采购等具体条款。RCEP 的生效将会带来贸易扩大、投资虹吸、产业链供应链集成、区域经济一体化等多重效应,从而对中国、亚洲乃至全球产生重要而深远的影响。

4. CPTPP 与 RCEP 文本内容的比较

CPTPP 和 RCEP 是区域贸易协定的典型代表,通过对比两协议文本内容,将有助于进一步理解区域经贸规则内涵。CPTPP 和 RCEP 的文本框架类似,大致分为四部分,即货物贸易领域、服务贸易和投资领域、规则领域和其他领域,主要内容大多可以相互对应,但 CPTPP 额外包含纺织品和服装、国有企业和指定垄断、劳工、环境、竞争力和商务便利化等章节。相较而言,RCEP 条款内容更注重与货物贸易相关的活动,CPTPP 则更侧重与服务贸易相关的规则。此外,两协议在贸易规则适用性、关税减让、服务贸易、知识产权保护四方面存在较大差异。

第一,贸易规则适用性差异。RCEP 涵盖了更多中低收入国家,如缅甸、老挝,因此其多边贸易体制规则在追求高质量的同时也注重包容性,较为全面地考虑了不同成员的利益,而且 RCEP 给予最不发达国家特殊与差别待遇,通过经济和技术合作条款对欠发达国家提供帮助。相较而言,CPTPP 的贸易协定规则更加严格,在劳动和环境规则、竞争政策、国有企业、知识产权监管、互联网规则和数字经济等方面设定了更高的标准[1]。

第二,关税减让差异。降税模式方面,RCEP 成员货物贸易降税模式分为两种,一种是对缔约方统一适用一张关税承诺表,另一种是对不同缔约方适用不同的关税承诺表。而 CPTPP 成员货物贸易降税模式较为统一,即适用一张统一的关税承诺表,仅有个别特殊安排。降税水平方面,RCEP 最终实现零关税的货物贸易比例超过 90%,且主要是立刻降税到零和十年内降税到零。而 CPTPP 关税削减程度高于 RCEP,将最终实现 95% 以上的商品零关税。

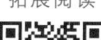

拓展阅读

CPTPP 与 RCEP 文本框架比较

第三,服务贸易差异。从跨境服务贸易开放模式看,RCEP 对服务贸易开放采取了正面清单和负面清单混合模式,其中各成员均采用负面清单方式对制造业、农业、林业、渔业、采矿业五个非服务业领域投资作出较高水平开放承诺。CPTPP 全部采用负面清单模式,要求各成员除禁止开放领域外,应当以一般自由化措施予以全方面开放,如金融服务和投资。从

①　余淼杰,蒋海威.从 RCEP 到 CPTPP:差异、挑战及对策[J].国际经济评论,2021,152(2).

跨境服务贸易开放水平看,RCEP 的开放部门数量多于之前各方之间"10＋1"协定开放水平承诺,除柬埔寨、老挝和缅甸外的其他成员承诺服务部门数量均达到了 100 个以上。而在 CPTPP 中,就市场准入限制而言,CPTPP 成员的平均限制部门数量为 5;就国民待遇限制而言,CPTPP 成员的平均限制部门数量为 12[①]。

第四,知识产权保护差异。CPTPP 对知识产权的保护水平更高,而 RCEP 更具平衡性。CPTPP 中除了域名、声音商标等,也将气味商标纳入保护范畴,对农业化学物质产品未披露的试验或其他数据提供保护,同时还加大了知识产权司法和执法力度,提高了对于著作权和商标权的民事损害赔偿标准,将更多侵权行为列入刑事程序和处罚范围。相较而言,RCEP 对知识产权的保护水平总体上不及 CPTPP,但其更加注重权利义务平衡和公共利益平衡。RCEP 针对柬埔寨、老挝、马来西亚、缅甸、菲律宾、泰国和越南等 7 国设定了 3 年、5 年、10 年或 15 年知识产权过渡期,并承诺对柬埔寨、老挝、缅甸和越南提供特定技术援助。

四、中国区域经济一体化发展现状

进入 21 世纪以来,中国积极地推进区域经济一体化合作,特别是在党的十七大将自由贸易区建设上升为国家战略以后,中国签署自由贸易协定的数量和质量呈现明显增长。截至 2023 年,中国已与 29 个自贸伙伴签署了 22 个自贸协定,包括内地与香港、澳门关于建立更紧密经贸关系的安排、中国-东盟自由贸易区(含"10＋1"升级)、中国-智利自由贸易区(含升级)、中国-巴基斯坦自由贸易区(含第二阶段)、中国-新西兰自由贸易区(含升级)、中国-新加坡自由贸易区(含升级)、中国-秘鲁自由贸易区、中国-哥斯达黎加自由贸易区、中国-冰岛自由贸易区、中国-瑞士自由贸易区、中国-韩国自由贸易区、中国-澳大利亚自由贸易区、中国-格鲁吉亚自由贸易区、中国-马尔代夫自由贸易区(未生效)、中国-毛里求斯自由贸易区、中国-柬埔寨自由贸易区、区域全面经济伙伴关系协定(RCEP)、中国-厄瓜多尔自由贸易区、中国-尼加拉瓜自由贸易区、中国-塞尔维亚自由贸易区。

拓展阅读
中国已签协议的自由贸易区

2022 年 1 月 1 日,RCEP 正式生效。根据协定,成员之间将逐步降低关税,实施原产地累积规则,促进贸易和投资自由化便利化,增强区域供应链的稳定性和竞争力。RCEP 自对所有签署国全面生效以来,不断释放制度红利,助推区域内贸易投资蓬勃发展,产业链供应链联系更加紧密,为促进区域经济增长和经济一体化注入强劲动力,为世界经济实现恢复性增长贡献新力量。RCEP 生效后,间接促成了中日韩新之间的自由贸易协定,从而达成"东亚贸易闭环"。日本作为我国在 RCEP 成员中最大的贸易伙伴,RCEP 的签署,对促进中日贸易将产生积极作用。

RCEP 为中国的商品和服务打开了更大的市场,通过降低关税和非关税壁垒,提升了中国产品在区域内的竞争力,同时也为中国企业进口原材料和中间品提供了更优惠的条件。协定增强了投资保护和促进措施,为中国企业赴其他成员投资提供了更稳定的预期和便利条件,同时也吸引了更多外资进入中国市场,促进了双向投资。RCEP 的原产地累积规则简化了认定程序,使得成员之间生产的商品更容易达到享受优惠关税的标准,鼓励企业利用区域内的资源进行生产布局,降低了成本,提高了效率。借助 RCEP 的规则,中国能够更深入地融入区域供应链和价值链,促进产业升级和转型,尤其是在高端制造、数字经济、绿色经济

---

① 于鹏,廖向临,杜国臣. RCEP 和 CPTPP 的比较研究与政策建议[J]. 国际贸易,2021,476(8).

等领域。在全球贸易环境复杂多变的背景下,RCEP 的生效是中国维护多边贸易体制、对抗贸易保护主义的重要举措,有助于稳定外部经济环境,提升中国在全球经济治理中的作用。还加强了中国与亚洲邻国的经济联系,为推进共建"一带一路"提供了新的动力,同时也为解决区域发展不平衡问题提供了平台。

另外,中国主动对接高标准国际经贸规则,积极推进加入全面与进步跨太平洋伙伴关系协定(CPTPP)和数字经济伙伴关系协定(DEPA)相关进程。自 2021 年 9 月正式申请加入以来,中国已经对 CPTPP 的全部条款进行了深入的研究和评估,并梳理了可能需要采取的改革措施及法律法规的调整。中国还在一些自贸试验区和海南自贸港先行先试,对照 CPTPP 的标准进行改革尝试。目前,中国正按照加入程序,与 CPTPP 的现有成员进行沟通和磋商,以推进加入进程。中国于 2021 年 11 月正式申请加入 DEPA,并在 2022 年 8 月 18 日成立了中国加入工作组,全面启动了谈判。2023 年 12 月 6 日,中国加入 DEPA 工作组第四次技术磋商在线举行,中方同 DEPA 成员就数字身份、新兴趋势和技术、创新和数字经济、中小企业合作、数字包容性等议题开展深入交流。2024 年 5 月 7 日,中国加入 DEPA 工作组,在新西兰奥克兰举行了第五次首席谈判代表会议,与智利、新西兰、新加坡、韩国等成员就中国加入谈判的进程及相关议题进行了深入的交流。中国表达了与 DEPA 成员共同努力,推动谈判不断取得新进展的意愿。

拓展阅读

中国参与
区域经济
一体化进
程大事记

本 章 小 结

1. 区域经济一体化是指地理区域上比较接近的两个或两个以上的国家实行的某种形式的经济联合或组成的区域性经济组织,是一种比关贸总协定和世界贸易组织所规定开放程度更高的经济和贸易的自由化。

2. 区域经济一体化组织按程度划分可以分为:自由贸易区、关税同盟、共同市场、经济联盟和完全经济一体化;按范围划分可以分为:部门一体化、全盘一体化;按参加国的经济发展水平划分可以分为:水平一体化、垂直一体化。

3. 当自由贸易区内较高成本的生产商取代区外较低成本的生产商,就会发生贸易转移。当自由贸易区内较低成本的生产商取代区外较高成本的生产商,就会发生贸易创造。自由贸易区的收益由贸易转移和贸易创造的相对大小所决定。只有"贸易创造"超过"贸易转移",自由贸易区才会使世界获益。

4. 20 世纪 90 年代中期以来,区域主义蓬勃发展,全球缔结的区域贸易协定数量迅速增长,区域经济贸易集团数目也在不断增加,经济发展水平较高的国家或地区甚至加入了多个不同程度的区域经济合作组织,以 WTO 为代表的多边经贸合作机制逐渐转向区域经贸合作。当前国际经贸呈现出欧洲、北美、亚太地区三足鼎立的区域化格局。

5. 进入 21 世纪以来,中国积极地推进区域经济一体化合作。截至 2023 年,中国已与 29 个自贸伙伴签署 22 个自贸协定。

基 本 概 念

区域经济一体化　关税同盟　共同市场　经济联盟　完全经济一体化　贸易创造　贸易转移　区域贸易协定

复习思考题

一、选择题与判断题(请用手机扫描下方二维码作答)

二、简答题

1. 区域经济一体化有哪几种形式?

2. 试述区域经济一体化的现状和发展趋势。

3. 试析区域经济一体化的内部影响和外部影响。

4. 简述缔结自由贸易协定的贸易转移效应和贸易创造效应。

5. 分析 RCEP 给中国带来的挑战和机遇。

第三篇
国际贸易规则

　　国际贸易规则是指在多边、区域或双边层面制定的一系列关于国际贸易活动的原则、规范和机制，旨在促进贸易自由化和便利化，维护贸易公平和秩序，解决贸易争端和分歧，反映各国的利益和诉求，是全球经济秩序的重要组成部分，也是全球经济治理的重要内容。

第八章　世界贸易组织与多边贸易规则

引导案例

2022年12月,彼得森国际经济研究所发表政策简报,对WTO当前困境进行分析,并呼吁通过更为灵活的贸易规则对WTO进行改革。文章指出,尽管2022年6月召开的MC12在渔业补贴、新型冠状病毒疫苗知识产权、出口管制和其他事项上取得了重大进展,但WTO仍处于困境中:美国拒绝任命上诉机构法官导致WTO争端解决机构仍无法正常运行;美国仍保留对中国的关税,违反WTO的最惠国待遇;拜登政府继续坚持特朗普政府此前确定的有管理的贸易目标。同时,越来越多的国家打破了WTO禁止利用贸易胁迫其他国家的规则,通过贸易层面的施压达到其政治目标。

当前的WTO贸易体系呈现出两个极端方向:期望所有成员抛弃本国偏好的"深度一体化"和国家集团彼此限制贸易的"脱钩"趋势。简报指出,WTO贸易体系应更具灵活性和可变性,允许希望在特定问题上进一步深入合作的成员达成公开诸边协议,同时允许倾向于依据本国国情实施贸易政策的成员在更为有效的规则体系下行动。基于灵活普遍的WTO贸易规则,各成员可在解决最为不利的系统性贸易摩擦问题的同时,实现贸易的相互促进。

思考题:

当前多边贸易规则面临的困境会对全球经济体系和各国利益产生哪些不利的影响?

第一节　关贸总协定与世界贸易组织

关税与贸易总协定(General Agreement on Tariff and Trade,GATT),简称关贸总协定,是关于关税与贸易政策的多边国际协定,于1947年10月30日,由23个国家在日内瓦签订,1948年1月1日生效,1995年1月1日为世界贸易组织所取代。

一、关贸总协定的产生

第二次世界大战以后,很多国家受到了战争的严重创伤,在恢复本国国民经济的同时,也关注世界经济的重建。当时,国际经济关系上有三大问题需要解决:其一是在金融方面,重建国际货币制度,维持汇率的稳定和国际收支的平衡;其二是在国际投资方面,创立处理长期国际投资问题的国际组织;其三是在贸易方面,重建国际贸易秩序,扭转贸易保护主义和歧视性贸易政策,促进国际贸易自由化。美国作为战后超级政治经济大国,为了对外扩张和确立重建世界经济领袖的地位,积极倡导和推动了战后国际经济关系三大问题的解决。为解决前两个问题,分别成立了国际货币基金组织(International Monetary Fund,IMF)和世界银行(International Bank of Reconstruction and Development,IBRD)。对于第三个问题的解决,由于拟议中的国际贸易组织(International Trade Organization,ITO)的夭折而由关贸总协定代行。

二、关贸总协定的宗旨、内容及基本原则

(一) 关贸总协定的宗旨和内容

关贸总协定既是一项含有一整套多边贸易原则和规则的契约,又是缔约方进行贸易谈判的场所。其宗旨是:通过多边贸易谈判,大幅度地削减关税和其他贸易障碍,取消国际贸易中的歧视待遇,从而实现提高生活水平、保证充分就业、保障实际收入和有效需求的持续增长、扩大世界资源的充分利用和扩大商品的生产和交换。

关贸总协定的第一部分为第 1 条和第 2 条,是关贸总协定的核心,规定了最惠国待遇原则和关税减让表;第二部分从第 3 条到第 23 条,是关贸总协定的重要条款,主要是各缔约方的贸易政策;第三部分从第 24 条到第 35 条,主要为各有关程序和手续的规定;第四部分从第 36 条到第 38 条,是专门处理发展中国家贸易和发展问题的条款。

(二) 关贸总协定的基本原则

关贸总协定的基本原则可归纳为以下几条。

1. 非歧视原则

这是关贸总协定最为重要的原则,通过无条件的最惠国待遇条款和国民待遇条款体现。最惠国待遇原则:一成员将在货物贸易、服务贸易和知识产权领域给予其他国家的优惠待遇,立即无条件地给予其他各成员。国民待遇原则:对其他成员的产品、服务和服务提供者及知识产权所有者和持有者所提供的待遇,不低于本国同类产品、服务和服务提供者及知识产权所有者和持有者所享有的待遇。

2. 关税保护和关税减让原则

关贸总协定只允许缔约方通过关税来保护国内某些产业,且要求缔约方之间通过关税减让谈判逐步降低关税。关贸总协定不允许采用非关税壁垒进行保护。

3. 一般取消或禁止数量限制原则

关贸总协定原则上禁止采用进出口数量限制。但是,为了稳定农产品市场、改善国际收支、促进发展中国家的经济发展等,可在非歧视的基础上实施或维持数量限制。

4. 公平贸易原则

关贸总协定反对倾销和出口补贴等不公平贸易行为,并授权缔约方在其某项工业由于倾销或出口补贴受到重大损害或受到重大威胁时,可征收反倾销税或反补贴税予以抵制。

5. 豁免与采取保障措施原则

关贸总协定规定,当某缔约方因承担义务使某种产品进口大量增加而严重损害或严重

威胁国内同类产品的生产,可以全部或部分地暂停实施其所承担的义务,或者撤销或修改关税减让,但在采取该保障措施之前,必须与受影响的缔约方磋商,否则受影响的缔约方有权暂停实施大体上对等的关税减让或其他义务。

6. 磋商调解原则

关贸总协定规定了磋商调解和解决贸易争端的程序和办法。在关贸总协定范围内,大部分贸易争端通过有关缔约方直接协商解决,经缔约方协商未能解决的问题,关贸总协定理事会可设立独立专家小组来审查,寻求双方均满意的解决办法。

7. 给予发展中国家特殊优惠待遇原则

关贸总协定规定了给予发展中国家的贸易与经济发展方面以关税和其他特殊优惠待遇,如允许发展中国家之间实行有限的关税减让,而不必对发达国家实行对等的减让;允许发展中国家实行有限的出口补贴;发展中国家可享受普遍优惠制;等等。

8. 贸易政策法规在全国统一实施和透明原则

关贸总协定原则上要求缔约方提前公布所有的贸易政策法规,使其他缔约方在实施前有一定时间熟悉这些政策法规。但关贸总协定不要求公开那些会妨碍法令的贯彻执行,会违反公共利益,或会损害某一企业的正当商业利益的机密资料。

三、世界贸易组织

世界贸易组织(World Trade Organization,WTO)是国际贸易领域最大的政府间国际组织,它统辖当代国际贸易中货物、服务、知识产权、投资措施等领域的规则,并对各成员之间经济贸易关系的权利和义务进行监督和管理。

世界贸易组织成立于1995年1月1日,1995年与关贸总协定并行了一年,于1996年1月1日事实取代总协定。在世界贸易组织成立时,关贸总协定的128个缔约方正式成为世界贸易组织成员。在2001年12月11日中国加入时,世界贸易组织成员发展到143个。2011年12月16日,世界贸易组织第十一届部长级会议正式批准俄罗斯加入,俄罗斯18年的"入世"历程由此画上句号,世界贸易组织以此将覆盖全世界97%的贸易。世界贸易组织总部设在瑞士日内瓦。截至2023年,世界贸易组织有164个成员,25个观察员,覆盖全球98%的贸易量。

(一)世界贸易组织的产生

随着国际经济贸易形势的发展,关贸总协定的作用因其法律地位、职能范围、管辖内容和运行机制等方面的局限性逐渐显现,故建立国际贸易组织的呼声和建议在关贸总协定实施的40多年中未曾中断。

自"乌拉圭回合"谈判以来,建立国际贸易组织问题引起了普遍关注。《建立世界贸易组织的协议》的达成,可谓"乌拉圭回合"谈判的一项重大意外成果。

(二)世界贸易组织的宗旨和基本原则

1. 宗旨和目标

《建立世界贸易组织的协议》的序言规定,世界贸易组织全体成员"在处理贸易和经济领域的关系时,应以提高生活水平、确保充分就业、大幅度和稳定地增加实际收入和有效需求、持久地开发和合理地利用世界资源、拓展货物和服务的生产和贸易为目的,努力保护和维持环境,并通过与各国的不同经济发展水平相适应的方式来加强环保。"由此可见,世界贸易组织的宗旨不仅重申了关贸总协定的目标,而且强调扩大服务贸易、保护和维持环境、确保各成员在国际贸易增长中得到与其经济发展相适应的份额。

2. 基本原则

(1) 无歧视待遇原则。

这一原则承袭了关贸总协定的非歧视原则,主要针对进出口商品与有关事项。它要求世界贸易组织成员相互给予无条件的最惠国待遇和国民待遇,即要求每一成员在进出口方面应以相等的方式对待所有其他成员,而不应采取歧视待遇;同时要求每一成员对进入本国市场的其他成员的产品,应在国内税或其他国内商业规章等方面给予和本国产品同等待遇,而不应歧视。

(2) 贸易自由化原则。

从本质上来说,贸易自由化原则就是限制和取消一切妨碍和阻止国际贸易开展与进行的障碍,包括法律、法规、政策和措施等。从根本上来说,世界贸易自由化是通过削减关税、弱化关税壁垒,以及取消和限制形形色色的非关税壁垒措施来实现的。因此,这一原则又是通过关税减让和一般取消数量限制等来实现的。

(3) 透明度原则。

这一原则继承了关贸总协定的贸易政策法规在全国统一实施和透明原则,是世界贸易组织成员在货物和服务贸易中必须遵守的基本原则之一。它要求有关成员政府实施与贸易有关的法律和规章时,必须予以公布,接受其他成员对其政策法规进行检查、监督和纠正,以保证成员有关法规真正符合《建立世界贸易组织的协议》的规定。但世界贸易组织允许成员对那些可能妨碍法令的贯彻执行、违反公共利益或损害某一企业正当商业利益的机密资料不予公开。

(4) 市场准入原则。

市场准入是指一国允许外国的货物、劳务与资本参与国内市场的程度。市场准入原则旨在通过提高各国对外贸易体制的透明度,减少和取消关税、数量限制和其他各种强制性限制市场进入的非关税壁垒,以及通过各国对开放本国特定市场所作出的具体承诺,切实改善各缔约方市场准入的条件,使各国在一定的期限内逐步放宽市场开放的领域,加深开放市场的程度,从而达到促进世界贸易的增长,以及保证各国的商品、资本和服务可以在世界市场上公平自由竞争的目的。

在货物贸易领域,市场准入原则几乎体现在所有"乌拉圭回合"最终文件的有关协议中,包括关税的减让,各种非关税壁垒的约束和取消,以及长期游离于多边规则之外的纺织品和服装及农产品贸易。在服务贸易领域,市场准入原则的实施对各缔约方而言不是一般性义务,而是具体承诺的义务,只适用于各成员所承诺开放的部门。虽然获得对外开放服务市场的具体承诺是一个极其艰难的过程,但市场准入原则订立了一个可以逐步开放市场的机制,其影响将持续于今后长期谈判的过程中。

(5) 公正、平等处理贸易争端原则。

国际贸易争端是伴随着国家间经济交往所不可避免的一种现象。在关贸总协定所规定的争端解决程序和对其的修改、补充基础上形成的世界贸易组织争端解决机制,体现了贸易争端处理的公正、平等原则。具体体现在以下几方面:实行调解制度、建立上诉机构、从全体一致通过机制到全体一致否决机制的转变、对发展中国家及最不发达国家的特殊规定及世界贸易组织的道义压力。2019 年 12 月 11 日,因世界贸易组织争端解决机制上诉机构成员只剩一位,低于有效运行的人数下限,世界贸易组织争端解决机制上诉机构在运行了 20 多年后正式停摆。

（6）给予发展中国家和最不发达国家优惠待遇原则。

拓展阅读

世界贸易组织的职能和机构

这项原则是关贸总定的该原则的进一步加强。世界贸易组织除了继续对发展中国家实行关税和其他特殊优待,还在以下几方面给予发展中国家一定的优惠待遇:❶允许发展中国家用较长时间履行义务,或有较长的过渡期;❷允许发展中国家在履行义务时可有较大的灵活性;❸规定发达国家向发展中国家提供技术援助,以便发展中国家更好地履行义务。

（三）世界贸易组织的法律框架

历经 GATT 的八轮谈判和 WTO 成立以来的五次部长级会议,WTO 法律体系集中体现在《乌拉圭回合多边贸易谈判结果的最终文本》的一系列协议中。该文本的核心是《建立世界贸易组织的协议》及四个附件。附件 1 是《多边货物贸易协定》《服务贸易总协定》和《与贸易有关的知识产权协定》;附件 2 是《关于争端解决规则与程序的谅解》;附件 3 是《贸易政策审议机制》;附件 4 是诸多贸易协议。其中,前三个附件作为多边贸易协议,所有成员必须接受,附件 4 诸边贸易协议则仅对签署方有约束力。

1. 有关 WTO 本身的法律规则

《建立世界贸易组织的协议》是 WTO 的基本法,其核心在于确立了 WTO 作为国际经济组织的法律地位。其包括序言和 16 个条款,其序言明确规定了 WTO 的宗旨,条款则对 WTO 的职能、组织机构、预算、决策过程、成员资格、接受、加入、生效及互不适用等程序性问题作了原则性的规定。

2. 有关货物贸易的法律规则

有关货物贸易的法律规则体现在附件 1A 中,它包括下列四组协议:

（1）《1994 年关贸总定》（GATT1994）。GATT1994 主要是在"乌拉圭回合"谈判对《1947 年关贸总定》（GATT1947）的基础上做了较大修改而形成的,与 GATT1947 不同的是,GATT1994 由于 WTO 的成立而具有法律效力,不再是一个临时性的多边协定。

（2）《农业协议》和《纺织品与服装协议》两个部门协议。

《农业协议》要求各方尽力排除非关税措施的干扰,并通过将非关税壁垒关税化,禁止使用新的非关税壁垒的规定,来削减农业贸易领域现存的非关税壁垒。此外,各方还达成了增加农产品市场准入机会的协议,以促进农产品贸易自由化的实现。协议规定,将原有农产品的非关税壁垒先按规定方式全部予以关税化,然后进行削减。以 1986—1988 年为基础,发达国家在 6 年内平均削减 36%,发展中国家 10 年内削减 24%。每项产品的关税税率至少削减 15%（发达国家至少削减 24%,发展中国家削减 10%）。

WTO 反对由于价格补贴造成的农产品价格扭曲,因此《农业协议》对补贴有比较详细的规定,将直接刺激生产的支持措施与那些被认为没有直接影响的支持措施区分开来,把国内支持分为绿箱措施、黄箱措施和蓝箱措施。对农产品贸易没有产生影响或仅产生微小扭曲的补贴属于绿箱政策。黄箱政策是指政府对农产品的直接价格干预和补贴,包括对种子、肥料、灌溉等农业投入品的补贴,对农产品营销贷款的补贴等。这些措施对农产品贸易产生扭曲,成员必须承担约束和削减义务。WTO 允许一个国家给予那些被要求限制生产的农民某种直接支付,这些补贴与农产品限产计划有关,成员不用承担削减义务,被称为蓝箱政策。其包括按固定面积和产量给予的,如休耕补贴;按基期生产水平的 85% 或 85% 以下给予的补贴;按固定牲畜头数给予的补贴等。

《纺织品与服装协议》确定了将贸易逐步置于 WTO 管辖的总体框架,规定在自 1995 年 1 月 1 日 WTO 运行之日起的 10 年内分三阶段逐步取消发达国家按原《多种纤维协定》(MFA)对纺织品与服装进口的配额限制,实行贸易自由化。主要条款包括适用产品范围、分阶段取消配额限制、过渡性保障措施、非法转口处理、设立纺织品监督机构等。

(3)《技术性贸易壁垒协议》《实施卫生与植物卫生措施协议》《与贸易有关的投资措施协议》《进口许可证程序协议》《海关估价协议》《装运前检验协议》《原产地规则协议》等七项协议。

(4)《反倾销协议》《补贴与反补贴协议》和《保障措施协议》等三项贸易救济措施协议。

3. 有关服务贸易的法律规则

附件 1B 为《服务贸易总协定》,其中包括了针对特定种类服务贸易的议定书。将在本章第三节详述。

4. 有关知识产权的法律规则

附件 1C 为《与贸易有关的知识产权协定》(Agreement on Trade-Related Aspects of Intellectual Property Rights,TRIPs),简称《知识产权协定》。其提出和重申了保护知识产权的基本原则,确立了知识产权协定与其他知识产权国际公约的基本关系。主要条款有:一般规定和基本原则,关于知识产权的效力、范围及使用标准,知识产权的执法,知识产权的获得、维护及相关程序,争端的防止和解决,过渡安排,机构安排,最后条款等。协议保护的范围包括:版权及相关权、商标、地理标识、工业品外观设计、专利、集成电路布图设计、未公开的信息包括商业秘密等七种知识产权,规定了最低保护要求;并涉及对限制竞争行为的控制问题,规定和强化了知识产权执法程序,有条件地将不同类型的成员加以区别对待。该协定的宗旨是在国际贸易范围内更充分、有效地保护知识产权,以使权利人能够从其创造发明中获益,受到激励,继续在创造发明方面的努力;减少知识产权保护对国际贸易的扭曲与阻碍,确保知识产权协定的实施及程序不对合法贸易构成壁垒。

TRIPs 是迄今为止对各国知识产权法律和制度影响最大的国际条约。与过去的知识产权国际条约相比,该协议具有三个突出特点。

第一,它是第一个涵盖了绝大多数类型知识产权类型的多边条约,既包括实体性规定,也包括程序性规定。这些规定构成了世界贸易组织成员必须达到的最低标准,除了在个别问题上允许最不发达国家延缓施行,所有成员均不得有任何保留。这样,该协议就全方位地提高了全世界知识产权保护的水准。

第二,它是第一个对知识产权执法标准及执法程序作出规范的条约,对侵犯知识产权行为的民事责任、刑事责任,以及保护知识产权的边境措施、临时措施等都作了明确规定。

第三,它引入了世界贸易组织的争端解决机制,用于解决各成员之间产生的知识产权纠纷。过去的知识产权国际条约对参加国在立法或执法上违反条约并无相应的制裁条款,TRIPs 则将违反协议规定直接与单边及多边经济制裁挂钩。

5. 争端解决机制

附件 2《关于争端解决规则与程序的谅解》是 WTO 解决争端的法律文件,适用于 WTO

所管辖的各个领域。WTO 总理事会为负责争端解决的机构。

6. 贸易政策审议机制

附件 3 为《贸易政策审议机制》，该机制赋予总理事会按照 WTO 规则对成员的贸易政策进行定期、系统审议的职能。

7. 诸边贸易协议

附件 4 包括《政府采购协议》《民用航空器贸易协议》《国际奶制品协议》和《国际牛肉协议》四个诸边贸易协议，成员可自愿参加，其中，《国际奶制品协议》和《国际牛肉协议》已于 1997 年 12 月 31 日终止。

另外，WTO 的法律框架还包括部长会议的若干决议和宣言，以及 WTO 成立以后达成的协议，比如《信息技术协议》。

第二节　中国与世界贸易组织

一、中国加入世界贸易组织的过程

中国是关贸总协定 23 个创始缔约国之一，并参加了关贸总协定第一轮和第二轮关税减让谈判。

1978 年，党的十一届三中全会把改革开放作为基本国策，从此，我国参加了关贸总协定主持下的一系列活动。1980 年 8 月，中国代表出席了国际贸易组织临时委员会执委会会议，参加了时任总干事邓克尔的选举。1981 年，中国代表列席了关贸总协定纺织品委员会主持的第三个"国际纺织品贸易协议"的谈判。1983 年，中国政府签署了该协议，并成为关贸总协定纺织品委员会的正式成员。1982 年，中国获准以观察员身份参加关贸总协定活动。1984 年又被授予关贸总协定"特殊观察员"身份，并被允许参加总协定理事会及其下属机构的会议。

1986 年 7 月，中国正式提出了恢复在关贸总协定缔约国地位的申请，同时阐明了"以恢复方式参加关贸总协定，而非重新加入；以关税减让作为承诺条件，而非承担具体进口义务；以发展中国家地位享受相应待遇，并承担与我国经济和贸易发展水平相适应的义务"三项重返关贸总协定的原则。1987 年 2 月，中国向关贸总协定正式递交了《中国对外贸易制度备忘录》(The Memorandum on China's Foreign Trade Regime)，同年 3 月关贸总协定成立了工作组，开始进行恢复中国的关贸总协定缔约国地位的谈判。但由于西方国家对中国"复关"的要价过高，直至 1994 年 12 月举行的工作组第十九次会议，仍未能达成中国"复关"的协议。

世界贸易组织成立后，中国原先的"复关"问题转变为加入世界贸易组织问题。中国"入世"问题，经过非正式谈判后，于 1996 年 3 月开始正式谈判，中国入世工作组第一次正式会议在日内瓦召开，至 1998 年中国入世第七次会议，中国就外贸经营权、非歧视原则、司法审议等与 WTO 成员达成了协议，而在该次会议中提交的关税减让表，更得到了主要成员的积极评价。1999 年中美双方先后签署《中美农业合作协议》《中美关于中国加入世贸组织的双边协议》，2000 年中国与欧盟达成双边协议，2001 年与墨西哥达成双边协议。至此，中国与要求参加双边谈判的 37 个 WTO 成员全部结束了谈判。2001 年 9 月 17 日工作组第十八次会议通过了中国"入世"的全部法律文件。2001年11月10日,WTO第四次部长会议上,成员审议并批准中国加入WTO。按照WTO规则,30天后,中国于2001年12月11日正式成为WTO成员。

二、中国加入世界贸易组织后的成果

中国"入世"20多年来,积极践行自由贸易理念,全面履行加入承诺,大幅开放市场,实现互利共赢,展现了大国担当。"入世"20年后的中国,经济总量从世界第六位上升到了第二位,GDP全球占比从2001年的4%上升到2020年的17%;成为120多个国家和地区的最大贸易伙伴,我国对世界经济增长的贡献率超过30%;从2001年到2020年,中国货物贸易年均增速达到12.68%,20年间中国货物贸易总额翻了一番;2005年"入世"过渡期结束后,中国服务贸易的出口总额占世界贸易的比重出现大幅度增长。到2020年中国在全球服务贸易的份额占比已经达6%;货物贸易从世界第六位上升到第一位,服务贸易从世界第十一位上升到第二位,成为全球第一贸易大国;2002年全球500强企业中只有11家是中国企业,而在2023年《财富》杂志世界500强排行榜中,中国共有142家公司(含中国台湾地区)上榜,上榜公司数量排名第一。我国利用外资稳居发展中国家首位,同时我国对外直接投资从世界第二十六位上升到了2020年的第一位。2022年中国对外直接投资流量位列全球第二位,连续11年列全球前三,连续七年占全球份额超过一成。

但更深刻的改变在于中国经济运行体制机制的优化。"入世"巩固确立了中国的社会主义市场经济体制。为顺利加入世界经济分工体系,我国全面推动了金融体制改革、财税体制改革、外贸外汇体制改革,落实企业自主权改革,不仅为进一步推动谈判争取了主动,而且建立起了社会主义市场经济体制的基本框架,为"入世"后的经济腾飞奠定了体制基础。

20年来,中国全面履行"入世"承诺,中国关税总水平由15.3%降至7.4%,低于9.8%的"入世"承诺。实际开放服务业分部门近120个,远超"入世"承诺的100个;外商投资准入负面清单在持续缩减。"入世"还推动了我国的法治化进程提速。数据显示,"入世"20年,中央政府清理法律法规和部门规章2 000余件,地方政府清理的地方性政策、法规19余万件。

"入世"在人文和经贸等方面极大促进了我国与世界的融合。2000年,全球有5万余名来华留学生,到2020年,这一数字已突破了50万人,增长了10倍;2000年,我国吸收的外商直接投资总额为407亿美元,且来源较为单一,2020年,我国吸收的外商直接投资达到了1 630亿美元,超过美国成为全球最大外国直接投资接受国。

与此同时,"入世"20年间,中国从资本接受国变成了世界上极大的投资国之一。2003年,我国对外直接投资存量是334亿美元,到2023年上升为2.94万亿美元,在全球的位次由第二十五位上升到了第三位。

我国同世界贸易组织的关系发生了历史性变化,从国际经贸规则的被动接受者和主动接轨者,逐步成长为重要参与者。

第三节　服务贸易总协定与国际服务贸易协定

关贸总协定"乌拉圭回合"谈判的一个重要结果是产生了服务贸易总协定(General Agreements On Trade in Services, GATS)。GATS于1994年4月15日通过,1995年1月1

日正式生效。GATS是多边国际贸易体制下第一个有关服务贸易的框架性法律文件,是迄今为止服务贸易领域内第一个较系统的国际法律文件。

一、GATS 的总体结构

GATS 由两大部分构成:框架协定和各缔约方按协定第二十条规定提交的具体义务承诺表。

(一) 框架协定

GATS 框架协定又由两个部分组成,即条款部分和附录部分。条款部分包括一个序言和六个部分共 29 条,明确了制定服务贸易各项原则和多边规则的基本宗旨,规定了适用于所有成员的基本权利和义务。附录部分是总协定不可分割的部分,它涉及"免除最惠国待遇义务""自然人提供服务活动""航空运输服务""金融服务""海运服务谈判""电信服务"和"基础电信谈判"等内容。这些附录旨在处理特定服务部门及服务提供方式的特殊问题。此外,"乌拉圭回合"一揽子协议中与 GATS 有关的文件还包括九个部长决议,如关于制度安排决议、关于争端解决程序决议、关于第十四条"安全例外"的决议、关于服务贸易与环境决议,以及有关基础电信、金融服务、专家服务、自然人流动和海运的谈判决议等。

(二) 成员具体义务承诺表

根据 GATS 第 20 条的规定,每一成员都应制订一项承担一定义务的计划表,详细说明市场准入和国民待遇的范围、条件、限制及适当时间框架等。各成员的承诺计划表附于 GATS 之后,作为其组成部分。目前各成员大多已向世界贸易组织秘书处提交了服务贸易的开放承诺表,根据其服务业的发展现状列出了其开放的具体服务部门。世界贸易组织秘书处已按成员组别,即发达国家、欠发达国家和经济转型国家分类,将成员对各服务行业的开放情况整理汇总,并予以公布。

二、GATS 文本的主要内容

(一) 序言

序言指出 WTO 全体成员对服务贸易的认识、希望和考虑。

首先,全体成员"认识到服务贸易对世界经济的增长和发展日趋重要",并"认识到所有成员为了符合国内政策的目标,有权对其境内所提供的服务制订和施行新的规定,并考虑在制订服务贸易法规时,不同国家存在着不同的发展程度,发展中国家可根据其特殊需要实施该项权利"。其次,序言提出两点希望:其一"希望在适当考虑国内政策目标的同时,通过连续不断的多边谈判,促使各成员方在互利的基础上获益,并保障权利和义务的全面平衡,使服务贸易自由化推向更高层次从而早日取得成功。"其二"希望有助于发展中国家在国际服务贸易中更多地参与和扩大服务贸易的出口,特别是通过提高它们国内服务的能力、效率和竞争力。"最后,序言申明"鉴于最不发达国家特殊的经济状况,以及它们在发展贸易和财政上的需要,对它们的严重困难应予以特殊考虑"。

GATS 作为世界贸易组织的独立协定,是因为它具有特殊性,并允许各国按照其自己的国内政策目标,在互利和权利义务平衡的原则下,分别就各服务行业进行谈判。

(二) 六个部分的主要内容

GATS 的文本包括六个部分,第一部分为范围和定义,第二部分为一般责任与纪律,第三部分为承担特定义务,第四部分为逐步自由化,第五部分为制度条款,第六部分为最终条款。

1. 第一部分——范围和定义

第一部分所指范围系限定于"适用于成员为影响服务贸易所采取的各项措施",主要指每一成员的中央和地方政府或由当局授权的非政府团体(如商会),应尽可能采取适当的措施以确保在其境内履行职责。GATS所指的"服务"是除政府服务外一切服务。这就是说,一国政府行政服务(包括驻外使领馆人员的服务)不在GATS所指的"服务"范围之内。这里称"为政府当局实施职能的服务"系指既不是商业性质的,又不与任何一种或多种服务相竞争的各类服务。

根据服务贸易的提供方式,GATS将服务贸易定义为:❶从一缔约方境内向其他缔约方境内提供服务(即跨境交付,如通过电讯、邮电或计算机网络等方式提供的视听、金融服务等);❷在一缔约方境内向其他缔约方的服务消费者提供服务(即境外消费,如旅游、留学等);❸一缔约方在其他缔约方境内通过提供服务的实体性介入而提供服务(即商业存在,包括投资设立合资、合作、独资企业或分支机构,如开设饭店、律师事务所等);❹一缔约方的自然人在其他任何缔约方境内提供服务(即自然人流动)。协定认定自然人的流动构成服务贸易并且是贸易减让谈判的一个适当内容。

由于全球化和商业存在的出现,在所有权和控股等观念上也出现混乱。GATS第二十八条为此特别规定,如果一法人的利润中有超过50%的利润股权被一缔约方的自然人实际拥有,则该法人归缔约方的自然人所有,商业存在条件下的许多外国投资者拥有不足50%的利润股权,这意味着所开办的实体将被视作国内的。总之,服务贸易的定义超出了通常采用的居民与非居民之间的交易统计观念。

GATS具有普遍的作用范围,适用于各成员所采取的影响服务贸易的各种措施。但是,关于GATS的范围,仍有一些问题。如:❶社会保障,包括避免向社会保障体制双重征税,或从社会保障双重获利;❷根据双边投资保护协定的争端解决;❸自然人的进入和停留;❹季节性民工进入和临时停留、休假计划、校际交流和教师互访、文化交流协议等构成的自然人进入和临时停留等。这些措施的计划安排和最惠国义务免除问题有很大关系。有关协定范围的这些分歧需要通过双边磋商加以解决,协定各方必须决定是否将任何已在其国内生效的此类措施,列入计划安排或使之成为最惠国义务免除的内容。目前这些问题正由服务贸易小组委员会讨论。

2. 第二部分——一般责任和纪律

本部分包括最惠国待遇、透明度、发展中国家的进一步参与、经济一体化、国内规定、对服务提供者资格的承认、垄断与专营服务、保障措施、政府采购、协定一般纪律与责任的例外、补贴等条目。

(1)最惠国待遇。服务贸易的最惠国待遇原则基本上与商品贸易一致,即每一方给予任一参加方的服务或服务提供者的待遇,应立即无条件地以不低于这样的待遇方式给予其他参加方相同的服务或服务提供者。但服务贸易的最惠国待遇有两个例外:一是任一参加方与其相邻边境地区交换,并限于当地生产和消费的服务所提供或授予的利益;二是一参加方在谈判中可提出要求免除最惠国待遇义务的部门与措施。但这种免除最惠国待遇的年限不能超过10年。最惠国待遇是无条件的,但要考虑实际情况,GATS第二条第二款规定了最惠国待遇责任的若干例外,这些例外见于免除第二条义务的附件。

(2)透明度。每一参加方必须把影响协定实施的有关法律、法规、行政命令及其他决定、规则和习惯做法,无论是由中央或地方政府作出的,还是由政府授权的非政府组织作出的,都最迟在它们生效前予以公布。任何参加方也必须公布其签字参加的所有影响服务贸易的其他国际协定。透明度的一个例外附则是,对于任何一参加方,那些一旦公布即会妨碍其法律的实施,或对公共利益不利,或将损害具体企业的正当商业利益的机密资料,可以不予公布。

(3)发展中国家的进一步参与。发展中国家服务业发展水平较低,因此应该帮助它们提高服务业的效率和竞争力,特别是在获得商业性技术方面给予特别的支持,如对它们提供有利的市场准入条件。发达国家在 GATS 生效的两年内必须建立联系点,以便发展中国家及时、有效地获得各种服务市场准入材料。所有这些规定使发展中国家获得对其服务业发展现状不平衡的承认,并获得发达国家对其义务的承担,即发达国家将采取措施加强发展中国家的国内服务部门,发展中国家自身将通过向外国服务提供者附加条件以换取市场准入。

(4)经济一体化。GATS 第五条"经济一体化"规定了成员实施无歧视待遇的义务,该条类似于《关贸总协定》第二十四条,要求在服务贸易协定中安排具有实质性意义的部门的减让和在成员之间实质性地消除所有歧视。该款规定,在履行诸如 GATS 条款下可接受的条件方面,发展中国家享有灵活性。这些条件包括实质性部门的涵盖范围(为满足这一条件,协定不准用演绎方法排除任何服务提供方式),及不存在第十七条"国民待遇"意义上的所有歧视。此外,根据第五条第六款规定,在仅涉及发展中国家经济一体化协议的情况下,为多边协定成员自然人所拥有或所控制的法人可望被赋予更多的优惠待遇。现有的经济一体化协定如《欧洲联盟》《欧洲经济区》《澳大利亚-新西兰进一步密切经济关系协定》《加勒比海共同体》《拉丁美洲的一体化联盟》《安第斯集团》《海湾合作委员会》《欧洲经济共同体》《阿拉伯马格里布联盟》《西非国家经济共同体》等都将服务贸易纳入其中。大多数发展中国家的一体化协定大体上包括服务贸易自由化,但还没有通过采取放宽资本和劳动力流动这些手段来实施这一目标。在这些协定下,由于服务贸易受到区别对待和严加管制,要想在服务贸易自由化方面取得进展相当困难。因此,服务贸易的重点仍将放在发展和增强成员国之间的基础设施网络上。

(5)国内规定。任何参加方应在合理、公正、客观的基础上实施有关影响服务贸易的国内规定。在不违背一国宪法结构和法律制度的前提下,每一参加方应尽快坚持使用或指定切实可行的司法、仲裁、行政手段或程序,对有关提供服务的行政决定作出迅速的审查并给予公正的判定。在参加方全体监督与检查下,资格与服务能力的审查应该客观而透明,在确保服务质量时不能造成不必要的负担,实施许可证不能造成贸易限制。

(6)对服务提供者资格的承认。服务贸易涉及领域非常广泛,服务质量往往取决于服务提供者的学历、职称和从事专业的经历、经验及能力、语言水平等。各国都比较注重对这些任职条件实施限制,结果造成对服务贸易自由化的阻碍。因此,协定要求签约各方相互承认对方的各种任职条件,并最终按照国际统一标准加以合作。

(7)垄断与专营服务。协定并不反对创建和维护垄断服务,但任一参加方在进行垄断经营时,不应违背最惠国待遇原则和服务贸易谈判中所承诺的义务。如果违背,贸易对方可向成员全体提出请求,要求给予制裁。

GATS第八条收录了有关垄断经营的条款："每个成员就确保在其领土内任何服务的垄断提供者,在相关市场提供垄断服务方面不采取与本协定第二条规定的责任和具体承担义务不相符的行动。"有关处理限制性商业习惯做法和私营公司的其他反竞争性习惯做法的类似条款未收录在第八条内。第八条也没有规定具体的义务来消除这些习惯做法。

(8)保障措施。协定规定,在协定生效三年后,在非歧视原则的基础上完成保障措施的谈判并加以实施。实际上在众多的服务贸易部门很难制订具体的保障措施,而只能在实施过程中逐步充实。任何保障条款还应准许其设立服务部门、保护幼稚产业,以及纠正服务产业结构等。该领域谈判各方所面临的困难之一,就是这样的责任将涉及对进口渗透和服务进口(几乎没有措施标准对这种服务进口进行约束)冲击经济的裁决。

(9)政府采购。GATS第十三条第一款作了如下陈述:"第二、第十六、第十七条不得适用于管理政府机构为政府目的而购买服务的法律、法规或要求,此种购买不是为进行商业转售或为供商业销售而在提供服务过程中使用。"

收录在《建立世界贸易组织协定》附件四中的《政府采购协定》是《东京回合准则》的翻版。然而,由于该协定是一项多边协定,因此它将只适用本协定的签字国。

(10)协定一般纪律和责任的例外。各参加方在下列情况下,可以免除对协定的义务:对公共道德或维持公共秩序进行必要的保护;对人类、牲畜或植物的生命和健康进行必要的保护;为防止瞒骗和欺诈的习惯做法和处理服务合同违约而采取的措施;为保护、处理和防止扩散个人资料中的个人隐私,以及保护个人记录和账户秘密而采取的措施;不公布与国家安全有关的信息资料;有关直接或间接供给军事机构使用的服务行为;处理有关裂变材料或提炼裂变材料而采取的措施;处理战时或国际关系中其他紧急状况而采取的措施;为维护国际和平与安全而采取的措施;因避免双重征税,国际协定的签约国采取的差别待遇,不视为违背最惠国待遇原则。对上述例外条款,要求参加方在实施时,不能因不同国家而采取不同措施,即不构成歧视,同时不能对服务贸易造成武断的变相的限制。

(11)补贴。补贴往往是形成贸易扭曲的重要原因。在服务贸易方面,各参加方对服务有时实施各种补贴,但总协定目前还缺乏一种完整的规则来禁止对服务贸易的各种补贴,目前只提出以下思路:通过多边谈判,加速制定一套完整的关于服务贸易的补贴与反补贴规则;对是否造成服务贸易扭曲的补贴,要经过研究区别对待;由于服务业在发展中国家发展水平较低,因此要对发展中国家的补贴给予有差别的灵活的考虑;对于因补贴而受损的成员方的诉求,要进行磋商,适当解决。

一些发展中国家的提案规定了发达国家应减少并停止补贴,在发展中国家使用补贴方面给予了灵活性。总协定还规定,将来的谈判或纪律应承认补贴在发展中国家的发展计划中所起的作用,并考虑缔约方,尤其是发展中国家缔约方在这一领域中灵活性的需要。

3.第三部分——承担特定义务

该部分规定了一参加方在承担具体的服务市场开放义务时所应遵循的一些原则。

(1)市场准入。根据第十六条规定,当一参加方承担对某个部门的市场准入义务,它给予其他参加方的服务和服务提供者的待遇,应不低于其在具体义务承诺表中所承诺的待遇,包括期限和其他限制条件。这意味着对于其他参加方以商业存在形式进入的服务或服务提供者,承诺该部门具体开放义务的参加方应在其境内承担义务,即从该参加方境内向任何参加方境内提供服务的市场准入义务。任何参加方,对作出承担义务的服务部门或分部门,除了在其承担义务的计划表中列出,不能维持或采用下述限制措施:采用数量配额、垄断、专营服务等方式来限制国外服务提供者的数量;采用数量配额或要求测定经济需求的方式限制外国服务交易的总金额或资产额;采用配额或要求测定经济需求的方式,以限制服务交易的总量或用数量单位表示的服务提供总产出量,或对外国服务机构所必须雇佣的自然人的数量进行限制;对外国服务提供者通过特定的法人实体或合营企业提供服务的方式进行限制或要求的措施;对外国资本的参加限定其最高股份额,或对个人的或累计的外国资本投资额进行限制的措施。

(2)国民待遇。在总协定中,每个行业规定的国民待遇条款不尽相同,而且一般都要通过谈判才能享受,所以各国在谈判中给予其他参加方国民待遇时,都附加有条件。这是服务贸易国民待遇与商品贸易国民待遇的根本区别。"国民待遇"第三款规定"如果一缔约方修改其服务与服务提供者的竞争条件,以有利于该缔约方的服务与服务提供者,则形式上相同的待遇或形式上不同的待遇,应被认为对其他参加方的服务和服务提供者不利",这一规定包含了"公平竞争机会"的原则。该条款会引起许多争议。一缔约方可能会利用公平竞争机会的概念来努力扩大给予其供应者的市场准入。这一概念也会被用作联系市场准入和国民待遇的手段,造成对国内政策的干扰。

4. 第四部分——逐步自由化

在服务贸易领域逐步实现自由化,是非常务实的,这一点对于发展中国家和地区尤为重要。总协定第十九条第二款体现了第四条(发展中国家的进一步参与)的精神。依据这一条款,发展中国家不应该被要求采用与其发展目标和技术目标相抵触的自由化方式,而且发展中国家的逐步自由化应根据它们的市场竞争能力和服务出口的实际水平来评价,而不应由假想的市场机会来评价。总协定第十九条第三款则说明,在确立今后谈判准则之前应根据总协定的目标,包括第四条第一款所规定的内容,对国际服务贸易的情况进行评估。该条文有积极的重要意义。评估应该采用恰当的数据资料,特别是在全球范围和部门水平上确定服务贸易在国际经济、国家集团、各个国家中的重要性,密切注视部门的发展,尤其是有关服务贸易总协定的影响,以及说明服务和货物的关系,及各部门中贸易、生产、投资和就业之间的关系。

在国际服务贸易中,维持竞争地位所需的信息网络和分配渠道在许多服务行业中十分显著。信息技术本身是一种服务,同时也是促进许多其他服务活动国际化的一个必不可少的要素。当代的信息技术以电子计算机网络为载体,发达国家间已达成多种网络协议。信息技术和跨境的数据流动用于建立服务网络和分配渠道,这可能会成为发展中国家进入市场的一大壁垒。不过,在公共电信设施应用于市场和分配服务部门,特别是在全体用户共享网络存取和共同分担网络费用时,市场准入壁垒可能被大大地削弱。在服务贸易及其在提供对商品贸易必不可少的服务方面,对这种网络的存取可能是决定性的。增加国际市场运输服务生产能力所需的系统,及基础设施分配的极度不平衡,是发展中国家增加其服务出口的一大障碍,特别是在金融、声像、软件、专业和旅游等服务部门。

关于最不发达国家,总协定序言、第四条第三款、第十九条第三款及《关于有利于最不发达国家措施的决定》中规定,应特别考虑它们的严重困难,只要求它们承担与其自身发展、金融和贸易需要或管理和机构能力相适应的义务和减让。值得注意的是,对最不发达国家而言,履行总协定一般纪律和责任本身就是承担一种重大的义务。尽管最不发达国家经济上存在严重困难,大多数国家还是提交了承担义务计划安排。

5. 第五部分——制度条款

总协定第五部分主要阐述争端解决问题。首先,当一参加方就影响规定执行的任何事项向另一参加方提出,该参加方应给予合作。其次,如果争端双方通过协商不能达成协议,可向参加方全体提出,请求仲裁。再次,参加方全体通过仲裁后,应得到有效的实施,如果一参加方不能有效地执行仲裁,则通过所有参加方"联合行动"对之进行制裁。在执行协定的过程中,其他措施的执行决定也是通过"联合行动"作出的。最后,在技术合作方面,各参加方应该通过建立的联系点进行合作,对发展中国家提供的技术援助,应在总协定秘书处监督下,在多边的水平上进行。

6. 第六部分——最终条款

总协定的第六部分主要规定了加入和接受规则,并指出了协定的不适用状况及利益的否定和协定的退出。参加协定谈判的国家或地区政府应把自己承担义务的计划表列入协定附录。今后新加入协定的国家须通过谈判,经所有参加方同意,方能成为正式成员。如果一国政府新加入协定,原先的签约方可以宣布与其互不适用本协定,但须提出充分的理由。一参加方可以拒绝把协议的利益给予非协定签字国的服务提供者或者对其不适用本协定的签字国,或者一个具有法人资格的服务提供者(如果它的最终所有权与控制权掌握在非本协定成员手中)。总协定生效后,任何参加方随时都可以申请退出。

(三)附件

在总协定文本之外,还有第二十九条"附件",附件系本协议的整体组成部分,附件充实和补充了协议的若干重要内容。这些附件是:❶关于免除第二条义务的附件;❷根据本协议自然人提供服务活动的附件;❸航空运输服务的附件;❹金融服务的附件;❺金融服务的附件二;❻海运服务谈判的附件;❼电信服务的附件;❽基础电信谈判的附件。

1. 关于免除第二条义务的附件

无限制寻求第二条"最惠国待遇"第二款规定的义务免除可能会缩小总协定的适用范围。此附件详细列出了一缔约方在协议生效时免除第二条第一款义务的条件。义务免除不仅涉及现行措施,而且还涉及拟作现行措施的将来措施。

2. 根据本协定自然人提供服务活动的附件

在资本及劳动力待遇之间存在着一些不平衡。附件规定,缔约方可按本协定,根据各类自然人提供服务的活动,谈判具体承担的义务。此类具体义务涉及自然人进入和暂时停留时所应承担的具体义务。附件第四款规定"本协议不应阻止一缔约方采取措施以控制自然人进入其境内或暂时停留其境内,包括那些必须保卫其边界的完整和保证自然人有秩序地通过其边界的措施,这样的措施是以不适用于取消或损害任何承担具体义务的缔约方的利益为前提的"。类似的限制不适用于资金的流动。本协定不存在针对外国直接投资的限制,但是发展中国家及一些发达国家的计划安排表明,如同有关自然人流动承担义务受移民限制一样,有关商业存在的承担义务也是受现有法规限制的。必须强调的是,自然人流动对发展中国家的服务贸易非常重要,尤其对其劳动密集型服务部门。

3. 航空运输服务的附件

航空运输服务附件适用于影响航空运输服务及其辅助服务的各项措施。但交通权和影响交通权谈判的直接相关活动不包括在总协定范围之内。但这一附件适用于飞机维修保养服务、空中运输营销服务和计算机储存系统服务。

4. 金融服务的附件和金融服务的附件二

有关金融服务的"乌拉圭回合"谈判是极其艰难的。所以,迄今为止,涉及金融服务方面承担义务的谈判没能取得令人满意的结果,其主要原因不仅仅在于金融服务的特殊性,更重要的是由于这个部门中互惠原则广泛应用所产生的障碍。互惠本身是与最惠国原则不相符的。然而,长期以来,互惠制一直是参加"乌拉圭回合"谈判的一些国家的法律和法规的一部分。

金融服务的附件规定,缔约方有权采取审慎措施,包括保护投资者、储蓄者、投保人或金融服务提供者、信托义务拥有人,或者保证金融系统完整和稳定的措施。附件收录了一个有关确认其他国家所采取的审慎措施的章节,另一个章节是有关金融服务的定义,包括其组成部分——保险业、银行业及相关的服务。通过协调或其他办法取得的对其他国家审慎措施的认可,可以建立在与有关国家达成的协议或安排的基础上,或者可以自动地被认可。对于其他有利益关系的缔约方,应提供足够的机会来谈判加入这样的协定或安排,或谈判达成类似的文件。

金融服务的附件二(金融服务承担义务的谅解协议)是基于 OECD 国家建立一个有关金融服务承诺制定程序的打算,此打算的依据是确保最低程度的自由化和一定程度的一致性相结合的方针。与 GATS 第三部分相比,这个谅解协议包括了更繁重的自由化义务。它使得"乌拉圭回合"谈判的参与方可以选择性地承担与金融服务有关的义务。对不愿在此谅解协议基础上根据 GATS 来制定承担义务的国家来说,谅解协议似乎并没有成为潜在问题的根源。根据最惠国原则,在谅解协议基础上作出的承担义务适用于所有总协定缔约方。没有按谅解协议作出承诺的缔约方仍然可以从作出承诺国家的金融服务自由化中获得好处。根据谅解协议规定的程序而提交的承担义务的语言表达,要比 GATS 的原则更明确有力,并且在一些情况下更胜一筹。

5. 海运服务谈判的附件

该附件规定,本部门内的最惠国义务免除只有在《关于海运服务谈判的决定》实施之日起才生效,或者,如果谈判失败,在海运服务谈判组提交最终报告之日生效。在谈判结果实施之前,缔约方可以自由改进、修改或撤销所有或部分其在该部门所作的承诺而不需要给予补偿。

6. 电信服务的附件

该附件确认了电信服务部门的双重职能,特别是电信作为一种传递手段。附件的目的,是要确保按合理的和无歧视性的原则和条件,让服务提供者进入和使用公共电信传送网络及其服务,服务的提供包括在其承担义务计划表中。之所以需要这样的附件,是因为电信对于大多数服务的传递,如金融服务的传递,起着战略性作用。

7. 基础电信谈判的附件

该附件包括有关这个分部门的市场准入和国民待遇谈判。

三、国际服务贸易协定(Trade in Services Agreement, TISA)

国际服务贸易协定,简称服务贸易协定,是由少数 WTO 会员国组成的次级团体——服务业真正之友集团(Real Good Friends of Services, RGF)展开的,致力于推动服务贸易自由化的贸易协定。

(一) TISA 的产生

服务贸易的重要性日益凸显。第一,全球价值链中制造端价值开始下滑,服务和数字产品在价值链中的地位逐渐上升,全球价值链的组织和协调也将广泛依赖于服务贸易。第二,服务贸易逐渐成为世界各国改善国际收支状况和提高分工地位的重要手段。第三,随着发达国家经济重心不断向服务业倾斜,服务贸易对其经济和贸易的发展越来越重要。

此外,由于技术进步、全球数据流动、新的商业实践和互联网广泛使用等,国际商业环境已经发生巨大变化,GATS 规则已经越来越难以满足各国扩展服务业对外贸易和投资的需求。如目前出现的社交网站和云计算等服务,在现有的服务贸易分类中很难归类,导致WTO 成员难以判别其 GATS 承诺表中的开放承诺是否包括上述服务。

于是,2001 年 11 月,WTO 在多哈举行的 WTO 第四次部级会议中开始了新一轮多边贸易谈判——“多哈回合”谈判。然而该谈判并非一帆风顺,由于 WTO 成员的不断增加和谈判议题的不断扩大等,发达国家和发展中国家利益关注点迥异,导致各方久久无法就谈判内容和框架达成一致而被迫宣布休会,直至 2005 年年底仍未能达成协议,最终于 2006 年 7月 22 日在世界贸易组织总理事会的批准下正式中止。因为在服务贸易谈判的前置条件——农业和非农市场准入(NAMA)的问题上,各国经济结构的差异造成各方见解难以趋同,发达国家希望其他成员大力开放服务市场,而发展中国家却对发达国家对农业的大量补贴不满。

2011 年 12 月,在服务贸易方面存在共识的一些 WTO 成员组成服务业真正之友集团(RGF),开始非正式地在 WTO 外秘密地进行关于服务贸易诸边协议谈判的讨论。由于相关的会议是在各参与成员驻日内瓦的外交机构内“秘密”进行,非谈判成员不能列席旁听,因此受到了印度、中国和巴西等发展中国家的强烈指责。

随后,由美国和澳大利亚驻 WTO 大使共同主持的 RGF 开始将谈判的会议逐步正式化。在 2012 年年初,诸边谈判暂被命名为《国际服务协定》(International Services Agreement, ISA),但是并未正式适用。如今,《国际服务协定》已经改名为《国际服务贸易协定》(Trade in Services Agreement, TISA)。2013 年 1 月 15 日,时任美国贸易代表罗恩代表奥巴马正式通知,将在 90 天内与 RGF 启动 TISA 谈判。经过 12 个月的探索性的讨论,RGF决定先以自由贸易协定方式,将服务贸易多边谈判进行下去,TISA 就这样诞生了。TISA谈判的推动者为美国和澳大利亚,主导方是美国和欧盟。TISA 的谈判凝聚了多方期待与怀疑的目光。多数成员欢迎更多国家加入谈判,而部分成员则提出要让后加入的谈判者交“入场费”,接受已有进度并履行相应承诺。

(二) TISA 的主要内容

由于众多基础性的文本来源于 GATS,因此 TISA 无须另行修改核心规则便可被直接引入 WTO。通过增加新的规则和改变现有的规则,TISA 试图收紧政府规制服务贸易的自由度。

1. TISA 的目标和原则

TISA 旨在 GATS 的基础上,进一步扩大市场准入,消除服务贸易和投资壁垒,达成覆盖服务贸易所有领域的、更高水平的协定,建立新的、反映 21 世纪贸易需求的服务贸易自由化规则。

TISA 确立的原则主要包括:全面给予外资国民待遇,即除各国明确保留的例外措施外,所有服务部门,包括目前不存在但未来可能出现的各类新型服务业,均需对外资一视同仁;原则上应取消必须设立合资企业的各种要求,不得限制外资控股比例和经营范围;约束对跨境服务提供的限制,包括许可、居住要求等,约束对通过投资提供服务的机构设立、参与合资企业或经济需求测试等的要求;实现数据跨境自由流动,取消数据必须预先存储于使用国境内服务器的要求;在自然人移动方面,增加商务访客、专家和技术人员准入的便利性,包括对企业市场开拓意义重大的内部调动人员;新的开放措施一旦实施不得收回等。

2. TISA 的框架和结构

谈判者一致同意将 TISA 建立在 GATS 的基础上,保持 GATS 的核心条款,如定义、范围、市场准入、国内规制、国民待遇和一般安全例外等条款。TISA 包括两类内容:一类是 GATS 的框架中已经包括的、TISA 条款有所加强的领域,包括政府采购、竞争政策和监管协调、相互认证及国内监管;第二类是 TISA 框架的新增条款,随着技术和服务业的发展,服务贸易谈判超越 GATS 形成的一些反映当前服务贸易发展的新规则。

TISA 最后谈判文本或将包括三个主要部分。第一部分是基于 GATS 的一般条款,第二部分是各成员的承诺减让表和谅解备忘录,第三部分是具体的章节,其中包括运输服务、数字经济、自然人流动、金融服务、国内规制及其他内容等。其中第三部分是与 GATS 最大的不同之处,GATS 将关于"空运服务""金融服务""海运服务"和"电信服务"的规定置于其附件中,而 TISA 必将增加一些新的章节并补充相应的内容。

3. TISA 涉及的领域

与"多哈回合"的一揽子承诺不同的是,TISA 专注于服务贸易的谈判,因此不会出现因其他议题的失败而全盘告终的结果。在诸多议题的谈判中,由于各方在比较优势、贸易模式等方面有差距,对不同议题的自由化程度要求也不同,而在谈判资源给定的情况下,各方也会将其更多地配置到能够获得更大的贸易自由化利益的议题谈判上,因此没有双方在不同议题上的互换和折中,最终能够取得成功的可能性也大幅度降低。TISA 专注于服务贸易的谈判,虽然割断了与农产品和工业制造品议题互换的可能,但也避免了因更高程度地放开工业制造品市场准入而提高对其他谈判方服务业市场开放的要价,给谈判方以更多的灵活性。

TISA 谈判涉及几乎所有的服务部门,从交通运输、通信、建筑、零售、工程、能源供应、水资源分配、会计、市场营销、出版、银行业务和保险到自然保护、娱乐、博物馆、教育、医疗、殡葬服务等。TISA 谈判期间,参与方将会开放基本上所有的服务贸易的模式和部门,也就是约 90% 的服务贸易将被彻底放松管制。TISA 也将基本采用 WTO 对服务业的分类参考标准,但会关注由于技术进步和服务创新而产生的新服务。但是,对于 TISA 以何种方式提出新服务,新服务是对所有成员无条件开放还是须经成员认定后才开放等问题还有待磋商。除了被列出的范围巨大的将被自由化的服务贸易部门,RGF 同时希望采用一些规则来有效控制服务部门,限制政府和国会的调控权利。这些计划将 GATS 排除在外的政府机关行使职权时提供的服务和大部分航空运输部门的服务也囊括了进来。这些议题已经远远超过了GATS 和自由贸易协定的范围。因此,从范围上来看,TISA 的包容度更高,涉及的范围比GATS 更加广泛。

4. TISA 的未来定位

TISA 未来可能有四种定位:以最惠国待遇为基础的整合进入 GATS、以最惠国待遇为基础的单边改进、WTO 框架内的诸边协定、WTO 之外的诸边协定。前两种属于多边主义,而后两者本质上则是典型的区域主义。

四、GATS 和 TISA 对比

TISA 起源于 GATS,旨在通过诸边协议进一步推进服务贸易自由化,特别是针对尚未在 GATS 中充分覆盖的领域,可以说,TISA 是在 GATS 基础上,针对服务贸易自由化更深层次和更具体领域的一次尝试。

(一) 相同点

1. 目标

GATS 和 TISA 的共同目标是通过减少服务贸易壁垒,促进全球服务市场的自由化。

2. 基本原则

最惠国待遇:GATS 和 TISA 都要求成员给予所有其他成员最优惠的待遇。

市场准入和国民待遇:两者都涉及市场准入承诺和国民待遇,要求成员在开放市场的同时,保证外国服务提供者享有与本国服务提供者同等的待遇。

3. 服务贸易涵盖范围

GATS 和 TISA 都涵盖了广泛的服务部门,包括金融服务、电信、运输、专业服务等。

4. 争端解决机制

GATS 和 TISA 都设立了争端解决机制,帮助成员解决服务贸易方面的纠纷。

(二) 不同点

1. 协议的性质和范围

GATS 作为 WTO 框架下的多边协议,涵盖了所有 WTO 成员。它是世界上第一个关于服务贸易的多边协议。通过一轮轮的谈判,成员在特定服务部门作出市场准入承诺,并列于各自的减让表中。

TISA 是一个正在谈判中的多边协议,参与方包括欧盟、美国和其他一些 WTO 成员,总计超过 50 个。它不在 WTO 框架内,但旨在扩大和深化 GATS 的内容。采用较为灵活的诸边谈判方式,这与 GATS 的多边性质形成对比,同时也引发了关于透明度和包容性的争议。

2. 规则的深度和广度

GATS 设定了服务贸易的基本规则,包括市场准入、国民待遇、最惠国待遇等,但它为成员提供了较大的灵活性来决定其具体承诺的范围和程度。

TISA 力求在 GATS 的基础上更进一步,引入了更为严格的规则,旨在实现更高水平的服务贸易自由化,特别是在电子商务、电信、金融服务等领域,同时也强化了对国内规制的纪律。

3. 透明度和监管

GATS 要求成员公开其服务贸易相关法律、法规和政策,并通知 WTO。

TISA 在透明度方面有更高的要求,尤其在新兴领域和技术进步带来的服务贸易变化方面,强调现代化服务贸易规则的透明度和监管,增加了透明度要求和必要性测试,以减少政

府对服务贸易的不合理限制。

4. 实施和影响

GATS 已经在 WTO 成员间生效并具有法律约束力,成员通过减让表承诺开放各自的市场。

TISA 谈判尚未完成,其最终形态、参与方范围和实施可能性仍是未知数。TISA 若达成并实施,可能会对国际服务贸易格局产生重大影响,尤其对参与方的服务业市场开放程度和监管框架产生重大影响。

第四节 "多哈回合"谈判与 WTO 新近谈判进展

一、"多哈回合"谈判

多哈发展议程(Doha development agenda,Doha Round of World Trade Talks, or Doha Round negotiations)又称"多哈回合",是世界贸易组织成立后的首轮多边贸易谈判,于 2001 年 11 月在卡塔尔多哈举行的世界贸易组织第四次部长级会议上启动。"多哈回合"谈判的宗旨是促进世界贸易组织成员削减贸易壁垒,通过更公平的贸易环境来促进全球,特别是较贫穷国家的经济发展。多哈发展议程确定了八个谈判领域,即农业、非农产品市场准入、服务贸易、知识产权、贸易规则、争端解决、贸易与环境,以及贸易和发展问题。谈判的关键是农业和非农产品市场准入问题,主要包括削减农业补贴、削减农产品进口关税及降低工业品进口关税三个部分。"多哈回合"多边贸易谈判须以"整体承诺"结束谈判,即必须就所有议题取得共识才算达成协议。"整体承诺"让成员能够就协议各个组成部分进行"互惠交易"。

(一)"多哈回合"谈判的主要内容

农业问题是"多哈回合"中最核心的内容,是解决其他议题的关键。农业谈判议程主要涉及农产品市场准入(关税与关税配额)、出口补贴、国内支持,以及针对发展中国家的特殊和差别待遇等议题。在农业问题上,发达国家和发展中国家、发达国家之间、老成员和新成员之间因利益关系存在分歧,主要表现在农产品关税削减和出口补贴等方面。

非农产品市场准入谈判主要涉及工业产品的关税与非关税壁垒。经过"乌拉圭回合"八轮谈判,非农产品关税已大大降低,但仍有下降空间,而且,发达国家存在关税高峰与关税升级,一些敏感性商品的关税仍居高不下。因此,本轮谈判主要围绕高关税、关税高峰、关税升级,以及非关税壁垒削减等问题;同时关注与发展中国家利益攸关的产品,充分考虑发展中国家和最不发达国家的利益。但是,各成员对于非农产品市场准入谈判模式有较大分歧。

服务贸易谈判的目标是推动《服务贸易总协定》规则的完善,进一步减少和消除各种对服务贸易产生不利影响的措施,提供有效的市场准入,逐步实现更高水平的自由化。服务贸易理事会通过的《服务贸易谈判的指导原则和程序》还强调谈判应促进发展中国家的发展,并适当考虑中小服务提供者的需求。

与贸易有关的知识产权的谈判内容包括公共健康、葡萄酒和烈酒的地理标识多边登记系统、地理标识扩展的产品范围、对 TRIPs 协议相关条款的审查、"非违约申诉"的适用范围与模式,以及制定有关机制监督发达国家对发展中国家的技术转让义务。

贸易规则议题旨在强化多边贸易体制。《多哈部长级会议宣言》主要提出了以下三方面内容:❶在保留基本概念、原则和有效性,以及制度和目标的前提下,对《反倾销协议》和《补贴与反补贴协议》进行修改与完善,以进一步强化其规则,并加强对使用有关措施的约束;❷专门研究渔业补贴,制定有关规则;❸对世界贸易组织现有关于区域贸易协议的规则和程序进行谈判,以进一步促进贸易自由化。

(二)"多哈回合"谈判的进程

"多哈回合"谈判按计划应在2005年1月1日前结束。但2003年9月在墨西哥坎昆举行的世界贸易组织第五届部长级会议上,由于各成员在农业等问题上没有达成一致,会议无果而终,令"多哈回合"谈判陷入僵局。2004年8月,世界贸易组织总理事会通过"七月框架协议",使谈判工作进入新阶段。该协议指明主要谈判范畴(尤其是农业贸易和非农业产品市场准入)的框架和展开贸易便利化谈判。协议明确规定美国和欧盟逐步取消农业出口补贴及降低进口关税,回应发展中国家的诉求。全体理事会同意对"多哈回合"谈判原定的2005年1月1日期限作无限期延长。2005年1月月底,主要成员部长出席了在瑞士达沃斯举行的WTO小型部长级会议,会议发出明确信号,期望2006年结束"多哈回合"谈判。2005年12月,在中国香港举行的世界贸易组织第六次部长级会议在农业、棉花及发展问题上取得一定进展,根据此次会议最后形成的《部长宣言》。2006年年初以来,世界贸易组织成员一直就农业和非农产品市场准入问题进行谈判,但始终难有进展。2008年7月,由于世界贸易组织6个主要成员(美国、欧盟、日本、澳大利亚、巴西和印度)未能就农业和非农产品市场准入问题达成协议,世界贸易组织被迫宣告中止"多哈回合"谈判。为协调各成员立场,同年9月10日,美国、欧盟和日本等发达国家的代表与"20国协调组"的代表在巴西里约热内卢举行对话会议,同意尽快恢复"多哈回合"谈判。至2008年年底,"多哈回合"谈判仍处于"软重启"或"试探性重启"状态。

2011年年底,世界贸易组织第八届部长级会议上,大部分成员同意尝试推动谈判的新途径,力争就分歧较小的议题率先达成共识。

2013年12月3至7日,世界贸易组织第九届部长级会议在印尼巴厘岛举行。会议最终达成了"多哈回合"一揽子协议,包括农业、贸易便利化和发展等领域的10个文件。根据《巴厘部长宣言》,2014年各成员主要任务是落实《贸易便利化协定》(TFA)等"巴厘一揽子"协议,并在当年年底前制订出推动"多哈回合"谈判的"后巴厘"工作计划。

2014年11月,美国和印度分别发表声明,同意无条件实施TFA,承诺在找到并通过粮食安全永久解决方案前,"和平条款"持续有效,从而为"后巴厘"工作重返正轨扫除了障碍。2015年各方全力推动"多哈回合"谈判在内罗毕举行的世界贸易组织第十届部长级会议(MC10)取得有意义的成果。MC10开始后,成员立即就可能收获的各个议题展开全面磋商。2015年12月16日中美就《信息技术协定》(ITA)扩围谈判达成共识,最终促成协议达成。协定扩围后新增201项产品,所有产品计划于2016年7月1日起实施降税,绝大多数产品将在3至5年后最终取消关税,并在最惠国待遇的基础上对世界贸易组织全体成员适用。MC10最终通过了《内罗毕部长宣言》及9项部长决定,承诺继续推动多哈议题,并取得了以下几方面的成果:一是世界贸易组织成员首次承诺全面取消农产品出口补贴,这是"乌拉圭回合"结束20年来农业领域多边规则取得的历史性突破,从此全球农产品出口补贴将退出历史舞台,并就出口融资支持、棉花、国际粮食援助等方面达成新的多边纪律;二是在优惠原产地规则、服务豁免等方面切实给予最不发达国家优惠待遇;三是全面结束ITA扩围

谈判;四是正式批准阿富汗和利比里亚加入世界贸易组织。

二、WTO 新近谈判进展

(一)"服务贸易国内规制联合声明倡议"谈判

"服务贸易国内规制联合声明倡议"谈判于 2017 年 12 月在阿根廷布宜诺斯艾利斯举行的世界贸易组织第十一届部长级会议上启动。世界贸易组织于 2021 年 12 月 2 日在日内瓦召开新闻发布会,宣布"服务贸易国内规制联合声明倡议"谈判圆满结束。世界贸易组织成员共同发表了《关于完成服务贸易国内规制谈判的宣言》,确认服务贸易国内规制联合声明倡议谈判顺利完成,宣布达成《服务贸易国内规制参考文件》,决定参加方在 1 年内完成各自正式核准工作。在总则部分,规则体现发展导向,规定给予发展中国家最长达 7 年的实施过渡期;规则还强调参加方的监管权利,明确各方有权对其境内服务的提供进行管理和制定新法规等。在具体规则要求部分,提出了服务贸易相关措施应符合客观和透明的标准、程序公正与合理要求,且不在男女间构成性别歧视等。在金融服务规则方面,考虑到金融服务的特殊性,为金融相关的许可、资质的申请与审批提供了适度的灵活监管空间。这是世界贸易组织诸边谈判的一项重要成果,将使服务贸易有关的手续更清晰、透明和可预测,根据世界贸易组织和经济合作与发展组织的联合研究报告,文件生效将为全球企业参与国际服务贸易每年节省约 1 500 亿美元成本,尤其惠及中小微企业,金融、商业、通信和运输服务业收益尤为显著。服务贸易国内规制是世界贸易组织在近 20 年首次实现以诸边谈判方式取得重大突破的议题。此次谈判虽未涵盖 WTO 全部成员,非多边谈判,但参与谈判的成员的服务贸易总额占全球的 90%,因此可被视为"准多边谈判"成果。相关谈判达成协议,有助于重振世界贸易组织谈判功能,为世界贸易组织未来其他议题谈判路径提供重要借鉴。

(二)电子商务谈判

2017 年 12 月,71 个 WTO 成员在第十一届部长级会议上共同发布《关于电子商务的联合声明》,宣布就电子商务议题的谈判开启探索性工作。随后 76 个 WTO 成员于 2019 年 1 月共同发起"与贸易有关的电子商务"的规则谈判。电子商务谈判纳入了贸易便利化、数字产品与信息流动、设备本地化、源代码、密码产品、网络安全等多项议题。2021 年 12 月 7 日,86 个 WTO 成员宣布在电子商务谈判方面取得实质性进展,将力争在 2022 年年底前就大多数议题达成协议。WTO《电子商务联合声明倡议》(Joint Statement Initiative on E-commerce)表示,将对全球经济至关重要的领域更新 WTO 规则手册。在现有 WTO 协定和框架基础的成果之上,各方将继续推动谈判朝着高标准和具有商业意义的方向发展,各方将继续促进包容性,并鼓励尽可能多的 WTO 成员参与谈判。在"谈判迄今取得的实质性进展方面"联合声明"在八项条款的谈判小组中,都取得了不错成绩,这些小组包括在线消费者保护、电子签名和验证、未经请求的商业电子信息、开放政府数据、电子合同、透明度、无纸化交易及开放的互联网访问"。联合声明认为,在这些领域已经取得的成果,将带来重要红利,包括增强消费者信心和支持企业进行在线交易。此次各方在其他领域也出现了提案合并,其中包括关于关税的电子传输、跨境数据流、数据本地化、源代码、电子交易框架、网络安全和电子发票及关于市场准入的高级讨论。声明还指出,能允许和促进数据流(流动)的条款是高标准和具有商业意义结果的关键,同时该倡议的共同召集人认为至关重要的一点是,参与者之间要认同永不征收电子关税的做法。2022 年 9 月 12 日至 15 日,世界贸易组织电子商务谈判以线上线下相结合的方式召开 9 月全体会议,各方就电子交易框架、电子发票、网络安全、隐私保护、电信服务等议题进行了密集磋商。会上,毛里求斯宣布加入谈判,谈判参加方增至 87 个。2023 年 4 月 26 日至 28 日,世界贸易组织电子商务谈判在线召开 2023 年度第三轮磋商会议。会上,参加方主要围绕个人信息保护、数据流动、源代码、使用密码的信息通信技术产品、单一窗口数据交换和系统可互操作性等议题展开讨论。

(三) 世界贸易组织第十三届部长级会议

2024 年 2 月 26 日至 3 月 2 日在阿联酋首都阿布扎比举行的世界贸易组织第十三届部长级会议(MC13)取得了一些务实性成果。通过了《阿布扎比部长宣言》,就投资便利化、争端解决机制改革、最不发达国家毕业平稳过渡、电子商务、监管合作、小经济体等议题取得务实成果,提振了国际社会对多边贸易体制的信心,为促进全球贸易投资自由化便利化注入强劲动力。宣言包括 23 段,涵盖世界贸易组织工作的方方面面。成员承诺将维护和加强以世界贸易组织为核心的多边贸易体制,继续推进世界贸易组织改革,为应对全球挑战注入动力。各方强调发展在世界贸易组织的中心地位,重申给予发展中国家和最不发达国家特殊和差别待遇的必要性。宣言还首次纳入供应链相关内容,强调全球供应链开放和韧性的重要性。此外,成员还就贸易与可持续发展、妇女经济赋权、中小微企业、服务业相关内容等做出政治承诺。

另外,会议还达成了以下具体的协议或决定。

1.《促进发展的投资便利化协定》

会议期间,127 个世界贸易组织成员(超过世界贸易组织成员数量四分之三)宣布达成《促进发展的投资便利化协定》。该协定将有效改善协定成员的营商环境,提振全球投资者跨境投资的信心,主要规则涵盖提高投资措施的透明度和可预见性、简化和加快行政审批程序、促进可持续投资等内容。

该协定是世界贸易组织第一个由发展中成员引领的投资规则谈判,是第一个以发展为核心的经贸协定,也是第一个全球多边投资协定,将填补全球投资便利化规则空白,减少国际投资规则碎片化带来的不利影响。中方是该谈判主要发起方之一,在谈判过程中发挥了促谈促成的积极作用,与其他发展中成员一道,持续努力推动协定规则制定向更包容普惠方向发展。

2.《关于争端解决改革的部长决定》

MC13 达成了《关于争端解决改革的部长决定》。该决定以"重申授权、肯定进展、指导未来"为框架,明确将上诉议题列为待决问题,并纳入"2024 年实现改革目标"的明确指示,将有力提振成员在年内完成谈判的决心和信心。

3.《关于电子商务工作计划的部长决定》

MC13 再次就《电子商务工作计划》达成共识,同意将电子传输暂免关税做法延续至下一届部长级会议,并承诺将加强对电子传输暂免关税的范围、定义和对发展的影响等讨论,重振《电子商务工作计划》其他领域工作,优先解决发展中国家和最不发达国家发展数字经济面临的挑战。

4. 服务贸易国内规制成果生效

该谈判成果聚焦提升服务贸易相关许可(如营业许可)、资质(如从业资格)和技术标准(如行业操作标准)的政策透明度,提高国际服务贸易企业获取相关从业许可和资质的可预见性,减少其获得从业许可和资质的时间和成本。该谈判成果生效标志着服务贸易国际规则制定取得重要突破,世界贸易组织已形成全球影响力最大、内容最全面的服务贸易国内规制规则,将对全球服务贸易发展起到积极促进作用。

5.《关于世界贸易组织有利于自最不发达国家类别毕业成员平稳过渡支持措施的部长决定》

MC13 达成《关于世界贸易组织有利于自最不发达国家类别毕业成员平稳过渡支持措施的部长决定》,允许最不发达国家毕业后 3 年内继续适用《争端解决谅解》第 24 条中规定的涉及最不发达国家的特殊程序,并继续有资格获得世界贸易组织针对最不发达国家的技术援助和能力建设。该决定的达成,是世界贸易组织发展领域多年来取得的重要实质性成果,自此世界贸易组织建立了帮助最不发达国家毕业后平稳过渡的机制,将更有效地帮助最不发达国家在毕业后融入多边贸易体制。

6.《关于小经济体工作计划的部长决定》

MC13 达成《关于小经济体工作计划的部长决定》,重申此前部长承诺,指示小经济体专门会议详细审议现有和未来提案、监督世界贸易组织相关机构和谈判中有关小经济体提案的进展情况,尽快回应小经济体在贸易上面临的挑战并评估相关举措的有效性。

该决定的达成将有效提高弱小成员参与世界贸易组织工作的能力,帮助其更好融入多边贸易体制,特别是加强应对数字鸿沟、粮食危机和气候变化和灾害等。

7.《关于〈实施卫生与植物卫生措施协定〉和〈技术性贸易壁垒协定〉的特殊和差别待遇条款精确、有效和可操作实施的宣言》

MC13 达成《关于〈实施卫生与植物卫生措施协定〉和〈技术性贸易壁垒协定〉的特殊和差别待遇条款精确、有效和可操作实施的宣言》。该宣言关注改进世界贸易组织提供的培训和技术援助、改进成员在有关卫生与植物卫生措施和技术性贸易壁垒措施通报中给予的合规评议期限,以协助发展中国家克服在参与相关事项中面临的挑战,并指示成员继续在贸易与发展委员会特别会议等场所开展工作,进一步改善特殊和差别待遇对发展中国家的适用和实施,并向第十四届部长级会议报告进展。

该宣言的达成,是落实世界贸易组织多哈部长宣言的重要进展,是发展领域多年来取得的又一重要实质性成果,将切实帮助发展中国家特别是最不发达国家有效提升参与卫生与植物卫生措施和技术性贸易壁垒措施相关工作的能力。

8.《关于加强监管合作减少技术性贸易壁垒的部长宣言》

MC13 通过的《关于加强监管合作减少技术性贸易壁垒的部长宣言》,倡导成员利用多边平台不断加强技术性贸易壁垒领域的规制合作,就各自监管体系、制度和相关良好实践加强交流,提高能力建设水平,并通过相互理解和对话增强信任,促进监管措施的兼容和互认,以共同应对风险挑战,进一步推动全球贸易和经济增长。

该宣言由中方牵头提出、全力推动,最终获全体成员通过,成为世界贸易组织成立以来关于技术性贸易壁垒领域的首份部长宣言。

9.《关于〈与贸易有关的知识产权协定〉非违反之诉和情势之诉的部长决定》

《关于〈与贸易有关的知识产权协定〉非违反之诉和情势之诉的部长决定》明确了在《与贸易有关的知识产权协定》(《TRIPs 协定》)项下继续暂缓适用非违反之诉和情势之诉,TRIPs 理事会继续审查非违反之诉和情势之诉的范围和模式,并向下届部长级会议提交建议。在此期间,各成员不在《TRIPs 协定》项下提起此类诉讼。

此外，MC13通过了《科摩罗和东帝汶加入世界贸易组织的部长决定》。两个新成员的加入，进一步增强了世界贸易组织的包容性和代表性，体现了各方对以世界贸易组织为核心的多边贸易体制的信心和支持，将自身经济增长和未来发展与世界贸易组织相联系，也激励其他正在申请加入的成员加快相关进程。"中国项目"在新成员加入方面发挥了积极作用。

WTO成员重申了对多边主义的承诺，并表达了对推进WTO议程的决心，尤其是在当前全球经济面临多重挑战的背景下。这些成果标志着在面对全球贸易紧张局势和保护主义抬头的情况下，WTO仍努力维护和推进基于规则的国际贸易体系。但对于一些更为复杂的议题，如WTO的实质性改革，会议进展有限，显示了成员之间存在的深刻分歧和谈判的艰巨性，要实现更深层次的改革和广泛共识，还需各成员在未来持续地努力和协商。

专栏 8-1
世界贸易组织改革

现有的世界贸易组织的机制存在很多不足：一是对新的贸易现象没有统一规则，如对数字经济和贸易、跨境电商发展等没有规则；二是过去的贸易规则只有规定，没有惩戒机制，也没有监督和认定机制；三是缺乏各种标准。对于加入世界贸易组织，采取的是与成员谈判机制，而不是门槛机制和标准，如对各个国家在贸易中的身份和地位的确定，缺乏标准及调整机制；四是世界贸易组织机构的决策低效。各成员没有授权机构进行决策，没有区分哪些事宜需要成员协商解决，哪些由机构决策解决。虽然对成员进行了分类，但在谈判协议达成上，没有分类准入，各成员很难达成一致意见。

上诉机制失灵、贸易争端激增，WTO被认为急需改革应对。然而，有关改革的讨论已持续多年，成员对改革方向并无共识，WTO在维护多边贸易体系中的作用也受到质疑。对世界贸易组织的机制，多方都不满意。因此，各自提出了自己的改革方案。

2018年9月27日，中国商务部发言人高峰表示：支持WTO改革，但不能另起炉灶、推倒重来。打破上诉机构成员遴选僵局，加严对滥用国家安全例外的措施的纪律；加严对不符合世界贸易组织规则的单边措施的纪律。解决农业领域纪律的不公平问题。完善贸易救济领域的相关规则。完成渔业补贴议题的谈判。推进电子商务议题谈判开放、包容开展。推动新议题的多边讨论。提高世界贸易组织的运行效率：加强成员通报义务的履行，改进世界贸易组织机构的工作。增强多边贸易体制的包容性：尊重发展中成员享受特殊与差别待遇的权利。坚持贸易和投资的公平竞争原则，在补贴相关纪律讨论中，不能借世界贸易组织改革对国有企业设立特殊的、歧视性纪律。

2018年11月23日，中国提出了WTO改革的三大原则和五点主张，强调WTO改革要维护和加强"多边贸易体制的核心价值"，即非歧视和开放性，强调WTO改革要"保障发展中成员的发展利益"，强调WTO改革"应该遵循协商一致的决策机制"，特别是要保证广大成员特别是发展中成员共同参与，不要搞"小圈子"。世界贸易组织改革应维护多边贸易体制的主渠道地位，反对个别成员以新概念和新表述混淆并否定多边贸易体制权威性，反对

"另起炉灶";应优先处理危及世界贸易组织生存的关键问题;应解决贸易规则的公平问题并回应时代需要;应保证发展中成员的特殊与差别待遇;应尊重成员各自的发展模式。

习近平强调,参与世界贸易组织改革,要坚定维护以世界贸易组织为核心的多边贸易体制权威性和有效性,积极推动恢复世界贸易组织争端解决机制正常运转。要坚定站在历史正确的一边,坚持经济全球化大方向,旗帜鲜明主张自由贸易和真正的多边主义,反对单边主义、保护主义,反对将经贸问题政治化、武器化、泛安全化,推动建设开放型世界经济。要秉持人类命运共同体理念,完善细化全面深入参与世界贸易组织改革的中国方案。坚决维护包括我国在内的广大发展中国家的合法权益。

思考题:

请简述世界贸易组织改革的必要性和紧迫性。中国为什么要积极参与世界贸易组织改革和国际经贸规则调整?

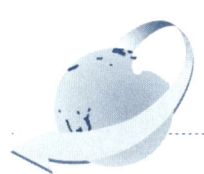

本 章 小 结

1. 作为国际贸易政策措施之一的贸易条约与协定随着国际贸易的发展,数量日益增加,内容也日益复杂,这些条约和协定对于各国发展正常的对外经济贸易往来具有重要作用。

2. 由关贸总协定发展而来的世界贸易组织,是当今国际贸易领域最大的政府间国际组织,统辖当今国际贸易中货物、服务、知识产权及投资措施等领域的规则。

3. 中国是关贸总协定的创始国之一。中国与世界贸易组织息息相关,经过多年艰难的谈判,中国已成为该组织的正式成员。中国"入世"对于中国经济的发展与政治地位的提高具有重要的战略意义。

基 本 概 念

最惠国待遇　国民待遇　关贸总协定　世界贸易组织　市场准入

复习思考题

一、选择题与判断题（请用手机扫描下方二维码作答）

二、简答题

1. 简述最惠国待遇条款的基本含义、种类、适用范围及例外。

2. 世界贸易组织的宗旨和基本原则是什么？

3. 世界贸易组织有哪些职能？

4. 简述世界贸易组织的法律框架。

第九章　国际贸易投资新规则

引导案例

2018 年 12 月 30 日,全面与进步跨太平洋伙伴关系协定(CPTPP)正式生效。对于中国来说,加入 CPTPP 是深化改革、扩大开放的必由之路。

根据 CPTPP 的章程规定,中方必须得到所有成员的一致同意,才能够成功加入 CPTPP。这意味着,中方需要与每一个成员进行双边谈判,达成共识,才能够获得他们的支持。这是一项非常复杂和艰巨的任务。

自 2023 年 7 月 16 日,在新西兰举行的全面与进步跨太平洋伙伴关系协定部长级会议正式批准英国加入 CPTPP 后,外界目光开始投向其他申请方。据路透社报道,除中国大陆和台湾地区外,乌克兰、哥斯达黎加、乌拉圭和厄瓜多尔也申请加入。不过,谁将加入及何时加入,将由 CPTPP 成员集体决定。

布兰迪斯国际商学院和约翰·霍普金斯大学的学者研究发现,若中国加入 CPTPP,该协定每年为全球带来的收入将翻两番,达到 6 320 亿美元。中国的加入意味着 CPTPP 的消费者将增加 3 倍,GDP 总量扩大 1.5 倍,不仅惠及所有成员,也将对促进全球贸易和经济发展作出贡献。

加入 CPTPP,将为中国构建国内国际双循环新发展格局提供更广阔的外部市场。CPTPP 致力于打造零关税贸易圈,大大降低投资壁垒,吸引更多国际资本向区域内转移。高达 95% 的关税减免覆盖率将方便中国企业以更低成本参与到国际产业链分工当中。同时,加入 CPTPP 还将不断加深中国与亚太国家的经济联系,有助于巩固中国在亚太产业链供应链中的主导地位,粉碎美国所竭力鼓吹的对华"脱钩断链"图谋。

思考题:

中国为什么要申请加入 CPTPP?中国在市场准入、电子商务、劳工保护、国企补贴、知识产权、政府采购等方面应该如何对接 CPTPP 的标准?中国加入 CPTPP 对中国和世界将产生哪些影响?

近年来,由于发达国家和发展中国家在全球贸易规制制定方面存在较大的分歧和冲突,导致 WTO 多边贸易谈判机制无法推动各国之间贸易便利化水平和贸易规则的升级。与此同时,发展中国家和新兴经济体在全球治理中的话语权不断提升,迫使现有的国际贸易投资规则体系进行调整。在此背景下,各国希望进一步推动边境后自由化,加强区域内的深度经济合作与协调。当前,以自由贸易协定为平台的区域经济一体化逐渐成为国际经济合作的主流前沿阵地。

以 WTO 为代表的多边贸易体系在规则制定方面主要着眼于货物贸易和有形投资在内的边界措施。随着全球生产网络的形成和垂直生产一体化的深入推进,以产品内分工为基础的价值链生产和贸易体系客观上要求各国在规则和标准上采取一致行动。同时,现有国际贸易体系难以适应日益发达的国际数字贸易活动,各国纷纷通过立法加强数字经济领域的管理,新的国际数字贸易规则开始出现。

第一节　CPTPP 的贸易与投资新规则

全面与进步跨太平洋伙伴关系协定(CPTPP),由跨太平洋伙伴关系协定(TPP)演变而来。CPTPP 是在美国退出 TPP 之后,另起炉灶的成果。TPP 成员的 GDP 占全球 GDP 总量的 40%,而 CPTPP 只占逾 13%。与 TPP 相比较,CPTPP 不仅经济总量缩减,而且为了更好、更快地达成协定,CPTPP 在条款内容方面也进行了缩减。[①]由于 CPTPP 继承了 TPP 的主要条款,依然是目前全球最高开放水平与最高标准的贸易与投资协定,代表了未来多边贸易体制发展的方向与趋势。

一、CPTPP 的贸易新规则

CPTPP 保留了 TPP 的核心规则框架体系和 95% 的内容,搁置了 22 项条款。CPTPP 以"三零"(零关税、零壁垒、零补贴)为基本框架,致力于削减贸易壁垒和消除成员之间的投资障碍,在国有企业、竞争政策、知识产权保护、政府采购和透明度等国内规制方面也提出高标准要求,以期建立面向 21 世纪的高标准自由贸易区模板,并构建国际经贸新规则。CPTPP 对 TPP 的改动主要表现为以下几个方面。❶协定生效条件进一步放松。CPTPP 放松了"至少占到 TPP 经济总量 80% 的六个成员批准"才能生效的要求,改为至少六个成员方或超过 50% 的成员批准就可以生效,而不考虑成员经济体量大小。❷为协调成员之间的利益博弈,CPTPP 修改并增加了一部分附件。❸暂停富有争议的条款。暂停条款是由日本推动的,CPTPP 暂停了 TPP 的 22 个条款,这些条款大多是 TPP 谈判时由美国政府提出的。CPTPP 成员暂停条款的初衷是敦促协定尽快达成并换取进入美国市场的机会。一旦美国重返 TPP,恢复暂停的条款将需要现有各方重新达成意见。[②]CPTPP 的 30 章条款内容可以归纳为货物贸易关税减让、服务贸易、投资、合作与贸易便利化、知识产权、电子商务、环境、特定产品原产地规则、其他规则 9 个重点模块。

(一)商品贸易便利化

CPTPP 主要通过整合优化货物贸易关税减让、原产地规则、贸易便利化和投资便利化措施,提高区域内的贸易投资便利化水平。例如,CPTPP 规定高水平的关税减让,承诺对 99% 的产品最终实现零关税,85% 以上的产品在协定生效后立即实施零关税。此外,协议还

---

①②　白洁,苏庆义.CPTPP 的规则、影响及中国对策:基于和 TPP 对比的分析[J].国际经济评论,2019(1).

引入了特定产品原产地规则,制定了严格且复杂的原产地规则,非原材料"原产货物"的断定需要结合附录中 HS2012 编码特定产品原产地规则的具体规定,CPTPP 还对汽车和纺织品提出了专门的原产地标准。贸易便利化措施还体现在"海关监管与贸易便利化"条款,主要冻结了其中有关货物免税额度审查的内容;第 5.7 条(f)规定,在正常情况下,对价值或数量等于或低于缔约方法律所设定固定数额的快运货物不计征关税。每一缔约方应定期审议该数额,同时考虑相关影响因素。

CPTPP 货物贸易自由化的主要内容:❶对符合要求的 CPTPP 地区货物取消关税,对 CPTPP 缔约方的货物给予等同于本国国民的待遇;❷协定禁止缔约方将业绩要求作为企业减免关税的条件;❸特定货物的临时免税入境;❹取消农业出口补贴,对食品的出口限制不得超过 6 个月;❺全面取消数量限制、进口许可程序管理;❻与进出口相关的费用和手续等非关税措施方面的约束。

(二)服务贸易便利化

CPTPP 将服务贸易分为跨境服务贸易(第 10 章)、金融服务(第 11 章)和电信服务(第 13 章),以及 4 个专业服务贸易附件,要求缔约方提高对服务提供者的保护、可预测性和透明度,采取负面清单方式,即除了以"不符合措施"形式明确排除的服务部门,其他服务部门均被自动视为自由化的服务部门。①换言之,除信息安全和涉及国家利益(如政府采购,政府履职服务,政府支持贷款、担保或保险,涉及领空权的航空服务)等明确关闭的服务部门外,其他服务部门和子部门均应向 CPTPP 缔约方的企业开放。

CPTPP 服务贸易采取负面清单市场准入模式,第 10.8 条"当地存在"要求缔约方不能对服务实施数量限制或要求企业是特定的法律主体或合资企业,缔约方不得要求其他缔约方在其境内设立的办公室或分支机构必须是当地居民。此外,CPTPP 第 9.16 条"投资与环境、卫生和其他监管目标"要求投资者遵守缔约方关于环境、卫生或其他监管目标的所有法律措施,第 9.17 条"企业社会责任"要求投资企业遵守东道国关于企业履行社会责任的规定。

跨境金融服务主要体现在第 10 章,跨境金融服务涵盖了除商业存在模式外的跨境交付、境外消费、自然人流动这三种提供方式。在扩大跨境金融服务市场准入的同时增加了对跨境金融服务提供者和金融工具进行等级注册和取得许可的管理程序,便于东道国行使监管权。CPTPP 金融服务贸易谈判采用正面清单与负面清单混合的模式,在金融服务范围、市场准入等条款中采用正面清单模式,而在国民待遇、不符措施、例外等条款中则采取负面清单模式。附件Ⅲ详细展示了 CPTPP 金融服务负面清单,由 A 节"先行不符措施"和 B 节"未来不符措施"构成。CPTPP 在第 11 章中加入了"快速提供保险服务"和"后台办公功能的行使","后台办公功能的行使"实际上是对禁止数据本地化要求的具体落实。

CPTPP 第 13 章体现了电信服务贸易规则,该章节包含 26 个条款。CPTPP 采取"准入前国民待遇+负面清单"的市场准入模式,意味着缔约电信服务方市场在成员之间的完全放开,但不包括第 10.7 条的"不符措施"所设立的两个附件。CPTPP 在透明度要求上更高,②例如,

---

CPTPP 第 13.22 条规定:要符合其一般性要求,即第 26.2 条及时公布相关法律法规的义务;要求电信监管部门就一项法规提案征求意见时,应将该提案向公众或任何利害关系人公开,包括对提案目的和理由的说明。公开告知利害关系人其评议的能力及合理机会,在可行的范围内将提交的所有相关评议公开并考虑在评议期间收到的评议。尽量对拟议法规作出的实质性修改予以说明并在网络上公开。

为顺应数字经济时代的发展,CPTPP 也涵盖了知识产权保护条款、电子商务和数字贸易规则。其中,知识产权规则是 CPTPP 的"亮点"条款和重点章节,占正文篇幅的 10% 以上。CPTPP 保留着 TPP 中知识产权的绝大部分条款,是目前知识产权保护力度极强的自贸协定之一。除了一般性规则,如合作、国际协定的批准或加入、国民待遇、透明度、权利用尽等,CPTPP 还包含了有关商标、地理标志、专利、版权和相关权、执行等核心内容。在数字贸易规则方面,在囊括电子传输免征关税、国内电子交易框架、电子签名和认证、在线消费者保护、个人信息保护,以及非应邀商业电子信息等内容的基础上,引入数字产品的非歧视待遇、接入和使用互联网开展电子商务、禁止强制转让源代码、禁止数据本地化措施、禁止强制转让源代码、数据自由流动、交互计算机服务等更高水平的数字贸易规则。

整体来看,服务贸易规则是 CPTPP 协定的主要成就之一,CPTPP 缔约方采取负面清单方式作出的具体承诺相较 GATS 而言大幅提高了服务领域的开放水平,协定相关规定也显著增加了缔约方在服务贸易领域的政策透明度、确定性和可预见性。同时,CPTPP 协定包含的一些新规则,如有关国有企业、政府采购及竞争政策等,也有助于提高缔约方在服务贸易领域的市场准入水平。

二、CPTPP 的投资新规则

(一) CPTPP 投资规则的特点

CPTPP 投资规则主要有以下特点。

第一,在目标定位上,CPTPP 着力于扩大投资自由化和仲裁形式的投资保护,旨在为缔约国主体进行海外投资建立一个稳定、透明、可预见和非歧视的保护框架。

第二,在涵盖内容上,CPTPP 投资章的各项条款齐备、内容全面具体,部分条款(如业绩要求、负面清单,以及 ISDS 机制的设置)非常细致,甚至可以说"严苛"。

第三,在规则细节上,CPTPP 最初由美国倡导,其投资章与 2012 年美国公布的双边投资协定(BIT)范本基本一致。

第四,在价值取向上,受晚近东道国规制权回归趋势的影响,CPTPP 投资章注重对各缔约方合法政策目标的保护,努力寻求在投资保护和维护东道国监管权方面的平衡。

第五,在可持续发展方面,CPTPP 投资章通过纳入国内环境保护和公共健康等公共政策因素、澄清"公平与公正待遇"的内涵、纳入企业社会责任条款、改善 ISDS 机制、明晰"间接征收"的具体范围等方式,展现了新一代经贸协定对可持续发展的高度关注。

(二) CPTPP 投资规则的主要内容

CPTPP 第 9 章分为 A、B 两节,共 30 条,另有 12 个附件。A 节主要包括定义、适用范围与其他各章的关系及缔约方在投资方面的权利义务,B 节是有关投资者与东道国争端解决(ISDS)的程序规定。附录主要是对正文所提及概念的补充及不符措施下所列的各方负面清单。CPTPP 对投资的规定包括:反对歧视性待遇;在投资被征收的特定情况下要求支付补偿;要求与投资相关的资本可以自由、及时流动;确保按照适用的国际习惯法标准,给予投资者最低待遇标准,包括有义务在庭审中提供正当法律程序。

CPTPP 主要投资条款包括:

(1) 对投资的界定:CPTPP 对投资的界定十分宽泛,第 9.1 条规定投资指一投资者直接或间接拥有或控制的具有投资特征的各种资产,此类特征包括资本或其他资源的投入、获得收入或利润的预期或风险的承担等。

(2) 国民待遇和最惠国待遇:第 9.4 条和 9.5 条规定缔约方投资者的权益,并且表明最惠国待遇不适用于 ISDS。

(3) 征收和补偿:CPTPP 投资章第 9.8 条第 1 款规定,任何缔约方对一涵盖投资不得直接征收或实行国有化,或通过等同于征收和实行国有化的措施间接征收或实行国有化,除非特殊条件。

(4) 资金转移:第 9.9 条规定,每一缔约方应允许与涵盖投资相关的所有资金转移可自由进出其领土且无迟延。

(5) 业绩要求:CPTPP 投资章全面禁止业绩要求。

(6) 可持续发展:第 9.16 条"投资与环境、卫生和其他监管目标"规定,本章中任何内容不得解释为阻止一缔约方采取、维持或执行在其他方面符合本章且该缔约方认为对保证在其领土内的投资活动以积极考虑环境、卫生或其他监管目标的方式开展所采取的任何适当的措施。第 9.17 条"企业社会责任"规定,缔约方重申每一缔约方鼓励在其领土内经营或受其管辖的企业自愿将该缔约方赞同或支持的企业社会责任的国际公认标准、指南和原则纳入其内部政策的重要性。

(7) 争端解决:CPTPP 投资章 B 节就投资者与东道国争端解决机制进行了详细规定,包括磋商与谈判、提交仲裁请求、每一缔约方对仲裁的同意及其条件和限制、仲裁员的选择、仲裁的进行、仲裁程序的透明度、准据法、对附件的解释、专家报告、合并审理、裁决、文件送达等条款。

第二节　USMCA 的贸易与投资新规则

《美国-墨西哥-加拿大协定》(USMCA)于 2018 年 11 月 30 日签署,于 2020 年 7 月 1 日正式生效,取代了《北美自由贸易协定》(NAFTA)。如果不续签,USMCA 将于 2036 年到期。

USMCA 不仅是一个贸易协定,而且是一个贸易、经济、政治的战略组合体。旧版 USMCA 与 TPP 的绝大多数文本一致,但在延续 TPP 高水平的基础上,进行了实质性调整。新版 USMCA 保留了旧版 USMCA 的框架和章节,但对其中的部分内容进行了修订。

一、USMCA 贸易新规则

USMCA 在继承绝大部分 TPP 的基础上对议题有所调整,主要有以下几个特点:

第一,USMCA 扩大了议题涵盖范围,已有议题的标准进一步提高。在知识产权领域,扩大了受保护的范围,加强了对特定对象知识产权的保护,并且规定了全面的商业秘密保护措施。在数字贸易领域,要求缔约方设立与数字贸易相关的国内法律框架,进一步推动跨境数据流动和政府数据开放,并降低跨境电子商务非关税壁垒。

第二,USMCA 规定了更多的实体性规则,对程序性规则进行了深度完善。在投资、原产地、数字贸易、劳工问题、跨境服务贸易等章节都具有详细的规定。

第三,USMCA 更为严格的原产地标准割裂了全球价值链,使得这一分工体系逐渐向区域价值链收缩。过高的原产地标准体现在:❶在 TPP 中,成套货物或组装品中非原产地货物的价值不超过该货物价值的 10%,则该货物仍被认定为原产地货物;在 USMCA 中,10%降低到 7%。❷汽车部件在美墨加三国生产比例由此前的 62.5%提高至 75%,才能享受关税减免待遇。

第四,USMCA 呈现"单边主义"倾向。USMCA 绕过了 WTO 贸易救济的正常程序,在争端解决章节中 USMCA 也有进一步削弱 WTO 的规定。

第五,USMCA 在第 32 章的例外和一般条款中增设了"非市场经济国家"条款。该条款规定,如协定一方计划与非市场经济国家签订 FTA,应提前通知,协定其他成员有权利选择退出协定。该条款非常直观地体现了当前在多边谈判无法推进、各方转向区域层面谈判的过程中,美国完全基于自身利益所展现出来的区域主义。

(一) 商品贸易规则

USMCA 主要通过整合优化原产地规则、劳动力条款、非经济体规则,贸易便利化措施,提高区域内的贸易投资便利化水平,体现了美国优先、单边主义、保护主义的倾向。

例如,USMCA 对原产地议题高度重视,将原产地分设两章,一章为原产地规则,一章为原产地程序规定。其中,"新"特征集中体现在汽车及零部件行业的原产地规则中,主要包括汽车、核心零部件、主要零部件、配套零部件的"区域价值含量"(RVC)标准。USMCA 还增加了涉及强迫劳动、对工人暴力和性别歧视等规则,要求各缔约方禁止进口全部或部分由强制或变相强制劳动生产的货物,扩大了贸易制裁在劳工保护领域的适用范围。根据USMCA 第 32.10 条,由缔约三方单方面界定"非市场经济国家",无须根据 WTO 多边体制规则进行界定,限制了缔约方与非市场经济主体进行贸易谈判的权利,一旦缔约方选择与非市场经济国家缔约就会被排除出 USMCA。此外,USCMA 沿用了 TPP 的海关管理和贸易便利化,使得贸易便利化议题更为凸显。

整体来看,USMCA 可能并不是一个"自由贸易"协定,而是美国贸易协定发展进程中第一个建立而不是打破贸易壁垒的协定。原产地规则等政策成为贸易保护政策的工具,甚至可能演变为一种新型的非关税壁垒。

(二) 服务贸易自由化

USMCA 中与服务相关的条款包括对双方在《北美自由贸易协定》和 GATS 下所承担义务的修改。最值得注意的是,USMCA 在美国、加拿大和墨西哥《服务贸易总协定》承诺的基础上引入了具有约束力的市场准入义务,并对影响某些行业的条款做出了一些潜在的重要修改。USMCA 还对影响各方国民待遇义务的不符措施进行了修改。然而,USMCA 中有关服务贸易的大量条款不太可能对美国服务业的贸易或产出产生实质性影响,因为其中许多条款都包含了《北美自由贸易协定》和 GATS 中已经规定的义务。

USMCA 关于服务贸易自由化的内容主要体现在第 15 章(跨境服务贸易)、第 17 章(金融服务)、第 32 章、附件Ⅰ和附件Ⅱ。USMCA 的市场准入承诺和不符措施的修改将降低跨境服务的成本,USMCA 关于专业服务供应的新条款和修订条款,包括关于相互承认、市场准入和合作等方面的条款,预计将对美国在加拿大和墨西哥的此类服务供应商产生积极影响。此外,部分视听条款放宽了针对广播的限制。USMCA 关于加拿大金融数据的条款将降低美国金融服务出口商的运营成本。为顺应数字经济时代的发展要求,USMCA 协定还纳入了高水平的知识产权保护条款、数字贸易规则、电子商务规则。

在知识产权方面,USMCA 第 22 章延长了对协议国内知识产权保护的期限,版权保护期从作者死亡后的 50 年延长至 70 年,生物制药的数据保护期从 8 年延长至 10 年,并加强了对专利、版权、商标和商业机密的保护力度。

在数字贸易规则方面,新增"网络安全""公开政府数据"及"交互式计算服务"条款。"网络安全"条款鼓励各方共同应对网络威胁带来的问题,确保对数字贸易的信心。"公开政府数据"要求各方在最大程度上公开政府数据,鼓励各方政府以电子形式提升行政透明度。"交互式计算服务"条款则要求"任何缔约方在确定信息存储、处理、传输、分配或由该服务造成的损害责任时,不得采取或维持任何措施将交互式计算机服务的提供者或使用者视为信息内容提供者,除非该信息完全或部分由该提供者或使用者创建或开发"。交互式计算机服务公司可能会受益于 USMCA 数字贸易章节中提供的中介责任保护。为跨国公司、政府和其他大型企业提供电信服务的美国企业可能会受益于该协定电信章节中的监管和互操作性条款。第 17 章规定数据本地化不能作为开展业务的条件,并提供了一份具体的跨境金融服务清单。该章包含对某些跨境金融服务具有约束力的市场准入义务,例如,USMCA 允许跨境信息传输和跨境信息转移,条件是信息转移必须获得数据主体(如被保险人)的许可和授权。这有助于保护个人隐私和数据安全。

新增"提供增值服务条件"条款,放宽了对广播和有线电视的某些领域的要求。该条款规定,如一缔约方直接对增值电信服务进行规制,那么在没有适当考虑合法公共政策目标和技术可行性的情况下,不得对增值电信服务提供者提出与公共电信服务提供者同样的要求,且有关的资格、许可、注册、通知程序等都应是透明和非歧视的,并且不得提出诸如对公众普遍提供服务等要求。第 15 章在广播和有线电视开放领域进行了具体规定,同时还包括其他一些潜在的重要条款,例如,第 15.10 条的重点是中小型企业,涉及中小型企业在进入外国市场时面临的挑战,如无法充分获取有关技术标准、许可和注册要求及海关程序的信息。第 32 章规定加拿大文化豁免的措辞与之前协议一致,保护加拿大的电视、音乐和书籍("文化产业")。附件Ⅰ和附件Ⅱ中列出了各方义务的例外情况(不符措施),这些例外情况代表了某些行业的额外承诺。附件Ⅱ也包括市场准入承诺,相对于 GATS,USMCA 扩大了三方在某些部门/模式的市场准入承诺。

在跨境服务贸易章中,以脚注的形式明确了跨境服务贸易章的纪律也适用于"采用电子手段"生产、分销、营销、销售或交付的服务,实现已有规则的数字化升级。

二、USMCA 的投资新规则

USMCA 的投资章节(第 14 章)为联系方建立了投资保护和执行的总体框架。该章延续了 NAFTA 的核心投资条款,并包括关于 ISDS 的新规定,这是对投资章节最实质性的修订。

与 NAFTA 相比,USMCA 投资章节对"投资"的定义更为宽泛,并与美国近期签订的自由贸易协定的措辞相呼应,将投资定义为投资者拥有或控制的具有投资特征的资产,如投入资本或其他资源、预期收益或利润或承担风险。为美国、加拿大和墨西哥的投资保护和执行提供了依据。投资条款还澄清了 NAFTA 关于最惠国待遇、国民待遇和最低待遇标准的现有措辞。

对美国和加拿大而言,USMCA 继承了 NAFTA 中的投资者争端解决机制,但这只是暂时的。根据 NAFTA,美国和加拿大之间的 ISDS 将在三年后逐步取消。到期后,ISDS 程序将由加拿大和美国的地方法院处理。

对于美国和墨西哥,USMCA 将只在某些明确界定的情况下保留 ISDS 法规。例如,仅五个部门(石油和天然气、发电、电信、运输服务和一些基础设施)的公司,如果是政府合同的一方,将可以直接使用 ISDS 提出索赔。他们将被允许就违反《美国与墨西哥关于建立更紧密经贸关系的协定》投资章节(第 14 章)义务的行为提出索赔,包括间接征用和最低待遇标准。尽管美国投资者在五个部门以外的领域可以通过国际仲裁法庭维权,但他们必须首先用尽墨西哥国内的补救措施来解决争端,或者至少花费 30 个月的时间来尝试这样做。此外,他们在利用 ISDS 时只能就直接征用、国民待遇和最惠国待遇提出索赔。

第三节　RCEP 的贸易与投资新规则

区域全面经济伙伴关系(RCEP)是 2012 年由东盟发起,包括中国、日本、韩国、澳大利亚和新西兰等 15 个成员的巨型自由贸易协定,于 2022 年 1 月 1 日正式生效。RCEP 提高了东亚区域贸易自由化水平,是东亚地区第一个最全面、高质量和互惠型的自由贸易协定。

一、RCEP 贸易新规则

RCEP 在宏观框架和功能上同一般自由贸易协定相似,主要有以下几个特点:

第一,涵盖范围广。RCEP 内容兼顾了货物贸易、服务贸易和投资三大传统自由化领域,同时涉及知识产权、竞争政策、贸易便利化等新一代贸易议题。

第二,高标准与灵活性的统一。为兼顾不同成员经济发展水平的差异,协定内容中加入了部分弹性条款。

第三,坚持开放性。RCEP 专门设置了开放条款,为非成员预留了未来继续加入的空间。

(一) 商品贸易便利化

RCEP 主要通过整合优化原产地规则、贸易便利化和投资便利化措施,提高区域内的贸易投资便利化水平,降低贸易成本,促进开放的区域大市场建设。例如,为适应区域内制造业发达、各类中间品贸易往来密切的特点,RCEP 引入了累积的原产地规则。允许产品原产地价值成分可在 15 个成员之间进行累积,这一原产地规则显著提高了 RCEP 优惠关税的利用水平,降低了企业的生产成本,实现了要素在区域内的高效合理配置。此外,贸易便利化措施还体现在强化海关程序的一致性和透明度要求、简化海关程序、减少技术性贸易壁垒、简化成员投资申请及审批程序等。整体来看,RCEP 基本超过了各成员签署的现有 FTA 中对贸易投资便利化的承诺水平,RCEP 提高了区域内贸易与投资效率,降低了贸易成本,有利于进一步提升东亚地区的经济一体化水平。①

RCEP 货物贸易自由化的主要内容:承诺根据《关贸总协定》第三条给予其他缔约方的货物国民待遇;通过逐步实施关税自由化给予优惠的市场准入;特定货物的临时免税入境;取消农业出口补贴;全面取消数量限制、进口许可程序管理;与进出口相关的费用和手续等非关税措施方面的约束。

RCEP 从亚洲各国的利益出发,对区域内现行经贸规则进行整合,有利于降低规则混乱给区域内企业带来的隐性成本。在货物贸易方面,绝大多数工业制成品在区域内现行 FTA 下已享受了削减关税的待遇,但 RCEP 打造了统一整合的降税目录,成员彼此将有超过 90% 的产品实现零关税,区域内贸易成本和商品价格大幅降低。此外,RCEP 还要求成员采取预裁定、抵达前处理等措施,缩短货物特别是生鲜易腐产品的通关时间,鼓励各国利用新技术推动新型跨境物流的发展。

(二)服务贸易自由化

除货物贸易外,RCEP 在服务贸易领域的自由化承诺也高于以往签署的"10+1"协议,RCEP 大幅提高了市场准入政策的透明度,这将为企业提供巨大的发展空间和重要的制度保障。服务贸易方面,RCEP 成员总体上均承诺开放超过 100 个服务贸易部门,涵盖金融、电信、交通、旅游、研发等,并承诺协定生效后 6 年内全面转化为负面清单。RCEP 成员承诺开放的服务部门显著高于目前区域内各方签订的双边自贸协定水平。为了适应数字经济时代的需要,RCEP 协定还首次在地区范围内纳入了高水平的知识产权和电子商务规则,加强了数字环境下著作权或相关权利及商标的保护,并要求对电子传输内容免征关税。

关于服务贸易自由化的内容主要体现在 RCEP 第 8 章及其三个附件中。

RCEP 第 8 章附件一"金融服务"就金融服务制定了具体规则,同时为防范金融系统不稳定性提供了充分的政策和监管空间。该附件包括一个稳健的审慎例外条款,以确保金融监管机构保留制定支持金融体系完整性和稳定性措施的能力。该附件还包括金融监管透明度义务,缔约方承诺不得阻止开展业务所必需的信息转移或信息处理,以及提供新的金融服务。该附件还规定缔约方可通过磋商等方式讨论解决国际收支危机或可能升级为国际收支危机的情况。

RCEP 第 8 章附件二"电信服务"制定了一套与电信服务贸易相关的规则框架。该附件包括监管方法、国际海底电缆系统、网络元素非捆绑、电杆、管线和管网的接入、国际移动漫游、技术选择的灵活性等条款。

RCEP 第 8 章附件三"专业服务"为缔约方提供途径,以便利本区域内专业服务的提供。包括:加强有关承认专业资格机构之间的对话,鼓励 RCEP 缔约方或相关机构就共同关心的专业服务部门的专业资质、许可或注册进行磋商。此外,还鼓励缔约方或相关机构在教育、考试、经验、行为和道德规范、专业发展及再认证、执业范围、消费者保护等领域制定互相接受的专业标准和准则。

此外,RCEP 欢迎各国适时加入,并通过规定加强经济技术合作、给予最不发达国家特殊与差别待遇,满足了包括最不发达国家在内的发展中国家的实际需求。RCEP 不仅在知

---

① 沈铭辉.RCEP 在推动东亚区域合作中的作用与新课题[J].东北亚论坛,2022(1).

识产权、竞争政策和透明度等诸多规则领域给予欠发达国家特殊安排,而且专门设置了中小企业和经济技术合作两个章节,帮助发展中国家加强能力建设,促进本地区的包容与均衡发展,共享经济合作成果。

在实际承诺中,RCEP市场准入和规则方面体现了渐进务实的开放原则。借鉴以往东亚区域合作的成功经验,RCEP允许成员在关税减让方面采取渐进式开放,并允许发展中国家根据自身产业发展情况做出高标准承诺开放时间表。例如,中国等8个发展中国家承诺于协定生效后6年内实现服务贸易"负面清单"开放,而且协定要求各成员对最不发达国家原产货物不可实施过渡性保障措施,也不可向其实施的过渡性保障措施要求补偿。

二、RCEP 的投资新规则

RCEP投资采用负面清单模式做出市场开放承诺,规则领域纳入了较高水平的贸易便利化、知识产权、电子商务、竞争政策、政府采购等内容。RCEP协定还充分考虑了成员间经济规模和发展水平差异,专门设置了中小企业和经济技术合作等章节,以帮助发展中国家,特别是最不发达国家充分共享RCEP成果。RCEP投资规则主要体现在协定投资章中。RCEP投资章是当前亚洲地区规模最大的投资协定,是在"东盟10+1自由贸易协定"投资规则基础上的全面整合和升级,实现了共同的投资规则和市场准入政策。RCEP投资规则分为文本规则和负面清单两部分。

(一) 文本规则

文本规则包含投资章节18个条款和两个附件,对投资保护和市场准入的实体义务等作出了较为全面的规定。RCEP投资规则的主要内容包括:RCEP每一缔约方给予另一缔约方的投资者准入前的国民待遇和最惠国待遇;规定了投资待遇、禁止业绩要求、征收、外汇转移、损失补偿等投资保护的具体规定;纳入了高级管理人员和董事会,超过WTO水平的禁止业绩要求等条款;细化了投资促进和投资便利化措施,重视外商投资纠纷的协调解决;设置了负面清单(保留和不符措施)、安全例外等机制,保留政府管理外资的合理政策空间。其中,准入前国民待遇、负面清单、间接征收、禁止业绩要求等内容体现了高水平国际投资协定的发展趋势。同时,RCEP投资规则通过审慎设置过渡期、国别保留等多种方式兼顾成员经济发展水平差异和个别成员的特定关切,体现了规则的灵活性和包容性。

1. 禁止业绩要求

业绩要求是指东道国对外国投资施加相关要求,作为外国投资者投资或获取优惠的条件。RCEP投资章设置了禁止业绩要求条款(第10章第6条),规定了成员不得采取此类要求的具体情形。其中,禁止业绩要求有8种情形,包括出口实绩、当地含量、购买国货、外汇平衡、限制国内销售、强制技术转让、特定地区销售和规定特许费金额或比例;不能作为给予外国投资者优惠的要求有4种情形,包括当地含量、购买国货、外汇平衡、限制国内销售。RCEP禁止业绩要求条款有以下特点:❶承诺水平较高。特别是强制技术转让、特定地区销售、规定特许费金额和比例等情形超出WTO的《与贸易有关的投资措施》的范围。❷除该条款明确列出的具体情形外,不限制东道国采取其他措施的权利。❸考虑到成员经济发展水平和国内监管差异,成员可在投资负面清单中对特定情形做出保留。❹地方招商引资和投资促进中可能涉及不能作为给予优惠的其他情况。

2. 投资促进与便利化

投资促进与便利化方面的国际规则对吸引外商投资、营造良好营商环境及扩大国际合作都具有积极意义。RCEP 投资章第 16 条和第 17 条在投资促进和投资便利化方面均做了较为具体的规定。投资促进的主要方式包括：在缔约方之间组织联合投资促进活动；促进商业配对活动；组织和支持举办与投资机会，以及投资法律法规和政策相关的各种介绍会和研讨会；就与投资促进有关的其他共同关心的问题进行信息交流等。投资便利化的主要内容包括：简化其投资申请及批准程序；设立或维持联络点、一站式投资中心、联络中心或其他实体，向投资者提供帮助和咨询服务，包括提供经营执照和许可方面的便利；接受并适当考虑外商提出的与政府行为有关的投诉，以及在可能的范围内帮助解决外商和外资企业的困难。

（二）负面清单

引入"准入前国民待遇＋负面清单"制度是 RCEP 投资规则达成的重要成果之一。保留和不符措施条款（第 10 章第 8 条）规定了负面清单的基本规则，投资保留和不符措施承诺表（RCEP 附件三）列出了各成员关于投资领域的不符措施清单。一般来说，成员在 RCEP 对其生效后，应给予其他成员投资者非歧视的待遇，特别是在市场准入方面。除非该成员在投资负面清单中做出保留。RCEP 采用的负面清单投资准入承诺，大大提升了投资政策的透明度。RCEP 投资负面清单具有如下几个特点：

（1）RCEP 投资负面清单仅涉及非服务业（包括制造业、农业、林业、渔业、畜牧业及采矿业等）。有关服务业的保留，列在服务具体承诺表（RCEP 附件二）内。部分成员（澳大利亚、文莱、日本、韩国、马来西亚和新加坡）采用了服务和投资合一的负面清单模式。

（2）成员只允许通过负面清单列出本国采取的与投资章节四个义务（国民待遇、最惠国待遇、禁止业绩要求、高级管理人员和董事会）不符的措施，投资章节的其他义务不能通过负面清单进行保留。

（3）RCEP 投资负面清单属于国际协定，并不简单等同于一国的外资准入政策。

RCEP 附件三（投资保留和不符措施承诺表）列出了各成员的投资负面清单。从清单结构上看，各成员负面清单包括清单一和清单二两个单子。区分清单一和清单二的原因是两个单子适用的规则不同。列入清单一的是现存的不符措施。这些措施在过渡期内适用冻结规则，过渡期满适用棘轮规则。冻结规则是指成员在协定对其生效后，对现存不符措施的修改不能低于 RCEP 负面清单承诺水平。棘轮规则是指成员在协定对其生效后，对现存不符措施的任何修改，只能比修改前减少对外资的限制，而不能降低修改前外资已享受的待遇。由此可见，棘轮规则是比冻结规则更严格的纪律，实质含义是成员承诺列入清单内的外资政策措施不会倒退，为投资者提供更稳定的投资环境和更高水平的保护。根据 RCEP 投资章第 8 条的规定，大部分成员过渡期为 5 年，最不发达国家和个别成员豁免适用棘轮规则。此外，为提高透明度，清单一内措施须列出具体的国内法依据。各成员将一些敏感领域列入清单二，保留完全的政策空间。成员今后可以在这些领域采取对外资更具限制性的加严措施。

RCEP 投资负面清单大大提高了成员外资政策的透明度和可预见性，特别是在市场准入方面，为投资者了解成员外资政策提供了具体的指引。投资者可以通过查询负面清单，较为详细地了解各成员在不同行业和领域，现行及将来对外资可能进行限制的各类措施和领

拓展阅读

RCEP 与 CPTPP、 USMCA 的 比较

域,对投资可研和决策制定都有很好的参考作用。

此外,RCEP 还建立了更完善的治理机制和争端解决机制,通过明确的分工和有效的机制安排推动成员之间的制度协调,倒逼成员国内实现结构性转变,深化区域内贸易和投资的开放。在 WTO"多哈回合"谈判长期停滞的背景下,RCEP 可以弥补多边贸易体制失效带来的机制缺位及其引发的不确定性,从而为亚太国家经济发展提供相对稳定的区域环境。①

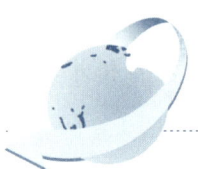

本 章 小 结

1. 当前,以自由贸易协定为平台的区域经济一体化逐渐成为国际经济合作的主流前沿阵地。

2. 全面与进步跨太平洋伙伴关系协定(CPTPP)是一个全方位严格的贸易协定,其在劳动和环境规则、竞争政策、国有企业、知识产权监管、互联网规则和数字经济等方面均设定了高标准,包含了大量的贸易与投资新规则。

3. 区域全面经济伙伴关系协定(RCEP)不仅大幅度提升了区域内的贸易自由化,而且大大推动了成员之间的投资便利化程度。

4. 美国-墨西哥-加拿大协定(USMCA)不仅是一个贸易协定,而且是一个贸易、经济、政治的战略组合体。它既体现了美国在促进贸易新规则的高标准方面所做的努力,也体现了美国政府的美国优先、保护主义、单边主义的倾向。

基 本 概 念

自由贸易协定　全面与进步跨太平洋伙伴关系协定(CPTPP)　区域全面经济伙伴关系协定(RCEP)　美国-墨西哥-加拿大协定(USMCA)　投资负面清单

---

① 潘晓明.RCEP 与亚太经济一体化未来[J].国际问题研究,2021(5).

复习思考题

一、选择题与判断题（请用手机扫描下方二维码作答）

二、简答题

1. CPTPP 货物贸易自由化的主要内容有哪些？

2. CPTPP 投资规则主要有哪些特点？

3. USMCA 主要有哪些特点？

4. RCEP 协定主要有哪些特点？

5. RCEP 投资负面清单具有哪些特点？

第十章 数字贸易规则

阿里巴巴国际站(Alibaba.com)作为全球知名的B2B跨境电商平台,连接了全球数百万家企业,包括制造商、供应商和买家,实现了商品和服务的在线展示、交易、支付等一系列环节的数字化。通过融合先进的信息技术、严格的市场规范、多元化的增值服务和高效的交易流程,构建了一个全球化的数字化贸易生态系统,助力全球企业实现跨境交易和业务拓展。

阿里巴巴国际站的运行模式主要包括以下几个核心组成部分。

1. 市场化经营

平台聚集了大量的供应商和采购商资源,形成了一个国际市场。供应商可以在平台上开设店铺,展示和销售各类商品或服务,而采购商则可以搜索和选购符合需求的商品。平台基于供需双方的市场规律,持续优化匹配算法和推荐系统,确保供应商的商品能精准触达潜在买家,提升交易成功率。

2. 信息化经营

强调信息的透明化和高效流通,利用大数据、云计算等先进技术,构建强大的信息数据库,包含供求信息、交易记录、用户行为数据等,以便为用户提供个性化的信息服务。提供多种工具和服务,如智能推广、数据管家等,帮助商家分析市场需求、优化产品信息、实施精准营销策略。

3. 会员体系与服务

阿里巴巴国际站拥有不同级别的会员制度,如基础会员(出口通)和高级会员(金品诚企),分别对应不同的费用和服务级别,旨在满足不同类型企业的需求。高级会员享受更多权益,如官方权威认证、企业实力展示、优先排名等,以增强买家信任度和增加交易机会。

4. 交易流程管理

从询价、报价、订单确认、支付到物流配送,整个交易过程均能在平台上完成,实现一站式服务。提供安全保障措施,包括第三方支付担保服务、交易争议解决机制,以及针对特定行业的定制化解决方案,如海外仓服务等。

5. 规则与合规性

平台有一套完善的运营规则和政策,包括商品发布规则、交易规则、知识产权保护规则等,以维护市场秩序和用户权益。运营团队会定期更新和调整规则,以应对市场变化和监管要求,商家需密切关注并遵守这些规则以保持良好运营状态。

6. 数据分析与优化

运营者通过后台数据管家等工具,实时监测店铺的各项运营指标,如曝光量、点击量、询盘量等,并基于数据分析结果进行策略调整,优化产品布局和营销活动。

思考题:

请根据本案例总结数字贸易的特征。

数字贸易依托数字技术带来了各领域的颠覆式创新,成为国际贸易中的新亮点,对全球经贸发展产生了深刻而长远的影响。同时,我们也需要注意,数字贸易的发展有赖于相关规则制度的建立和完善。

第一节　数字贸易概述

一、数字贸易的概念与分类

(一) 数字贸易的概念

由于数字技术的不断革新和各经济体之间的利益分歧,国际社会对数字贸易的具体定义并未达成共识,各经济体和组织在政策制定和学术研究时,通常根据自身目的对数字贸易涵盖范围进行定义。

表 10-1　经济体(国际组织)对数字贸易的定义

经济体(国际组织)	年　份	定　义
WTO	1998 年	以电子方式生产、分销、营销、销售或交付的商品和服务。
USITC[1]	2013 年	通过互联网或利用互联网技术进行的交易。
USITC	2014 年	互联网和基于互联网技术在订购、生产或交付的产品和服务方面发挥重要作用的国内商业和国际贸易。
USITC	2017 年	通过互联网及智能手机、网络连接传感器等相关设备交付的产品和服务。
OECD-WTO-IMF	2020 年	所有通过数字方式订购和/或数字方式交付的贸易。其中,数字订购贸易强调通过专门用于接收或下达订单的方法在计算机网络上进行的交易;数字交付贸易强调通过网络以电子可下载格式远程交付的所有跨境交易。
商务部	2021 年	沿用 OECD-WTO-IMF 概念框架,将数字交付贸易细分为数字技术贸易、数字服务贸易、数字产品贸易、数据贸易;数字订购贸易分为跨境电商交易的货物和服务。

---

① 美国国际贸易委员会,United States International Trade Commission,简称 USITC。

(二) 数字贸易的分类

各经济体根据数字贸易的不同定义,对数字贸易的具体分类也存在一定的差异。2013年 USITC 将数字贸易分为:数字内容(数字音乐、数字游戏、数字视频、电子书)、社交媒体(社交网站和用户评论网站)、搜索引擎(通用与专业搜索引擎)、其他商品和服务(软件服务、云计算提供的数据服务、互联网通信服务、云计算平台服务)。后续 USITC 对数字贸易的分类更为宽泛,如 2017 年中数字贸易还包括了实现全球价值链的数据流等,当下商业活动或多或少均依赖于数据要素,对此没有更加明确的分类。

商务部服务贸易司公布的《中国数字贸易发展报告 2020》中,根据数字贸易交付标的,将数字贸易分为包括数字技术贸易在内的四大领域。数字技术贸易包括:软件、通信、大数据、人工智能、云计算、区块链、工业互联网等数字技术的跨境贸易。数字产品贸易包括:数字游戏、数字出版、数字影视、数字动漫、数字广告、数字音乐等数字内容产品的跨境贸易。数字服务贸易包括:跨境电商的平台服务及金融、保险、教育、医疗、知识产权等线上交付的服务。数据贸易主要是数据跨境流动。

二、数字贸易的测度

由于数字贸易的定义存在争议,加之大量数字贸易是由消费者直接参与完成,而各经济体的统计部门缺少对相关数据的统计,精确测度数字贸易规模存在较大的难度。接下来将主要介绍 UNCTAD 对数字贸易规模的测度及中国海关总署对跨境电商的测度。

(一) UNCTAD 对数字贸易规模的测度

1. 基于 EBOPS2010 测度可交付的数字服务贸易

UNCTAD 采用信息与通信技术赋能服务的概念构建了可交付的数字服务贸易规模核算方法。该方法使用《2010 年国际收支服务扩展分类》(EBOPS2010)中行业进行划分。该方法将保险和养老金服务,金融服务,知识产权使用费,电信、计算机和信息服务,其他商业服务,个人文化和娱乐服务在内的六类细分服务业行业总结为数据密集型行业。并且,该方法将六类服务业行业贸易额加总得到可交付的数字服务贸易总额。该方法有数据易获得、计算简便的特点。目前学界的研究多是基于这一方法测度数字服务贸易规模。

中国信息通信研究院 2020 年 12 月发布的《数字贸易发展白皮书(2020 年)》正是基于该方法测度的全球数字贸易规模。相关数据显示,全球数字服务贸易稳步增长,在服务贸易中的主导地位逐渐显现。从细分行业来看,其他商业服务,电信、计算机和信息服务,以及金融服务在数字服务贸易中占据主导地位。当然,该方法也存在一定的缺陷。服务贸易存在跨境交付、境外消费、商业存在和自然人流动四种模式,而在国际收支统计口径(BOP)下统计的服务贸易并未将商业存在纳入其中。若考虑商业存在,数字服务贸易规模是现有数据的 2~3 倍。

2. 数字传输贸易规模的估算法

2019 年,拉什米·班加(Rashmi Banga)在 UNCTAD 的研究报告中针对数字传输的贸易额提出了三步法的估算方法。

第一步,确定可数字化的贸易产品。UNCTAD 基于 HS-6 分位编码识别出 49 种既以实物形式交易,又以电子形式交易的产品。这些产品包括摄影胶片和电影胶片、印刷品、音乐和媒体、软件和视频游戏五类。

第二步,估算 1998—2017 年 49 种可数字化产品的实际贸易额。使用 UNCTAD 和世界银行构建的 WITS(World Integrated Trade Solutions)数据库获得 1998—2017 年各经济体中 49 种可数字化产品的双边贸易流量。

第三步,估算 49 种可数字化产品的数字传输的贸易额。拉什米·班加假设在不存在数字化时,可数字化产品的进口增速是恒定不变的。首先,根据 1998—2010 年的数据获得全球数字产品进口的年均增长率。其次,假设 2010 年后不存在数字化,那么 2011 年的可数字化产品进口量可使用求得的年均增长率与 2010 年实际进口额相乘,得到 2011 年可数字化产品进口估计值。最后,使用相关年份可数字化产品进口估计值减可数字化产品进口实际值得到可数字化产品的数字传输贸易额。

根据拉什米·班加的估算法,2017 年全球可数字化产品的实际进口额为 1 160 亿美元,全球可数字化产品的进口估计值为 2 550 亿美元(1998—2010 年年均增长率为 8%),两者相减后可得 2017 年可数字化产品的数字传输贸易额高达 1 390 亿美元。这表明,2017 年超过一半的可数字化产品是通过电子传输的方式交付的。

(二)中国海关总署对跨境电商规模的测度

2014 年,我国海关总署分别发布 2014 年第 12 号和第 57 号文件,增列了 9610(跨境贸易电子商务)和 1210(保税跨境贸易电子商务)的监管代码。2020 年,我国决定在北京、天津、广州等 10 个地方海关开展跨境电商企业对企业出口监管试点,增列了 9710(跨境电子商务企业对企业直接出口)和 9810(跨境电子商务出口海外仓)的监管代码。其中,9610 适用于境内跨境电商企业与境外消费者通过跨境电商销售平台达成交易;1210 适用于境内个人或电商企业在经海关认可的电商平台实现跨境交易,并通过海关特殊监管区域或保税监管场所进出的电商零售进出境商品;9710 适用于跨境电商 B2B 直接出口的货物;9810 适用于跨境电商出口海外仓的货物。自此,中国对跨境电商进出口贸易额的统计体系基本成形。

三、数字贸易的特点及对国际贸易的影响

(一)数字贸易的特点

相较于传统贸易,数字贸易在贸易主体、贸易模式、交易标的、交付模式方面均存在着明显的差异。

第一,贸易主体由跨国公司转变为中小企业与消费者。传统的国际贸易由于存在较高的固定成本与市场准入门槛,使得中小企业难以参与全球生产分工体系。而各类数字化技术的应用不仅削弱了固定成本对中小企业参与国际贸易的制约作用,更重要的是网络平台与信息通信技术的兴起可以使消费者直接参与货物与服务的交易。电子商务的 B2C、C2C 等商业模式中,个体消费者扮演着越来越重要的角色,分销商在国际贸易中的作用逐渐弱化。

第二,贸易模式从以往的依托于分销商转变为依托于网络平台。传统贸易商业模式主要有代理模式、分销模式、直销模式、合资或合作等,其中代理模式依托于代理人或中间商进行贸易活动,分销模式则依托于分销商,由分销商负责销售。通过代理人或分销商的资源渠道、销售网络等将商品推向市场,降低企业的市场开拓成本。而数字贸易中,网络平台的兴起在一定程度上完成了国际贸易的"去中介化",网络平台将商品、厂商、消费者等各类信息汇集于此,有效降低了信息不对称性,为厂商和消费者提供了快速检索并匹配需求的服务,

使双方可以直接进行贸易往来。

第三,交易标的范围不断扩展。传统贸易中交易标的由货物、服务及生产要素组成,数字贸易的交易标的则是由以数字技术作为基础工具和以数字形式表现的有形或无形商品构成。由相关数据构成的数字化信息与知识同样可以视为交易标的,如光盘中搭载的歌曲、电影等。更为重要的是,数据本身作为一种重要的生产要素衍生出了新的产品——数据贸易。根据《上海市数据交易场所管理实施暂行办法》的要求,数据交易场所内能够进行交易的标的可以分为数据产品、数据服务、数据工具,以及经主管部门同意的其他交易标的。

第四,交付模式发生转变。传统贸易中的交付模式多是由跨国公司购买或出售最终品(中间品)或是消费者在零售商处购买最终商品,贸易双方均需面对面进行交付,而数字贸易依托于先进的数字化技术,以往只能线下交付的商品或服务可以通过线上交付完成。例如,以往的国外电影是储存在光盘之中,经过运输、销售等一系列途径进入消费者手中,而数字贸易中的消费者可使用线上支付进行在线电影的购买。

(二) 数字贸易对国际贸易的影响

第一,降低贸易成本,提高贸易效率。数字贸易降低了信息搜寻成本、核查成本、运输成本等一系列贸易成本,为国际贸易注入新活力。以信息搜寻成本为例,依托于网络平台的数字贸易,买方可以在网络平台上进行产品的推广销售,卖方可以在更大范围上获取所需产品的信息,贸易双方可以以较低的信息搜寻成本完成匹配,提升了双方在国际贸易中的合作效率。不仅如此,贸易双方较低的信息不对称也减少了买方套利的机会,使市场中同类产品的价格趋于下降,卖方可购入价格更低廉的中间商品或最终商品,促进国际贸易的发生。

第二,促进贸易新业态的产生。数字技术几乎渗透至各行业之中,随着数字技术与金融、医疗、教育、零售等众多行业的深度融合,呈现出产品服务化、服务产品化、软硬件一体化的发展趋势,外贸新业态新模式持续创新,业务的专业化、精细化、多样化水平不断提升。此外,数字技术贸易与数据贸易也成为国际贸易中的重要一环。

第三,提升消费者福利。数字贸易通过价格低、质量优的贸易产品,贸易产品供给多样化,供需匹配渠道提升了消费者的福利。首先,数字贸易通过降低运输成本和中间环节费用,降低了相关产品的价格,使消费者在产品价格上享有更多的优惠。此外,在网络平台中形成的超级明星效应可以使质量更优的商品被更多地选择;其次,数字贸易催生的各类贸易新业态,使以往不可贸易的产品变得可贸易(如在线教育),增加了可贸易产品的数量和种类,提升消费者福利;最后,与消费者相关的数据要素收集、分析和应用有助于生产商持续跟进并挖掘消费者的需求差异,进而根据消费者的偏好进行个性化产品定制,满足了消费者的差异化需求偏好。

第二节　数字贸易壁垒

一、数字贸易壁垒的框架

(一) USITC 定义的数字贸易壁垒

USITC(2017)将数字贸易壁垒划分为数据本地化壁垒、技术壁垒、网络服务壁垒,以及其他壁垒。

第一，数据本地化壁垒。数据本地化壁垒与 USITC(2013)对本地化措施的定义大致相同，指强制公司在一国境内从事与数字贸易相关的活动。按照限制对象，可分为数据储存本地化、计算设施本地化及完全禁止跨境数据流动。

第二，技术壁垒。技术壁垒主要包括采取烦琐和不必要的安全标准，以及要求披露加密算法或其他专有源代码。

第三，网络服务壁垒。网络服务壁垒包括新的商业模式与以往监管制度不相匹配，对网络中介平台施加不合理的监管负担，要求其为网络用户生成的内容和活动承担与知识产权无关的责任。

第四，其他壁垒。其他壁垒包括围绕电子认证和签名、互联网域名、数字产品、电子支付平台和其他歧视性做法的问题。

（二）欧洲国际政治经济中心(ECIPE)定义的数字贸易壁垒

ECIPE 公布的数字贸易限制指数(digital trade restrictiveness index，DTRI)构建了包括财政限制、建立限制、数据限制、交易限制在内的五大指标群，共 13 子章节内容。

拓展阅读

DTRI框架
与子章节
主要内容
说明

（三）经济合作与发展组织(OECE)定义的数字服务贸易壁垒

与 USITC 和 ECIPE 不同，OECD 将研究对象聚焦于数字服务贸易，研究重心定位于监管政策层面，构建了数字服务贸易限制指数(digital services trade restrictiveness index，DSTRI)，旨在通过该指数为决策者提供一个以证据为基础的工具，帮助决策者发现监管瓶颈，制定相应的政策，以促进数字服务贸易发展。DSTRI 构建了涵盖基础设施和联通、电子商务、电子支付方式、知识产权保护和其他数字服务贸易壁垒五大政策领域的数字服务贸易壁垒框架。

拓展阅读

DSTRI政策
领域与具体
措施

二、数字贸易壁垒的形式与特征

（一）数字贸易壁垒的主要表现形式

1. 数字贸易关税壁垒

数字贸易领域的关税壁垒主要是围绕信息通信技术产品及其中间品征收关税或建立贸易救济措施(包括对数字产品征收反倾销税、反补贴税等)。虽然 WTO 框架下的《信息技术协定》(ITA)降低了信息通信技术产品的关税，但部分经济体并未签署相关协议且部分信息通信技术产品未被纳入，对信息通信技术产品征收关税的情况依然存在。

此外，数字服务税的征收逐渐成为数字贸易关税壁垒的重要表现形式。数字服务税是指经济体对跨国公司销售的数字服务征收的一种税，主要有两种形式，一是对从事数字业务的跨国公司征收数字服务的商品与服务税或增值税；二是欧盟基于数字服务收入门槛所设立的新税种。目前，部分经济体已将数字服务纳入商品与服务税，如 2015 年韩国修订了《增值税法》，要求国外服务提供者对韩国用户提供电子服务时进行登记并收取增值税；2018 年欧盟提出就数字化业务征税的新方式，以法国、英国为首的部分欧盟经济体开始征收单边税。

2. 数字贸易非关税壁垒

数字贸易非关税壁垒的表现形式繁多，根据具体内容可大致分为跨境数据流动限制、数字企业市场准入限制与知识产权。

（1）跨境数据流动限制。不同经济体对跨境数据流动与隐私保护采取了差异化的监管政策,如不同隐私保护准则下的数据跨境流动、数据及计算设施本地化要求等。这种差异化的监管政策造成公司面临多重合规成本。同时,部分经济体严禁电信行业数据、金融行业数据、会计数据、个人信息数据跨境传输,如巴西通过《会计分离和分配条例》《个人数据管理保护法》分别对会计数据和个人信息数据跨境转移进行了限制。此举使以数据传输为前提的数字服务跨境提供难以实现。

（2）数字企业市场准入限制。数字企业市场准入存在多种形式的限制措施,一是投资限制,如对国外跨国公司所有权限制、对董事会和经理人的限制、投资和收购的国家安全审查等;二是技术限制,通过制定与国际标准不一致的本国技术要求来限制国外公司的技术使用、限制电子支付系统使用等;三是贸易数量限制,对数字产品和服务进出口实行包括数量限制、许可证要求、政府采购在内的各类限制措施;四是强制进行源代码披露,以源代码披露作为市场准入条件。

（3）知识产权。数字经济领域的知识产权主要包括版权、专利、商标和商业秘密,适当的知识产权保护对数字经济领域的创新至关重要。目前,大量经济体在商标或版权方面对跨国公司实行歧视性待遇,如对本国申请人的特殊待遇或跨国公司更高的专利费用等。同时,数字经济时代下数字知识产权侵权变得更为复杂化和多样化,知识产权保护体系与数字经济发展不相匹配、执法效率较低或滥用知识产权保护均构成了数字贸易非关税壁垒的表现形式,阻碍数字贸易发展。

（二）数字贸易壁垒的发展特征

从 ECIPE 和 OECD 对各经济体数字贸易壁垒的量化结果来看,数字贸易壁垒的发展大致呈现出三大特征。

第一,发达经济体与发展中经济体在数字贸易限制措施方面存在巨大差距。发展中经济体对数字贸易限制水平远高于发达经济体,特别是新兴经济体对数字贸易存在更为严苛的限制政策。

第二,发达经济体的数字贸易限制主要集中于财政限制和跨境数据流动限制两个方面。绝大多数发达经济体对数据跨境流动采取了一定程度的限制措施,财政限制也是发达经济体进行数字贸易保护的主要手段之一。受数字基础设施薄弱、技术水平滞后、法律制度缺位等因素的限制,加之在数字贸易规则博弈过程中多处于弱势地位,发展中经济体对数字贸易的限制措施明显多于发达经济体,各类限制措施在不同发展中经济体中均有所体现。

第三,随着数字贸易的发展,各经济体采取了差异化的数字贸易监管措施,造成全球数字贸易壁垒呈上升趋势。细分政策领域来看,基础设施和联通领域限制措施增长最快,其他数字贸易领域中的限制措施也呈上升趋势,电子商务、电子支付方式与知识产权保护中限制措施呈现下降趋势。

三、数字贸易壁垒成因

由于数字贸易立法和数字产业结构的差异,各经济体对数字贸易规则的诉求不尽相同,进而使得数字贸易壁垒在各经济体之间存在着明显的差异。发达经济体针对自身优势数字化产业不断减少数字贸易限制,而发展中经济体则对数字贸易采取人为限制以保障自身利益和国内产业发展。两者在数据、网络内容监管及数字贸易企业市场准入等方面存在难以弥合的分歧。此外,治理碎片化也是造成数字贸易壁垒加剧的原因。

第一,监管分歧。发达经济体与发展中经济体在监管上的分歧主要包括两个方面,一是数据监管的分歧,二是网络内容监管分歧。

从数据监管的分歧来看,由于技术和产业的发展存在差异,发达经济体在跨境数据流动方面往往掌握着主动权,而发展中经济体被动地接受发达经济体所提供的数字服务并沦为数据的净输出国。除此之外,受数字经济监管制度的缺失和国内监管机构发展滞后双重因素的制约,发展中经济体对跨境数据的管控能力相对较弱。而发达经济体能够通过完善的数字经济监管制度相对有效地管控本国储存于境外的数据(如美国实行的长臂管辖原则)。基于上述原因的考量,发达经济体更加倾向于取消对跨境数据流动的限制。与之相反,发展中经济体由于缺乏相应的数字化产业及其相配套的法律法规,将会对数据跨境流动采取不同程度的限制措施。

从网络内容监管争议来看,发达经济体更倾向于自由开放的互联网环境。在自由开放的互联网下,发达经济体具有基于数字服务产业的相对优势。而发展中经济体不仅缺乏科技巨头,并且其信息保护技术并不成熟,网络用户遭受攻击和信息泄露的事件屡见不鲜。因此,为保障网络用户的个人信息和数据的安全,防止关键网络系统被非法入侵,发展中经济体更多地采取网络内容审查的方式,加强对网络信息的管理审核。

第二,发达经济体与发展中经济体针对数字产业是否应完全开放、何时开放、通过何种方式开放等问题存在明显的分歧。对发达经济体而言,其更希望通过各经济体实施相对宽松的数字产业市场准入条例,通过构建一个包容的、有利于数字贸易发展的商业环境,使自身具有优势的数字产业获得规模经济效应。而对发展中经济体而言,若完全开放国内(地区)数字市场,具有绝对优势的跨国科技巨头将会迅速占领市场份额,阻碍本国数字产业的发展。不仅如此,由于数字要素具有外部性的特点,数字巨头拥有市场用户越多,其获取的信息相应增加,进而提高产品服务质量。这会强化数字巨头在本国市场中的既有优势,形成寡头垄断和数据垄断的局面。

第三,在多边数字贸易规则缺位的背景下,针对数字贸易过程中利益诉求差异和追求规则主导权的意愿激发了各国通过区域贸易协定,构建数字贸易制度联盟的趋势。区域贸易协定虽有助于降低缔约方之间数字贸易壁垒,但各国特别是发达经济体在数字贸易规则上的分歧和碎片化,将削弱数字贸易规则的治理效应。一方面加剧缔约方与非缔约方之间的数字贸易壁垒,另一方面不同经济体之间缔结大量的区域贸易协定,导致国际贸易形式变得错综复杂,产生了"意大利面条碗"效应,使得数字贸易壁垒显著上升。

四、中国数字贸易限制措施

中国数字贸易限制措施可以归纳为以下三个方面。

第一,跨境数据流动限制。中国针对数据跨境流动采取了一系列限制措施,《网络安全法》《国家安全法》严格限制了日常跨境信息传输,对关键信息基础设施领域的企业实施数据本地化的要求。同时,中国还对金融、医疗健康、出租车、地图服务等特定行业领域制定了数据本地化储存规则。此外,在数据收集与处理方面,中国也提出了严格且详细的同意请求,如需告知用户信息收集的目的、方式、保留期限、适用范围等。

第二,市场准入限制。中国通过投资限制和贸易数量限制的手段对金融、电信、文娱、云服务等行业实施市场准入限制。

第三,网络限制。通过国家网络防火墙传输的网络流量存在延迟的现象,对外部网络进行了限制。

中国在数字贸易领域采取以上限制措施,完全是基于维护国家安全、保护国民隐私的合法目标,其所采取的限制政策是实现合法公共目标所必需的,满足监管目标的合法性和必要性原则。此外,仅从监管的视角去讨论中国在数字贸易领域的限制措施,也忽略了发达经济体与发展中经济体之间存在的数字产业基础、监管治理水平的巨大差异。

目前,中国正以渐进式开放策略逐步实现数字贸易自由化。跨境数据流动方面,中国并非严格禁止,而是以维护数据主权安全为重点,以"主权保护"为导向,对跨境数据流动设立了一定的条件。例如,《网络安全法》第三十七条规定,关键信息基础设施的运营者在中国境内运营过程中所产生的个人信息和关键数据均应存储于境内,若因业务需要,确需向境外提供,应当按照相关办法进行评估后进行传输;《个人信息和重要数据出境安全评估办法》则规定了何种类型数据跨境流动需进行评估、数据跨境流动评估的准则,并且指出未经个人信息主体同意,可能影响国家安全,损害社会公共利益,以及由相关部门认定不可出境的情况下,禁止数据跨境流动。市场准入方面,在保障国内数字产业发展的前提下,积极探索数字市场自由化,逐渐放宽门槛。例如,《北京市数字经济促进条例》中强调探索放宽数字经济新业态准入、建设数字口岸、国际信息产业和数字贸易港;《关于深圳建设中国特色社会主义先行示范区放宽市场准入若干特别措施的意见》中指出放宽数据要素交易和跨境数据业务等相关领域市场准入,放宽通信行业准入限制,安全有序开放基础电信业务等。

当然,由于中国数字贸易起步相对较晚,国内在数字贸易相关法律法规、监管体系、知识产权保护等方面与美、欧等国尚存在差距。

拓展阅读

中国数据跨境流动立法简介

第三节　多边框架下的数字经济治理

一、联合国数字经济治理体系的发展

(一)《贸易法委员会电子商务示范法》

为切实解决全球电子商务中遇到的法律冲突,1996 年联合国国际贸易法委员会(UN-CITRAL)通过了《贸易法委员会电子商务示范法》(简称《电子商务示范法》),这是世界上第一部关于电子商务的统一法规。《电子商务示范法》由电子商务总则和电子商务的特定领域两部分,17 项条款组成。电子商务总则包括的内容主要有一般条款(范围、定义、解释等)、数据电文适用法律要求(数据电文的法律承认、可接受性、留存等)和数据电文的传递(数据电文的归属、确认、收讫等)。

(二)《贸易法委员会电子签字示范法》

2002 年第五十六届联合国大会上通过了《贸易法委员会电子签字示范法》(简称《电子签字示范法》)。《电子签字示范法》共 12 项条款,通过为电子签字和手写签字的等同性之间规定可靠的技术性标准,明确了电子签字的法律效力,并对评估签名人、介入签名过程的第三方的义务和赔偿责任提供了基本的行为规范,这是对《电子商务示范法》的有益补充,促进了电子签名在国际贸易中的使用。

(三)《联合国国际合同使用电子通信公约》

2004 年 UNCITRAL 电子商务工作组会议形成了《联合国国际合同使用电子通信公约》（简称《公约》）。2005 年 UNCITRAL 第三十八届会议审议通过了《公约》。《公约》共四章 25 项条款，主要内容有：第一，明确适用范围；第二，承认电子通信的法律效力；第三，明确电子合同中的其他问题。《公约》继承并完善了《电子商务示范法》中相关规则，如完善了电子签名规则，对发出和接收电子通信的时间和地点进行明确规定，同时创设了要约邀请、自动电文系统等全新的实体规则，进一步减少了电子商务中存在的法律障碍。

(四)《贸易法委员会电子可转让记录示范法》

2017 年 UNCITRAL 第五十届会议审议并通过《贸易法委员会电子可转让记录示范法》（简称《电子可转让记录示范法》）。《电子可转让记录示范法》共四章 19 项条款，主要内容有：第一，功能等同的规定；第二，明确电子可转让记录的使用。

二、WTO 框架下的数字经济治理体系

(一) WTO 框架下相关协定对数字贸易规则的应用

1.《关贸总协定》

数字技术促进了货物贸易的发展，如互联网订购并交付的产品。由于货物形态的产品需要进行跨境交付，因此适用于《关贸总协定》中相关规则规定的义务。虽然《关贸总协定》适用于数字贸易中的货物贸易，但在涉及视听、游戏等特殊产品时，将其归为货物还是服务仍存在争议。

2.《服务贸易总协定》

《服务贸易总协定》能够对数字化提供的服务进行有效规制，主要有：最惠国和透明度的一般原则全面适用，承诺在管理市场准入和国民待遇时同样不考虑这些待遇是通过何种技术手段实现的，相关规则均可用于解决数字贸易市场准入相关问题；一般例外中规定成员可保护个人信息相关的隐私、记录和账户等，并通过设置安全例外规定不得要求任何成员提供其根据国家基本安全利益认为不能公布的资料。相关规则可适用于个人信息保护、数据本地化等相关问题；《服务贸易总协定》中还包含电信附件、基本电信服务协定、金融服务附件，相关附件和协定中的规则可适用于电信、金融行业的市场准入、跨境数据流动及个人信息保护等。

3.《与贸易有关的知识产权协定》

数字贸易多涉及知识产权，特别是版权和商标权，《与贸易有关的知识产权协定》为保护和有效执行相关权利提供了最低标准。与数字贸易相关的条款主要在第一部分（总条款与基本原则）和第二部分（有关知识产权的效力、范围及利用的标准）中，其中第一部分中第三条（国民待遇）、第四条（最惠国待遇）可适用于数字贸易中知识产权保护的国民待遇和最惠国待遇，第二部分中第一节至第七节包括版权、商标、工业设计、专利等内容，可适用于数字贸易中知识产权保护及源代码保护等内容。

4.《技术性贸易壁垒协定》

《技术性贸易壁垒协定》涵盖了适用于信息和通信技术、电子产品的技术法规和标准，以协调一致原则为基础，鼓励各成员依据现行的国际标准或其中的一部分制定其国家（地区）的技术法规或法规中的有关部分，提高了电信和宽带网络标准、加密和数据储存等方面的互操作性。

5.《信息技术协定》

计算机和电信设备在内的信息通信技术产品构成了数字贸易所需的基础设施的一部分,因此《信息技术协定》中最惠国承诺取消某些信息和通信技术产品的关税有助于推动全球数字产品的贸易自由化发展。

6.《贸易便利化协定》

《贸易便利化协定》作为"多哈回合"谈判的重要成果,旨在简化海关程序。协定中信息的公布与可获性、预裁定、快运货物等规则,通过海关程序改革、入境前电子处理程序、海关接受电子文件等方式,简化了货物通关的审批手续并缩短通关时间,促进了货物类型的数字贸易发展。

(二)WTO框架下数字贸易治理困境

第一,相关概念界定不清晰。WTO对"电子传输""数字产品"尚无明确定义,加之传统的标的划分难以适应数字贸易,造成相关规则的使用存在歧义。

第二,尚未形成完善、统一的与数字贸易治理有关的协定。WTO框架下与数字贸易规则相关的内容多为货物、服务、知识产权等规则的延伸,相关规则无法完全满足数字贸易发展新需求。

第三,规则的高标准与包容性难以平衡。WTO各成员的数字经济发展程度差异显著,成员在数据开放与保护、数字市场准入、源代码问题等规则上存在着不可弥合的分歧,在统一的框架下构建兼具高标准与包容性的数字贸易规则,并使成员之间达成共识还有一定的难度。

(三)WTO电子商务提案

2021年7月,澳大利亚、日本和新加坡驻WTO大使发表声明称:现有86个WTO成员参加《关于电子商务的联合声明》倡议,在网络消费者保护、电子签名和电子认证、非应邀商业电子信息、开放政府数据、电子合同、透明度、无纸化贸易、网络开放八个条款取得实质性进展,并且进一步加强关于电子传输免征关税、跨境数据流动、数据本地化储存、源代码问题的讨论。

1. WTO电子商务提案的主要议题

2019年1月起,部分WTO成员陆续向WTO提交了与电子商务相关的提案。提案有两种形式,一是礼节性提案,提案内容主要是宣布相关成员加入《关于电子商务的联合声明》,并积极参与相关事宜;二是实质性提案,提案内容主要是以相关成员自身利益为出发点,提出实质性的数字贸易规则。根据实质性提案的具体内容,议题大致可分为数据流动、隐私保护、市场准入和贸易促进四类(表10-2)。

表 10-2　WTO 成员电子商务提案的议题分类

议题分类	具　体　内　容
数据流动	跨境数据流动、数据本地化储存、网络开放、网络中介免责、公开政府数据
隐私保护	国内监管框架、个人信息保护、网络消费者保护、非应邀商业电子信息、网络安全
市场准入	数字产品的非歧视待遇、电子商务领域的知识产权保护、平台垄断、源代码问题、电信行业市场竞争,监管有效性和透明度
贸易促进	无纸化贸易、电子传输免征关税、电子签名和电子认证、数字鸿沟、电子支付、促进电子商务发展的合作

2. WTO 电子商务提案中各成员谈判立场

第一,以美国、日本为代表的开放型成员,提案主要涉及数据流动和市场准入。相关议题在破除数字贸易领域内的各类壁垒的基础之上,一方面推动数据跨境自由流动,为国内数字巨头营造相对自由的营商环境,维持数字巨头在国际贸易中的垄断地位;另一方面通过设置更高标准的数字市场准入制度,建立以自身为主导的数字制度联盟,并保障自身的核心技术不受侵犯。

第二,以欧盟、新加坡、加拿大、巴西为代表的综合型成员,提案涉及四类议题。在数据流动和隐私保护议题上,综合型成员的立场相对统一,如提案中均指出在为国内监管自主权预留空间的基础之上,允许数据跨境自由流动。在市场准入和贸易促进议题上,综合型成员的侧重点则有所差异,如市场准入方面,欧盟侧重制定电信行业的市场准入规则,新加坡仅提及数字产品的非歧视待遇,加拿大则认为跨境服务一般是由电子通信所提供,在考虑电子商务的市场准入时需要厘清以电子通信为基础的服务贸易模式,并进一步提供不合法的针对性歧视和歧视理由清单等。

第三,以中国、俄罗斯为代表的审慎型成员,提案主要集中于隐私保护和贸易促进。中国在提案中偏向于便利跨境电子商务的系列举措,支持成员完善海关程序,在切实可行的范围内实行电子支付,并且鼓励成员充分利用自由贸易区和海关仓库促进跨境电子商务;俄罗斯的提案更注重个人隐私和信息保护,提案中指出成员的监管部门需提供跨境侵犯在线消费者权利的可能措施清单,保障在线消费者权利。

第四,以科特迪瓦为代表的合作包容型成员,提案聚焦于弥合数字鸿沟和包容性发展等方面的议题。由于数字鸿沟的客观存在制约了相关成员参与全球数字贸易的能力,科特迪瓦提出通过建立机构间合作论坛、设置援助基金等举措,弥合发达经济体与发展中经济体之间的数字鸿沟,并且可对相对落后的经济体采取差别待遇的方法,以此促进相关经济体数字贸易的发展。

三、APEC 框架下的数字经济治理体系

(一) 跨境数据流动与个人信息保护方面的规则

1. 《亚太经合组织隐私框架》

2004 年 11 月,APEC 部长级会议通过了《亚太经合组织隐私框架》(APEC Privacy Framework),该框架由四部分内容构成,分别是序言、条款适用范围、隐私原则及实施指南。在最初版本的实施指南中仅包含了国内实施指南,直到 2005 年 9 月增加了跨境要素(包括数据跨境流动)的实施指南,该框架才得以完成。

《亚太经合组织隐私框架》中核心内容是隐私原则,共包含九项。

第一,预防伤害原则。《亚太经合组织隐私框架》的主要目标之一是防止个人信息被滥用,从而对个人造成伤害。因此,隐私保护措施应旨在防止因错误收集和滥用个人信息而对个人造成伤害。

第二,声明原则。个人信息控制者应就个人信息收集目的的、披露及处理过程等行为,提供包括清晰易懂的说明,应确保在收集个人信息前或处理个人信息时对数据主体提供相应的通知。

第三,数据收集原则。个人信息的收集应仅限于与收集目的相关的信息,且个人信息需通知相关个人或征得其同意。

第四,个人信息使用原则。收集的个人信息只能用于实现收集目的,下述三种情况可扩大个人信息适用范围:征得数据主体的同意或在必要时提供个人要求的服务或产品,或根据法律授权和其他具有法律效力的法律文书、公告和声明。

第五,尊重数据主体选择权原则。在适当的情况下,应为个人提供清晰、醒目、易懂、方便和可负担得起的机制,使他们能够在个人信息的收集、使用和披露方面行使选择权。收集公开信息时可不遵守该原则。

第六,个人信息完整性原则。个人信息应准确、完整,并在使用目的所需的范围内保持更新。

第七,安全保障原则。个人信息控制者应以适当的保障措施来保护他们所持有的个人信息,以防风险。相关的保障措施应定期审查和重新评估。

第八,信息存储与校正原则。数据主体有权从个人信息控制者处获得关于该控制者是否持有其个人信息的确认;在提供充分的身份证明后,在合理的时间内获得关于其个人信息的告知;在适当的情况下,数据主体可要求对信息进行更正、补充、修改或删除。此外,该原则还对数据主体查阅和修正数据的例外情况做了相关规定。

第九,问责制原则。在个人信息被转移给另一个人或组织时,无论是在国内还是在国际上,个人信息控制者都应征得当事人的同意,或尽职尽责,并采取合理措施,确保接收者或组织将按照这些原则保护信息。

为进一步推进国际和区域机制,促进《亚太经合组织隐私框架》及实施举措(包括跨境隐私规则系统)与其他地区的隐私保护之间的互操作性,保持 APEC 经济体之间,以及与其他贸易伙伴之间的信息流动连续性,APEC 于 2015 年更新了《亚太经合组织隐私框架》。《亚太经合组织隐私框架》(2015)中的原则与之前的版本大致相同,主要增加的内容为实施指南。其主要包括成员之间的信息共享、调查和执法方面的合作、跨境隐私机制、跨境信息传输、隐私框架之间的互操作性等内容。

2. 跨境隐私规则(cross-border privacy rules,CBPR)系统

为实现 APEC 区域内跨境数据的自由流动及个人信息保护,2007 年 APEC 建立了数据隐私探路者(data privacy pathfinder)。在该工作组的努力下,2011 年 APEC 领导人批准建立了 CBPR 系统。CBPR 系统构建了"政府背书—自愿、可执行并基于问责制"的隐私保护认证机制。APEC 成员中的数据控制者可以在满足认证要求后加入该体系,在跨境交易时,可向对方证明自身的数据保护水平。

CBPR 系统由四部分内容组成:第一,认证标准,在判断相关主体是否有资格成为 CBPR 系统认证的责任代理(accountability agent)时适用;第二,准入问卷,希望通过第三方 CBPR 系统认证问责代理机构认证为 CBPR 系统合规组织的录取问卷;第三,评估标准,CBPR 系统认证问责代理机构在审查组织对录取问卷的答复时适用;第四,监管合作安排,确保APEC 经济体参与 CBPR 系统后,能有效执行 CBPR 系统的各项要求。

此外,CBPR 系统为切实保护个人信息安全,还做了如表 10-3 所示的规定。

表 10-3　CBPR 个人信息保护框架

要　求	具　体　内　容
可执行的标准	经济体若要加入 CBPR 系统,必须证明 CBPR 系统的要求在该经济体的法律上可对获得认证的公司强制执行。
问责制	要获得认证,公司必须向问责代理机构——独立的 CBPR 系统认可的公共或私营部门实体证明该公司符合 CBPR 系统的要求,并且公司要接受持续的监督和执行。
保护措施	通过认证的公司必须对个人数据实施安全保护措施,这些措施应与受到威胁的可能性和严重程度、信息的机密性或敏感性,以及信息的保存环境相匹配。
消费者的投诉与处理机制	责任代理机构负责受理和调查投诉,并解决消费者与认证公司之间因不遵守计划要求而产生的纠纷。
消费者授权	获得认证的公司必须为消费者提供查阅和更正其个人数据的机会。此外,通过公开认证 CBPR 系统的要求,消费者可以深入了解他们选择与之开展业务的企业的隐私保护措施。
信息保护一致性	CBPR 系统尊重各经济体由于不同的法律要求,从而对认证公司提出额外的要求。但参与经济体必须同意遵守 CBPR 系统提出的 50 项具体要求,进而促使各经济体在不同法律规制下实施相同的信息保护标准。
跨境执法合作	CBPR 系统为监管机构提供了一个合作执行计划要求的机制。

经 CBPR 系统认证的公司和经济体确保了个人信息在跨境转移过程中,能够按照 CBPR 系统规定的要求得到相同标准的保护,确保国家间的监管差异不会阻碍企业提供创新产品和服务的能力,使消费者和企业共同受益。目前,美国、加拿大、墨西哥、日本等国在区域贸易协定之中或其他场合中已承认 CBPR 系统,以便在遵守国内法律的前提下进行跨境数据传输。目前,已有九个经济体加入了 CBPR 系统,包括澳大利亚、加拿大、日本、韩国、墨西哥、菲律宾、新加坡、中国台湾地区和美国。

3. 处理者隐私识别(privacy recognition for processors,PRP)系统

2015 年 8 月,APEC 批准了处理者隐私识别系统(PRP)系统。PRP 系统旨在帮助个人信息处理者协助控制者遵守相关隐私义务,并帮助个人信息控制者识别合格和负责任的处理者。PRP 系统的实践流程大致为,相关组织提交自评估问卷,问卷设定了的基准要求。然后,由 APEC 认可的责任代理机构将根据一系列要求对寻求认可的处理者进行评估,并予以认证。目前,新加坡和美国已加入了 PRP 系统。

(二)数字许可与电子政务相关规则

2022 年 4 月,APEC 公布了《政策建议:推进后 COVID-19 经济复苏的数字许可和电子政务措施》,该报告为 APEC 经济体实施和促进许可和审批(licensing and permitting)流程数字化提供了可操作的建议。该报告由政策建议和处于不同发展阶段的 APEC 经济体的相关案例组成,为正在实施数字化许可和审批举措的政府部门提供了相应的建议和经验案例。

报告中针对数字化许可和审批给出了以下五点建议。

第一,制定相对统一的数字许可标准。该建议中具体包括的内容有:许可证的网络信息和规则可用性。申请人应能在网上获取有关许可证申请程序的信息,使相关要求和步骤具有一致性和透明度;在线支付和更新许可证;申请、处理和跟踪许可证的单一窗口;许可证申请信息的在线披露。

第二,政府展现推动数字化许可和审批流程的意愿。通过政策倡议、法律改革或其他信息传递,说明数字化许可和审批流程的优点,促进利益相关者之间的伙伴关系,并为政府内部的改革制定议程。

第三,促进有利的政策规制和政策环境。政府通过相关的法律法规及政府激励措施,以提高对数字化许可和审批流程的使用率。

第四,教育并激励利益相关者使用数字化许可和审批。激励利益相关者参与数字化转型,并创造一个良性循环,让每个利益相关者都推动其他利益相关者采用数字化许可和审批流程。在激励措施的基础上,需要对利益相关者进行教育和宣传,让他们了解物流与采购服务等方面数字化的优势所在。

第五,实施区域认证模式。区域认证模式,将上述建议的内容与激励结构相结合,以递进式的方法,敦促并认可利益相关者在差异化的许可和审批流程中实施数字技术。该模式将显著减少实施的技术障碍和资金成本。

(三)《APEC 互联网和数字经济路线图》(APEC Internet and Digital Economy Roadmap,AIDER)

拓展阅读

AIDER 工作计划中的关键领域与优先领域

除上述提及的具体规则外,APEC 领导人承诺共同努力实现互联网和数字经济的潜力,并通过了 AIDER。AIDER 确立了 APEC 成员在互联网和数字经济中 11 个关键领域的工作内容,旨在为关键领域和行动提供指导,以促进成员之间的技术和政策交流,推动创新、包容和可持续增长,并弥合 APEC 地区的数字鸿沟。2020 年 11 月,数字经济指导小组(Digital Economy Steering Group)进一步将 AIDER 工作计划中各关键领域转化为更具体的优先领域。

四、欧盟区内的数字经济治理体系

拓展阅读

欧盟区数字立法进展

欧盟先后颁布的《数据通用保护条例》(General Data Protection Regulation,GDPR)、《数字市场法》(the Digital Market Act,DMA)和《数字服务法》(the Digital Service Act,DSA)分别就跨境数据流动与隐私保护、互联网平台的监管治理形成了诸多有益的做法和规制。上述法案不仅包含了欧盟规范自身数字经济市场的诉求,也包含了欧盟在构建全球数字规则方面的考量,是欧盟数字经济治理领域中最为核心的法案。

(一)《数据通用保护条例》(GDPR)

欧盟始终将个人信息保护视为基本权利,1995 年的《关于个人数据处理保护与自由流动指令》便已规定将欧盟的个人数据传输限制在与欧盟数据保护水平相同的经济体之中,这是当时世界上综合性最强的数据保护体系。2018 年,欧盟通过 GDPR 替代了《关于涉及个人数据处理的个人保护以及此类数据自由流通的第 95/46/EC 号指令》,同时配合《非个人数据在欧盟境内自由流动框架条例》构成了欧盟跨境数据管理体系。一方面,GDPR 规定欧盟 28 个成员形成单一化的市场,消除了成员之间数据监管规则的差异,实现欧盟范围内的数据自由流动;另一方面,《非个人数据在欧盟境内自由流动框架条例》中对成员的数据本地化要求进行限制,以促进非个人数据传输。条例规定除非基于公共安全的理由,数据本地化要求应当被禁止,并且督促成员尽快立法引入新的数据本地化法案并及时披露数据本地化的要求。此外,条例还明确了成员主管部门数据获取权限的合法有效性。

除成员外的经济体,GDPR 沿用了《关于个人数据处理保护与自由流动指令》中的核心思路,通过引入"充分性认定",欧盟对其他经济体通过数据保护立法、数据监管机构水平、加入个人数据的国际保护条约等多方面因素进行认定,判断数据传输至相关经济体后是否能得到充分的保护,同时将与欧盟数据保护水平相同的经济体列入"白名单",名单内的经济体获准与欧盟进行数据传输。此外,GDPR 还提供了个人数据处理原则,包括"合法性、公平性和透明度""目的限制""数据最小化""准确性""储存限制""完整性和保密性""问责制"。

表 10-4　GDPR 个人数据处理原则

原　则	具　体　内　容
合法性、公平性和透明度	满足合法、公平和透明处理方式的前提下,明确告知数据主体涉及的数据将作何用途
目的限制	依据特定、明确、合法的目的收集数据
数据最小化	数据应与用途充分相关且仅限于为特定目的所进行的必要数据的收集
准确性	确保收集个人数据的准确性
储存限制	储存时间不得超过处理个人数据目的所必需的时间
完整性和保密性	使用适当的安全措施保护个人数据,防止未经授权或非法处理
问责制	数据控制者或处理者需证明能遵守上述原则,并对其行为负责

在缺乏"充分性认定"的前提下,GDPR 通过约束性公司规则、标准合同条款、行为准则等举措,为其他经济体提供了遵守保障条件下的数据传输机制。约束性公司规则适用于设立在欧盟内的跨国企业,由跨国企业自行拟定内部机构间数据传输和保护的规则,经欧盟成员方数据监管机构审核后生效;标准合同条款指数据传输双方按照欧盟标准合同条款,将GDPR 中的相关规则转化为合同的义务,以保障数据安全;行为准则指当经济体未获得"充分性认定"时,相关经济体可向欧盟做出具有法律约束力和可强制执行的承诺,若行为准则经批准,则可与欧盟进行数据传输。

欧盟目前形成了"充分保护认定—隐私保护协议—标准合同或约束性公司规则"阶梯式的数据出境要求。

拓展阅读

跨境数据流动规则之争

(二)《数字市场法》(DMA)

2022 年 10 月,欧盟公报正式公布 DMA。该法案主要规制根据法案中被客观评定为"守门员"的超大型跨国数字企业,旨在解决欧盟现行法案中不足以完全覆盖快速发展的数字市场中的竞争问题,通过加强"守门员"义务对平台进行监管,进而构建一个公平竞争的数字化环境。

DMA 中包含的核心内容有:"守门员"的界定,"守门员"的合规义务,市场调查,关于本条例实施和执行的规定。

第一,"守门员"的界定。核心平台服务提供者被认定为"守门员",应符合三种情况之一。一是对内部市场有重大影响(在过去三个财政年度中,每年在欧盟内的年营业额不低于75 亿欧元,或过去 1 个财政年度,平均市值不低于 750 亿欧元,且向至少三个成员提供相同的核心平台服务);二是运营一项核心平台服务,作为商业用户接触终端用户的重要门户(在上一个财政年度至少有 4500 万月活跃最终用户和至少 1 万名年活跃业务用户);三是运营中具有稳固和持久的地位（过去三个财政年度的指标均符合第二个标准）。此外，DMA 还规定了可以重新考虑"守门员"任命的条件，以及定期审查任命的义务。

第二，"守门员"的合规义务。列举了"守门员"限制竞争性和不公平的实践，特别是规定了被任命的"守门员"自身应执行的义务和易于说明的义务，"守门员"依据相关任命决定中列明的各项核心平台提供服务都应遵守这些义务。相关义务包括，数据使用限制、交易限制、互操作性、公平交易权、选择权等。此外，在合规义务中还建立了一个框架，使"守门员"与法规委员会就"守门员"的合规义务而执行或计划实施的措施进行对话。相关法规中还规定了在某些特殊情况下可以中止单个核心平台服务义务的条件，或者可以出于公共利益的理由予以豁免。

第三，市场调查。DMA 中引入了市场调查相关规则，特别是开展市场调查的程序要求，以及进行各种类型的市场调查的规则，包括：任命"守门员"、对系统级别不合规实践的调查、对核心平台的新服务和新实践的调查。

第四，关于本条例实施和执行的规定。规定了开展诉讼程序的程序要求，建立了在依据 DMA 的市场调查或程序范围内使用的不同工具有关的规则。其中包括委员会要求提供信息的能力、进行访谈和发表声明、现场检查、采取临时措施等。对于"守门员"违反相关规则，DMA 法规委员会可以采取一系列强制措施，如发出正式的不合规决策，要求"守门员"在规定时间内改正其违规行为；处以罚款，在某些情况下，可能会要求"守门员"定期支付罚款，直到其完全遵守 DMA 的规定为止；要求"守门员"采取特定的行为来纠正其违规行为等。

（三）《数字服务法》（DSA）

互联网的存在为非法内容传播提供了便捷条件，数字平台也具备了一定的公共空间属性。为更好地适应平台的公共空间治理，2022 年 10 月，欧盟公报还颁布了一份法案，即 DSA。该法案从内容管理、广告推送、商品交易等方面为平台方设立了一系列义务，并规定了中介服务提供者的一般性的合规义务，非小微企业的在线平台及超大在线平台需要履行的特殊合规义务。

DSA 包含的核心内容有：中介服务提供商免责规定，透明、安全在线环境的尽职调查义务，以及实施和执行的 DSA 的相关规则。

第一，中介服务提供商免责规定。相关规定包括免除从事单纯传输通道功能（mere conduit）、缓存和托管服务的中介服务提供商传输和存储的第三方信息承担责任的条件。DSA 还规定，当中介服务提供商进行自愿主动调查或遵守法律，不应取消责任豁免，并规定禁止这些提供商承担一般监测或积极调查事实的义务。此外，DSA 中指出，根据国家司法或行政当局的命令，中介服务提供商有义务对非法内容采取行动并提供相关信息。

第二，透明、安全在线环境的尽职调查义务。DSA 分别在五个方面规定了透明、安全在线环境的尽职调查义务。一是针对所有中介服务提供商的义务，如在建立单一联络点、指定其在欧盟内的法律代表、删除和禁用被认为是非法内容或违反提供商条款和条件的信息方面，有义务进行透明报告等；二是针对托管服务提供商的义务，如托管服务提供商有义务建立允许第三方通知涉嫌非法内容存在的机制等；三是针对所有在线平台的义务，如非法内容管理、增强报告透明度、优化并注明在线平台的广告推送、页面合规设计及未成年人保护等义务；四是针对超大型在线平台的义务，如风险评估、独立审计、广告透明度、数据访问权限等义务；五是关于尽职调查义务的相关规则，如制定行为守则的框架、制定网络广告具体行为准则的框架等。

第三，实施和执行 DSA 的相关规则。保障 DSA 顺利运行的规则主要有两方面内容，一是通过设立数字服务协调员监督相关平台，并针对平台可能存在的违规行为进行处罚，构建数字服务协调员、欧盟数字服务委员会和董事会之间的信息共享机制；二是加强对超大型在线平台的监督、调查、执法，通过强化欧盟委员会的权利，为委员会提供了在侵权行为持续存在的情况下对超大型在线平台进行干预的可能性。在某些情况下，欧盟委员会可以开展调查，包括要求超大型在线平台提供信息、面谈和现场检查，可以采取临时措施，对大型网络平台做出有约束力的承诺，并监督其遵守相关承诺及 DSA 中条例。

第四节　区域贸易协定中的数字贸易规则

一、区域贸易协定中数字贸易规则的发展

数字贸易的迅速发展为个体消费者参与国际贸易提供了契机。与此同时，跨境数据流动和数字产品的市场准入在新型商业模式和国际分工体系下的作用愈发重要。而传统的经贸规则难以解决数字产品市场准入、数据跨境流动、个人信息和在线消费者保护等一系列问题。基于此，2000 年《美国-约旦自由贸易协定》首次将数字贸易规则纳入自由贸易协定（Free Trade Agreement，FTA）之中，此后越来越多的经济体将数字贸易规则视为 FTA 谈判的重要内容之一，以此解决数字贸易过程中遇到的问题。

卢塞恩大学 Mira Burri 教授的研究团队开发的区域贸易协定电子商务和数据条款（trade agreements provisions on electronic-commerce and data，TAPED）数据库显示，2000 年 1 月—2022 年 11 月，全球超过 380 份 FTA 中含有与数字贸易相关的规则，其中 109 份 FTA 中含有独立的电子商务章节，其余与数字贸易相关的规则分布于服务贸易、知识产权保护等章节之中。除含有数字贸易规则的 FTA 数量不断增加外，FTA 中数字贸易规则条款数量和标准也不断提高。例如，2003 年缔结的《美国-新加坡自由贸易协定》中电子商务章节共包含电子传输免征关税、数字产品的国民待遇和最惠国待遇在内的六条规则，2018 年缔结的《美国-墨西哥-加拿大协定》中电子商务章节不仅涵盖了电子传输免征关税等"边境"规则，还包含跨境数据流动、源代码保护、网络中介责任等大量"边境内"规则，共计 16 条，并且相关规则的法律约束力和确定性也有所提高。

专栏 10-1
CPTPP、RCEP 和 USMCA 中的数字贸易规则

区域贸易协定中数字贸易规则通常涵盖多个关键领域，旨在促进区域内数字商品和服务的自由流动，确保公平竞争，保护消费者权益，同时考虑国家安全、数据隐私和技术创新等因素。

1.《全面与进步跨太平洋伙伴关系协定》（CPTPP）中的数字贸易规则

CPTPP 有一系列专门针对数字贸易的条款，这些条款构成了现代数字贸易规则的一个重要参照。数据跨境流动：CPTPP 禁止成员实施任何形式的数据本地化要求，即不得强迫

企业在境内存储或处理数据,允许数据自由跨境流动。电子传输不征收关税:CPTPP 规定不对电子传输征收关税,确保了通过网络传输的软件、音乐、电影、电子书等数字产品的零关税待遇。源代码保护:在源代码方面,CPTPP 并未强制要求披露,这意味着软件开发商无须担心其核心技术秘密在市场准入条件下被泄露。消费者保护与隐私:CPTPP 鼓励成员建立透明、有效的个人信息保护措施,并尊重消费者的隐私权利。电子签名和认证:CPTPP 支持采用电子签名,并要求成员承认外国电子签名的有效性,从而促进了线上交易的便利性。

2.《区域全面经济伙伴关系协定》(RCEP)中的数字贸易规则

在 RCEP 中,包含了若干关于数字贸易的规则和条款。数据流动:RCEP 鼓励成员间的数据自由流动,虽未像某些高级别的数字贸易协定那样明令禁止数据本地化存储要求,但规定了要尽可能减少对数据流动的限制。电子商业:RCEP 鼓励成员采取措施促进电子通信手段在贸易中的使用,包括电子合同、电子签名和电子记录的法律效力确认。电子支付服务:RCEP 支持电子支付系统和跨境电子支付服务的发展,为区域内数字支付业务的拓展创造便利条件。知识产权保护:RCEP 涵盖了对数字产品和服务相关的知识产权保护,包括版权、商标、域名和地理标志等在数字环境下的保护。透明度与公平竞争:RCEP 要求成员提供透明的监管环境,保障企业在数字贸易领域的公正待遇和无歧视原则,避免滥用行政权力干预市场,促进公平竞争。

3.《美国-墨西哥-加拿大协定》(USMCA)中的数字贸易规则

USMCA 包含了多项关于数字贸易的现代化规则。数据跨境流动:USMCA 确保了成员方间数据的自由跨境传输,不允许各成员有意阻止或限制此类数据流动。禁止数据本地化要求:USMCA 禁止缔约方强迫企业在境内存储数据,即不得实施数据本地化法规,以促进云计算和其他数字服务的发展。电子商业保护:USMCA 提供了对电子商务和数字产品的保护,包括禁止歧视性的税收做法,即不会对电子传输的产品征收额外关税。知识产权保护:USMCA 加强了对版权、商标和专利等知识产权在网络环境下的保护,同时也涉及数字时代的版权例外和限制问题。消费者保护与隐私:虽然 USMCA 并未建立统一的隐私法体系,但强调了在电子环境中保护消费者隐私的重要性,并鼓励各方实施高标准的个人信息保护措施。开放互联网:USMCA 还强调了维护开放、非歧视的互联网环境,反对成员采取可能阻碍数字贸易的网络限速或封锁行为。

思考题:

这些区域贸易协定中数字贸易核心规定的意图是什么?会对数字贸易产生怎样的影响?

二、区域贸易协定中数字贸易规则主要内容

(一)区域贸易协定中的核心数字贸易规则

拓展阅读

数字贸易规则框架

根据 TAPED 数据库中涉及的数字贸易具体规则,按照规则条款的属性进行组合,可以将数字贸易规则大致总结为"数字贸易便利化""数字贸易壁垒""数字营商环境""网络接入与安全""政府义务""监管与合作"六个领域,共计 33 条核心数字贸易规则。

1. 数字贸易便利化

数字贸易便利化的核心问题是将电子文档、签名与认证的法律效力等同于纸质形式。

在无纸化贸易方面,相关规则要求缔约双方应努力接受以电子方式提交的贸易管理文件,并接受这些文件与纸质版文件具有同等法律效力。

在电子签名与电子认证方面,相关规则要求缔约双方应努力承认电子签名、电子认证的法律效力,在特定类型的交易中(如金融电子交易对安全性要求较高),缔约方可要求认证方法符合一定的安全标准或由其认可的权威机构认证。此外,相关规则还致力于构建相关法律法规经验分享、监管对话,以及可互操作的电子认证系统等多样化合作模式。早期的电子签名和电子认证规则均是非约束性条款,在 2016 年《跨太平洋伙伴关系协定》(TPP)中对该规则设置约束性条款后,相关条款对电子签名与电子认证的约束性逐步增强。

2. 数字贸易壁垒

数字贸易壁垒的核心问题分别是数据跨境流动、电子传输免征关税及数字产品的非歧视待遇。

(1)与数据跨境流动相关的条款。

❶ 数据跨境自由流动。早期的跨境数据流动规则多包含于合作条款中,要求缔约方之间应努力维持信息的跨境流动。TPP 首次引入了法律约束力更强的跨境数据流动规则,TPP 规定缔约方应允许通过电子手段跨境传输信息,并考虑了缔约方的国内监管要求,规定缔约方可基于合法的公共政策目标限制数据流动,但该举措不得构成变相的贸易歧视。虽然 TPP 最终因美国的退出而破产,但该协定为跨境数据流动规则确立了"原则+安全例外"的规制模式,成为后续诸多 FTA 在设置数据跨境流动规则时沿用的核心思路。

❷ 特定机制解决数据跨境流动障碍。部分贸易协定通过设置委员会或与数据主管部门合作的方式,进一步解决数据流动过程中可能存在的障碍。

❸ 个人信息保护。规则要求缔约方提供个人信息保护的法律框架,并在健全法律框架时需遵循国际标准、原则。

❹ 计算设施本地化。规则要求缔约方不得要求涵盖个人使用位于缔约方境内的计算设施或将计算设施置于缔约方境内,作为在该缔约方境内从事商业行为的前提。这里的计算设施指处理或储存商用信息的服务器或储存装置。与跨境数据流动规则的规制模式相同,大部分 FTA 中的数据本地化储存规则考虑了缔约方的国内监管要求,规定不得阻止缔约方为实现合法的公共政策目标而采取强制数据本地化的要求。

(2)在电子传输免征关税方面,尽管不同 FTA 对电子传输免征关税的表述有所不同,但所有 FTA 均遵循 WTO 框架下电子传输零关税原则,其中大多数 FTA 承诺缔约方之间永久免征电子传输关税,部分 FTA 规定若 WTO 对相关规定有所变动,双方保留调整免征关税的权利,即暂缓对电子传输征收关税而非永久免征关税(以中国缔结的 FTA 为主)。此外,数字税征收带来的系列问题,如载体介质通关时是否应对其征收关税,载体内的数字内容是否需遵守贸易协定中的原产地原则等问题同样值得商榷。由此可见,各国围绕数字税相关规则条款的争议将愈演愈烈。

(3)数字产品的非歧视待遇中的核心内容是数字产品的国民待遇、最惠国待遇,以及源代码保护。数字产品的国民待遇和最惠国待遇规则要求缔约方不得给予某些数字产品比给予其他数字产品更低的待遇。值得注意的是,数字产品的国民待遇和最惠国待遇范围正逐渐缩小,早期部分 FTA 中并未将数字产品的国民待遇和最惠国待遇限定在缔约方之间,此后大多数 FTA 指出相关规则的权利不赋予非缔约方。大多数贸易协定在引入该条款时,会通过设置例外条例的方式将政府贷款、采购行为或特定行业等内容排除在非歧视原则之外。这表明各国在数字产品非歧视待遇方面的立场并不一致,数字产品的电子传输和市场销售等环节依旧存在差别对待。

源代码保护规则。规则要求缔约方不得以相关软件的源代码披露作为其市场准入的条件。一般而言,该规则不适用于关键基础设施方面的软件,即此类软件仍须进行源代码披露,以此维护缔约方的国家安全,但少数 FTA 将关键基础设施排除(如 USMCA),实行了更为严格的源代码保护。

3. 数字营商环境

数字营商环境的核心问题包括在线消费者保护和产权保护。

(1)与在线消费者保护相关的规则。

❶ 在线消费者保护规则。规则指出了采取和维持透明且有效的消费者保护措施对电子商务的重要性,并规定缔约方应通过或维持消费者保护法,以保护网络消费者的合法权益免受损害。后续的贸易协定中逐步纳入对欺诈性、误导性行为的界定及电商义务等内容。

❷ 非应邀商业电子信息规则。非应邀商业电子信息指以营销或商业为目的,未经接收人同意或接收人明确拒绝后,仍向其电子地址发送电子信息。规则要求缔约方应对非应邀商业电子信息采取相应的举措。

随着数据流动、跨境电商、网络应用等业务的迅速发展,缔约方之间保障信息安全的约束性条款在贸易协定中出现的频次持续上升。

(2)产权保护。

大多数贸易协定遵循《与贸易有关的知识产权协议》(TRIPS),采取强制性规则打击知识产权侵权行为。从具体内容来看,知识产权章节聚焦于数字经济发展的时代特征,章节内容除保护版权、商业秘密等传统条款外,还逐步纳入信息权限管理(IRM)保护、互联网服务提供商(ISP)责任、ISP"安全港"责任、电子形式复制权、储存权、与互联网相关的产权保护等内容。其中欧美为主的发达经济体对数字知识产权保护的诉求愈加严苛,过度的数字知识产权保护形成另一种形式的数字贸易壁垒,加剧发达经济体与发展中经济体的数字鸿沟,造成两者在数字知识产权保护方面始终存在矛盾。

4. 网络接入与安全

网络接入与安全的核心问题是消费者使用终端用户设备自由接入网络,并获取应用或服务。该条款多存在于美国、加拿大、韩国、澳大利亚等发达经济体主导的贸易协定中,出现的频次较低且以非约束性条款为主。美国主导的贸易协定在消费者网络接入方面表现得最为激进,特别是美国出于限制 ISP 责任、保护网络平台利益的目的,在 USMCA 中引入交互式计算机服务条款,首次将 ISP 责任由知识产权章节扩展至数字贸易章节。此外,TPP 中率先引入互联网互通费用分摊条款的做法,也能反映出美国对 ISP 的利益争取和维护。因此,网络接入条款具有明显的"美式模板"思维,其在贸易协定谈判过程中往往存在较大争议。

网络安全方面,贸易协定均采取非约束性条款,主要内容是通过缔约方之间网络监管部门交流实践等合作机制,维护网络安全。

5. 政府义务

政府义务的核心问题是规范政府行为,增强政府采购透明度并明确政府对数字贸易的促进作用。相关条款以非约束性为主,通过规范政府行为来增强数字贸易政策或标准透明度,进而降低合规成本。政府数据开放是近年来新兴的数字贸易规则之一,USMCA 首次将政府数据开放纳入贸易协定内容,随后的《日美数字贸易协定》(JUDTA)、《数字经济伙伴关系协定》(DEPA)也将该条款纳入其中。条款的主要内容:一方面是确保缔约方之间政府数据可获得性,另一方面是通过缔约方之间的合作,将开放数据应用于商业创新中。该条款或对政府敏感数据与重要数据开放构成挑战。

6. 监管与合作

监管与合作的核心问题是构建统一的数字贸易监管和合作框架。

数字贸易监管方面,由于各国数字贸易发展阶段、优势产业的不一致,造成各国在数字贸易立法上存在显著的差异,数字贸易监管碎片化特征明显。当下,各国数字贸易监管异质性不断增加,统一的数字贸易监管框架始终处于缺位状态。

数字贸易合作方面,贸易协定大多包含缔约方之间开展电子商务合作条款,如鼓励缔约方之间进行信息通信技术合作,鼓励缔约方采取国际论坛的形式开展数字贸易合作。此外,规则还注重数字包容性,鼓励缔约方之间就数字包容性问题开展合作,以保证利益相关者、中小企业等均能参与数字经济并从中获益。

(二)《数字经济伙伴关系协定》(DEPA)中的数字贸易新规则

第一,数字贸易便利化。除引入无纸化贸易规则外,《数字经济伙伴关系协定》在数字贸易便利化章节中还进一步引入了物流、电子发票、快运货物、电子支付等规则。倡导构建具有可交互操作性的电子发票与电子支付系统,在保持适当海关监管和选择的情况下,设立快速通关程序,并即时分享物流部门的最佳实践和一般信息。

第二,数字身份。《数字经济伙伴关系协定》新引入了数字身份规则,强调数字身份的合作将增强区域和全球互联互通。该规则提出了数字身份合作及互联互通四种可能的方案,包括通过构建适当的框架,以促进缔约方数字身份制度实现技术可交互操作或建立统一标准,要求缔约方为数字身份提供国内法律保障等。

第三,新兴趋势和技术。《数字经济伙伴关系协定》在新兴趋势和技术领域引入了金融科技合作、人工智能、政府采购及竞争政策合作,强调缔约方需认识到数字贸易新发展趋势的重要性,并就各领域展开合作。

第四,创新和数字经济。《数字经济伙伴关系协定》对数字创新和数据共享机制做出了明确的规定。一是敦促缔约方通过数据共享框架或开放许可协议,建立数据共享机制以促进数据在数字经济环境中的使用。二是强调数据沙盒的重要性,缔约方可在沙盒中共享数据。同时,相关规则还要求缔约方在数据共享机制和数据新用途认证方面开展合作,促进数据驱动型创新。

(三)中国在 FTA 中的数字贸易规则

中国目前共签署 22 份 FTA,其中七份 FTA 中含有数字贸易规则。《中国-东盟自由贸易协定》《内地与港澳更紧密经贸关系安排》中未设置独立的电子商务章节,协定内包含的数字贸易规则仅体现了数字贸易领域的合作。例如,2015 年《中国-韩国自由贸易协定》首次设置了独立的电子商务章节,章节内引入了个人信息保护、电子传输免征关税、电子签名和电子认证、无纸化贸易等数字贸易核心规则。《中国-澳大利亚自由贸易协定》又进一步引入了在线消费者保护、非应邀商业电子信息等规则。此后的《中国-新加坡自由贸易协定》《中国-

毛里求斯自由贸易协定》中的数字贸易规则与上述两份 FTA 中数字贸易规则相似。2020年《区域全面经济伙伴关系协定》(RCEP)首次引入跨境数据流动和数据本地化储存规则,使其成为目前中国在数字贸易治理领域缔结的标准最高的 FTA,对中国对标高标准数字贸易规则具有重要意义。

与此同时,中国在 FTA 中的数字贸易规则还存在一些不足之处。第一,数字贸易规则的缔结时间较晚,且涵盖数字贸易规则的 FTA 数量较少;第二,缺乏立足于自身利益的数字贸易规则文本范式。由于中国数字贸易规则开启时间较晚,且数字治理领域的国际话语权较弱,相关规则多沿用以往的文本,尚未形成具有中国特色的规制模式;第三,数字贸易规则的法律约束力和确定性较弱。中国缔结的 5 份含有独立电子商务章节的 FTA 中,均排除了争端解决机制,这将造成相关规则的法律约束力和确定性下降。

三、"美式模板""欧式模板"与"新式模板"

根据各经济体缔结的差异化数字贸易规则及利益取向,大致可以将数字贸易规则模板区分为三大类,即"美式模板""欧式模板"与"新式模板"。

(一)"美式模板"

作为全球数字服务贸易的大国和强国,美国高度重视 FTA 中数字贸易规则的构建,并试图通过引入以自身利益为核心的数字贸易规则来主导全球数字经济治理。"美式模板"大致经历了以下三个发展阶段。

2000—2007 年,此时的"美式模板"设立了"电子传输免征关税""数字产品的国民待遇和最惠国待遇"等硬性规则,其他多为软性规则。2007 年美国-韩国 FTA 中首次将跨境数据自由流动从合作条款中剥离并设立独立条款,强调双方需认识到信息自由流动对贸易的重要性。至此,"美式模板 1.0"中核心规则基本确立。

2007—2016 年,美国为促进亚太地区贸易自由化所推动的 TPP 谈判奠定了"美式模板2.0"。TPP 中将"跨境数据自由流动"由软性规则改变为硬性规则,并进一步考虑监管要求,规定缔约方可出于合法的公共政策目标限制数据流动,但该举措不得构成变相的贸易歧视,由此构成"规则+例外"的数据跨境自由流动的规制范式。该规则也成为后续"跨境数据自由流动"规则的主要模板。与此同时,TPP 中进一步引入了"计算设施本地化""源代码问题"等硬性规则,以及"个人信息保护""网络消费者保护""网络安全"等软性规则。虽然 TPP 最终因美国的退出而破产,但其中的数字贸易规则对后续 FTA 的影响非常深远。

2017 年至今,美国与墨西哥、加拿大两国缔结的 USMCA 成为"美式模板 3.0"。USMCA 的深化形式体现为:第一,将"跨境数据自由流动""计算设施本地化"中的国内监管要求删除,并进一步剔除"计算设施本地化"中的安全例外条例;第二,扩大"源代码问题"中的信息保护范围,规定了不得将源代码披露作为市场准入条件及强制披露的条件,同时将关键基础设施须披露源代码的义务剔除;第三,将互联网服务提供者的责任限制由知识产权章节扩展至数字贸易章节,免除互联网服务提供者的中介责任;第四,剔除分销商数字产品的国民待遇和最惠国待遇权利,对其实施更为严苛的市场准入制度。

从"美式模板"的主要内容和演进路径来看,主要有以下特征:第一,提出时间最早,条款覆盖面较广;第二,部分条款极具前瞻性,在很大程度上引领了第二代数字贸易规则的制定;第三,数字贸易规则条款的设置和引入充分反映了美国在数字贸易领域的诉求。上述条款内容和深化形式与美国WTO电子商务谈判提案所反映的核心诉求一致,即一方面鼓吹数据自由流动,为自身数字贸易建立一个相对自由的数字营商环境,另一方面维护美国数字巨头在算法等核心技术的竞争优势及网络平台利益。

(二)"欧式模板"

虽然欧盟国家的数字服务贸易的总量高于美国,但欧盟缔结FTA中引入的数字贸易规则数量与深度明显落后于美国。2002年,欧盟-智利FTA首次引入电子商务章节,并规定使用国际标准对个人信息进行保护,此后缔结的FTA中数字贸易规则主要围绕隐私保护类和贸易促进类规则展开。2018年后,欧盟缔结FTA中的数字贸易规则才部分涉及数据流动类和市场准入类规则,如欧盟-日本FTA纳入"源代码问题"和"技术中立"硬性规则;欧盟-新加坡FTA首次纳入"数据跨境自由流动"软性规则;欧盟-英国FTA首次纳入"数据跨境自由流动"硬性规则及"公开政府数据"软性规则。此外,欧盟-英国FTA规定缔约方应在FTA生效三年内不断审查数据跨境流动的执行和运作情况,且缔约方可随时建议另一缔约方审查禁止数据本地化的限制清单。这与欧盟在WTO电子商务谈判提案一致,即将个人数据和隐私保护置于优先位置,在此前提下通过限制数据本地化的各项举措,推动数据自由流动。

从"欧式模板"的主要内容和演进路径来看,数字贸易规则总体上缺乏独立且完整的体系,主要表现为以下几点:第一,缔结含有电子商务章节的FTA数量较多(14个),但该FTA涉及的实质性规则较少;第二,条款灵活多变,对外并未保持统一立场。欧盟对数字贸易规则的制定通常会根据缔约方的比较优势灵活处理。例如,2018年后缔结的FTA中,针对"数据跨境自由流动"规则,欧盟-日本FTA引入过渡条款,欧盟-新加坡FTA引入软性规则,欧盟-英国FTA引入"限制清单"模式下的硬性规则,欧盟-越南FTA则未引入相关规则;第三,实施严格的数字产品市场准入制度。欧盟在WTO电子商务谈判提案中多次强调"视听例外",而视听部门是数字贸易的关键内容,欧盟对数字产品的市场准入也始终持审慎态度,在其缔结的FTA中也未包含"数字产品的国民待遇和最惠国待遇"规则;第四,缺乏立足自身利益的数字贸易规则文本范式。"隐私保护"是欧盟贸易谈判中不可侵犯的核心,欧盟内部也制定了包括《通用数据保护条例》《网络安全法案》在内的系列区域性法案来维护信息安全。然而,在欧盟缔结的FTA中,隐私保护类规则尚未形成具有欧盟特色的规则,"个人信息保护"规则中未引入目的规范、使用限制等关键原则,"非应邀商业电子信息"和"网络消费者保护"更是以软性规则为主,缺乏足够的约束力。

(三)"新式模板"

从早期新加坡缔结的FTA来看,数字贸易规则主要涉及"电子传输免征关税""数字产品的国民待遇和非歧视待遇"。2016年新加坡-澳大利亚FTA在数字贸易规则上基本沿袭了TPP中相关规则,不仅将"数据跨境自由流动""计算设施本地化""网络开放"等数据流动类规则引入协定之中,并且加入了"个人信息保护""非应邀商业电子信息"等强制性隐私保护规则。此外,协定还将以往的"无纸化贸易"规则由软性规则升级为硬性规则。2020年新加坡-澳大利亚数字经济协议中不仅新引入"政府数据开放"规则,并且进一步深化此前数字贸易规则的具体内容,如"个人信息保护"规则中加入目的规范、安全保障、个人参与和问责制等关键原则;"无纸化贸易"规则中加入"单一窗口"建设;"电子签名和电子认证"规则中加入电子发票的具体举措。DEPA中创新性地引入跨境物流、人工智能、数据创新等软性规则。上述内容使新加坡的数字贸易规则上升到一个全新的高度,不仅为隐私保护类和贸易促进类规则提供了更为细致、具体的规制范式,并且促进了数字贸易便利化及新兴技术的发展。

从"新式模板"的主要内容和演进路径来看,主要有以下特征:第一,缔结含有电子商务章节的FTA数量最多(17份),且缔结时间相对较早(2000年);第二,早期的数字贸易规则多为市场准入类和贸易促进类规则,2016年后沿袭了TPP中多项规则,倡导的规则与"美式模板"较为贴近。由于新加坡整体数字竞争力仍落后于美国,数据流动类规则的设置并未像"美式模板3.0"一样激进,相关条款并未剔除国内监管自主权及安全例外条例;第三,新加坡-澳大利亚数字经济协议和DEPA中增设多项创新性数字贸易规则,协定覆盖的数字贸易规则在灵活和包容的基础上,兼顾了广大发展中经济体的利益,"新式模板"逐渐形成。

专栏 10-2
主要经济体的数字贸易开放战略

美国推崇的是"单边主义"下的数字贸易开放战略。表面上,美国通过各类数字贸易规则,旨在打破数字贸易壁垒,推动数字贸易领域的贸易自由化和开放性。但实际上,美国所追求的数字贸易自由具有明显的单边色彩,缺乏包容性和协调性。例如,USMCA忽略了墨西哥、加拿大两国与美国在数字产业基础和数字监管治理水平上的差异,要求缔约方在"数据跨境自由流动"中取消监管例外,"计算设施本地化"中取消监管和安全例外,"源代码问题"中取消关键基础设施的源代码披露。这种无差别的高标准规则,本质上是美国立足于自身数字贸易净输出国地位,利用加、墨对其的贸易依赖,以"敲竹杠"的方式强行将单边主义区域化的结果。不仅如此,"美式模板"中诸多规则是以企业利益为核心,忽略了国家、企业和个人利益的统一,中、欧等经济体对相关规则的认同感较低,难以全盘接受。

欧盟、日本、新加坡三个经济体可概括为有条件的数字贸易开放战略,三者在数字贸易开放战略中有其固守的原则。欧盟坚持"视听例外"和"隐私保护",相关数字贸易规则制定始终以两者为前提。特别是对美国而言,欧盟在"数据跨境自由流动"的问题上坚持隐私保护优先,并强调将数据储存在本地是保护个人隐私的最好做法,在欧盟多重政策的强压下,美国微软公司也被迫接受了数据储存于欧盟境内的做法。日本和新加坡的数字贸易规则大多沿袭"美式模板",但在部分规则制定中仍坚守自身立场,如日本十分注重金融行业个人隐私保护,JUDTA中的"计算设施本地化"中强调了金融行业的安全和监管例外。同时,两者也充分关注发展中经济体在数字贸易领域的弱势地位,通过引入合作和包容性条款增加发展中经济体对数字贸易规则的认同感和接受度。其本质目的是通过广泛的FTA网络串联形成国际大市场,为两国数字贸易发展创造机遇。一方面通过瞄准"美式模板"保持与美国的数字贸易往来,并保障本国在数字贸易规则领域的领先地位和话语权,另一方面深化与东亚、南太平洋等国之间的数字贸易联系,获取相关经济体数字红利。

中国推行的是兼顾效率和安全的渐进式开放战略。一方面,中国凭借在跨境货物贸易和电商平台的优势,主张电子签名和电子认证、无纸化贸易等促进数字贸易便利化的规则;

另一方面,中国强调数据主权和对国内数字产业的保护,认为应平衡好数据跨境流动和国家、个人信息保护之间的关系,在相关规则中为一国监管自主权预留了较大的操作空间,如RCEP中跨境数据流动和数据本地化储存规则中的安全例外进一步增加了"缔约方认为对保护其基本安全利益所必需的任何措施。其他缔约方不得对此类措施提出异议",这将强化缔约方国内监管的权利。同时为保护国内尚未成熟的数字产业,采取了较为严格的网络安全和数字市场准入措施。中国所推行的渐进式开放战略一定程度上反映了发展中经济体的立场和诉求,在兼顾数字自由、效率与国家、个人安全平衡的同时,为一国数字产业成长留出时间。

资料来源:《中国国际服务贸易发展报告(2023)》中《全球数字贸易议题、规则与"中国方案"构建》一文的部分内容。

思考题:

不同经济体在数字贸易开放战略上的差异性和相似性主要反映了各自的利益诉求、技术水平、产业优势,以及对数字时代全球经济治理的不同理念,请总结主要经济体数字贸易开放战略的异同点。

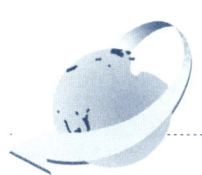

本 章 小 结

1.随着数字技术的迅速发展,数字贸易成为国际贸易中的重要组成部分,并且赋予了传统国际贸易一些新内容和新特征。然而,目前全球对数字贸易尚未形成一个明确的定义,测度数字贸易的方法也不尽相同。

2.各经济体为应对数字贸易带来的挑战,均在不同程度上设置了关于数字贸易限制条例,这一趋势正逐步演化为一种新型贸易壁垒——数字贸易壁垒。

3.数字贸易的复杂性和动态性依赖于国际治理规则的不断更新和完善,同时愈演愈烈的数字贸易壁垒也需要多边合作和共同规范。各国和地区通过联合国、WTO、OECD、APEC,以及其他区域贸易协定等方式,共同探讨和制定数字贸易规则,以期构建包容、公平、有序的全球数字贸易环境。

4.数字贸易国际治理规则主要包括以下几个关键领域:跨境数据流动规则、数据保护与隐私权、知识产权保护、市场准入与非歧视原则、电子商务税收、贸易便利化措施、争端解决机制、网络安全与数据治理、公平竞争与反垄断、国际合作与协调机制等。

5.数字贸易规则被广泛纳入到区域贸易协定中。根据各经济体缔结的差异化数字贸易规则及其利益取向,大致可以将数字贸易规则模板区分为三大类,即"美式模板""欧式模板"与"新式模板"。

基 本 概 念

　　数字贸易　数字贸易壁垒　数字贸易关税壁垒　数字贸易非关税壁垒　WTO 电子商务提案　数字贸易规则　电子传输免征关税　跨境数据流动规则　数字产品的非歧视待遇　美式模板　欧式模板

复习思考题

一、选择题与判断题（请用手机扫描下方二维码作答）

二、简答题

1. USITC 对数字贸易的定义是什么？

2. 数字贸易与传统贸易有哪些差异之处？

3. 数字贸易壁垒有哪些类型？具体内容是什么？

4. WTO 框架下数字经济治理领域有哪些内容？

5. APEC 的跨境隐私规则（CBPR）系统有哪些内容？

6. 跨境数据流动规则的内容是什么？在区域贸易协定中该规则有什么发展？

7. "美式模板"中的核心数字贸易规则有哪些？

8. 结合本章相关内容,分析国际数字贸易发展面临哪些问题？中国应该如何应对？

第十一章　国际贸易与投资规则重要议题

引导案例

　　国际贸易规则体系中的"国家安全例外"是指允许缔约方以维护国家安全为由免除贸易协定所规定义务的特殊制度安排。

　　WTO多边贸易规则中的"国家安全例外"赋予成员自由裁量权以采取措施保护其"基本安全利益"。区域贸易协定中的"国家安全例外"则包含了更多的贸易政策新议题,在知识产权保护和数字贸易上设定了更高标准。美欧通过贸易立法在出口管制、产业安全和对外资审查等方面建立并加强了与"国家安全例外"有关的制度安排,以维护其在全球的战略性竞争优势。随着贸易竞争加剧和全球经济秩序的重构,以"国家安全例外"为由限制贸易与投资有加强趋势。WTO缺少对滥用"国家安全例外"的有效约束,使其引用也可演变为贸易保护主义的工具。21世纪国家安全利益的内涵已扩展到非传统安全领域,以国家安全为由限制贸易带来的挑战,只能通过国际合作构建有效的国际治理体系来应对。

　　贸易政策中的国家安全含义与国际经济竞争密切相关。在全球化时代,国家安全的内涵与外延已经突破传统的范畴,经济安全成为国家战略中心。随着新兴经济体的迅速崛起,国际经济竞争更多地体现在新兴经济体与发达国家之间。比较而言,发达国家的经济安全研究更加重视如何维护自身的竞争优势,防止新兴经济体通过投资和兼并等方式获得本国独有技术或能源的控制权。而发展中国家的经济安全研究则更加重视如何降低对国外市场与要素的依赖程度。发达国家在贸易政策与国家安全的平衡中,尤为关注对产业竞争优势的维护、对外国投资和跨国并购的审查、对战略性产品的进出口管制等。归根结底,确保国家经济和贸易的竞争优势不受外国贸易与投资的影响,是各国在贸易政策中考量"国家安全例外"的基本原则。

（资料来源:张丽娟,郭若楠.国际贸易规则中的"国家安全例外"条款探析[J].国际论坛,2020,22(3).)

思考题:

　　在面对西方国家对我国产品实施基于国家安全理由的审查时,我国应如何合理利用国际经贸规则中的"国家安全例外"条款来维护自身权益,同时确保国家安全利益不受损害?

第一节　竞争中立原则

一、竞争中立原则的内涵与发展

竞争中立(competitive neutrality)是一项调整国内市场秩序的公共政策,其核心思想是维护国有企业与私有企业在市场竞争中的公平竞争环境,以此避免市场扭曲。

竞争中立原则大致经历了从国内政策,双边、区域贸易规则到国际规则的演变。20世纪70年代,澳大利亚率先提出竞争中立,对国内的国有企业进行改革,以促进国内企业间的公平竞争,并于1993年公布《国家竞争政策》正式提出竞争中立的概念和框架。1992年欧盟内部缔结《欧洲联盟条约》,强调改善市场扭曲的重要性,逐渐建立了以促进区内竞争为目的的竞争中立框架。2008年金融危机之后,在美欧澳等发达国家的推动下,竞争中立规则开始以多边或双边规则条款的形式成为国际经贸规则中的新议题。

二、竞争中立原则的主要内容

在不同时期,国家和经济组织提出的竞争中立原则存在着规制范围和规制重点的差别。下面将从典型经济体、国际经济组织,以及区域贸易协定三个方面介绍竞争中立原则的主要内容。

(一)典型经济体中的竞争中立原则框架

1. 澳大利亚

1996年澳大利亚颁布了对竞争中立政策具有里程碑意义的法律文件——《联邦竞争中立政策声明》,明确了竞争中立的概念:"竞争中立是指政府的商业活动不得凭借公共部门所有权而享有私营部门竞争者所无法享有的净竞争优势"。声明中的"净竞争优势"是指国有企业因其性质所获得的竞争优势和竞争劣势之差,一方面国有企业享有市场准入、政府补贴等竞争优势,另一方面国有企业因其承担的社会责任,也存在竞争劣势。《联邦竞争中立政策声明》旨在消除国有企业的"净竞争优势"。此外,声明中将竞争中立原则的适用范围限定于政府商业活动,排除了非营利性、非商业活动。

《联邦竞争中立政策声明》中竞争中立原则的内容大致有六个方面。

第一,公司化。国有企业组织形式是独立市场竞争主体,按公司法行事,政府不直接参与企业日常运营,只作为股东享有收益权。

第二,税收中立。在具有成本效益且行政管理简单的前提下,通过取消国有企业的税收豁免优惠实现税收中立。或是在符合成本效益的前提下,通过保留税收豁免和建立税收等同制度来实现税收中立。

第三,借贷中立。国有企业由于拥有政府的明确担保,其在金融市场中借贷具有成本优势。借贷中立要求国有企业与私营企业的借贷成本相同。此外,若国有企业通过财政预算借贷,则必须支付相当于金融市场上借贷所支付的利息。

第四,监管中立。国有企业与私营企业应适用于相同的监管环境与规则。《联邦竞争中立政策声明》中引入竞争中立投诉机制,为解决竞争监管优势问题提供了手段。

第五,商业回报率要求。国有企业必须获取符合商业标准的利润,国有企业要综合考虑服务和商品的价格和成本,保证商业回报率与行业内相似的私营企业相同。

第六,完全成本定价。国有企业开展的商业活动应支付所有适用的税款或税款等价物,以及债务担保费用。此外,国有企业提供的商品或服务的价格应确保反映生产中的全部成本,避免低价倾销和恶性竞争。

2. 欧盟

欧盟尚不存在独立的竞争中立制度,主要通过与竞争相关的一系列法律法规处理国有企业和私营企业间的竞争扭曲问题。

《欧盟运行条约》第一百零六至一百零九条构成了欧盟竞争中立的基本框架。《欧盟运行条约》第一百零六条规定:"国有企业与私营企业的经营活动均受欧盟条约中的竞争条款约束,除非适用这些竞争条款与条约规定的其他特殊任务相冲突时,可以有例外情形"。该规则明确授权欧盟委员会有权处理成员国有企业的经济活动问题。

第一百零七条第一款规定:"欧盟成员给予或者利用国家财源给予的援助,不论采用何种方式,凡优待某些企业或者某些生产部门,以致破坏竞争或者对竞争产生威胁,从而对成员间的贸易产生不利影响时,应被视为与内部市场相抵触"。该条款促使欧盟委员会通过控制成员政府对国有企业的政府援助和补贴等行为,促进欧盟国有企业在欧盟区内的公平竞争。

第一百零八条和第一百零九条赋予了欧盟委员会特定权限,在审查现有援助、对修改后援助做出决定,以及对违反欧盟委员会决定或通报要求的情况采取行动时可就现有国家援助是否与内部市场兼容做出裁决,并进一步确立了欧盟国家的援助通报、调查、处理非法援助的程序等细则。

此外,欧盟《透明度指南》中还包含了透明度审查规则,该规则要求承担了部分非商业活动的国有企业需分别设置商业活动和非商业活动两个账户,避免交叉补贴的情况发生。这一措施被广泛应用于欧盟的能源、交通、邮政等各个领域之中。

(二)国际经济组织中的竞争中立原则框架

1. 经济合作与发展组织(OECD)

2009年起,在美国和欧盟的推动下,OECD将澳大利亚的竞争中立原则扩展至更为宽泛的领域,指出"经济市场中运营的任何企业都没有不当的竞争优势或竞争劣势"。从适用范围来看,OECD竞争中立原则适用于政府拥有的各类实体在任意市场上与私有企业发生事实或潜在竞争的情况。与澳大利亚竞争中立原则相似,OECD同样排除了非商业活动,即在事关公共利益时,国有企业可违背竞争原则。

OECD竞争中立原则框架主要包括以下几份政策指引和研究报告:《竞争中立:维持国有企业与私有企业公平竞争的环境》《竞争中立:各国实践》《竞争中立:经合组织建议、指引与最佳实践》。三份文件总结了竞争中立的"八大基石",分别是国有企业的运作形式、核算成本、回报率要求、履行公共服务义务的成本、税收中立、监管中立、债务中立、直接补贴和公共采购。

"八大基石"分别从四个方面对国有企业的竞争中立提出要求。第一,国有企业的组织形式,对应的是国有企业的运作形式。在可行且符合经济效率的前提下,应将国有企业的活动分为商业活动和非商业活动,对商业活动进行公司制改造,并在可行的条件下对部分非商业活动进行公司制改造。第二,国有企业的会计核算和经营收益,对应的是核算成本、回报率要求、履行公共服务义务的成本。OECD 指出对于既履行公共服务义务又进行商业活动的国有企业,可将商业活动和非商业活动的账目分开设立。其中商业活动部分应获取适当的盈利以反映生产中的各类成本,这与《联邦竞争中立政策声明》中商业回报率要求、完全成本定价类似。第三,国有企业的非经营性负担,对应的是税收中立、监管中立、债务中立和直接补贴。通过保持国有企业和私有企业在税收负担、借贷利率、监管环境等方面大致相同,降低对国有企业的隐性补贴。第四,政府商业活动与国有企业联系,对应的是公共采购。旨在保持政府采购是竞争性和非歧视性的,同时参与投标的国有企业应满足竞争中立的标准,增强公共采购的透明度。

此外,OECD 还先后发布了《公司治理问责与透明度:国家所有权指南》《OECD 国有企业公司治理指引》,旨在提供一个可参考的国际标准来解决各国国有企业公司治理的政策和实践。《公司治理问责与透明度:国家所有权指南》为国有企业公司治理的两大关键领域——问责制和透明度提供了具有可操作性的政策选择。《OECD 国有企业公司治理指引》是对《OECD 公司治理原则》的有益补充,明确了国有企业有效的法律和监管框架等六项具体内容,具体包括以下几点。

第一,确保对国有企业有效的法律和监管框架。对国有企业的法律和监管框架应当确保国有企业和私营企业在市场上公平竞争。

第二,国家作为一个所有者的行事。国家应该作为一个知情的和积极的所有者行事,并应制定出一项清楚和一致的所有权政策,确保国有企业的治理具有必要的专业化程度和有效性,并以透明和问责方式贯彻实施。

第三,平等对待所有股东。国家和国有企业应承认所有股东的权利,确保他们得到公平对待和平等地获得公司信息。

第四,与利益相关者的关系。国家所有权政策应充分承认国有企业对利益相关者的责任,并要求他们报告与利益相关者的关系。

第五,透明度和信息披露。国有企业应遵循高标准的透明度。

第六,国有企业董事会的责任。国有企业董事会应该具有必要的权威、能力和客观性,以履行他们在战略指导和监督管理上的职能。

2. WTO

WTO 在 1996 年至 2004 年专门成立了贸易和竞争政策规划研究小组,针对国际竞争政策进行研究。遗憾的是,由于各国之间存在严重的分歧,造成 WTO 框架下的竞争政策谈判并未取得实质性进展,也未形成专门针对国有企业竞争中立问题的规则,仅有少数条款隐含国有企业违反竞争行为的规则。例如,GATT 中补贴和反补贴措施协议规定来自政府或公共机构的财政资助可能涉及国有企业。

美、欧、日三方部长级贸易官员在 2017 年阿根廷 WTO 部长级会议上发表联合声明,呼吁 WTO 改革需深化和加快有关国有企业和产业补贴可能的新规则讨论,并应着力解决非市场导向的政策造成的不公平竞争条件、破坏国际贸易运行等问题。2018 年 9 月欧盟发布《WTO 现代化概念文件》,核心内容便指出国有企业导致的市场扭曲问题未能被 WTO 现有规则所规范,急需新规则加以应对。2019 年 3 月美国提出的 WTO 改革四点意见中同样指出 WTO 必须解决非市场经济兴起所带来的挑战。中国积极支持对 WTO 进行必要的改革,但对美国等国试图在 WTO 改革中推行的国有企业和竞争中性等议题,则始终抱有审慎和质疑的立场。

（三）区域贸易协定中的竞争中立原则框架

美国并不满足于 OECD 竞争中立原则框架的内容和影响力,进而将竞争中立规则进一步纳入区域贸易协定的谈判。其中《跨太平洋伙伴关系协定》(TPP)、《全面与进步跨太平洋伙伴关系协定》(CPTPP)、《美国-墨西哥-加拿大协定》(USMCA)均对国有企业设置了独立的章节,纳入了当下最高标准的竞争中性规则。从三份区域贸易协定的内容来看,有关国有企业和竞争中性规则的内容主要有以下几点。

第一,明确了国有企业的认定标准。TPP 和 CPTPP 中对国有企业的认定标准为,从事商业活动的企业且缔约方在该企业中,"❶直接拥有 50％以上股份资本;❷通过所有者权益控制 50％以上投票权的行使;❸拥有任命董事会或其他同等管理机构过半数成员的权利。" USMCA 对国有企业的认定标准更为严苛,进一步加入"❹通过其他所有者权益(包括间接或少数所有者权益),拥有控制企业的权力"的条款。这些规则意味着国有企业的认定包含了所有权和实际控制权在内的多重标准。

第二,非歧视待遇和商业考虑规则。三份协定均要求国有企业在购买(销售)货物或服务时,缔约方应给予国民待遇和最惠国待遇。同时要求国有企业在购买(销售)货物或服务时依照商业考虑行事,仅将公共服务授权排除在外。此外,协定对商业考虑也设置了严苛的解释,即"在相关业务或相关行业的私营企业在商业决策中通常考虑的因素",促使国有企业按照私营企业的标准开展商业决策。

第三,监管中立规则。三份协定均赋予了缔约方管辖权和诉讼权,一方面要求缔约方给予其法院对于在其领土开展商业活动的国有企业所提起的民事诉讼的管辖权;另一方面缔约方建立监管国有企业的行政机构以公正的方式对其所监管的企业,行使监管自由裁量权。该规则保证了各国政府监管机构平等地对待各类企业,在涉及国有企业的监管、诉讼等方面与私营企业保持了规则一致性。

第四,非商业援助规则。非商业援助是指国有企业凭借其政府所有权或控制权而获得的援助,包括赠款或债务减免、优先于私营企业获得贷款融资、与私营投资者的投资惯例不一致的权益成本等。三份协定明确限制了国有企业三种情况下的非商业援助:❶缔约方不得直接或间接向国有企业提供非商业援助,而对另一缔约方的利益造成不利影响;❷缔约方不得通过国家企业或国有企业向其任何国有企业提供非商业援助,而对另一缔约方的利益造成不利影响;❸缔约方不得对在其他缔约方领土内的国有海外投资提供非商业援助,而对另一缔约方的利益造成不利影响。该规则明确了政府和国有企业均可成为非商业援助的主体,解决了 WTO 框架下《补贴与反补贴措施协定》(SCM 协定)中难以认定国有企业构成补贴主体的问题,同时将适用范围由货物贸易拓展至服务贸易、海外投资的领域。

第五,透明度规则。三份协定中要求的缔约方信息披露义务是"主动披露"与"应请求披露"的结合。主要包括以下三类内容:❶缔约方主动公开提供其国有企业名单,且应每年更新;❷缔约方主动公开提供对垄断的指定或对现有垄断范围的扩大及其制定所含条件,并披露国有企业或政府垄断的相关信息;❸缔约方应另一缔约方的要求,应提供已采取或维持的提供非商业援助信息,相关信息应包含非商业援助的形式、提供非商业援助的政府机关、国有企业名称、非商业援助的金额等。USMCA 中进一步规定,应缔约方请求,需在法律允许的最大范围内披露非商业援助的信息,以及股权注资相关信息。

第二节　环境保护规则

一、多边框架中的环境保护规则

(一)《联合国气候变化框架公约》进程及主要内容

1.《联合国气候变化框架公约》

为应对气候变化,联合国大会于 1992 年 5 月 9 日通过了《联合国气候变化框架公约》(以下简称《公约》),《公约》于 1994 年 3 月 21 日正式生效。截至 2023 年 7 月,共有 198 个经济体加入《公约》。《公约》由序言及 26 条正文构成,具有法律效力,核心内容包括以下几点。

第一,确定应对气候变化的最终目标。《公约》第二条规定:"将大气中温室气体的浓度稳定在防止气候系统受到危险的人为干扰的水平上。这一水平应当在足以使生态系统能够自然地适应气候变化、确保粮食生产免受威胁并使经济发展能够可持续地进行的时间范围内实现。"

第二,确定国际合作应对气候变化的主要原则。❶公平原则;❷"共同但有区别的责任"原则,发达经济体应率先应对气候变化及其不利影响;❸充分考虑发展中经济体的具体需要和特殊情况;❹缔约方应当采取措施、预测、防止或尽量减少引起气候变化的原因并缓解其不利影响;❺缔约方有权且应当促进可持续的发展;❻缔约方应当合作促进有利的和开放的国际经济体系,应对气候变化的举措不得成为贸易壁垒的手段。

第三,明确发达经济体应承担率先减排和向发展中经济体提供资金技术支持的义务。根据"共同但有区别的责任"原则,对发达经济体和发展中经济体规定的义务和履行义务的程序有所区别。发达经济体是温室气体排放的大户,需采取具体措施限制温室气体排放,并向发展中经济体提供资金来支持其减排所需的费用。发展中经济体只承担提供温室气体源与温室气体汇的国家清单义务,制订并执行含有关于温室气体源与温室气体汇措施方案,不承担有法律约束力的限控义务。《公约》中附件一缔约方(发达经济体和经济转型经济体)应率先减排。附件二缔约方(发达经济体)应向发展中经济体提供资金和技术,帮助发展中经济体应对气候变化。

2.《京都议定书》

1997 年《公约》第三次缔约方会议通过《京都议定书》(以下简称《议定书》),《议定书》于 2005 年 2 月 16 日生效。截至 2023 年 7 月,共有 192 个经济体加入《议定书》。《议定书》的核心内容包括以下几点。

第一,设定减排目标。将主要工业发达经济体的多种温室气体排放量在 1990 年的基础上平均减少 5.2%,其中欧盟削减 8%、美国削减 7%(最终未参加)、日本和加拿大削减 6%、东欧各国削减 5%~8%,包括中国在内的发展中经济体未规定明确的减排义务。《议定书》中确定的温室气体有六种,包括:二氧化碳(CO_2)、甲烷(CH_4)、氧化亚氮(N_2O)、氢氟碳化物(HFCs)、全氟化碳(PFCs)和六氟化硫(SF_6)。

第二,设置灵活履约机制完成减排义务。《议定书》中设置了国际排放贸易(international emissions trading)、联合履约(joint implementation),以及清洁发展机制(clean development mechanism)。其中国际排放贸易是指,发达经济体可以以成本有效的方式通过交易转让或境外合作的方式获取温室气体排放权,即允许发达经济体之间交易碳排放额度。联合履约是指,发达经济体之间通过项目合作,其所实现的减排单位,可以转让给另一发达经济体缔约方。清洁发展机制是指发达经济体和发展中经济体之间的碳交易机制,为发达经济体提供了从发展中经济体的碳减排项目购买碳信用,实现其《议定书》目标的机会。三大机制的目的是实现全球减排成本效益最优。

3.《巴黎协定》

2015 年 11 月 30 日至 12 月 22 日,《公约》第二十一次缔约方大会暨《议定书》第十一次缔约方大会(气候变化巴黎大会)在法国巴黎举行。巴黎大会最终达成《巴黎协定》,对 2020 年后应对气候变化国际机制做出安排,标志着全球应对气候变化进入新阶段。截至 2023 年 7 月,《巴黎协定》缔约方达 195 个。《巴黎协定》的核心内容包括:

第一,温室气体的减排目标。重申 2 ℃的全球平均气温升幅控制目标,同时提出努力将气温升幅限制在工业化前水平以上 1.5 ℃之内。

第二,国家自主贡献。缔约方需保证并通报自主贡献,同时编制、通报并保持缔约方打算实现的下一次国家自主贡献,按照不同国情逐步增加缔约方当前的国家自主贡献。国家自主贡献通报频率为每五年一次。

第三,减缓。发展中经济体应当继续加强它们的减缓努力,鼓励发展中经济体根据不同的国情,逐渐实现全经济绝对减排或限排目标。

第四,资金支持和技术转移。发达经济体应继续带头,努力实现全经济绝对减排目标。同时,明确发达经济体应继续提供并支持发展中经济体获得资金、技术支持,以帮助后者应对气候变化。

第五,透明度。设立一个关于行动和资助的强化透明度框架,透明度框架重申促进性、非侵入性、非惩罚性和尊重国家主权。其中行动透明度框架的目的是明确了解气候变化行动,追踪缔约方在实现各自国家自主贡献方面取得的进展,以及各缔约方的良好做法、优先事项等,以便为全球总结提供参考;资助透明度框架的目的是明确缔约方在气候变化行动方面提供和收到的资助,尽可能全面反映所提供的累计资助概况,以便为全球总结提供参考。

第六,全球盘点。《巴黎协定》的相关规则类似于棘轮机制,各经济体提出的行动目标建立在不断进步的基础上,推动各方不断提高行动力度,并于 2023 年起每五年对各经济体行动的效果进行定期盘点。

(二) WTO 中的环境保护规则

"乌拉圭回合"谈判通过了《关于贸易与环境的决定》。根据该决定,WTO 设立了一个对所有成员开放的"环境与贸易委员会"。该委员会的工作宗旨是在不违背多边自由贸易体制的前提下,负责与贸易有关的环境保护工作,协调贸易与环境两个领域的各项政策措施,实现环境保护与贸易持续增长相互促进的目标。在"乌拉圭回合"谈判中达成的多个协定如《服务贸易总协定》《农业协定》《实施卫生与植物卫生检疫措施协定》《补贴和反补贴措施协定》《与贸易有关的知识产权协定》等都涉及环境保护问题。

WTO 的环保规则体系主要由 WTO 宗旨、《关贸总协定》中一般例外、《技术性贸易壁垒协定》,以及《卫生和植物卫生检疫协定》中部分条款构成。

1. WTO 宗旨

WTO 宗旨中指出:"坚持走可持续发展之路,各成员应促进对世界资源的最优利用、保护和维护环境,并以符合不同经济发展水平下各成员需要的方式,加强采取各种相应的措施。"从这段话中可以看到,WTO 的宗旨明确体现了可持续发展的思想,并且强调了资源的充分利用。

2.《关贸总协定》中一般例外

《关贸总协定》中第二十条一般例外指出:"本协定的规定不得解释为禁止缔约方采用或实施以下措施,但对相同情况的各国,实施的措施不得构成武断的或不合理的差别待遇,或构成对国际贸易的变相限制:……(b)为保障人民、动物或健康所必需的措施;……(g)与国内限制生产与消费的措施相配合,为有效保护可能用竭的天然资源的有关措施。"《关贸总协定》中第二十条一般例外(b)(g)两条规则虽未体现环境保护的词语,但其确为以环境保护为目的构成对非歧视原则的例外规制,在 WTO 与环保相关的争议中常被引用。

3.《技术性贸易壁垒协定》

《技术性贸易壁垒协定》的序言指出:"任何国家可以在其认为适当的范围内采取必要的措施,以保护人类、动植物的生命或健康及保护环境",同时还进一步说明了相关举措不得成为贸易壁垒的手段。这也反映了《技术性贸易壁垒协定》目的是协调环境保护与贸易之间的关系,在环境得到保护的同时,不会使贸易受到损害。

4.《卫生和植物卫生检疫协定》

《卫生和植物卫生检疫协定》规定,任何成员均有权采取或实施保护人类、动植物的生命和健康所必需的措施,且在危险合理评估的基础上确定适当的健康保护标准。同时还要求各成员所采取的措施必须以科学原理为依据,若不存在充分的科学依据则不得维持相关举措,且不得以相关举措构成贸易壁垒。

二、区域贸易协定中的环境保护规则

在 1992 年里约会议和 1994 年《北美自由贸易协定》生效之前,将环境保护规则纳入区域贸易协定通常仅限于协定中贸易义务的例外情况,这些例外情况以《关贸总协定》第二十条一般例外(b)(g)两条规则为基础。随后,《服务贸易总协定》(GATS)第十四条也纳入了类似的例外条例。《北美自由贸易协定》中的环境保护规则远远超出了这一范围,其中包括若干详细的、具有法律约束力的环境保护规则,以及《北美环境合作协定》一项附带的协定。《北美自由贸易协定》为美国区域贸易协定的谈判开创了先例,并为大多数经济体在区域贸易协定谈判中引入环境保护规则提供了框架。根据 OECD 的统计,全球约有 85% 的区域贸易协定纳入了环境保护规则,并且区域贸易协定中的环境保护规则从仅提及环境保护而无法律约束力的传统条款向独立章节、有较高可执行性的激进条款发展。

根据区域贸易协定中环境保护规则的具体内容,可将其大致分为八类核心规则。

第一,一般性规定。许多区域贸易协定在序言中提及环境目标,包括环境保护与可持续发展目标、高标准的环境保护目标,以及围绕相关目标进行环境合作的一般义务等。缔约方通过序言为整个区域贸易协定确立了环境保护与可持续发展的目标,并且此类规则与其他规则的解释息息相关,从而有助于确定争端解决的范围。

第二,例外条例。以《关贸总协定》第二十条一般例外(b)(g)两条规则或《服务贸易总协定》第十四条一般例外(b)规则为基础形成的规则,或完全纳入上述规则。

第三,国内环境法与贸易投资相协调的规则。这类环境保护规则旨在维持或提高环境标准,为缔约方之间的贸易创造公平的竞争环境,确保缔约方不能通过标准较低的环境保护获得贸易优势。此类规则通常包括:确保国内高水平的环境保护立法;承诺不为获得贸易优势而弱化环境法;环境产品贸易差异化和自由化;努力提高环境保护水平;有效执行环境法;对违反环境法的行为进行补救等。

第四,公众参与。该规则与《里约宣言》中的公众参与原则相似,规定缔约方应满足关于提供国内实施环境保护信息的请求,并且缔约方中接收和审议环境保护信息的人需就相关情况提供书面意见,该意见可随时获取并向公众提供。这意味着,缔约方的公民可适当地获得当局拥有的环境资料,并有机会参与与环境保护相关的各项决策进程。因此,区域贸易协定中的公众参与、公开意见等规则为满足《里约宣言》中公众参与原则的获取环境信息、参与决策过程和有效程序的要求作出了宝贵的贡献。

第五,专项环境保护。区域贸易协定中的环境保护规则还涉及能源保护或促进可再生能源等具体问题。此类规则在区域贸易协定中存在较大的差异,主要包括:可再生能源;能源保护;气候变化;生物多样性;入侵物种控制;空气质量;水质;土壤质量;海洋污染;水资源;渔业资源;森林资源;非法木材;荒漠化等具体内容。其中渔业资源管理规则被更为广泛地纳入区域贸易协定,具体有渔业管理、渔业补贴及非法、不报告和不管制捕鱼、可持续渔业管理,以及保护海洋生物等具体规则。

第六,环境保护合作。加强各经济体之间环境保护合作是区域贸易协定中纳入环境保护规则的主要原因之一。部分区域贸易协定规定了比较宽泛的环境保护合作规则,但并无具体的实施细节。另一部分区域贸易协定则纳入了信息交流、培训会议、联合项目、合作联络点等环境保护方面的实体性规则和机制,深入推进环境保护方面的合作。此外,还有部分区域贸易协定达成了关于环境问题的技术、资金等方面的援助规则。

第七,执行机制。执行机制反映了环境保护规则的法律约束力,包含环境保护法规司法程序的执行,环境保护规则中争端解决机制的适用性、与环境保护相关的特殊争端解决机制,以及违反环境保护规则的制裁办法等。部分环境保护规则中还设立了专门的机构来监督环境保护规则的执行情况。

第八,遵守多边环境协定。越来越多的区域贸易协定中纳入了关于遵守多边环境协定的规则,一方面相关规则重申多边环境协定的重要性;另一方面相关规则强调多边环境协定的法律优先性,即某些多边和双边环境协定中的规则与具体贸易义务不符时,应以多边环境协定的义务为准。部分区域贸易协定还提及缔约方需遵守的具体环境公约,如《濒危物种国际贸易公约》《关于消耗臭氧物质的蒙特利尔议定书》和《关于危险废物越境转移的巴塞尔公约》等。

专栏 11-1
碳关税与绿色贸易壁垒

碳关税最早是由法国前总统希拉克在 2007 年提出,其基本概念是主权国家或地区对高耗能产品进口征收的二氧化碳排放特别关税,本质上属于碳税的边境税收调节。碳关税的纳税人主要是指不接受污染物减排标准的国家其高耗能产品出口到其他国家时的发货人、收货人或者货物所有人。课征对象主要包括未承担《联合国气候变化框架公约》下的污染物减排标准的经济体，出口至其他经济体的高能耗产品，如铝、水泥、化肥、钢铁等。碳关税是按照产品在生产过程中排放碳的数量来计征的，主要以化石能源的使用数量换算得到。

近年来，以欧盟为主的发达经济体正在抓紧制定碳关税制度设计。欧盟委员会于2021年7月14日公布了《关于建立碳边境调节机制的立法提案》，2023年5月16日欧盟宣布碳边境调节机制(carbon border adjustment mechanism，CBAM，碳关税)法案文本在《欧盟公报》上正式发布，并于当月17日正式生效。从2023年10月起，CBAM进入试运行阶段，在欧盟的进口商需提交产品的碳排放数据而无须缴纳相关税费。预计2026年1月1日起正式实施CBAM。与欧盟相比，美国的碳关税处于起步阶段，基本框架来自《清洁竞争法》(Clean Competition Act，CCA)，预期要对国外进口商和国内生产商超过行业平均水平的碳排放征收碳税。日本、英国、加拿大等发达经济体对碳关税的态度逐渐软化，虽无具体举措，但发达经济体在碳关税问题上形成共识并集体行动的可能性相当高。

表面上，发达经济体宣称出于保护环境的目的，实施碳关税以减少碳泄露。碳泄露是指，经济体单方面制定相关法律在减少国内碳排放时，由于价格驱动或产业转移，其他经济体的碳排放总量会增加，即国内的碳"泄露"到国外。然而，碳关税政策的实施绝非仅以环境保护为目的，其本质有三：一是争夺低碳时代的全球话语权，构建符合自身利益的环保体系，进而提升自身的全球竞争力和影响力；二是通过提高进口成本削减发展中经济体的成本价格优势，维护国内产业的竞争力，制衡新兴经济体的发展；三是将减排责任和成本转嫁给发展中经济体，并从中攫取经济利益。可以说，发达经济体制定碳关税不仅混淆了历史减排责任和当代减排责任，同时也违背了《联合国气候变化框架公约》中公平原则与"共同但有区别的责任"原则，增加了国际贸易保护主义和单边主义形式，极易成为新一代的绿色贸易壁垒。

思考题：

美国、欧盟及G7出台并推动实施的碳关税的战略意图是什么？我国应如何破解碳关税绿色壁垒？

第三节　劳工权利规则

一、劳工权利规则的生成与完善

当前国际经济形势复杂多变，传统生产方式发生重大变革，劳动力作为一项重要的资源禀赋，不可避免地卷入到经济全球化发展过程中，致使全球劳资关系格局也发生了重大变化。尤其值得注意的是，由于发达国家与发展中国家间的劳动力成本差距日益凸显，致使不同国家间的贸易摩擦和政治冲突日益频发。因此，不同国家劳工权利规则的设立迫切需要一系列协调机制进行处理，但目前国际上对劳工权利的范围界定并未形成统一标准，不同组织或条款对其规则的阐释也不尽相同。有关劳工权利规则的生成与完善过程，总结如下。

（一）劳工权利规则的生成

对劳工权利问题的关注起源于19世纪中叶工业革命完成后，欧洲资本主义扩张致使其通过采用降低劳动者工作环境与条件、使用大量童工等方式以实现其压低商品生产成本进而提升其商品在国际贸易中的市场份额的目的,由此导致大量劳工抗议运动。在此背景下,欧洲政治家提出通过政府谈判就劳工立法问题达成统一协议并建议设立国际组织的设想。随后经过一系列政治家的努力,德国首先在国内法层面通过第一部社会保险法,该举措刺激了其他欧洲国家的劳工福利政策,此后,德、法、瑞士等国政府关于是否制定国际劳工协定来保护劳工权益进行讨论,对确立国际劳工标准进行了倡导并进行了一定的实践。

(二)劳工权利规则的完善

1.《贸易、就业和劳工标准》

联合国经济合作与发展组织(简称 OECD)在 1996 年发布的《贸易、就业和劳工标准》报告一文中最早正式提到"核心劳工标准",该标准对劳工权利规则的制定设立了两方面的原则,即核心劳工标准是人类基本权益,以及核心劳工标准是其他劳工标准的框架条件。具体来看,该报告将劳工权利规则的主要内容概括为:结社自由和集体谈判;消除对童工的剥削形式;禁止强迫劳动和就业中非歧视。

2.《国际劳工组织关于工作中基本原则和权利宣言》

国际劳工组织于 1998 年 6 月 18 日通过的《国际劳工组织关于工作中基本原则和权利宣言》(简称 ILO 宣言),将劳工权利相关内容概括为"保护和促进对工人基本权利的尊重"。ILO 宣言对 1995 年在哥本哈根召开的社会发展问题世界首脑会议通过的《行动纲领》中有关"公认的基本权利"内容进行了重申,具体内容涉及四个方面:禁止强迫劳动和童工;结社自由;自由组织工会和进行集体谈判;同工同酬,以及消除就业歧视。

以上四方面内容分别在 8 项国际劳工公约中得到体现,具体公约如表 11-1 所示。

表 11-1　劳工公约中体现的基本权利

序号	年　份	公　　约	号　别
1	1930 年	《强迫劳动公约》	第 29 号
2	1948 年	《结社自由与保护组织权公约》	第 87 号
3	1949 年	《组织权与集体谈判权公约》	第 98 号
4	1951 年	《对男女工人同等价值的工作支付同等报酬公约》	第 100 号
5	1957 年	《废除强迫劳动公约》	第 105 号
6	1958 年	《(就业和职业)歧视公约》	第 111 号
7	1973 年	《最低就业年龄公约》	第 138 号
8	1999 年	《最恶劣形式的童工公约》	第 182 号

除上述核心劳工标准外,ILO 宣言还设立了包括《劳动监察公约》在内的 4 项优先批准公约,以及 190 项技术性公约,对工时、工资标准、休假等一系列制度作出了规定。但就 ILO 宣言的国际劳工权利规则的适用性而言,其仅体现了促进性的特征,而非强制性,即 ILO 宣言并不赋予成员法律上的义务,未规定任何制裁措施。

二、多边谈判框架下劳工权利规则的实践与发展

由于 ILO 宣言的实施缺乏执行和监督机制,致使其劳工权利规则的实施效果不尽如人意。部分国家则企图通过其他途径发挥劳工权利规则的作用,将其纳入多边或双边自由贸

易协定进行谈判。

(一)起草国际劳工组织宪章

1919 年,英国就曾致力于促进缔约方对于未履行国际劳工公约义务的成员采取抵制产品的方式进行制裁,并在宪章草案中做出有关抵制出口的表述,但该内容遭到诸多非发达国家反对,其后正式通过的章程中亦未体现出类似于惩罚性贸易制裁的条款。

(二)将劳工权利规则写入《联合国国际贸易组织宪章》

1946 年联合国贸易与就业会议筹备委员会起草并于次年在古巴哈瓦那会议上通过的《联合国国际贸易组织宪章》,即《哈瓦那宪章》明确表明国际贸易及相关措施应当充分考虑劳工权利规则有关内容。虽然国际贸易组织未能成立,但发达国家意图通过国际多边贸易谈判促成劳工权利规则与贸易挂钩衔接的行动并没有就此停滞。

(三)《关税与贸易总协定》谈判要求设置劳工权利规则

在《关税与贸易总协定》(GATT)谈判过程中,欧美国家则极力要求在世界多边贸易体制下设置相关劳动权利规则。在"东京回合"谈判,美国政府则提出纳入四项劳工标准①。在未被采纳的情况下,美国持续在"乌拉圭回合"谈判中提出相应的主张,要求将如下内容纳入谈判范围:一国以过低劳工标准生产出口产品;各国应当适用统一标准,严格规范对于危及生命的有毒有害物质。但由于发展中国家的劳工标准普遍偏低,仍未得到支持。

(四)马拉喀什部长级会议就劳工权利规则问题进行讨论

1994 年在马拉喀什举行的部长级会议上,就劳工权利规则的有关问题进行了辩论。美国、西班牙等发达国家,将劳工标准问题与环境保护、人权保障等内容纳入"社会条款"范围之内予以谈判,欲对违反者施加贸易制裁,以牵制发展中国家采取相应改进措施,防止国家间不公平竞争。但仍旧遭到发展中国家强烈反对,双方各执己见,该次会议未能取得实质进展。但此次会议后,部分发展中国家的态度开始有所退让,在折中各方观点的基础上,虽然对于贸易制裁仍不予支持,但对于在国际多边贸易体制下展开相关理论讨论持肯定态度,然而范围仅限于劳工权利规则与贸易的关系问题。

(五)WTO 部长级会议就劳工权利规则问题进行讨论

1996 年在新加坡举行的 WTO 部长级会议上,"核心劳工标准"作为会议第二十三项议题予以讨论。美国强烈建议世界贸易组织与国际劳工组织进行有效合作,寻求两个组织相互支持的方式。但发展中国家表示出对贸易保护主义的担忧。最终,该次会议的《部长宣言》明确重申了成员"承诺遵守国际公认的核心劳工标准"。该宣言仅指出 WTO 和 ILO 组织秘书处"仍将继续其现有的合作",但并未开展实质性行动。

1999 年在西雅图举行的 WTO 部长级会议上,美国提议工作组审议有关劳工权利规则如下具体问题:贸易、核心劳工标准和社会保护之间的关系;积极的贸易激励机制;贸易和强迫劳动;由贸易引起的国家(包括出口加工区)劳工标准的减损。欧盟一方阵营考虑设立劳工问题工作组,而另一方阵营认为 WTO 对于贸易和劳工关系的考虑过于政治化,遂提出折中方案,即建立一个"贸易、全球化和劳工问题常设工作论坛"。虽然双方在立场上各作出一

---

① 四项劳工标准具体包括:禁止奴隶和强迫性劳工;禁止童工;制定劳动卫生与安全措施;对出口货物采取差别性标准。

定妥协,但最终未能促进实质性进展。2001 年进行的"多哈回合"谈判,再次对劳工标准的议题进行讨论,但最终仅重申了此前部长宣言的相关表述,并未形成实质性突破。

综上所述,尽管发达国家的劳工权利拥护者努力与不发达国家的发展目标联系起来,但劳工权利问题始终未能确保在 WTO 多边贸易谈判议程中正式占有一席之地,WTO 继续将劳工权利规则的有关问题推到国际劳工组织的工作中。

三、FTA 框架下劳工权利规则的实践与发展

虽然 WTO 等多边谈判机制对有关劳工权利规则的制定与实施进展缓慢,但以美国和欧盟等为代表的地区正积极通过签署自由贸易协定的方式就劳工权利有关条款或规则进行商讨与谈判。最具代表性的涉及劳工权利规则的 FTA 主要包括:以美国为主导的 FTA、以欧盟为主导的 FTA,以及 CPTPP。

(一)涉及劳工权利规则的代表性 FTA

1. 以美国为主导的 FTA(表 11-2)

表 11-2　以美国为主导的 FTA 中有关劳工权利规则的主要内容

协定名称	生效日期	协定中有关劳工权利规则的主要内容
《北美自贸协定》	1994 年 1 月	规定了 11 条原则,包括结社自由和保护组织权、集体谈判权、罢工权、禁止强迫劳动、保护儿童、最低雇用标准、消除雇佣歧视、男女同工同酬、预防职业疾病和伤害、工伤和职业病的补偿、保护移民工作者;要求缔约方采取适当政府行动促进对本国劳动法的遵守和有效执行
《美国-约旦自贸协定》	2001 年 12 月	重申 ILO 成员的义务,努力确保 ILO 基本原则和国际公认的劳工权利受国内法的承认和保护,包括结社自由、组织权和集体谈判权,禁止任何形式的强迫或强制劳动,儿童最低工作年龄,可接受的最低工资、劳动时间和职业安全卫生等劳动条件;适用协定所有条款的统一协商和争端解决机制
《美国-新加坡自贸协定》	2004 年 1 月	劳工标准同《美国-约旦自贸协定》类似,但规定通过磋商方式处理违反国内法的侵害劳工权利行为
《美国-智利自贸协定》	2004 年 1 月	同《美国-新加坡自贸协定》类似
《美国-澳大利亚自贸协定》	2005 年 1 月	同《美国-新加坡自贸协定》类似
《美国-巴林自贸协定》	2006 年 1 月	同《美国-新加坡自贸协定》类似
《美国-摩洛哥自贸协定》	2006 年 1 月	同《美国-新加坡自贸协定》类似
《美国-阿曼自贸协定》	2009 年 1 月	同《美国-新加坡自贸协定》类似
《中美洲贸易协定》(CAFTA—DR)	2009 年	同《美国-新加坡自贸协定》类似

续　表

协定名称	生效日期	协定中有关劳工权利规则的主要内容
《美国-秘鲁贸易促进协定》	2009 年 2 月	在法律法规和执行中引入和保留 ILO 提出的四项基本劳工权利；在另一章规定了可接受的最低工资、劳动时间、职业安全健康等劳动条件；明确劳工条款的不减损原则
《美国-哥伦比亚贸易促进协定》	2012 年 5 月	同《美国-秘鲁贸易促进协定》类似
《美国-韩国自贸协定》	2012 年	同《美国-秘鲁贸易促进协定》类似
《美国-巴拿马贸易促进协定》	2012 年 10 月	同《美国-秘鲁贸易促进协定》类似
《跨太平洋伙伴关系协定》(TPP)	2017 年退出（2016 年 2 月签署）	承诺遵守五项基本劳工权利，包括 ILO 四项基本劳工权利和可接受的最低工资、劳动时间、职业安全健康等劳动条件；明确劳工条款的不减损原则
《美国-墨西哥-加拿大协定》(USMCA)	2020 年 7 月	五项基本劳工权利和不减损原则同 TPP；在监督劳工条款的执行上更严格，并建立了强有力的监督机制

2. 以欧盟为主导的 FTA（表 11-3）

表 11-3　以欧盟为主导的 FTA 中有关劳工权利规则的主要内容

协定名称	生效日期	协定中有关劳工权利规则的主要内容
《科托努协定》	2003 年 4 月	保留 ILO 提出的核心劳工标准，并提出禁止贸易保护主义的要求
《加勒比论坛与欧盟经济伙伴关系协定》	2008 年 10 月	在第六章"社会层面"规定了劳工问题，并确立了以协商监督机制来解决劳动争议问题
《欧盟-黎巴嫩自贸协定》	2007 年 1 月	缔约方就失业、身体屡弱者的康复、男女平等问题、劳动关系、职业培训、工作安全和卫生问题等有关劳动权利规则的内容达成协议
《欧盟-韩国自贸协定》	2015 年 12 月	根据 ILO 成员的义务和国际劳工大会 1998 年第 86 届会议通过的《国际劳工组织关于工作中的基本原则和权利宣言》，缔约方承诺在其法律和实践中尊重、促进和实现有关基本权利的原则
《欧盟-加拿大自贸协定》(CETA)	2017 年 4 月	缔约方以 ILO 宣言为限确定权利保护范围，确保其劳工法和惯例促进 ILO《体面劳动议程》《关于争取公平全球化的社会正义宣言》，以及其他国际公约中有关职业健康和安全、最低就业标准、工作条件
《欧盟-日本自贸协定》	2019 年 2 月	保留 ILO 四项基本劳工权利，拒绝通过贸易制裁的方式解决劳工争端

3. CPTPP 中涉及劳工权利规则的主要内容

CPTPP 针对劳工权利问题专门开设了第 19 章予以规定，总计 15 条内容，具体可分为实质性承诺与要求和程序性实施机制两大类。CPTPP 中劳工标准条款的主要内容如下。

（1）劳工权利。

CPTPP 第 19.3 条对各缔约方应采取并维持的劳工权利进行了规定。其第一款规定正是 ILO 宣言中规定的四项基本劳工权利,该条款要求各缔约方承担国际劳工组织宣言中约定的义务,由于 CPTPP 的各缔约方均是 ILO 成员,因此该规定并没有为各国创设新的义务。其第二款规定则设置了可接受的工作条件,由于 CPTPP 各缔约方同时包含了发达经济体与发展中经济体,双方在劳工保护方面存在差距,如不考虑不同经济体间的差异而直接要求各缔约方满足四项基本劳工权利无疑会加大谈判难度。

因此,CPTPP 除了就 ILO 四项基本劳工权利进行了规定,并没有要求所有缔约方接受 ILO 的众多非核心劳工公约,如《保护工资公约》《四十小时工作周公约》《保护工人索赔(雇主破产)公约》《(商业和办公室)工作时间公约》《(工业)工作时间公约》《最低工资公约》及多达四十多个对职业安全卫生作出规定的专门公约。此外,CPTPP 第 19 章还就劳工保护方面各缔约方应遵循的原则做出了规定,包括非贸易保护主义目的,不减损规则,抵制强迫劳动商品与企业社会责任。

(2)程序保障。

除对劳工权利作出规定外,CPTPP 还规定了保障劳工权利实施的程序,这一条款旨在保障劳动法在各国的执行能力,确保劳动者可以通过法律途径保护自己应享有的劳动权利,但具体内容交由各国国内法规定,同时强调各国应保证国内法庭公平、公正、透明且符合法律程序地执行其劳工法中规定的程序。此外,CPTPP 还建立了劳工合作与对话机制,确保其行动方案的执行更具操作性与可行性,便于各缔约方高效、快捷地解决劳工领域内各自关切的问题。

(3)机构组织设置。

CPTPP 条款中决定设立劳工理事会,理事会作为 CPTPP 处理劳工事务的特别机构可以设定和审议优先事项,可有效指导劳工合作、制订工作计划,以及讨论具体的共同利益等问题,还可与其他国际组织或非缔约方制定联合提案或开展合作。此外,CPTPP 还建立了联络点制度,不仅便于缔约方沟通,而且还承担了实施具体劳工合作活动的职能。

(4)公众参与机制。

劳工权利问题是公众深切关注的重要问题,因此广泛吸收和听取公众意见十分必要,为此 CPTPP 建立了公众参与机制,使得公众意见得以审议并及时得到答复,并强调缔约方信息公开透明。

(5)争端解决机制。

CPTPP 规定了磋商机制,要求各缔约方应根据相互尊重原则尽最大努力通过合作和磋商解决各项劳工权利问题。其就劳工问题争端设计的争端解决机制,充分考虑各国劳工保护水平的差距,为有效解决争端提供了机制保证。

(二)比较不同 FTA 中有关劳工权利规则的差异

1. 以美国主导的 FTA 中有关劳工权利规则的特点

(1)劳工问题是自由贸易协定中不可缺少的内容;

(2)协议所保护的劳工权利范围,以 ILO 宣言的规定为基础,但范围更广;

(3)确认缔约方可对违反劳动法律规定的行为通过既定程序进行适当的制裁或补救,以确保条约的遵守与执行。

2. 以欧盟主导的 FTA 中有关劳工权利规则的特点

(1)对于劳工权利的范围,欧盟以 ILO 的四项核心劳工标准为依据,不同于美国确定的五项劳工标准;

（2）在争端解决机制上，欧盟与美国构成实质性差异。欧盟选取的是协商合作方式，而非通过贸易制裁的方式。

3. CPTPP中有关劳工权利规则的特点

（1）CPTPP是有史以来第一个将"可接受的工作条件"纳入基本劳工权利范围的自由贸易协定，突破了以往所签订的FTA的四项核心标准范围；

（2）CPTPP区别于以往发达国家利用劳工标准设立贸易制裁措施来降低非发达国家的市场竞争力从而实施贸易保护主义的做法，明确强调其劳工权利规则的设立应以劳动保护为真实目的，申明各缔约方作为国际劳工组织成员应保证劳工标准不应用于贸易保护主义之目的；

（3）以往的FTA并未单独在劳工条款中强调特殊贸易区域问题，而CPTPP首次在具体的不减损规则中写入并强调了特殊贸易区域的问题，特殊贸易区域在不减损规则上涉及的所保护权利范围更广、要求更严格；

（4）与其他FTA相比较，CPTPP将阻碍商品进口措施作为消除强迫劳动具体手段，在国际范围内属首次实践，CPTPP不但促进缔约方国内消除强迫劳动，还可对非缔约方外贸造成直接影响，极大程度扩大了协议的域外效力。

四、中国对FTA框架下劳工权利规则的应用

（一）中国FTA中的劳工权利条款（表11-4）

中国所签署的FTA对于将劳工权利相关规则纳入考虑范围采取十分保守的态度，并未就劳工标准问题进行展开，主要表现为：一是，目前仅有五项FTA在其协议中提及劳工权利问题，其中表明应当通过签订谅解备忘录进行劳工合作的有四项，而实际上目前只有两项FTA完成了签订；二是，协议中劳工条款的篇幅和内容十分有限，均为1~2款条文表明协议双方"应当合作"的态度，且协议本身均未具体展开合作与交流的范围及途径等内容。

表11-4　中国FTA中的劳工权利条款

FTA	有无劳工权利条款	表现形式	签订时间
中国-格鲁吉亚	无	/	/
中国-澳大利亚	无	/	/
中国-韩国	无	/	/
中国-瑞士	有	合作谅解备忘录/合作协议	2011年
中国-冰岛	有	应当加强合作	/
中国-哥斯达黎加	无	/	/
中国-秘鲁	有	合作谅解备忘录	/
中国-新西兰	有	合作谅解备忘录	2008年
中国-新加坡	无	/	/
中国-巴基斯坦	无	/	/
中国-智利	有	承诺签订合作谅解备忘录	/
中国-东盟	无	/	/
《亚太贸易协定》	无	/	/

(二)中外劳工合作谅解备忘录

中国 FTA 对于劳工权利问题大多通过劳工合作谅解备忘录形式固定文本并据此展开合作。值得注意的是,合作谅解备忘录属于政府部门之间签订的事实性协议,并不产生等同于 FTA 条款内容的法律效力。现将劳工合作谅解备忘录具体内容及特点概括如下。

(1)对于国际劳工标准问题,备忘录同样重申了各方作为 ILO 成员的义务,并强调了 ILO 宣言中所涉及的劳工权利和原则,但备忘录在形式上并没有参照国际上 FTA 协议的通常做法,直接阐明法律法规所应当保护的权利的范围。考虑到签订备忘录的当事方之间所批准的 ILO 公约存在差异,我国将劳工问题实体权利的范围交由各国当局自行予以确认,仅强调各国在根据其国情自行确认的基础上,通过一定的程序进行对话沟通。

(2)对于劳工问题提出了如下几项原则性要求符合国际主流:尊重国家在劳动方面的主权;禁止贸易保护主义目的;不减损、不弱化劳工政策与实践。以上要求也是目前国际上对于涉劳贸易问题所达成的普遍性共识,备忘录强调以上原则性要求符合当前国际主流做法。

(3)劳工合作为备忘录中极为主要的规定之一,备忘录首先确定了"共同决定、共同同意"合作原则;其次,列举了可开展合作的六项具体领域,并举例表明了劳工合作的方式可具备多样性;最后,通过规定在适宜情况下允许有关主体参加,表明了劳工合作的多方参与性。

(4)规定了开展国际劳工合作的相关制度安排,但相对粗糙。备忘录规定了协调员机制和两年一期的会晤制度,其中明确了会议的工作范围,以及非会议期间双方进行沟通协调可利用的方式。另外,备忘录还确定了开展劳工合作所需资金的安排,达成了"根据预算具体确定、特殊计划另行安排"的共识。

(5)解决劳工事项分歧与争议的磋商程序简略。一是磋商的劳工事项范围,即涉及谅解备忘录的解释和执行问题;二是磋商的具体程序,一般情况下通过协调员提出磋商要求,要求通过会晤制度进行的,明确了会晤召开的时限;三是磋商的方式,具体包括合作、磋商和对话;四是参加磋商会议的人员,明确了部长的参与权限。

(三)中外劳工合作协议

除劳工合作谅解备忘录外,中国创造性地采用"合作协议"的形式来促进 FTA 缔约方之间就劳工问题进行交流合作。合作协议属于政府部门签订的正式法律文件,其法律效力比备忘录更具有确定性,从该意义上讲对各国形成一定程度正式的约束力,且合作协议与备忘录协议签订时间一致。合作协议有以下三点主要内容。

(1)合作协议中重申的承诺范围最广,除 ILO 宣言、社会正义宣言外还包括就业和"体面劳动"宣言,但同样未明确基本权利的范围。

(2)协议规定政府劳工部门劳动合作活动具体是在合作谅解备忘录的框架下展开,因此协议并没有具体列明劳工合作的领域与方式,而意在引用备忘录中相关内容。

(3)就劳工争议解决方面,协议规定了单独的劳工磋商程序,同样保持劳工争议不适用 FTA 协议中有关争议解决的相关规定的立场。

当前,劳工权利规则进入自由贸易协定已是大势所趋,对于国际贸易中的劳工权利问题应上升到参与全球经贸规则制定的高度来审视,而中国现行的不涉及具体劳工标准的模式面临越来越多的挑战。就自身发展需要而言,我国正在不断完善推进高质量共建"一带一路"机制、"走出去"战略等,因此增强我国在 FTA 协定制定过程中的话语权和主导权显得十分重要。

第四节　准入前国民待遇和负面清单管理规则

一、准入前国民待遇和负面清单管理的基本内容

"准入前国民待遇＋负面清单"这一新的模式在世界范围内的外国投资领域变得越来越热门,国家之间的贸易和投资安排正越来越多地使用这种方式。

(一)准入前国民待遇的基本内容

1. 准入前国民待遇的含义

准入前国民待遇是指企业设立、取得、扩大等阶段给予外国投资者及其投资不低于本国投资者及其投资的待遇。准入前国民待遇的实质是外商投资的管理模式问题,它要求在外资进入阶段给予国民待遇,即引资国应就外资进入给予外资不低于内资的待遇。准入前国民待遇通常与负面清单制度相结合。

2. 准入前后国民待遇的区别

根据联合国贸发会议的研究,在投资领域按照国民待遇发生时段的不同,可将其分为准入前国民待遇(pre-establishment national treatment,或称为准入阶段国民待遇)和准入后国民待遇(post-establishment national treatment)两大类。准入后国民待遇,是指国民待遇通常在投资完全建立后才能开始享受,即在外资企业建立后的运营中给予外国投资者及其投资不低于本国投资者及其投资的待遇。准入后国民待遇解决的是外资"进门后"能不能受到平等对待的问题,而准入前国民待遇主要针对的是外资"门好不好进"的问题。从根本上来说,市场准入本身就构成了国民待遇的重要组成部分。因此,与准入后国民待遇相比,准入前国民待遇是一种更加完整、更加全面的国民待遇。

(二)负面清单管理的基本内容

1. 负面清单管理的含义

负面清单是一种管理模式,"负面清单管理模式"是指政府规定哪些经济领域不开放,除了清单上的禁区,其他行业、领域和经济活动都许可。凡是与外资的国民待遇、最惠国待遇不符的管理措施,或业绩要求、高管要求等方面的管理措施均以清单方式列明,这体现了负面清单管理模式在外商投资领域的运用。

2. 正负面清单的区别

正面清单是指政府允许的市场准入主体、市场范围及领域等均以清单方式列明,外资所享有的国民待遇仅限于清单内所列出的部门或行业。而负面清单(不符措施)相对于国际投资管理办法的正面清单(积极清单),是外国投资的黑名单,其奉行的是"法无禁止即自由"的理念,负面清单以外的领域均对外开放。总之,相较于正面清单而言,采用负面清单管理模式的市场更加开放,更加自由,更加符合贸易自由化和投资自由化的国际准则。

二、准入前国民待遇和负面清单管理规则与 WTO 相关规则的差异

(一)准入前国民待遇与 WTO 国民待遇的差异

在《1994 年关贸总协定》和世界贸易组织的规则中,对国民待遇的规定仅限于投资准入后阶段,对于投资前没有规定是否应该给予投资者国民待遇,一般默认投资准入阶段是不给

予国民待遇的。WTO 规则中对国民待遇的理解是,在任何成员境内,外国国民享有与本国国民相同的待遇。一经成为 WTO 的成员,就"自动"无条件地享有,同时也要授予其他缔约方在货物贸易及与货物贸易相关的其他领域的国民待遇,强调的是在进入一个国家后,对一个国家的国内外投资给予平等的待遇。WTO 国民待遇原则是国际贸易的一个基本准绳,兼具经济上和法律上的意义,体现在该原则对政府贸易权利的限制和对公民贸易权利的维护。

与 WTO 的国民待遇原则不同,准入前国民待遇,一般只适用于国际投资领域,可以说是外资准入的"门槛",强调的是投资进入东道国之前的国民待遇,适用投资准入前国民待遇原则的前提是具体缔约双方签订了某一或多种形式的投资协定,是只有相互签订了投资协定的缔约方才享有的待遇,不具备法律上的意义和义务。投资准入前国民待遇的适用范围比 WTO 国民待遇的适用范围小。将国民待遇原则开放至投资准入前的阶段,更加契合世界各国在经济领域对自由化的诉求。

(二)负面清单管理规则与 WTO 中清单规则的差异

《1994 年关贸总协定》和世界贸易组织规则采用了积极的外国投资管理模式,即正面清单管理,允许和鼓励外商投资于正面清单所列的行业和部门,外资只能在清单范围内享受国民待遇,清单以外的部门或行业要么明确禁止外资进入,要么需要经过很严格的审批。从经济和贸易的增长来看,正面清单在一定程度上是经济全球化和投资自由化的障碍。但这是世界各国,尤其是发展中国家和新兴工业化国家的发展必经之路,是完善国内各种建设的有力保障。

而在"负面清单"的境外投资管理模式中,在清单以外的所有领域中,外资和国内投资享受同等待遇,"法无禁止即自由"。负面清单是世界经济尤其是对外投资发展到一定高度的产物,各国需要拓展对外投资来合理优化资源配置,引进和借鉴外国先进的生产方式和管理模式,但同时享受权利和履行义务,在"自由"进入外国资本市场的同时,该国的资本市场也将更加开放。从正面清单到负面清单的发展,是经济全球化和贸易自由化的更进一步发展,有利于实现全球资源的优化配置。

三、BIT 框架下准入前国民待遇和负面清单管理规则的实践与应用

当前国际投资领域最常用的双边投资协定(bilateral investment treaty,BIT)模板分为两种,即"欧式模板"和"美式模板"。其中,"欧式模板"是基于 1962 年 OECD 颁布的《阿部斯-肖克罗斯公约草案》而形成,主要被欧洲国家和发展中国家所采用;"美式模板"则是基于美国一系列友好通商航海条约(FCN)而形成。BIT 框架下准入前国民待遇和负面清单管理规则实践应用的两类模板各自特点如下。

(一)"欧式模板"中的准入前国民待遇和负面清单管理规则
1."欧式模板"的准入前国民待遇规则

由于欧盟不能作为一个整体与其他国家或地区签订双边投资协议,导致欧盟成员在谈判与达成双边投资协定时仍需考虑双方具体的产业竞争力、投资环境、法律法规与利益集团的诉求等问题。主要欧盟成员所签订的双边投资协定除对国民经济至关重要的特定产业或幼稚产业给予例外保护外,对国外投资者和投资在准入后阶段都给予完全的国民待遇。因此,相较于准入前国民待遇规则,准入后国民待遇规则在欧盟范围内更为适用。

2."欧式模板"的清单管理模式

在清单管理模式上,由于经济与历史的影响,传统"欧式模板"的投资协定普遍侧重投资保护问题,而对投资准入问题的重视程度不足,对业绩要求等方面也很少做出规定,因此没有引入负面清单模式。2009年《里斯本条约》生效后,欧盟具有了就外国投资事务(包括缔结投资协定)的专属权力,开始采取投资保护与投资准入并重的新政策。2012年4月,美欧达成关于国际投资的"七条原则",强调了投资准入前和准入后的待遇问题。2013年10月,欧盟与加拿大结束谈判的"全面经济贸易协定"(CETA)的投资章节中已采用了负面清单模式。

表11-5　"欧式模板"中涉及准入前国民待遇和负面清单管理的协定或公约

序　号	年　份	协定或公约名称	条目或章节
1	1951	《巴黎条约》	第3、5、55、65、66条
2	1957	《罗马条约》	第2、4章
3	1986	《单一欧洲法令》	对《欧共体条约》进行补充
4	1991	《马斯特里赫特条约》	修改《罗马条约》中"资本"章节
5	1997	《阿姆斯特丹条约》	第4章
6	2009	《里斯本条约》	《欧盟运行条约》第3、207条

(二)"美式模板"中的准入前国民待遇和负面清单管理规则

1."美式模板"的准入前国民待遇规则

在国民待遇方面,美国强调承诺全面的准入前国民待遇原则,同时也要求对方给予这种待遇标准。在该范本的框架下,缔约一方应对另一方的投资者与投资在其境内设立、并购、扩大、管理、运营、转让或其他资产处置方面,在"类似"情况下给予"不低于"本国国民与投资的待遇(多数情况下是更为优惠的待遇水平)。

2."美式模板"的清单管理模式

在负面清单方面,美国采用这种方式最早可以追溯至1953年与日本签订的《友好通商航海条约》,并于20世纪80年代逐步成形。目前在已签订并生效的双边投资协定中,美国已惯用"负面清单"模式,以附录形式具体说明哪些部门是限制或禁止进入的,并要求伙伴国也这样列明。对在清单中未列出的部门,另一方可假定其有权任意对其进行投资。清单内容包括部门列表与措施列表:前者列明保留限制的部门;后者列明现存的"不符措施",包括不适用的具体协议条款、针对行业监管的国内法律名称、内容及执行的政府层级。这两类列表所对应的义务一般包括国民待遇标准、最惠国待遇标准、经营要求,以及高级管理人员国籍要求。

四、中国对准入前国民待遇和负面清单管理规则的应用

现阶段中国为顺利开展对外投资活动而采取的一系列代表性措施包括自贸试验区建设、完善推进高质量共建"一带一路"机制,以及签订一系列双边投资协定(BIT)等,而"准入前国民待遇"和"负面清单管理"是当前国际投资领域重点关注的问题。因此,中国为顺利开展对外投资活动而采取的各类措施中都必须涉及对准入前国民待遇和负面清单管理规则的

考虑。本部分从中国所进行的自贸试验区建设、双边投资协定签署的有关方面,就中国对准入前国民待遇和负面清单管理规则的应用进行梳理。

(一) 中国自贸试验区建设中对准入前国民待遇和负面清单管理规则的应用

长久以来,我国对待外资待遇一直比较谨慎,直至 2013 年在上海自贸试验区创新性地实行准入前国民待遇和负面清单模式,使我国外商投资管理方法取得重大突破,并在全国范围内复制推广。中国自贸试验区建设中对准入前国民待遇和负面清单管理规则的具体应用情况如下。

1. 自贸试验区对准入前国民待遇规则的应用

中国自贸试验区的准入前国民待遇并不是根据 WTO 产生的待遇,WTO 只是规定了最惠国待遇、普惠制待遇和准入后的国民待遇,且主要规范货物贸易、零星的服务贸易以及与贸易有关的知识产权贸易,而对投资的国民待遇并未规定。中国自贸试验区的准入前国民待遇规定了外资不用受到我国外资监管机构的各种履行要求的限制,外资进入更加自由,有利于使内外资公平竞争,提高中国外资管理的透明度,建立公平开放的外资管理体系。

2. 自贸试验区对负面清单管理规则的应用

中国自贸试验区的负面清单制度是中国推进制度型开放的重要体现,旨在通过缩小负面清单范围,逐步实现所有未列入清单的行业、领域和业务的内外资一致待遇,从而增强中国市场对外资的吸引力,提升自贸试验区乃至全国的服务业和制造业开放水平,推动更高层次的开放型经济发展。

2024 年 3 月 22 日,商务部发布《跨境服务贸易特别管理措施(负面清单)》(2024 年版)和《自由贸易试验区跨境服务贸易特别管理措施(负面清单)》(2024 年版),自 2024 年 4 月 21 日起施行。全国版和自贸试验区版跨境服务贸易特别管理措施的实施,标志着首次在全国对跨境服务贸易建立负面清单管理模式,形成跨境服务贸易梯度开放体系。这是中国服务贸易管理体制的重大改革,也是中国扩大高水平对外开放的重大举措。

拓展阅读

中国自贸试验区负面清单

(二) 中国签署的 BIT 中对准入前国民待遇和负面清单管理规则的应用

1. 中国同"一带一路"合作伙伴签订的 BIT 中对准入前国民待遇和负面清单管理规则的应用

一方面,从投资者待遇的角度来看,中国同"一带一路"合作伙伴签订的双边投资协定中都规定了最惠国待遇和公平公正待遇,但涉及国民待遇的条款并不多,且现有的已经规定了国民待遇的双边投资协定中也仅仅将国民待遇限制在准入后国民待遇的范围内,而没有将国民待遇扩大到外资准入前阶段,即对于准入前国民待遇规则的应用仍有较大提升空间。

另一方面,从负面清单管理的角度来看,中国自贸试验区对于负面清单管理规则的创造性应用已服务于"一带一路"的规则建设之中。中国同"一带一路"合作伙伴签订的双边投资协定中,对于负面清单管理规则的应用已日渐成熟,同原有的上海自由贸易试验区负面清单相比,高质量共建"一带一路"机制提出以来,负面清单管理规则条目大幅下降,各产业投资受限范围大幅减小,负面清单管理规则的演进朝着更加开放化、透明化和国际化的方向发展。

2.中欧全面投资协定中对准入前国民待遇和负面清单管理规则的应用

欧盟是全球第一大投资输出地和投资目的地,但目前中欧双方的投资规模远不及贸易规模,双方投资关系的构建存在很大提升空间。为此,双方进行了长达七年(2013—2020年)的谈判,终于完成了中欧全面投资协定(CAI)的签署,但在2021年5月20日,欧洲议会以压倒性的票数通过了冻结中欧全面投资协定的议案。在中欧全面投资协定谈判过程中遇到的核心问题便是市场准入方面的问题。在中欧全面投资协定谈判中双方都将准入前国民待遇和负面清单管理规则的制定与实施纳入考量,为双方投资营造出一个稳定、公平、透明和法治化的环境。

五、准入前国民待遇和负面清单管理的国际投资新规则对中国利用外资的启示

尽管中国现阶段正在积极推进"准入前国民待遇+负面清单"模式,但相比美欧等发达国家,中国对准入前国民待遇和负面清单管理的国际投资新规则的应用仍不成熟。

中国应充分发挥自贸试验区作为外资利用的重要载体的功能,完善推进高质量共建"一带一路"机制;将准入前国民待遇与负面清单紧密结合,减缓本国关键产业和幼稚产业所受外资的冲击;强化准入前国民待遇和负面清单管理的法理基础。

本 章 小 结

1.竞争中立是一项调整国内市场秩序的公共政策,其核心思想是维护国有企业与私有企业在市场竞争的公平竞争环境,以此避免市场扭曲。竞争中立原则大致经历了从国内政策,双边、区域贸易规则到国际规则的演变。

2.随着数字经济的迅速发展,数字贸易相关协定及非约束性制度安排不断涌现,但规则的兼容性不足,各国在具体的数字贸易规制安排方面差异明显。越来越多的国家将数字贸易规则视为FTA谈判的重要内容之一,以此解决数字贸易过程中遇到的问题。

3.不同国家劳工权利规则的设立迫切需要一系列协调机制进行处理,但目前国际上对劳工权利的范围界定并未形成统一标准,不同组织或条款对其规则的阐释也不尽相同。当前,劳工权利规则进入自由贸易协定已是大势所趋,对于国际贸易中的劳工权利问题应上升到参与全球经贸规则制定的高度来审视。

4.与准入后国民待遇相比,准入前国民待遇是一种更加完整、更加全面的国民待遇。

5.从正面清单到负面清单的发展,是经济全球化和贸易自由化的更进一步发展,有利于实现全球资源的优化配置。

基 本 概 念

竞争中立原则　数字贸易规则　跨境数据流动规则　环境保护规则　劳工权利规则　准入前国民待遇　正面清单　负面清单

复习思考题

一、选择题与判断题(请用手机扫描下方二维码作答)

二、简答题

1.简述《全面与进步跨太平洋伙伴关系协定》(CPTPP)、《美国-墨西哥-加拿大协定》(USMCA)有关国有企业和竞争中性规则的主要内容。

2.当前在主要的自由贸易协定中数字贸易规则具有哪些特点？

3.WTO成员电子商务提案包括哪些议题？

4.准入前国民待遇的含义是什么？与准入前国民待遇有何区别？

5.负面清单的含义是什么？与正面清单有何区别？

6.负面清单管理规则与WTO中清单规则有何差异？

7.准入前国民待遇和负面清单管理的国际投资新规则对中国利用外资有哪些启示？

第四篇
国际贸易实务

国际贸易实务专注于国际贸易的实际操作，主要包括国际贸易方式、商品与合同、国际贸易术语、国际货物运输、国际货物运输保险、国际贸易结算等，以及相关国际惯例，诸如《国际贸易术语解释通则2020》（Incoterms® 2020）、《跟单信用证统一惯例》（UCP 600）等在实际业务中的应用。随着数字技术和电子商务的飞速发展，现代国际贸易实务也在不断创新和完善。因此，本篇还介绍了电子商务环境下的新型贸易模式、跨境平台等前沿议题。

第十二章 国际贸易方式

家具制造商华美家居希望将其优质实木家具产品销往美国市场。为拓展海外市场，华美家居选择了亚马逊作为其跨境电商平台，并在美国站开设了官方店铺。

入驻与市场调研：华美家居首先对美国市场进行了深入调研，了解当地消费者的家具喜好、流行趋势、消费习惯，以及竞品情况。随后，他们注册成为亚马逊美国站的专业卖家，并上传产品信息，优化产品图片和描述，以适应美国市场的审美和需求。

供应链管理：华美家居与当地的物流公司合作，制定了从中国工厂直接发往美国亚马逊仓库的 FBA(fulfillment by Amazon)配送方案，这样可以利用亚马逊高效的仓储和物流网络，降低运输成本和提高配送效率。同时，他们还关注了货物清关、税收政策和产品合规性，确保产品能够顺利进入美国市场。

定价与营销策略：为适应美国市场的竞争环境，华美家居结合产品成本、运费、关税及期望利润率等因素确定了合理的价格。同时，他们运用亚马逊的各种营销工具，如赞助产品广告付费推广服务(sponsored products)、优惠券、限时促销等活动，提升产品的曝光度和转化率。

客户服务与售后支持：华美家居设立了专门的英文客服团队，通过电子邮件和电话等方式处理美国客户的咨询、退货和投诉，维护良好的客户关系。此外，他们也购买了亚马逊提供的产品责任保险，以应对可能的退货、损坏赔偿等情况。

合规与税务：为了合法经营，华美家居在开展跨境电商业务前完成了在美国的税务登记，获取了 EIN(employer identification number)，并按照美国税法要求申报和缴纳相应的销售税、进口关税等。

持续优化与扩张：随着业务的展开，华美家居不断收集和分析销售数据，优化产品组合和商品详情页面(listing)，扩大市场份额。同时，他们也在社交媒体上进行品牌宣传，加强与消费者的互动，逐步建立起海外品牌形象。

通过在亚马逊跨境电商平台上建立销售渠道，华美家居成功实现了从中国到美国的跨境销售，提升了其在全球市场的竞争力，并获得了稳定的海外销售收入。

思考题：

请思考企业应如何根据自身的产品特性、目标市场特征等具体情况，构建一套既符合国际规范又能发挥电子商务优势的跨境贸易模式？

当代市场经济的一个重要特点是市场中的竞争和合作都在向纵深发展,贸易双方不再是力争以对自己最有利的条件达成交易,而是在资金、供货、风险责任、市场渠道等各个方面取长补短,力求以双赢的方式完成交易,乃至建立长期的合作关系。现代贸易方式正是体现了这样一种以合作来加强市场竞争能力的理念。

第一节　租赁贸易和补偿贸易

租赁贸易和补偿贸易都是在信贷基础上发展起来的贸易方式。对进口方来说,是利用外资引进设备,实现固定资产投资的一种方式。对出口方来说,是以提供信贷的方式开拓国际市场、出口资本货物的重要手段。

一、租赁贸易

就固定资产投资而言,租赁是仅次于银行贷款的最主要的融资方式。无论在国内还是国际贸易中,租赁市场是一个对供需双方均十分有吸引力的市场。

(一)基本概念

租赁贸易是指企业之间较长期的动产租赁。租赁对象主要是资本货物,包括机电设备、运输设备、建筑机械、医疗器械、飞机船舶,以及其他各种大型成套设备和设施等。出租人一般为准金融机构,即附属于银行或信托投资公司的租赁公司,也可以是专业租赁公司或生产制造商。承租人通常为生产或服务企业。

租赁贸易是在信贷基础上进行的。出租人向承租人提供所需设备,承租人则按租赁合同向出租人定期支付租金。设备的所有权属于出租人,承租人取得的是使用权。租赁期一般较长,是一种以融物的形式实现中长期资金融通的贸易方式。

租赁贸易往往是三边贸易,即有三个当事人:出租人、承租人和供货商。承租人选定所需设备和供应商后,由租赁公司洽谈购买,一般程序如图 12-1 所示。

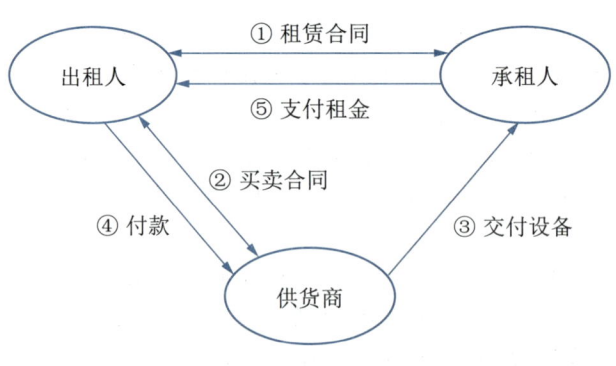

图 12-1　租赁贸易一般程序

在租赁贸易中,除非承租人自身有足够好的信誉,经租赁公司评估后,在一定额度内实现租赁。通常租赁公司要求承租人提供经济担保人,比如,银行、投资信托公司、保险公司等出具的保函。

（二）租赁贸易的作用

租赁贸易实质上是出租人向承租人提供信贷的一种交易方式。从利用外资、引进设备的角度看,它与一般的中长期信贷和延期付款有相似之处,但对供需双方来说,有其特有的优越性。

1. 对承租人而言

（1）企业利用中长期信贷或延期付款方式购入设备,融资门槛较高,而租赁设备,相对融资条件较为宽松。即使企业能以自有资金购入设备,若改用租赁方式,则可增强流动资金的周转能力,改善企业的资产质量。

（2）承租人支付的租金可列入生产或经营成本,从而减少企业应税收入的数额。

（3）承租人可按自身需要选择生产厂商和所需设备,确定技术指标。而租赁公司作为市场中的大买家,往往拥有优越的谈判地位,能以相对优惠的价格购进设备,从而降低承租人支付的租金。

（4）以租赁方式引进设备,承租人只须和租赁公司达成协议,而落实资金和采购设备均由租赁公司负责,故而业务环节减少,设备到位所需时间较短。

（5）承租人可以分享租赁公司所享受的减免税优惠,以及所具有的资金运作优势,从而降低租金支出。

（6）承租人所支付的租金,包括设备价款、利息和租赁手续费。租金在租赁期限内一般固定不变,而中长期贷款的利率往往是浮动的,有上升的趋势。

（7）国际市场是买方市场。承租人作为用户,具有一定的优势,充分利用这一优势,在一定条件下,比起直接要求国外出口信贷,更易获得和更为经济,比起外商直接投资,在收益分配和经营控制上更有利于设备引进方。

2. 对出租人而言

（1）出租人购买设备进行租赁业务,作为设备所有人,可享受投资减税待遇,以及折旧或按政策加速折旧的优惠。

（2）金融租赁公司作为出租人,租赁贸易也是一种金融业务。由此扩大了资金投放市场。由于拥有设备所有权和应收租金的承诺,贷款风险较小。

（3）专业租赁公司作为出租人,一般只需支付所购设备款项的 $20\%\sim40\%$,其余部分则以设备所有权和租金受让权作为抵押,由银行等金融机构提供优惠利率贷款。但出租人仍享有全部减税利益。

（4）一些大型制造公司往往附设租赁公司,通过以租代销,扩大出口业务。特别对于一些售价高、相对陈旧老化的设备,租赁是一种行之有效的促销方式。

（三）租赁贸易的种类

1. 融资租赁

融资租赁（financial lease）的标的物主要是设备。租赁公司出资购买用户选定的设备,出租给用户。租赁期较长,接近设备的使用期。租赁期内由用户自行维修保养,租赁期满,设备归用户所有,或者由用户支付残值后拥有设备。

在整个设备使用期内只租给一个用户,租赁公司按设备成本、利息加费用,分摊成租金向承租人收取,故而又称为完全支付租赁或一次性租赁。这是最基本的租赁形式。

2. 经营租赁

经营租赁(operating lease)的租赁期限较短,在设备使用的有效期内,不仅仅租给一个用户,每个用户所交付的租金只相当于设备投资的一部分,故又称为不完全支付租赁。在租赁期内,由出租人提供设备维修保养服务,以期保持设备的良好状态供再次出租。对出租人来说,这种租赁方式和提供的服务,使其获得了始终保持正常运转的高新技术设备,但租金也比较高。

经营租赁的标的物是通用设备和飞机车船等。当承租人只需短期使用某种通用设备时,往往采用这种租赁方式。

我国企业在引进先进设备时,为了避免某些不确定因素而导致引进设备闲置,也可以采用先租后买的方式。

经营租赁的出租人通常是生产制造商兼营的租赁公司或者专业租赁公司。

3. 转租租赁

我国企业在以租赁方式引进国外设备时,往往由我国的租赁公司作为承租人向国外租赁公司租用设备,然后再将该设备转租给国内用户。经营转租业务的租赁公司,一方面为用户企业提供了信用担保,即以自己的名义承担了支付租金的责任;另一方面又为用户承办涉外租赁合同的洽谈和签订,以及各项进口手续和费用。

我国租赁公司除办理转租租赁外,也作为中介机构为国内用户企业介绍国外租赁公司,由用户企业与国外公司直接签约。我国租赁公司开立保函,为国内承租人定期支付租金作保。

4. 回租租赁

承租人向出租人租赁原来属于自己的设施。一般做法是先由承租人和出租人签订租赁协议,然后再签订买卖合同,出租人购进标的物,将其租给承租人,即原物主。这种租赁方式主要用于不动产,由于承租人缺少资金而出售不动产以筹措所需资金。

回租租赁均为融资租赁。标的物的售价将分摊在各期租金中。故在回租租赁业务中,标的物的售价往往并不反映真正的市场价,而更多取决于承租人所需资金的数额。当然也不可能超过其真正的市场价。

(四) 租金和租期

构成租金的主要项目包括:租赁标的物的购置成本、租赁期间的利息和费用、经营开支、税收和利润。一般可按下列公式计算:

$$租金=\frac{标的物购置成本-估计残值+利息+税收+费用+利润+经营开支-免税额}{租期}$$

其中,利息是最关键的一个项目。它和租期有关,租期越长,相应的利率就越高。它也和租赁公司的资金来源,以及所享受的减免税优惠有关。

融资租赁是一次性租赁,故租期最长可与设备使用的有效期一致。但如果承租人有足够的支付能力,则在不造成企业负担过重的情况下,缩短租期,有利于减少利息负担。

(五) 国际租赁贸易的一般做法

以融资租赁为例,说明国际租赁贸易的一般做法。

1. 委托租赁

用户企业将已选定的租赁物品向租赁公司提示,并填写租赁委托书。租赁委托书中应包含企业资产负债状况及经营指标。若有必要,则应列明可以提供的担保。

2. 洽购标的物

由用户企业或租赁公司或双方联合,与租赁标的物的制造商或供应商磋商购买标的物的贸易条件。

3. 签订租赁合同

当购买标的物的贸易条件已商定,租赁公司就出具租赁费估价单。然后双方就租期、租金、租赁标的物的交接验收、维修保养及保险等条件达成一致,并签署租赁合同。

4. 签订购货合同

租赁公司与制造商就事先谈妥的贸易条件,正式签订购货合同。

5. 交货验收

制造商按合同规定直接向用户企业交货。我国企业以租赁方式引进设备,租赁期间须接受海关监管。用户企业验收合格,就以承租人身份向租赁公司出具验收收据。

6. 支付租金和履行合同义务

承租人应按合同规定定期支付租金,并履行合同中规定的其他义务。租赁公司亦应按合同规定,承担保险和维修责任。在融资租赁中,一般由用户自行维修。

7. 期满留购

融资租赁期满后,通常标的物所有权即归承租人所有。租赁合同也可规定由用户支付一定数额的设备残值后,才拥有所有权。

二、补偿贸易

(一) 基本概念

补偿贸易(compensation trade)又称产品返销,指交易的一方在对方提供信用的基础上,进口设备技术,然后以该设备技术所生产的产品,分摊抵付进口设备技术的价款及利息。

早期的补偿贸易主要用于兴建大型工业企业。后期的补偿贸易趋向多样化。不但有大型成套设备,也有中小型项目。我国在 20 世纪 80 年代,曾广泛采用补偿贸易方式引进国外先进技术设备,但规模不大,多为小型项目。近年来外商以设备技术作为直接投资进入我国,故补偿贸易更趋减少。但是,随着我国市场经济的发展,补偿贸易在利用外资、促进销售方面的优越性不容忽视。

(二) 补偿贸易的作用

1. 补偿贸易对设备技术进口方的作用

(1) 企业通过补偿贸易引进设备技术,可解决其缺少资金进行设备更新和技术改造的难题,从而使产品得以升级换代,增强市场竞争力(包括国际市场和国内市场)。

(2) 设备技术进口方将产品返销,在抵偿设备技术价款的同时,也利用了设备出口方在国外的销售渠道,使产品进入国外市场,以进口设备技术来带动产品的出口,称为以进带出的方法,是当代中小型补偿贸易的一大特点。

(3) 以补偿贸易方式引进的设备技术,往往并不十分先进,甚至是二手设备。但如果产品能够返销且市场前景良好,设备价格合理,则对发展中国家增加产品出口、扩大国内就业机会、提高地区经济发展水平仍是有利的。

2.补偿贸易对设备技术出口方的作用

（1）出口方在提供信贷的基础上，扩大设备和技术的出口。

（2）出口方出于转移产业的需要，通过补偿贸易方式将产业转移至发展中国家，既获得了转让设备和技术的价款，又从返销商品的销售中获取利润，可谓一举两得。

（三）现代补偿贸易的特点

（1）跨国公司经营多元化有利于开展补偿贸易，扩大设备技术出口。补偿贸易是一种易货贸易，以设备技术和相关产品相交换，供方既承担供应所需的设备技术，又承担销售作为抵偿的相关产品。如果是单一的设备制造商，就难以接受这种易货方式。随着跨国公司多种经营的迅速发展，生产企业前向经济一体化已日臻完善。在国内外有广泛的销售代理或建立了自己的销售公司，使生产企业有能力销售相关的返销产品，从而把补偿贸易作为一种扩大销售资本货物的手段，并以此获取双重利润。

（2）世界分工进一步发展，从比较成本出发所导致的产业转移向纵深展开，是补偿贸易的又一促进因素。一些发展中国家的经济，近年来有了长足的进步，良好的投资环境使发达国家将部分技术和资本密集型产业向发展中国家转移。尽管其中大部分产业转移是为了占领国外市场，但也有相当一部分产品是返销的，或者是用来装配整机的零部件。

（3）设备技术的先进性是补偿贸易双方的主要矛盾。常见的是直接投资，只利用东道国的土地、劳动力，以及原料、动力资源，而把生产技术和设备的所有权、使用权都控制在自己手中。由于补偿贸易对设备技术出口方有着双重利润的吸引力，使得进口方也有了争取引进先进设备技术的能力。

（四）补偿贸易的业务要点

以下三个方面，是补偿贸易业务必须重点明确的内容。

（1）引进设备技术的先进性、适用性及其保障措施。对引进的设备技术，必须就其质量保证和技术合作方式作出明确规定，技术上至少应该是领先于国内水平，并在国际上也是较为先进的。设备供应方应对涉及工业产权的问题作出保证。

（2）返销产品抵偿设备技术价款的规定。回购是设备出口方的基本义务。我国在补偿贸易中，通常用直接产品补偿。但在具体交易中，有不同做法：❶全额补偿，设备技术价款全部由等额的返销产品抵偿。❷部分补偿，由设备进口方支付部分现汇，其余大部分价款通过返销产品补偿。❸超额补偿，要求设备出口方承诺回购超过补偿金额的返销商品。❹以相关劳务补偿，这是一种和来料加工相结合的补偿贸易，即引进设备技术后，接受对方的来料来件加工业务，以工缴费抵偿设备技术价款。

（3）偿还期限和结算方式。偿还期限和返销商品的数量和价格直接相关。必须对返销商品的作价原则、定价标准和方法作出规定，并应通过约定返销商品的数量或金额，安排偿还期限。

补偿贸易虽然是以产品抵偿设备，但并非是直接的易货贸易，双方仍要通过货币进行计价支付。设备进口方必须掌握先收后付的原则，选择适当的结算方式。通常采用的方式有：对开信用证、托收、汇付（结合银行保函）等。

第二节　加工贸易和一般贸易

一、加工贸易

（一）基本概念

加工贸易（processing trade）是指经营企业进口全部或者部分原辅材料、零部件、元器件、包装物料（以下简称料件），经加工或者装配后，将制成品复出口的经营活动。

加工贸易方式包括：进料加工、来料加工、装配业务和协作生产。

1. 进料加工

进料加工又叫以进养出，指用外汇购入国外的原材料、辅料，利用本国的技术、设备和劳力，加工成成品后，销往国外市场。这类业务中，经营的企业以买主的身份与国外签订购买原材料的合同，又以卖主的身份签订成品的出口合同。两个合同体现为两笔交易，它们都是以所有权转移为特征的货物买卖。进料加工贸易要注意所加工的成品在国际市场上要有销路。否则，进口原料外汇很难平衡，从这一点看进料加工要承担价格风险和成品的销售风险。

2. 来料加工

它通常是指加工方由国外另一方提供原料、辅料和包装材料，按照双方商定的质量、规格、款式加工为成品，交给对方，自己收取加工费。有的是全部由对方来料，有的是一部分由对方来料，一部分由加工方采用本国原料和辅料。此外，有时对方只提出式样、规格等要求，而由加工方使用当地的原、辅料进行加工生产。这种做法常被称为来样加工。

3. 装配业务

装配业务指由一方提供装配所需设备、技术和有关元件、零件，由另一方装配为成品后交货。来料加工和来料装配业务包括两个贸易进程，一是进口原料，二是产品出口。但这两个过程是同一笔贸易的两个方面，而不是两笔交易。原材料的提供者和产品的接受者是同一家企业，交易双方不存在买卖关系，而是委托加工关系，加工一方赚取的是劳务费，因而这类贸易属于劳务贸易范畴。

它的好处是：加工一方可以发挥本国劳动力资源丰裕的优势，提供更多的就业机会；可以补充国内原料不足，充分发挥本国的生产潜力；可以通过引进国外的先进生产工艺，借鉴国外的先进管理经验，提高本国技术水平和产品质量，提高本国产品在国际市场的适销能力和竞争能力。当然，来料加工与装配业务只是一种初级阶段的劳务贸易，加工方只能赚取加工费，产品从原料转化为成品过程中的附加价值，基本被对方占有。

4. 协作生产

协作生产是指一方提供部分配件或主要部件，而由另一方利用本国生产的其他配件组装成一件产品出口。商标可由双方协商确定，既可用加工方的，也可用对方的。所供配件的价款可在货款中扣除。协作生产的产品一般规定由对方销售全部或一部分，也可规定由第三方销售。

（二）加工装配贸易的形式

1. 全部来料来件加工装配

国外委托方提供全部原辅材料和元器件，由承接方企业加工后，将成品交国外委托方，料件和成品均不计价,承接方按合同收取工缴费。

2. 部分来料来件加工装配

国外委托方要求加工装配的成品中,有部分料件须由承接方提供,故承接方除收取工缴费外,还应收取所提供料件的价款。

3. 对口合同,各作各价

国外委托方和承接方签署两份对口合同。一份是委托方提供的原辅材料和元器件的销售合同,一份是承接方出口成品的合同。对于全部来料来件,两份合同的差价即工缴费;对于部分来料来件,两份合同的差价,既包括工缴费,也包括国内承接方所提供的料件的价款。以对口合同方式进行的加工装配贸易,必须在合同中表明,承接方无须支付外汇。由委托方支付成品款项后,承接方才支付料件价款。

(三)加工装配贸易和进料加工贸易的区别

这两种加工贸易的共同之处在于原材料和元器件来自国外,加工后成品也销往国外市场。但两者本质上有以下几点区别。

(1)进料加工贸易中,进口料件和出口成品是两笔独立的交易,进料加工的企业需自筹资金从国外购入料件,加工成成品后自行向国外市场销售。而装配加工贸易则进、出为一笔交易的两个方面,料件和成品的所有权均属委托方所有,承接方无须支付进口费用,也不承担销售风险。

(2)进料加工贸易中,企业所获得的是出口成品的利润,利润的大小取决于出口成品的市场行情。而加工装配贸易,承接方收取的是工缴费,工缴费的多少以劳动力的费用即工资水平作为核算基础。两者相比,进料加工贸易的收益大于加工装配贸易,但风险也较大。

(3)进料加工贸易,企业有自主权,根据自身的技术、设备和生产能力,选择市场上的适销商品进料加工。而加工装配贸易,则由委托方控制生产的品种、数量和销售地区。

(四)加工装配业务的作用

加工装配业务对于委托方来说,是利用承接方的劳务,降低产品成本,对于承接方来说,则是以商品为载体的一种劳务输出。

我国在20世纪70年代末至80年代初,开始把对外加工装配业务作为利用外资的一种形式,在政策上加以保护和支持,因而发展迅速。应该说,过去的几十年中,这一贸易方式在增加就业机会、繁荣地方经济和推动出口贸易方面起到了很大的作用。

但是,也必须指出,当前国际商品贸易中,高附加值(技术附加值和品牌附加值)的商品居主导地位。加工贸易尽管有利可图,但主要利润是由委托方赚取的,承接加工方的获利相当微薄,往往和所提供的优质劳务不相当。这也是现有的国际贸易格局中,发达国家和发展中国家不公平交易的一种表现。中国政府正在通过政策引导和市场机制,促进加工装配贸易的优化升级,以适应全球经济的新变化。

目前承接对外加工装配贸易的企业有两种类型:一种是承接方为我国企业或合资企业,和委托方之间是单纯的委托加工关系,通过承接加工业务,企业得以利用外资,发挥生产潜力,扩大出口,增加收入,并能获得国际市场信息,加快产品升级换代,改善管理水平和改进工艺技术。另一种是国外委托方在国内直接投资设厂,然后以委托加工装配的方式充分利用我国的政策和劳动力,获利丰厚,并一定程度上与我国原来的出口贸易争夺市场。尽管目前这种"前店后厂"的方式对发展我国经济利大于弊,但从长远来看,把这一利用外资的方式,用政策导向技术密集型和资本密集型产业,并加强税务管理,是十分重要的。

二、一般贸易

一般贸易(general trade)是与加工贸易相对而言的贸易方式,指单边输入关境或单边输出关境的进出口贸易方式,其交易的货物是企业单边售定的正常贸易的进出口货物。一般贸易是国际贸易中最常见的一种形式,交易双方可以直接协商,自行确定贸易条件和价格。

一般贸易进出口货物是海关监管货物的一种。《海关法》规定,货物或运输工具进出境时,其收发货人或其代理人必须向进出境口岸海关请求申报,交验规定的证件和单据,接受海关人员对其所报货物和运输工具的查验,依法缴纳海关关税和其他由海关代征的税款,然后才能由海关批准货物和运输工具的放行。一般贸易货物在进口时可以按一般进出口监管制度办理海关手续,这时它就是一般进出口货物;也可以享受特定减免税优惠,按特定减免税监管制度办理海关手续,这时它就是特定减免税货物;也可以经海关批准保税,按保税监管制度办理海关手续,这时它就是保税货物。

三、加工贸易和一般贸易的区别

(一)操作流程不同

1.一般贸易简易流程

进/出口订单—原料采购—备货发运—进/出口报关—缴纳关税—收/付汇—出口退税/增值税抵扣

2.加工贸易简易流程

进/出口订单—加工贸易手册设立—原料采购—备货发运—进/出口手册报关—生产加工—复出/进口报关—手册核销—收/付汇—出口退税/抵扣

(二)税收差别

1.一般贸易

进口时,需要缴纳关税、海关代征的增值税、消费税等。出口时一般免征关税,可以申请出口退税。如果有征退税率差的部分,则需要计入生产经营成本,不予退税。即:不予退税计入成本税额(不得免征和抵扣税额)等于(征税率—退税率)×出口货物离岸价格。

2.加工贸易

"两头在外、中间在内":进境加工在料件进口时,可缓征关税、增值税,分为来料加工和进料加工,具体可以通过料件所有权来区分判断。料件是国外方免费提供的,国外方支付加工费,加工成成品后必须返还国外销售,属于来料加工,复出口时加工费可以退税,其他部分不征不退;料件是国内公司购买的,料件加工成品后自行销售的,属于进料加工,又分为不同情况,销往国外的跟来料加工相同,转国内销售的,则需要补缴关税、增值税,以料件费、进境运输及其相关费用和保险费为基础审查确定完税价格。

"两头在内、中间在外":出料加工以境外加工费、料件费、复运进境的运输及其相关费用和保险费等为基础审查确定完税价格。

第三节　跨境电子商务

跨境电子商务（cross-border e-commerce）是指分属不同关境的交易主体，通过电子商务平台达成交易、进行电子支付结算，并通过跨境电商物流及异地仓储送达商品，从而完成交易的一种国际商业活动。

跨境电子商务作为推动经济一体化、贸易全球化的技术基础，具有非常重要的战略意义。跨境电子商务不仅冲破了国家间的障碍，使国际贸易走向无国界贸易，同时它也正在引起世界经济贸易的巨大变革。对企业来说，跨境电子商务构建的开放、多维、立体的多边经贸合作模式，极大地拓宽了进入国际市场的路径，大大促进了多边资源的优化配置与企业间的互利共赢；对于消费者来说，跨境电子商务使他们非常容易地获取其他国家的信息并买到物美价廉的商品。

一、跨境电子商务的特征

跨境电子商务是基于网络发展起来的，网络空间相对于物理空间来说是一个新空间，是一个由网址和密码组成的虚拟但客观存在的世界。网络空间独特的价值标准和行为模式深刻地影响着跨境电子商务，使其不同于传统的交易方式而呈现出自己的特点。

（一）全球性（global forum）

网络是一个没有边界的媒介体，具有全球性和非中心化的特征。依附于网络发生的跨境电子商务也因此具有了全球性和非中心化的特性。电子商务与传统的交易方式相比，其一个重要特点在于电子商务是一种无边界交易，丧失了传统交易所具有的地理因素。网络的全球性特征带来的积极影响是信息的最大程度的共享，消极影响是用户必须面临因文化、政治和法律的不同而产生的风险。

（二）无形性（intangible）

网络的发展使数字化产品和服务的传输盛行。而数字化传输是通过不同类型的媒介，如数据、声音和图像在全球化网络环境中集中而进行的，这些媒介在网络中是以计算机数据代码的形式出现的，因而是无形的。

数字化产品和服务基于数字传输活动的特性也必然具有无形性，传统交易以实物交易为主，而在电子商务中，无形产品却可以替代实物成为交易的对象。以书籍为例，传统的纸质书籍，其排版、印刷、销售和购买被看作是产品的生产、销售。然而在电子商务交易中，消费者只要购买网上的数据权便可以使用书中的知识和信息。

（三）匿名性（anonymous）

由于跨境电子商务的非中心化和全球性的特性，导致难以识别电子商务用户的身份和其所处的地理位置。在线交易的消费者往往不显示自己的真实身份和自己的地理位置，重要的是这丝毫不影响交易的进行，网络的匿名性也允许消费者这样做。

电子商务交易的匿名性导致了逃避税现象的恶化，网络的发展降低了避税成本，使电子商务避税更轻松易行。电子商务交易的匿名性使得应纳税人利用避税地联机金融机构规避税收监管成为可能。电子货币的广泛使用，以及国际互联网所提供的某些避税地联机银行对客户的"完全税收保护",使纳税人可将其源于世界各国的投资所得直接汇入避税地联机银行,规避了应纳所得税。

（四）即时性（instantaneously）

对于网络而言,传输的速度和地理距离无关。传统交易模式,信息交流方式如信函、电报、传真等,在信息的发送与接收间存在着长短不同的时间差。而电子商务中的信息交流,无论实际时空距离远近,一方发送信息与另一方接收信息几乎是同时的,就如同生活中面对面交谈。某些数字化产品（如音像制品、软件等）的交易,还可以即时清结,订货、付款、交货都可以在瞬间完成。

电子商务交易的即时性提高了人们交往和交易的效率,免去了传统交易中的中介环节,但也隐藏了法律危机。

（五）无纸化（paperless）

电子商务主要采取无纸化操作的方式,这是以电子商务形式进行交易的主要特征。在电子商务中,电子计算机通信记录取代了一系列的纸面交易文件。用户发送或接收电子信息。无纸化带来的积极影响是使信息传递摆脱了纸张的限制,但由于传统法律的许多规范是以规范"有纸交易"为出发点的,因此,无纸化带来了一定程度上法律的混乱。

电子商务以数字合同、数字时间戳取代了传统贸易中的书面合同、结算票据,削弱了税务当局获取跨国纳税人经营状况和财务信息的能力,且电子商务所采用的其他保密措施也将增加税务机关掌握纳税人财务信息的难度。在某些交易无据可查的情形下,跨国纳税人的申报额将会大大降低,应纳税所得额和所征税款都将少于实际所达到的数量,从而引起征税国国际税收流失。

（六）快速演进（rapidly evolving）

网络设施和相应的软件协议在未来发展过程中具有很大的不确定性,基于互联网的电子商务活动也处在瞬息万变的过程中,短短的几十年中电子交易经历了从 EDI 到电子商务零售业的兴起的过程,而数字化产品和服务更是花样出新,不断地改变着人类的生活。

而一般情况下,各国为维护社会的稳定,都会注意保持法律的持续性与稳定性,税收法律也不例外。这就会引起网络的超速发展与税收法律规范相对滞后的矛盾。如何将分秒都处在发展与变化中的网络交易纳入税法的规范,是税收领域的一个难题。网络的发展不断给税务机关带来新的挑战,税务政策的制定者和税法立法机关应当密切注意网络的发展,在制定税务政策和税法规范时充分考虑这一因素。

跨国电子商务具有不同于传统贸易方式的诸多特点,而传统的税法制度却是在传统的贸易方式下产生的,必然会在电子商务贸易中漏洞百出。网络深刻地影响着人类社会,也给税收法律规范带来了前所未有的冲击与挑战。

专栏 12-1
亚马逊线上线下融合发展

亚马逊是美国最具代表性的网络零售商,其线上虚拟网络与线下实体仓储物流的协调、融合发展,对其商业模式的实现起到了关键作用。

亚马逊的主营业务主要分为两大部分,即零售和 AWS 云计算服务,而零售部分又包括了自营的部分和第三方市场平台的部分。前者就是亚马逊在图书销售业务基础上发展起来的全品类零售业务;后者主要是为世界各地的卖家提供的类似集市的场所,他们与亚马逊共同为消费者提供更加丰富的可选商品。围绕两大业务板块,亚马逊先后推出了相关的服务产品,使客户和消费者的体验不断得到提升。

1. 亚马逊金牌会员服务(Amazon prime)

亚马逊金牌会员服务指顾客只要支付 79 美元的年费(2013 年涨到 99 美元),就可以享受两天内免费送货的无限制物流服务,也可每次增加 3.99 美元升级到一天内送达。这在最初被认为是一个非常冒险的项目,亚马逊为此投入了上千万美元。

虽然快速配送依然是金牌会员服务的核心内容,亚马逊依然坚持为会员增加其他福利。2011 年,增加了即时视频(prime instant video,PIV)服务,如今在美国已有几万部电影和电视剧。除了购买版权内容,亚马逊还投资制作高质量的原创内容,其中有的剧集甚至赢得了金球奖,为金牌会员提供音乐、照片存储、Kindle 用户的借阅图书馆等服务,这些做法提高了试用会员转化为正式会员,以及购买商品的比率。而且,金牌会员服务一直处于不断优化之中。

2. 亚马逊物流外包服务(fulfillment by Amazon,FBA)

亚马逊物流外包服务可以有效连接第三方市场平台和金牌会员服务,并充分利用亚马逊现有的物流中心网络。卖家使用 FBA 服务时,将货物存放到亚马逊的仓库,由亚马逊负责所有的物流、客户服务、退货等工作。如果顾客订购了 FBA 商品和亚马逊自营商品,就可以包装到一起发货,大大地提升了效率。更重要的是,卖家加入 FBA 后,其商品同时获得金牌会员服务的资格,从而提升了客户体验,促进了卖家的销售。

3. 亚马逊网络服务(Amazon web services,AWS)

2006 年,亚马逊向软件开发商推出了简易存储服务(simple storage service,S3),与不久后推出的亚马逊弹性云计算服务(Amazon elastic compute cloud,EC2)都是亚马逊网络服务的核心组成部分,为客户提供云存储、云计算,以及 AWS 的数据库、分析、应用程序等其他服务。

(资料来源:高旭涛.从美国亚马逊的发展看线上与线下融合[J],中国流通经济,2017(05).)

思考题:

亚马逊公司是如何实现线上与线下融合发展的?

二、跨境电子商务的分类

(一)根据跨境电商的交易主体来区分

1. B2B 跨境电商

B2B 跨境电商是指企业之间的跨境电商行为,也就是供应商之间或者供应商和分销商之间的电子商务交易,通常使用传统的跨境电子商务平台进行贸易。这类跨境交易往往涉及大宗商品和工业品,需要长期合作和深度协商。B2B 跨境电商的交易规模小、交易次数少,但交易量较大、品种齐全,且交易频率低、时间周期长。

2. B2C 跨境电商

B2C 跨境电商是指企业与消费者之间的跨境电子商务行为,也就是商家面向个人客户进行的电子商务交易。B2C 模式是目前跨境电商最为常见的一种模式。B2C 跨境电商交易规模相对较小,但交易频率高,交易周期较短。这种跨境交易的商品以快消品和日用品为主,如服装、鞋子、电子产品、化妆品等。B2C 跨境电商具有门槛低、执行价格透明、操作简单、效率高、服务多样等特点。

3. C2C 跨境电商

C2C 跨境电商是指消费者与消费者之间的跨境电子商务行为,也称为顾客对顾客模式。相对于 B2C 模式,C2C 模式更加自由化,消费者可以自主发布商品信息、价格、数量等信息。这种商业模式目前还较少见,但其优势在于能够充分发挥交易双方的力量,满足消费者的个性化需求,而且每个人都有机会成为卖家或买家,C2C 跨境电商与社交网络结合前景非常广阔,因此未来可能会成为电子商务的发展趋势。

4. O2O 跨境电商

O2O 跨境电商是指线下商家通过移动互联网等方式将线上流量转化成线下消费的商业模式,也称为在线到线下模式。O2O 的商业模式将线上和线下深度结合,实现了数字化和物理化的融合,解决了在线消费中的不便利性,也拓宽了实体经济在互联网上的门店概念,有助于促进实体经济与数字经济的融合。

(二)根据跨境电商的市场流程、物流流程、支付流程等来区分

1. 以外贸公司为代理的跨境电商模式

这种模式通常都面对一些商业困难和瓶颈问题。例如,外贸公司不能很好地控制整个交易流程,货物不易通过监管部门的审批等。

2. 完全自主控制的跨境电商模式

这种跨境电商模式公司可以完全自主控制自己的交易流程,具有自主权。这些公司可以通过建立国际贸易的供应链体系,实现跨境进口、跨境出口与国内销售,以达到提升价值、提高成本效益等目标。

3. 以第三方专业平台为代理的跨境电商模式

这种跨境电商公司通过专业的第三方平台,减少了企业在跨境电商中的一些困难,增加了交易的效率。第三方平台通过提供跨境物流等服务,使企业可以方便地进行交易和业务合作。

(三)根据跨境电商的业务专业化来区分

1. 综合性跨境电商

综合性跨境电商的业务特点是多元化,商品种类、用户流量和商户数量庞大。

2. 垂直型跨境电商

针对特定的领域、特定的需求进行服务,垂直型跨境电商提供全部信息与服务。垂直型跨境电商更加专业化,侧重核心品类的深度培育。

(四)根据跨境电商的销售方式来区分

1. 平台式跨境电商

平台式跨境电商提供平台、运营服务和技术服务。平台可以是第三方跨境电商平台,也可以是自有平台。企业通过上架商品,吸引消费者,完成订单。平时,主要为中小型跨境电商服务,并通过优化服务流程,提供更多的工具和资源,以提升居民消费力。

2. 品牌型跨境电商

这种类型的跨境电商以生产或销售自己或独特品牌产品为主要特点。品牌型跨境电商企业通常是一些具有高质量、高价格和高知名度的品牌。这些企业一般通过自己的商城、网站、迷你商店等方式销售产品,在数量上相对更加受限,企业需要与跨境电商平台合作,以达到更广泛的消费者和市场。

3. 移动端跨境电商

由于移动互联网的发展和普及,移动跨境电商迅猛增长。这种类型的跨境电商更加关注移动终端的使用,为消费者提供最优质的移动购物体验。例如,通过微信小程序、App、H5 等方式提供跨境电商服务,并通过一些移动支付方式来简化支付流程,提供最佳用户体验。

(五) 根据跨境电商的商品种类来区分

1. 产品型跨境电商

产品型跨境电商是指企业通过网络销售商品的方式,涵盖了任何可以在跨境销售中进行的交易操作,如购物、支付、配送等服务。

产品型跨境电商很好地发挥了网络的优势,推动了全球消费市场的分化和集中,消费者可以通过网络访问更加多样、更具价值的商品,实现消费升级。

2. 服务型跨境电商

服务型跨境电商是指通过网络销售服务,包括基础性的服务、金融服务、生活服务等多种服务类型。服务型跨境电商通过互联网将服务进行在线销售和交付,吸引了越来越多的企业和个人加入进来,满足了客户在不同方面的需求。

(六) 根据跨境电商的交易方式来区分

1. B2B2C 模式

B2B2C 模式是指品牌商或厂商通过 B2B 方式与电商合作,打造自己的电商平台,将商品直接卖给消费者的一种模式。

B2B2C 模式将工厂直接对消费者提供商品,大大降低了成本,同时可以进行制造、仓储、销售一体化管理,提高了销售效率,实现了商品的全渠道的推广。

2. F2C 模式

F2C 模式是指采购商在通过电子商务平台采购到货物后,通过将货物直接运至保税仓并交由平台管理仓储、海关清关及国内配送,外加电商平台提供技术、营销、品牌等全方位服务的模式。

F2C 模式可以帮助采购商降低采买成本和经营风险,助力有实力的生产商通过机制优势扩大业务和销售渠道,在两端营造零售消费生态圈。

3. O2C 模式

O2C 模式是指"线上生产、线下清关"的一种企业经营模式。

O2C 模式实现了跨境电商整个供应链的电子化。通过线上加工、生产、研发、销售全链条来满足消费者的要求,不仅缩短了供应链,而且减轻了企业的负担。

专栏 12-2
全球主要的跨境电商平台

1. 亚马逊

亚马逊（Amazon）是全世界最大的跨境电商平台，流量较大，从开始主营网络书店到现在的多产品经营，覆盖面积广，现在已成为全球商品品种最多的网上零售商，拥有庞大的客户群体，流量优势明显，拥有强大的仓储物流系统和服务，主打欧美日市场。

2. eBay

eBay 是一个管理可让全球民众上网买卖物品的线上拍卖及购物网站，人们可以在 eBay 上通过网络出售商品。

3. 沃尔玛

沃尔玛（Walmart）：美国跨国零售企业，是世界上最大的零售商，每月有超过 1 亿次独立访问。自 2016 年斥资 30 亿美元收购 Jet.com 电商公司后，开始建构线上力量，试图追赶亚马逊。卖家无须支付产品上架费用。

4. Wish

Wish：全球 B2C 电商，主打低价，有 90％的卖家来自中国，是北美和欧洲最大的移动电商平台，手机 App 的装机量在多个国家排第一。Wish 平台的优势：全球覆盖，3 亿个海外买家，销售有保障；产品曝光；移动购物，买卖高效，复购率高达 75.5％；采用优化算法大规模获取数据，并快速了解如何为每个客户提供最相关的商品，智能推送，精准触达消费者，让消费者在移动端便捷购物的同时享受购物的乐趣。

5. 速卖通

速卖通（Aliexpress）是阿里巴巴旗下的面向国际市场打造的跨境电商平台，被广大卖家称为国际版淘宝。有着中国基因的平台，依托于阿里巴巴系庞大的流量和用户基础，发展迅猛。全球速卖通面向海外买家客户，通过支付宝国际账户进行担保交易，并使用国际物流渠道运输发货，是全球第三大英文在线购物网站。在俄罗斯、乌克兰、东欧和中东一些国家的市场占有率靠前。

6. 虾皮

虾皮（Shopee）是东南亚及中国台湾地区的电商平台。拥有商品种类，包括电子消费品、家居、美容保健、母婴、服饰及健身器材等。在东南亚和中国台湾地区市场占有率目前排第一。Shopee 致力于为东南亚地区的消费者提供便捷的购物体验，平台支持多种语言和货币，以及各种本地化服务模式。同时，Shopee 还注重社交元素的引入，通过推出"Shopee LIVE"等社交化营销工具，让消费者更好地了解和接触到商品。

7. 阿里巴巴国际站

阿里巴巴国际站（Alibaba.com）通过向海外买家展示、推广供应商的企业和产品，进而获得贸易商机和订单，是出口企业拓展国际贸易的首选网络平台之一。作为全球最大的 B2B 跨境电商平台，阿里巴巴国际站的物流已覆盖全球 200 多个国家地区，将与生态合作伙伴融合共振，通过数字化重新定义全球货运标准。"门到门"服务能力是重点方向之一：货物从工厂拉到境内港口、报关,通过海陆空进入境外港口,清关、完税,最后完成末端配送。

"阿里巴巴国际站"提供一站式的店铺装修、产品展示、营销推广、生意洽谈及店铺管理等全系列线上服务和工具,帮助企业降低成本、高效率地开拓外贸大市场。

8. TikTok

如今有很多企业在 TikTok 上通过社交电商模式进行跨境电商。在自家的 TikTok 主页上附上自家的官网链接,用户通过跳转页面进行直接购买。这种直接将社交媒体和电商结合起来的方式,在 TikTok 上也被称为社交电商或短视频电商。通过在 TikTok 中展示产品,并提供相关链接和购买渠道,品牌可以将用户引流到自己的电商平台,实现销售转化和品牌推广的双重效益。同时,由于 TikTok 具有社交网络的特性,品牌还可以通过与用户互动和分享内容等方式增强用户黏性和忠诚度。TikTok 平台上的社交电商模式已经越来越受到品牌方和消费者的重视,成为一种新型的电商模式。通过有效整合社交、内容和电商,品牌方可以更好地利用 TikTok 这一平台的特点和优势,实现市场拓展和业务增长。

思考题:

请总结这些跨境电商平台的运营模式,各自有哪些优势?

本 章 小 结

1. 租赁贸易和补偿贸易是建立在信贷基础上的贸易方式,以融物的方式达到融资的目的,并且各有其特定的优点。正确把握这两种贸易方式的业务内容,有助于企业更好地利用外部资源,获得竞争优势。

2. 跨境电子商务是指分属不同关境的交易主体,通过电子商务平台达成交易、进行电子支付结算,并通过跨境电商物流及异地仓储送达商品,从而完成交易的一种国际商业活动。网络空间独特的价值标准和行为模式深刻地影响着跨境电子商务,使其不同于传统的交易方式而呈现出自己的特点。

基 本 概 念

租赁贸易　融资租赁　补偿贸易　以进带出　跨境电商

复习思考题

一、选择题与判断题（请用手机扫描下方二维码作答）

二、简答题

1. 何谓租赁贸易？简述其一般业务程序。

2. 现代补偿贸易有何特点？

3. 对外加工装配业务有哪几种形式？

4. 跨境电商具有哪些不同于传统交易方式的特点？

第十三章 商品与合同

2022年,中国某纺织品出口商与法国某服装品牌签订了供应高档棉麻面料的合同,约定采用CIF马赛(法国港口)贸易术语进行交易。合同中明确规定了面料的颜色、质地、宽度、长度、重量等品质指标,并且要求中国出口商必须提供由认可的第三方检验机构出具的质量检测报告。

中国出口商按照约定完成生产并组织装船发货。然而,货物在运输过程中遭遇极端气候导致航行延误,进而错过了原定的时装季节,法国进口商收到货物后发现由于长时间暴露在潮湿环境下,部分面料出现霉斑,颜色也有所褪色。进口商随即委托当地检验机构检验,证实了质量问题的存在。

法国进口商认为,由于货物质量问题导致无法如期投入生产,要求中国出口商承担违约责任并提出索赔,其中包括面料损失、错过销售窗口导致的预期利润损失及更换供应商的紧急成本。中国出口商称,面料在出厂时质量合格,瑕疵是由于不可抗力——航行延误期间的气候因素导致,因此不应承担全部责任,而是应按照不可抗力条款减免责任。双方无法就责任归属和赔偿数额达成一致,根据合同中的仲裁条款,双方同意将争议提交至中国国际经济贸易仲裁委员会进行仲裁。

仲裁庭在审理过程中,考虑了以下几点:中国出口商的确提供了出厂前的质量检测报告,证明其在发货时货物质量符合约定。航行延误和气候因素确实构成了不可抗力,但出口商有义务在货物装运时做好防潮包装工作,防止潜在风险。仲裁庭裁定,由于出口商在防潮包装方面存在疏忽,不能完全免除责任,但鉴于不可抗力因素的存在,应适当减轻其赔偿责任。

最终,仲裁庭裁定中国出口商承担部分经济损失,并给予法国进口商一定的经济赔偿,同时建议双方在今后的贸易活动中加强对不可抗力因素的预防和管理,以减少类似争议的发生。

思考题:

在案例中,如何依据国际贸易法规和双方合同约定判断卖方是否应承担责任?买方应该通过何种程序来主张其索赔权利?如果通过仲裁解决纠纷,仲裁庭将如何考虑不可抗力因素的影响及卖方可能需要提供的证据材料有哪些?

第一节　贸　易　条　件

商品的品名、品质、数量、包装和价格,为交易中不可缺少的主要条件。

一、商品的品名、品质

(一) 商品的品名

品名也代表了商品通常应具有的品质。在合同中,应尽可能使用国际上通用的名称。对新商品的定名,应力求准确,符合国际的习惯称呼。对某些商品还应注意选择合适的品名,以利减低关税,方便进出口和节省运费开支。

国际上为了便于统计征税,对商品有共同的分类标准。海关合作理事会主持制定了《商品名称及编码协调制度》(Harmonized Commodity Description and Coding System,H.S.)。目前,各国的海关统计、普惠制待遇等都按 H.S. 进行。所以,我国在采用商品名称,特别是通用名称时,应与 H.S. 规定的商品名称相对应。《商品名称及编码协调制度》每 4~6 年修订一次,迄今有六次修订,目前为 2022 年的修订版。

(二) 商品的品质

品质是商品买卖最重要的因素。合同中的品质约定,是买卖双方交接货物的依据。它通常用以下两种方式表示商品的品质。

1. 用文字说明表示品质

这种方式称为“凭文字说明销售”,具体可分为以下几种。

(1) 规格(specification)。

(2) 等级(grade)。在使用等级时,有时会加注有关的规格,或者和样品一起使用。

(3) 标准(standard)。商品的标准,是指标准化了的规格。有的标准由国家有关政府部门制定;有的是由商品交易所、同业工会或有关国际组织制定。公布了的标准经常需要修改变动。所以,当采用标准说明商品品质,应注明采用标准的版本和年份。

此外,在国际贸易中,针对区域性的农副产品,由于难以使用全面量化的规格,且不同年份、不同产地的产品品质和其他商品特性不同,故而会在标明产地的同时,采用“良好平均品质”与“上好可销品质”作为产品的“标准”。“良好平均品质”(fair average quality,FAQ),是指当年某产地出口商品的未经精选的平均品质,我国称之为“大路货”,把该地域各产区的产品样品混合而成,如有必要,会加注主要规格,或提供样品。“上好可销品质”(good merchantable quality,GMQ),是指该产品为精选品,品质优良。其代表了当年该地区的优质品水准,通常使用在具有市场品牌声誉的名特产品上,有助于提高价格,提升品牌形象,促进销售。

(4) 商标和品牌(trade mark and brand)。

(5) 产地名称(name of origin)。此类描述局限于土特产品,如苏绣、四川榨菜,用以表示产品的传统工艺或特色风味,通常还需结合品牌或规格使用。

根据世界贸易组织(WTO)的规定,因地域特色而造就的优良产品,可以申请产地名称的保护,比如杭州龙井茶叶。还有用产地名称表示某一特定规格的产品,比如“大庆原油”,指的是某一规格的原油,不一定是大庆油田出产的,渤海、东海油田所出产的同规格的原油,在国际贸易中,都可定名为"大庆原油"。

（6）说明书和图样（description and illustrations）。对于结构性能复杂的商品,通常以说明书和图样加以完整的描述,以此作为买卖双方认定的品质标准。凭说明书和图样成交的合同,往往附有品质保证条款和技术服务条款。

2. 用样品表示品质

这种方式称为凭样品买卖,样品构成合同不可分割的一个部分。按样品提供者的不同,样品分成卖方样品（seller's sample）和买方样品（buyer's sample）两种。凭买方样品成交,在我国出口贸易中又称为来样成交。

二、商品的数量

1. 常用的度量衡制度

（1）公制（the metric system）。其基本单位为千克和米,为欧洲大陆及世界大多数国家所采用。其常用派生单位为公吨（metric ton，M/T）、升（litre，L）等。

（2）国际单位制（the international system）。它由国际标准计量组织在公制基础上制定公布。其基本单位包括千克、米、秒、摩尔、坎德拉、安培和卡等7种,是我国的法定计量单位。

（3）英制（the British system）。其基本单位为磅和码,为英联邦等国家所采用。

（4）美制（the U.S. system）。其基本单位和英制相同,为磅和码。但有个别派生单位不一致。如英制为长吨（long ton，L/T）等于2 200磅,而美制为短吨（short ton，S/T）等于2 000磅。此外,容积单位加仑（液量）和蒲式耳（干量）,英美制名称相同,大小不同。

2. 计量单位

国际贸易中用以表示商品数量的计量单位分成两类:一类是以度量衡制单位表示,包括重量、长度、面积、体积和容积。另一类是以个数表示,包括约定俗成的一些个数单位,如打（dozen）、罗（gross）、大罗（great gross）、令（ream）,以及某些商品的包装单位,如桶（barrel,用于石油,相当于160升）、包（bale,用于棉花出口国,但美国、埃及、印度的包大小不同）等。

3. 计算重量的方法

（1）净重（net weight）。

净重是指商品本身的重量。按照国际惯例,如果合同中对重量的计算没有其他规定,则应以净重计量。有的商品需经包装后才能称量,所得重量为毛重（gross weight）。对价值较低的商品,可以在合同中规定以毛重计量,即"以毛作净"（gross for net）。如果需以净重计算,则必须从毛重中减去包装物的重量,即皮重。

（2）公量（conditioned weight）。

对于含水率不稳定的商品,如羊毛、生丝、棉花等,为准确计算这类商品的重量,国际上通常采用按公量计算的方法。测定商品的实际回潮率（含水率）以计算商品干净重,再按公定回潮率（比如,羊毛的公定回潮率为11%）计算其重量,称为公量。计算公式如下:

$$公量＝[商品实际重量÷(1＋实际回潮率)]×(1＋公定回潮率)$$
$$＝商品干净重×(1＋公定回潮率)$$

（3）理论重量（theoretical weight）。

对一些具有固定规格尺寸的商品,每件重量基本一致,一般可从件数推算出总重量,即所谓理论重量,以方便买卖双方交接货物。由于理论重量和实际重量往往不一致,故而当以理论重量成交,应在合同中订明在结算货款时,是按实际交货重量计价,还是按理论重量计价。

（4）法定重量(legal weight)。

对一些必须有包装的货物,货物与直接包装材料一起计算的重量称为法定重量,它是海关计征从量税的方法。

4. 合同中的数量条款

《联合国国际货物销售公约》规定:按约定数量交货是卖方的一项基本义务。如卖方交货数量大于约定的数量,买方可以拒收多交的部分,也可收取卖方多交部分中的一部分或全部,但应按实际收取数量付款。如卖方交货数量少于约定的数量,卖方应在规定的交货期届满之前补交,且不得使买方遭受不合理的损失,买方可保留要求赔偿的权利。

在实际业务中,对于大宗散装商品,如农副产品和工矿产品,商品特点和运输装载导致难以严格控制装船数量。此外,某些商品由于货源变化、加工条件限制等,往往在最后出货时,实际数量与合同规定的数量有所出入。对于这类交易,为了便于卖方履行合同,通常可在合同中规定溢短装条款(more or less clause),即规定交货数量可在一定幅度内增减。常用的方式为规定允许溢短装的百分比。在以信用证支付方式成交时,按《跟单信用证统一惯例》的规定,在金额不超过信用证规定时,对于仅用度量衡制单位表示数量的,可有5％的增减幅度。如果在数量上加有"大约"一类的词语,则可有10％的增减幅度。

溢短装条款中,通常规定由卖方在规定的溢短装范围内决定实际装运的数量,即由卖方选择(at seller's option)。如果数量和运输装载有关,则可规定由船方选择(at carrier's option),或者,若是由买方负责租船订舱的,可规定由买方选择(at buyer's option)。

对在机动幅度内多交或少交的数量,一般可按合同单价结算。如果双方考虑到交货时市场价格可能有较大变化,则可事先在合同中规定,对于溢短装部分按货物装船时的市价计算。

三、商品的包装

按在商品流通过程中所起的作用不同,包装可分为销售包装和运输包装。销售包装又称内包装,主要作用是保护商品、方便使用、促进销售,并应符合销售地国家的法律和法规。运输包装又称外包装,其主要作用是保护商品、方便储运和节省费用,并应符合进口国的有关规定。本部分主要讨论运输包装。

1. 运输包装的类型

运输包装按其包装方式,可分成单件包装和集合包装。

（1）单件包装,是指货物在运输过程中作为一个计件单位的包装。常用的有箱、包、桶、袋、篓及罐等。

（2）集合包装,通常是在单件包装的基础上,把若干单件组合成一件大包装,以适应港口机械化作业的要求。集合包装能更好地保护商品,提高装卸效率,节省包装和运输费用。常见的集合包装方式有托盘、集装袋和集装箱。

2. 运输包装的标志

运输包装的标志,其主要作用是在储运过程中识别货物、合理操作。按其用途可分成运输标志(shipping mark)、指示性标志(indicative mark)、警告性标志(warning mark)、重量体积标志和产地标志。

（1）运输标志。

运输标志又称唛头,是一种识别标志。联合国欧洲经济委员会简化国际贸易程序工作组在国际标准化组织和国际货物装卸协调协会的支持下,制定了标准化的运输标志向各国推荐使用。该标志包括四项内容(每项不超过 17 个字母):❶收货人名称的英文缩写或简称。❷参考号,如合同、发票或运单号码。❸目的地。❹件号,包括顺序号和总件数,如果该批商品单件完全一致,则顺序号统一填写"1";如果总件数待定,以实际装运为准,则总件数可填"UP"。

运输标志在国际贸易中还有其特殊的作用。按有关规定,在商品特定化以前,风险不转移到买方承担。"商品特定化"是指以某种方式表明该商品属于某贸易合同项下。商品特定化最常见的有效方式是在商品外包装上标明运输标志。此外,国际贸易主要采用的是凭单付款的方式,主要的出口单据,如发票、提单、保险单上,都必须显示出运输标志。

商品以集装箱方式运输时,运输标志可被集装箱号码和封印号码取代。

（2）指示性标志。

指示性标志是一种操作注意标志,以图形和文字表达。如"小心轻放""由此起吊""禁止翻滚"等。

（3）警告性标志。

拓展阅读

定牌、贴牌
与无牌

警告性标志又称危险品标志,用以说明商品系易燃、易爆、有毒、腐蚀性或放射性等危险性货物,以图形及文字表达。中国国家技术监督局制定有《危险货物包装标志》,危险品的运输包装上必须按规定打上相应标志。此外,联合国政府间海事协商组织也制定有《国际海运危险品标志》,许多国家采用了该套标志。由于上述两文件的规定图案和文字并不一致,我国在出口危险品的运输包装上,要同时标明两套危险品标志。对危险品的包装储运,各国政府都定有专门的法规,应严格遵照执行。

（4）重量体积标志。

运输包装外通常都标明包装的体积和毛重,以方便储运过程中安排装卸作业和舱位。

（5）产地标志。

商品产地是海关统计和征税的重要依据,由产地证说明。但一般在内外包装上均注明产地,作为商品说明的一个重要内容。

3. 条形码

条形码(product code)由黑白相间的条纹和一系列的数字组成,构成一组特定的信息符号,用以表达商品的名称、规格、产地、价格,以至库存量等有关信息,通过光电阅读装置和计算机网络系统,对商品流通进行网络实时管理。

国际上通用的条形码有两种:一种是美国统一代码委员会编制的 UPC 码,另一种是国际物品编码协会(GSI)编制的 EAN 码。中国物品编码中心已于 1991 年 4 月代表中国加入GSI。目前,国际物品编码协会分配给中国的国别号为 69 系列,目前已启用 690—695。凡标明该系列数字的条形码,即表示在中国注册的产品。

根据 GSI 管理准则,条形码最好所在销售国的条形码为主,但同时也允许以原生产国条形码为产品条形码。所以,条形码的前缀,只代表了该产品的注册地(可能是销售国,也可能是生产国),产品的产地以产品包装上的产地说明或其他标注为准。

四、商品的价格

(一)计价货币

通常,买卖双方愿意选择汇率稳定的货币作为计价货币。但在汇率不稳定的情况下,出口方倾向于选用"硬币",即币值坚挺、汇率看涨的货币,而进口方则倾向于选用"软币",即币值疲软、汇率看跌的货币。合同中采用何种货币要由双方自愿协商决定。若采用的计价货币对其中一方不利,这一方应采取适当的保值措施,并应把所承担的汇率风险纳入货价考量范围。在一般商品的国际贸易中,买卖双方通常采用美元或其中一方的货币作为计价货币。

(二)佣金和折扣

1. 佣金

佣金(commission)是指卖方或买方付给中间商代理买卖或介绍交易的服务酬金。包含佣金的合同价格,被称为含佣价,通常以含佣价乘以佣金率,得出佣金额。

明佣通常以英文缩写字母 C 表示。比如每吨 1 000 美元 CFR 西雅图包含佣金 2%,可写成:每吨 1 000 美元 CFR C2 西雅图(USD1 000 per M/T CFR C2 Seattle),其中的"C2"即表示佣金率为 2%。

商业发票金额应按含佣价开立。卖方应在收妥货款后,再向中间商支付佣金。当以信用证或托收方式结算,可在汇票金额中扣除佣金,即由付款行或付款人在支付货款时代扣佣金,支付给中间商。

2. 折扣

折扣(discount)是卖方在原价格的基础上给予买方的一定比例的价格减让。

使用折扣方式减让价格,而不直接降低报价,使卖方既保持了商品的价位,又明确表明了给予买方的某种优惠,是一种促销手段。如数量折扣、清仓折扣、新产品的促销折扣等。卖方在开具发票时,应标明折扣,并在总价中将折扣减去。

(三)出口商品的成本效益指标

出口商品主要有以下两个经济效益指标。

1. 出口商品换汇成本(换汇率)

该指标反映出口商品每取得一美元的外汇净收入所耗费的人民币成本。换汇成本越低,出口的经济效益越好。其计算公式为:

$$出口换汇成本＝出口总成本(人民币元)÷出口外汇净收入(美元)$$

这里的出口总成本,包括进货(或生产)成本、国内费用(储运、管理、税金及预期利润等,通常以费用定额率表示)。出口外汇净收入指的是扣除运费和保险费后的 FOB 外汇净收入。

【例 13-1】 某商品国内进价为人民币 5 270 元,加工费为 900 元,流通费为 700 元,税金为 30 元,出口销售外汇净收入为 1 100 美元,则:

出口总成本＝5 270＋900＋700＋30＝6 900 元人民币

换汇成本＝6 900 元人民币÷1 100 美元＝6.27 元人民币/美元

2. 出口商品盈亏率

该指标说明出口商品盈亏额在出口总成本中所占的百分比,正值为盈,负值为亏。其计算公式为：

$$出口商品盈亏率＝（出口人民币净收入－出口总成本）÷出口总成本×100\%$$

其中：

$$出口人民币净收入＝FOB出口外汇净收入×银行外汇买入价$$

在【例13-1】中，若外汇买入价为每美元7.4元人民币，则：

出口商品盈亏率＝（1 100×7.4－6 900）÷6 900×100％＝18％

盈亏率和换汇率成本之间的关系为：

$$出口商品盈亏率＝（银行外汇买入价÷出口换汇成本－1）×100\%$$

如果这个比率大于0，意味着企业的出口结汇收益超过了出口成本，即实现了盈利；若小于0，则表示出口结汇收益未能覆盖出口成本，发生了亏损。这个指标可以帮助企业评估其在外汇兑换环节上的盈利能力。

3. 出口退税

采用间接税制度的国家出口商品的进货成本中，包含了增值税。由于商品出口至国外，可以理解为这部分税收已转移由国外用户或消费者负担，所以，许多国家对出口商品实行了出口退税制度，以鼓励商品出口。

我国也对出口商品中的增值税按一定比例退还。考虑到退税，进货成本（含税成本）中，应扣除退税金额：

$$实际成本＝进货成本－退税金额$$

其中：退税金额＝［进货成本÷（1＋增值税率）］×退税率

在【例13-1】中，若该种商品的退税率为9％，则换汇成本计算如下：

退税金额＝［5 270÷（1＋13％）］×9％≈420元人民币

实际进货成本＝5 270－420＝4 850元人民币

出口总成本＝4 850＋900＋700＋30＝6 480元人民币

换汇成本＝6 480÷1 100≈5.9元人民币/美元

相应的出口商品盈亏率＝（7.4÷5.9－1）×100％＝25.42％

第二节　交易磋商与合同签订

交易磋商是指买卖双方就交易条件进行协商，协调双方的经济利益，求得一致，达成交易。交易磋商的过程，是双方通过要约和承诺，确立契约关系的过程。双方在交易磋商的过程中，即在达成交易之前，就对自己的行为承担一定的法律责任。程序的合法性，保证了所达成的合同法律上的有效性。

一、交易磋商

交易磋商可以是口头的（面谈或电话），也可以是书面的（传真、电传、电子数据或信函）。交易磋商的过程可分成询盘、发盘、还盘和接受四个环节，其中发盘和接受是必不可少的，是达成交易所必须的法律步骤。

1. 询盘

询盘(inquiry)是交易的一方向对方探询交易条件,表示交易愿望的一种行为。询盘多由买方作出,也可由卖方作出,内容可详可略。询盘对交易双方无约束力。

2. 发盘

发盘(offer)也叫发价,指交易的一方(发盘人)向另一方(受盘人)提出各项交易条件,并愿意按此条件达成交易的一种表示。发盘在法律上称为要约,在发盘的有效期内,一经受盘人无条件接受,合同即告成立,发盘人承担按发盘条件履行合同义务的法律责任。

发盘多由卖方提出(selling offer);也可由买方提出(buying offer),称为递盘(bid)。实务中常见由买方询盘后,卖方发盘,但也可以不经过询盘,一方径直发盘。

3. 还盘

受盘人不同意发盘中的交易条件而提出修改或变更的意见,称为还盘(counter offer)。在法律上叫反要约。

还盘实际上是受盘人以发盘人的地位发出的一个新盘。原发盘人成为新盘的受盘人。还盘又是受盘人对发盘的拒绝,发盘因对方还盘而失效,原发盘人不再受其约束。还盘可以在双方之间反复进行,还盘的内容通常仅陈述需变更或增添的条件,对双方同意的交易条件可以不再重复。

4. 接受

接受(acceptance)是指受盘人在发盘的有效期内,无条件地同意发盘中提出的各项交易条件,愿意按这些条件和对方达成交易的一种表示。

接受在法律上称为"承诺",接受一经送达发盘人,合同即告成立。双方均应履行合同所规定的义务并拥有相应的权利。如交易条件简单,接受中无须复述全部条件。如双方多次互相还盘,还盘内容仅涉及需要变更的交易条件,则在接受时宜复述全部条件,以免疏漏和误解。

二、合同签订

在国际贸易中,书面合同的形式和内容,并无统一规定。

从格式的繁简来看,通常把繁式的称为合同(contract),而把简式的称为确认书(confirmation),但无实质性的区别。此外,还有备忘录(memo)、协议书(agreement)等名称。

合同的内容通常包括以下三个部分。

(1)约首:包括合同名称、编号,以及双方当事人名称、地址、电传或传真号码等。

(2)本文:合同条款,即对各项交易条件的具体规定,包括品名品质、数量、包装、价格、运输、支付等六个必要条款,以及保险、检验、索赔、不可抗力和仲裁等条款。

(3)约尾:订约日期、地点和双方有签字权人的签署。

第三节 合同的履行

以不同交易条件订立的合同,履行合同的程序也各不相同。国际货物销售合同的诸多贸易条件中,直接影响履行合同程序的主要条件,是所采用的贸易术语和结算方式。

一、出口合同的履行

履行出口合同的环节,概括起来可分成货(备货、报验),证(催证、审证、改证,以及利用信用证融资),运(托运、投保、报关),款(制单结汇、出口退税)四个基本环节。

(一) 备货

货物是合同的主要标的,卖方不仅要保证所交易货物与合同的规定相符合,还必须符合适用于货物买卖合同的有关法律规定。具体而言,卖方备货应注意以下几方面。

1. 货物的品质必须符合合同的规定和法律的要求

(1) 货物品质应符合合同的规定。

合同中表示品质的方法,有"凭文字说明"和"凭样品"两种类型。对于凭文字说明成交的合同,卖方所交货物必须与文字说明相符。对于凭样品成交的合同,该样品应是买卖双方交接货物的依据,卖方交付的货物的内在质量与外观形态都应和样品一致。

(2) 货物品质应符合法律的要求。

法律对货物品质的要求,主要有三个方面:货物应适合同一规格货物的通常用途,具有可销性(或称适销品质),这是法律所要求卖方承担的默示条件;货物应适合于订立合同时买方曾明示或默示地使卖方知道的特定用途,这也是法律所要求的默示担保责任;货物应符合进口国法律所要求的品质标准。

2. 交货数量应符合合同的规定

交货数量是合同的一个重要交易条件。对于卖方在交货数量上应承担的义务,各国法律都有具体的规定,但并不一致。由于世界各主要贸易国都是《联合国国际货物销售合同公约》(下简称《公约》)的缔约方,因此,不论其国内法如何规定,我国企业在与其贸易时,均按《公约》规定处理。

3. 货物包装应与合同和法律的要求一致

合同中对包装的要求有繁有简,凡是合同有明文规定的,卖方必须严格照办。对于合同没有明文规定的,应注意符合有关法律的要求。

4. 按合同规定时间交货

交货时间是买卖合同的主要条件。延迟装运或提前装运均可导致对方拒收或索赔。如果因延迟装运而导致根本违约的,买方还有权解除合约,并提出索赔。

合同中如未规定允许分批装运或转运,则应理解为不允许分批装运或转运。

合同中如规定允许分期/分批装运,但同时又规定了每批的装运时间和数量,则卖方必须严格照办。如果其中某一期未按时间或数量装运,买方可按违约情况要求损害赔偿,直至解除该期合同,或解除该期及以后各期的合同,甚至解除全部合同。

此外,卖方还应保证对货物拥有完全的所有权,即任何第三者不能根据物权、工业产权或其他知识产权主张任何权利或要求。针对这一责任,卖方在接受买方来样订货和来料加工装配业务时,可在合同中订明"关于任何违反知识产权和工业产权的行为,均由买方负责,与卖方无涉"。

(二) 报检

根据《中华人民共和国出口商品检验法》规定,一切出口商品都必须经过检验,未经检验或检验不合格,不准出口。这里的检验包括国家商检机构的检验和生产、经营单位自行检验。

报检的商品由商检机构或指定检验机构进行检验。检验的依据是法律法规规定的标准或其他必须执行的检验标准(如进口国法律法规规定的标准)或合同所规定的检验标准。当合同的约定和法定标准不同,以高标准为准。

对于不属于法定检验范围的出口商品,可以由生产、经营单位或委托其他检验机构检验,国家商检机构对其进行定期或不定期的抽查,抽查不合格的,不准出口。

(三)落实信用证

以信用证方式结算的出口合同,取得买方开立的符合合同要求的信用证,关系到卖方能否安全收汇和得到资金融通,是卖方交货的前提。因此,落实信用证的工作对卖方来说至关重要。

1. 催证

按时开立信用证是买方的一项义务。但在实务中,买方由于资金困难等问题,延误开证时间的事时有发生,在下列情况下,卖方应注意向买方发出函电提醒或催促对方开立信用证。

(1)在合同规定的期限内,买方未及时开证,这一事实已构成违约。如卖方不希望中断交易,可在保留索赔权的前提下,催促对方开证。

(2)签约日期和履约日期相隔较远,应在合同规定开证日之前,去信表示对该笔交易的重视,并提醒对方及时开证。

(3)卖方货已备妥,并打算提前装运,可去信征求对方同意提前开证。

(4)买方资信欠佳,提前去信提示,有利于督促对方履行合同义务。

2. 审证

信用证是银行开立的有条件的付款保证。信用证的条件必须与合同条件和有关国际惯例的规定相吻合,否则,卖方将难以提交符合信用证要求的单据,从而失去银行所提供的信用。卖方收到信用证后,应立即对其内容进行审核。审证的主要内容包括以下几点。

(1)开证行的资信状况。

开证银行本身的资信应与其所承担的信用证付款责任相应。特别对于实行外汇管制或国际支付能力薄弱或国内金融秩序混乱的国家的银行开出的信用证,更应重视审核其银行的资信状况。在我国,由我方银行作为通知行时,除核对信用证签名的真实性外,还承担审核开证行资信的道义上的责任。

(2)信用证的金额。

信用证的金额应与合同一致。若合同上订有溢短装条款,则信用证金额也应有相应的机动条款。

(3)装运期、交单期和到期日及到期地点。

信用证中规定的最迟装运日期,应与合同中的装运日期相一致,运输单据的出单日期或上面加注的装船或启运日期,不得迟于最迟装运日期。若信用证未规定装运期,则最迟装运日期为信用证的到期日。

信用证还应规定一个在货物装运后必须向银行交单要求付款或承兑或议付的日期,即交单期。所规定的交单期应为受益人装运后制单留有充分的时间,如信用证未规定交单期,则理解为应在实际装运日(运输单据出单日期)之后21天内必须交单。受益人必须在交单期内交单,但无论如何,不得迟于信用证到期日。

信用证还必须规定一个到期日和到期地点。即受益人必须在规定的到期日,在到期地点向银行交单要求议付或承兑或付款。没有规定到期日的信用证为无效信用证。实务中,到期日应与最迟装运日期有一个合理的间隔,以便受益人有充分时间制单,通常为7～15天;到期地点应在议付地,即在出口地到期,否则由于银行审单和邮递过程,受益人将难以把握及时交单。

(4)信用证有无限制性或保留条款。

信用证中的这类条款有合理的,也有不合理的。合理的条款如信用证中规定"开证申请人取得进口许可证才能生效"或"本证仅在受益人开具回头信用证并经本证申请人同意接受后才生效",对于这类信用证,受益人必须等到所附条件满足并取得有关文件后,即信用证生效后才能交货。还有一类条款则是不合理的,带有明显的欺诈性。如规定受益人提交的单据中要包括"由买方签发的提货证明"或"检验证书应由申请人授权的签字人签字"。这类信用证实际上受申请人或其代理人控制,受益人收款没有保障,故应慎重对待,不宜贸然接受。

(5)信用证的性质。

例如,是否保兑、兑现方式、汇票的付款人和付款日期、信用证对货物的描述、装运条件、保险条款,以及所需单据等,都应和合同及惯例的规定相一致。

以上为审核信用证时应注意的要点。此外,对于开证行在信用证中可能发生的各种疏漏错误,也应仔细审核,以确保受益人能做到单证一致,安全收汇。

3. 改证

(1)受益人审证后要求开证申请人改证。

受益人审证后,若发现内容与合同和惯例规定不一致,则应及时向开证申请人提出。要求改证时应注意下列改证规则:需要修改的内容应一次性通知开证申请人,以节约对方改证费用;开证行的改证通知书,仍须通过通知行转递,以保真实;对于改证通知书的内容,若发现其中一部分不能接受,则应把改证通知书退回,待全部改妥后才能接受。UCP600规定,对改证通知书部分接受无效;受益人审证时,若发现一些条款虽与合同或惯例不符,但经过努力可以办到的,则一般可以不改,以示合作,并减少周折。

拓展阅读

利用信用证融资

(2)开证申请人单方面主动改证。

开证申请人主动改证应征得受益人的同意。若开证申请人事先未征得受益人同意,单方面改证,则受益人有权决定是否接受。在未表示接受前,原证条款继续有效,受益人并有权保持沉默直至交单为止。若交单时按修改书制单,即表示接受;若按原证制单,则应另具通知书以示拒绝修改。

(四)托运、投保和报关

按CFR、CIF条件成交的合同,由出口方办理租船订舱,或以FOB条件成交,进口方委托出口方代办的,出口方也需办理托运手续。CIF条件成交的合同,出口方应负责办理保险。除了EXW条件成立的合同,均由出口方负责出口报关。

1. 托运

一旦信用证收妥无误,货物备妥,即应办理托运手续。出口货物的租船订舱,我国外贸企业均委托货运代理机构办理,填制托运单,发出明确、详细、准确的托运指示。托运单的主要内容包括发货人、收货人、通知人、装运港、卸货港、运输标志或集装箱编号及封印号码、品名、数量等。这些内容都应和信用证完全相符,并应注明货物的毛重、体积。

托运时出口单位还必须附交与本批货物有关的下列各项报关单据:❶出仓单(即出口单位的提货单,可凭此向指定仓库或生产厂提取货物);❷出口发票及装箱单或重量单;❸出口货物报关;❹出境货物通关单(指属法定检验产品);❺出口收汇核销单;❻出口许可证(如属于国家出口管理的商品)。

货运代理机构接受托运后,即可向承运单位或其代理人办理租船订舱业务。待承运人(船公司)或其代理人签发装货单后,货运代理机构填制显示船名、航次和提单号码的"配舱回单",连同装货单、收货单一起交付出口企业,托运工作即告完成。

2. 投保

我方出口合同,如以 CIF 或 CIP 方式成交,由我方向保险公司投保。出口货物保险,采用逐笔投保方式。在完成托运手续,取得配舱回单后,出口企业即可办理保险手续。注意保单的出单日期不得迟于装运日期。

投保人先填制"运输险投保单",内容包括投保人名称、货物名称、运输标志、船名或装运工具、装运地(港)、目的地(港)、开航日期、投保金额、投保险别、投保日期和赔款地点等。投保单一式二份,一份由保险公司签署后交投保人作为接受投保的凭证;另一份由保险公司留存作为缮制保险单的依据。为简化手续,外贸公司也有将发票、出口货物明细单或出运货物分析单代替投保单,但必须加注配舱回单的内容和投保险别及金额。

按 FOB、FCA、CFR、CPT 条件成交的,保险由买方办理(不是一种义务),若卖方同意接受买方委托代办保险,则应由买方承担费用和风险。投保手续同上。在信用证上应注明"保险费允许在信用证的额度以外超支"。

保险公司根据投保内容,签发保险单或保险凭证,并计算保险费,单证一式五份,其中一份留存,投保人付清保险费后取得四份正本,投保即告完成。

投保人在保险单证出具后,发现投保内容有错漏或需变更,应向保险公司及时提出批改申请,由保险公司出具批单,粘贴于保险单上并加盖骑缝章,保险公司按批改后条件承担责任。

申请批改必须在货物发生损失以前,或投保人不知有任何损失事故发生的情况下,在货到目的地前提出。

3. 报关

海关对进出口货物的通关手续,包括接受申报、审核单证、查验货物、征税、结关放行等五道手续。

(1) 出口申报及审核单证。

出口货物的发货人或其代理人应在装货的 24 小时之前向运输工具所在地或出境地海关申报。报关时应向海关提交下列单证。

出口货物报关单。报关单是海关对出口货物进行监管、查验、征税和统计的基本单据。目前使用的出口报关单有四种:普通报关单(白色)、"来料加工、补偿贸易专用"报关单(浅绿色)、"进料加工专用"报关单(粉红色)和"出口退税专用"报关单(黄色),适用于不同贸易方式和需要。

出口许可证。经国家正式批准的有出口经营权的单位,在其经营范围内,出口不实行许可证管理的商品,可免领出口许可证。若出口超出其经营范围的商品,以及国家规定必须申领出口许可证的商品,则应向海关交验出口许可证或国家规定的其他批准文件。

装货单或运单。装货单（shipping order）是船公司或其代理签发给托运人的通知船方装货的凭证（非海运方式则为运单），海关查验放行后，在装货单或运单上加盖放行章发还给报关人凭以装运货物出口。

发票。发票是海关审定完税价格的重要依据，故发票必须载明货物的真实成交价格。允许使用简式发票（交单议付时必须用正式发票）。

装箱单。装箱单是对发票内容的补充，说明货物的具体规格数量。包装内容一致的件装货物或散装货物，可免交。

出口收汇核销单。它是由外汇管理部门提供的单证，海关办妥结关手续后，在其上盖章，出口单位收汇后凭以向外汇管理部门结汇核销。外汇管理部门在办理核销后将其中的出口退税专用联退回出口单位。

出境货物通关单（指属法定检验商品）。

海关认为必要时应交验的贸易合同、产地证和其他有关证明。

（2）查验货物和结关放行。

海关以出口报关单为依据，在海关监管区域内对出口货物进行查验。报关单位应派员在现场负责拆装，协助海关完成查验工作。

经查验合格，在报关单位照办纳税手续后，海关在装货单或运单上盖上关印，即结关放行。

（五）制单结汇和出口退税

以托收和信用证方式结算货款，是凭单付款，出口单据在表面上证实卖方已履行了合同义务。以信用证方式成交，对单据有更严格的要求，单据是否严格符合信用证规定，直接关系到能否及时和安全收汇。因此，根据合同和信用证，正确缮制单据，是履行出口合同的一个重要环节。

1. 制作出口单据

（1）汇票。

国际贸易中，主要使用的是跟单汇票，作为出口方要求付款的凭证。

（2）商业发票。

商业发票（commercial invoice）是出口商开立的发货价目清单，是装运货物的总说明。发票全面反映了合同内容。

发票的主要作用是供进口商凭以收货、支付货款和进出口商记账、报关纳税的凭据。在不用汇票的情况下（如付款信用证、即期付款交单），发票代替汇票作为付款的依据。

发票没有统一的格式，其内容应符合合同规定，在以信用证方式结算时，还应与信用证的规定严格相符。发票是全套货运单据的中心，其他单据均参照其内容缮制，因而制作不仅要求正确无误，还应排列规范、整洁美观。

（3）运输单据。

运输单据因不同贸易方式而异。有海运提单、海运单、航空运单、铁路运单、货物承运收据及多式联运单据等。我国外贸运输方式以海运为主。

（4）保险单。

保险单（insurance policy/certification）是保险人与被保险人之间订立保险合同的凭证，是被保险人索赔、保险人理赔的依据。在 CIF 或 CIP 合同中，出口商在向银行或进口商收款时，提交符合销售合同及/或信用证规定的保险单是出口商必不可少的义务。

拓展阅读

制作汇票注意事项

拓展阅读

制作商业发票注意事项

拓展阅读

制作海运提单注意事项

拓展阅读

保险单的主要内容

（5）原产地证明。

原产地证明（certificate of origin）用以证明货物原产地或制造地，是进口国海关计征税率的依据。

（6）检验证书。

检验证书（inspection certification）一般由国家指定的检验机构出具，也可根据不同情况，由出口企业或生产企业自行出具。应注意出证机构检验货物名称和检验项目必须符合信用证的规定。还需注意检验证书的有效期。

（7）包装单据。

包装单据（packing document）是反映一切记载或描述商品包装种类和规格情况的单据，是商业发票的补充说明。主要有装箱单（packing list）、重量单（weight list）、尺码单（measurement list）。

（8）其他单证。

其他单证按不同交易情况，由合同或信用证规定，常见的有：寄单证明（beneficiary's certificate for despatch of documents）、寄样证明（beneficiary's certificate for despatch of shipment samples）、邮局收据（post receipt）、快递收据（courier receipt）、装运通知（shipping advice），以及有关运输和费用方面的证明。

2. 交单结汇

（1）交单。

交单是指出口商（信用证受益人）在规定时间内向银行提交信用证规定的全套单据，这些单据经银行审核，根据信用证条款不同付汇方式，由银行办理结汇。

交单应注意三点：其一，单据的种类和份数与信用证的规定相符；其二，单据内容正确，包括所用文字与信用证一致；其三，交单时间必须在信用证规定的交单期和有效期之内。

交单方式有两种：一种是两次交单或称预审交单，在运输单据签发前，先将其他已备妥的单据交银行预审，发现问题及时更正，待货物装运后收到运输单据，可以当天议付并对外寄单。另一种是一次交单，即在全套单据收齐后一次性送交银行，此时货已发运。银行审单后若发现不符处需要退单修改，则耗费时日，容易造成逾期而影响收汇安全。因此，出口企业要与银行密切配合，采用两次交单方式，加速收汇。

（2）结汇。

信用证项下的出口单据经银行审核无误后，银行按信用证规定的付汇条件，将外汇结付给出口企业。

3. 出口退税

出口退税是国家对出口的商品，在报关离境、收汇核销后，将已征的消费税和增值税部分退还给出口企业，使其能降低出口成本，提高企业出口竞争能力。

出口退税的一般程序如下。

（1）申报。

出口企业设有专门人员办理出口退税，按月填报出口退（免）税申请书，并把有关凭证交商务主管部门审查签章，再报国税局出口税收管理分局办理退税。提交的退税凭证有：❶出口货物报关单（出口退税专用联）原件，报关出口日起 90 天内提交；❷出口发票；❸出口收汇核销单（出口退税专用联），报关出口日起 180 天内提交；❹代理出口证明；❺增值税专用发票；❻国税机关要求的其他凭证。退税凭证应为纸质,并和电子申报数据相符合。

（2）受理审核。

❶ 国税机关对申报资料、电子申报数据和纸质凭证齐全的申报予以受理,进行登记,并向出口商出具回执。

❷ 受理机关在规定时间内,对凭证和资料的合法性、准确性进行审核。重点审核的凭证为:出口货物报关单（出口退税专用联）；代理出口证明；增值税专用发票；出口收汇核销单；消费税税收（出口货物专用）缴款书（需要时提供）。

出口退税凭证经人工审核和计算机审核,审核无误,由税务机关审批后按照规定办理退库或调库手续,向企业退回相应税款。

二、进口合同的履行

以 FOB 条件加信用证方式的合同为例,说明进口合同的履行手续。在此类合同中,强调买方的接货义务。买方的接货义务,主要是指按时派船接货和按时开立符合合同的信用证。买方在履行合同义务的同时,应随时注意和卖方接洽,督促其按合同履行交货义务。进口环节中还包括保险、审单付款、报关、检验,以及可能的索赔等事项,进口商应与各有关部门密切配合,逐项完成。

（一）开立信用证

拓展阅读

开证注意
事项

进口合同签订后,进口方填写开证申请书向银行办理开证手续。开证申请书是银行开立信用证的依据,也是申请人和银行之间的契约关系的法律证据。开证申请书包括以下两个部分。

（1）信用证的内容。包括受益人名称地址,信用证的性质、金额,汇票内容,货物描述,运输条件,所需单据种类和份数,信用证的交单期、到期日和地点,信用证通知方式等。

（2）申请人对开证银行的声明。其内容通常固定印制在开证申请书上,包括:承认遵守 UCP 600 的规定；保证向银行支付信用证项下的货款、手续费、利息及其他费用；在申请人付款赎单前,单据及货物所有权属银行所有；开证行收下不符信用证规定的单据时,申请人有权拒绝赎单,等等。

（二）运输和保险

1. 运输

以 FOB 条件成交,由买方负责租船订舱。我国外贸公司大多通过货运代理机构办理此项业务。在办理运输中,应注意船货衔接,通常由卖方在交货期前的一定时间内,将预期货物备妥待装的日期通知买方。买方按该通知规定的日期,及时通过运输代理或自行办理租船手续。在接到船方配舱回单后,应立即向卖方发出派船通知,告知船名及船期,以便卖方按照船期安排装船。

2. 保险

（1）预约保险。

为了简化投保手续,防止漏保,我国外贸公司和经常有货物进口的企业,与保险公司订有预约保险合同（open policy）。在预约保险合同规定范围内的货物,一经启运,保险公司即自动承担保险责任。外贸企业在接到国外卖方的装船通知后,应立即填制预约保险启运通知书或将装船通知送达保险公司,即完成了投保手续。

（2）逐笔投保。

未与保险公司签订预约保险合同的企业,对进口货物须逐笔办理保险。进口企业在收到国外卖方的装船通知后,应立即填制投保单或装货通知单。保险公司接受承保后将签发一份保险单,作为双方之间的保险合同。

（3）进口货运保险的责任起讫。

对于进口货物,买卖双方的风险责任以装运港海轮船舷为界。在货物装船前,物权和风险责任都属于出口商;货物装船后,买方承担货物的风险责任。因此,在货物装船前,买方不具有保险利益,即使买方在此之前已向保险公司投保,保险公司也不承担保险责任。一般情况下,保险公司对于由进口方投保货物的保险责任是从货物越过船舷(实际业务中为装船)开始,一直到货物运抵目的地仓库,或卸离海轮后 60 天终止。必要时,还可由投保人申请延长保险期限 60 天,但散装货、活牲畜和新鲜果蔬等商品的保险责任在目的港卸离海轮时终止。

（三）审单和付款

1. 审单

以信用证方式结算,出口商必须提交与信用证相符的单据。开证行和进口方都必须对全套单据进行审核。银企双方应密切配合。

2. 付款或拒付

信用证受益人在发运货物后,将全套单据经议付行寄交开证行(或保兑行)。

若开证行经审单后认为单证一致、单单一致,则应予以即期付款或承兑或于信用证规定的到期日付款,开证行付款后无追索权。

若开证行审单后发现单证不符或单单不符,则应于收到单据次日起 5 个工作日内,以电讯方式通知寄单银行,说明单据的所有不符处,并说明是否保留单据等待交单人处理或退还交单人。

对于单证不符的处理,按 UCP 600 规定,银行有权拒付。在实际业务中,银行须将不符处征求开证申请人的意见,以确定拒绝或仍可接受。作为开证申请人的进口方,对此应持慎重态度。因为,银行一经付款,即无追索权。

开证行向外付款的同时,即通知进口企业付款赎单。进口企业付款赎单前,同样须审核单据,若发现单证不一,则有权拒绝赎单。

对于远期信用证或因航程较短货物先于单据到达,进口方可以下列两种方式先行提货。

（1）信托收据。在进口企业尚未清偿信用证项下汇票时(往往指远期汇票),可向银行开出信托收据,银行凭其将货运单据"借给"进口商,以利其及时提货,然后在汇票到期日偿还货款。

（2）担保提货。进口货物先于提单到达目的地,进口企业可请求银行出具保函,向运输公司申请不凭提单提取货物,若承运人因此而蒙受损失,则由银行承担赔偿责任。

（四）接货和报关

1. 接货

接货包括监卸和报验。

进口企业通常委托货运代理公司办理接货业务。可以在合同和信用证中指定接货代理,出口商在填写提单时,在被通知人栏内应填上被指定的货运代理公司的名称和地址。

船只抵港后,船方按提单上的地址,将"准备卸货通知"(notice of readiness to discharge)寄交接货代理。接货代理应负责现场监卸。

若未在合同和信用证中明示接货代理,则也可由进口方在收到船方径直寄来的"准备卸货通知"后,自行监卸。但大多数情况下,仍可委托货运代理公司作为收货人的代表,现场监卸。

监卸时若发现货损货差,则应会同船方和港务局,填制货损货差报告。

卸货后,货物可以在港口申请报验,也可在用货单位所在地报验。但下列情况之一的,应在卸货港口向商检机构报验:❶属于法定检验的货物;❷合同规定应在卸货港检验;❸发现货损货差情况。

2. 报关

进口企业可自行报关,也可委托货运代理公司或报关行代理报关。

根据我国"先报验,后报关"的规定,收货人应先行向入境报关地的出入境检验检疫局报验,取得入境货物通关单,然后办理进口货物申报。

海关接受申报后,对进口货物实施查验。核对实际进口货物是否与报关单证所列相一致。查验一般在海关监管区域内的仓库、场所进行。对散装货物、大宗货物和危险品等,结合装卸环节,可在船边等现场查验。对于在海关规定到期查验有困难的,经报关人申请,海关可派员到监管区域以外的地点查验放行。

进口货物接受查验,缴纳关税后,由海关在货运单据上签章放行,即结关。收货人或其代理可持海关签章的货运单据提取货物。

3. 担保放行和保税货物

(1)担保放行。

进口公司若因各种情况不能在报关时交验有关单证,则可以向海关提交保证金或保证函,申请海关先放行货物,后补办手续。海关经审查同意后,在货运单据上签章放行,收货人提货后可以投入生产和使用,但必须及时补办报关纳税手续。在此之前,不得出售、转让或移作他用。

(2)保税货物。

保税货物系指海关批准未办理纳税手续进境,在境内储存加工、装配后复运出境的货物。

返销产品的中小型补偿贸易、来料来件加工装配业务及部分进料加工贸易,其进口料、件和设备属海关保税货物。料、件自进口加工之日起至加工成品出口之日止,有关设备自进口之日起至全部偿还并按海关规定期限解除监管止,均应接受海关监管。

(五)索赔

在进口业务中,有时会发生卖方不按时交货,或所交货物的品质、数量与合同规定不符的情况,也可能由于装运保管不当,或自然灾害、意外事故等,致使货物损坏或短缺,进口方可向有关责任方提出索赔。

(1)向卖方索赔。凡属下列情况可向卖方索赔:货物品质规格不符合合同规定;原装数量不足;包装不符合合同规定或因包装不良致使货物受损;未按期交货或拒不交货。

（2）向承运人索赔。凡属下列情况可向承运人索赔：货物数量少于运单所载数量；提单为清洁提单，由于承运人保管不当而造成货物短损。

（3）向保险公司索赔。属于投保险别的承保范围内的损失。

第四节　商品检验、索赔、不可抗力与仲裁

商品检验，是买卖双方交接货物中必不可少的步骤，各国法律和《联合国国际货物销售合同公约》对于检验权作了相应的规定。在实务中，为了明确责任，往往在合同中就检验时间和地点、检验方法、检验机构等作出具体的规定。

为了顺利解决因一方违约而可能产生的索赔中的争议，合同中可以就索赔期限、索赔依据，以至索赔金额等作出规定。

如果是由于不可抗力事件而导致一方违约，则可免除其违约责任。为了明确该事件是否确属不可抗力事件，可以在合同中事先约定不可抗力事件的范围。

如果双方对事实和合同条款理解不一致或一方有意回避责任，则可提起司法诉讼、请求调解或者提请仲裁。在商务纠纷中，仲裁以其简捷、高效、跨国执行方便等诸多优点，获得贸易界人士的青睐。

一、商品检验

（一）商品检验的时间和地点

1.法律规定的检验时间和地点

《联合国国际货物销售合同公约》规定，除另有约定外，买方有权对所购买的货物进行检验，并具体规定了检验的时间和地点：

（1）买方必须在按情况实际可行的最短时间内，由自己或他人检验货物；

（2）如果合同涉及货物的运输，则检验可推迟到货物到达目的地后进行；

（3）如果货物在运输途中改运或买方须再发运货物，且没有合理机会进行检验，而卖方在订立合同时知道或理应知道这种改运或再发运的可能性，则检验可推迟到货物到达新目的地后进行。

2.合同中约定的检验时间和地点

《联合国国际货物销售合同公约》等规定的买方检验权，是一种法定的检验权。它服从于合同的约定，买卖双方通常都在合同中对如何行使检验权的问题作出规定，即规定检验的时间和地点。其主要有以下五种做法。

（1）在出口国产地检验。发货前，由卖方检验人员会同买方检验人员对货物进行检验，或者由双方认可的检验机构检验，卖方只对商品离开产地前的品质负责。离产地后运输途中的风险，由买方负责。

（2）在装运港（地）检验。货物在装运前或装运时，由双方约定的商检机构检验，并出具检验证明，作为确认交货品质和数量的依据，这种规定，称为以"离岸品质和离岸数量"为准。

（3）在目的港（地）检验。货物在目的港（地）卸货后，由双方约定的商检机构检验，并出具检验证明，作为确认交货品质和数量的依据，这种规定，称为以"到岸品质和到岸数量"

为准。

（4）买方营业处所或用户所在地检验。对于那些密封包装、精密复杂的商品，不宜在使用前拆包检验，或需要安装调试后才能检验的产品，可将检验推迟至用户所在地，由双方认可的检验机构检验并出具证明。

（5）出口国检验，进口国复检。按照这种做法，装运前的检验证书可作为卖方收取货款的出口单据之一，但货到目的地后，买方有复验权。如果经双方认可的商检机构复验后，发现货物不符合合同规定，且系卖方责任，买方可在规定时间内向卖方提出异议和索赔，直至拒收货物。

上述各种做法，各有特点，应视具体的商品交易性质而定。但对大多数一般商品交易来说，"出口国检验，进口国复验"的做法最为方便，而且合理。因为，这种做法肯定了卖方的检验证书是有效的交接货物和结算凭证，也确认了买方在收到货物后有复验权，这符合各国法律和国际公约的规定。我国对外贸易中大多采用这一做法。

（二）检验机构

国际上的检验机构，有官方的，也有民间私人的，或社团经营的。官方的检验机构只对特定商品（粮食、药物等）进行检验，如美国食品药品监督管理局（FDA）、日本通产省检查所等。国际贸易中的商品检验主要由民间机构承担，民间商检机构具有公证机构的法律地位。比较著名的有瑞士日内瓦通用鉴定公司（SGS）、日本海外货物检验株式会社（OMIC）、美国保险人实验室（UL）、英国劳合氏公证行（Lloyds Surveyor）、法国船级社（B.V.）、新日本检定协会（SK），以及香港天祥公证化验行等。

我国的质量监督检验检疫局，是代表政府进行技术执法的官方机构，在全国各省、自治区、直辖市，特别是进出口商品口岸，设立了分支机构，称为出入境商品检验检疫局，是一个综合性的检验机构。除了技术执法，出入境商品检验检疫局也向国内外厂商提供技术服务，接受委托，对商品进行检验，并出具相关的检验证书。

（三）进出口商品检验的范围和标准

1. 检验范围

（1）《商检机构实施检验的进出口商品种类表》规定的商品。我国制定有《商检机构实施检验的进出口商品种类表》对有关的商品实施强制性的检验。

（2）我国《食品卫生法》和《进出境动植物检疫法》规定的商品。

（3）我国《进出口商品检验法》规定的商品。

（4）有关国际公约或输入国家或地区规定的商品。

（5）对外贸易合同或信用证规定由我国商检机构实施检验的进出口商品。

（6）申请签发一般原产地证明、普惠制原产地证明等原产地证书的商品。

除了上述强制性检验的物品，买卖双方可以自行在合同中约定商品检验机构，可以是厂商自检，也可以指定某一检验机构。

2. 检验标准

商品的检验标准，有买卖双方当事人在合同中约定的检验标准和由国家法律、法规所规定的强制性检验标准。后者有的是由国家有关机构制定的，比如，美国的食品药品监督管理局制定的系列检验标准和方法、我国的《全国出口棉布检验要求》等；也有的是由工商团体或民间机构制定,但得到国际公认或有关国家认可,比如,美国保险人实验室的安全标准、欧洲"汽车废气排放标准"。

另外,国际标准化组织(International Standard Organization,ISO)的 ISO9000(质量管理体系),已得到全世界的普遍重视。有的进口商不但要求商品质量符合规定的标准,还要求制造商和销售商的质量保证体系符合 ISO9000 系列标准,至少是获得该质量体系认证的厂商在产品质量上具有更大的说服力。

此外,在生态平衡、环境保护和可持续发展愈来愈为全球关注的形势下,国际标准化组织公布了 ISO14000 环保标准系列,有些国家还制定了国内法对商品在生产过程中的环保措施提出了强制性的要求。

(四)主要的检验证书(inspection certificate)

主要的检验证书包括:品质检验证书(quality),重量检验证书(weight),数量检验证书(quantity),包装检验证书(packing),兽医检验证书(veterinary),卫生检验证书(sanitary),消毒检验证书(disinfecting),熏蒸检验证书(fumigation),温度检验证书(temperature),残损检验证书(damaged cargo),船舶检验证书(tank/hold),价值检验证书(value),产地检验证书(origin)。

拓展阅读

出入境检
验检疫程序

二、违约和索赔

国际货物买卖合同确立了买卖双方的权利和义务,任何一方不履行或不完全履行合同规定的义务,即构成违约。合同的另一方可因自己的权利受到侵犯,及因此受到的损失向对方索赔。

(一)违约责任

不同性质的违约,所承担的法律责任不同。

《联合国国际货物销售合同公约》规定:"一方当事人违反合同的结果,如使另一方当事人蒙受损失,以至于实际上剥夺了他根据合同规定有权期待得到的东西,即为根本违反合同……"受损害一方有权向违约方要求损害赔偿并有权宣告合同无效。但如违约的情况尚未达到根本违反合同的程度,则受损害方只能要求损害赔偿而不能宣告合同无效。

(二)索赔和理赔

索赔和理赔是一个问题的两个方面,属于卖方责任而引起买方索赔的主要有:卖方所交货物的品质、数量、包装和合同不符,卖方未按期交货,卖方其他违反合同或法定义务的行为。属于买方责任而引起卖方索赔的有:买方未按期付款,未及时办理运输手续,未及时开立信用证,买方其他违反合同或法定义务的行为。

索赔和理赔中,索赔依据和索赔时间是两个最基本的条件。

索赔的法律依据是合同和适用的法律、惯例。索赔的事实依据是违约事实的书面文件,指有资格的机构出具的书面证明,当事人的陈述和其他旁证。

索赔期限通常在合同中加以约定。超过约定的索赔期限,受损害的一方即丧失索赔权。如果在合同中未约定索赔期限,则依照法律规定索赔期限。按《联合国国际货物销售合同公约》(以下简称《公约》)的规定,买方收到货物后,必须在发现或理应发现货物与合同不符的情况后的一段"合理时间"内通知卖方,说明不符合合同情形的性质,否则就失去索赔的权利;在任何情况下,法定的最长索赔期限是两年。营业地处于公约缔约方的买卖双方,在合同中未约定索赔期限时,应按《公约》的规定,在"合理时间"内索赔,最长不超过两年。

（三）合同中的索赔条款

买卖双方可根据交易的需要在合同中订立或不订立索赔条款。订立索赔条款通常有以下两种方式。

（1）异议和索赔条款。该条款针对卖方交货品质、数量或包装不符合合同规定而订立。主要内容包括索赔依据和索赔期限。索赔依据主要是指双方认可的商检机构出具的检验证书。索赔期限根据不同商品由双方约定。

（2）罚金条款。该条款针对当事人不按期履约而订立。比如卖方未按期交货或买方未按期付款,未按期派船、开证。主要内容是规定罚金或违约金的数额以补偿对方的损失。罚金条款常用于大宗商品或成套设备的合同中。

三、不可抗力

（一）不可抗力的含义

不可抗力（force majeure）是指买卖合同签订后,不是由于当事人一方的过失或故意,发生了当事人在订立合同时不能预见,对其发生和后果不能避免并且不能克服的事件,以致不能履行合同或不能如期履行合同。遭受不可抗力事件的一方,可以据此免除履行合同的责任或推迟履行合同,对方无权要求赔偿。

不可抗力通常包括两种情况:一种是自然原因引起的,如水灾、旱灾、暴风雪、地震等;另一种是社会原因引起的,如战争、罢工、政府禁令等。但不可抗力事件目前国际并无统一明确的具体解释。哪些意外事故应视作不可抗力,可由买卖双方在合同的不可抗力条款中约定。

（二）不可抗力条款

不可抗力条款是一种免责条款,即免除由于不可抗力事件而违约的一方的违约责任。一般应规定的内容包括:不可抗力事件的范围,事件发生后通知对方的期限,出具证明文件的机构,以及不可抗力事件的后果。

我国进出口合同中的不可抗力条款,按对不可抗力事件范围规定的不同,主要有以下三种方式:

（1）概括式。对不可抗力事件作笼统的提示,如"由于不可抗力,而不能履行合同或延迟履行合同的一方可不负有违约责任。但应立即以电传或传真通知对方,并在××天内以航空挂号信向对方提供中国国际贸易促进委员会出具的证明书"。

（2）列举式。逐一订明不可抗力事件的种类,如"由于战争、地震、水灾、火灾、暴风雪而不能履行合同或延迟履行合同的一方不负有违约责任"。

（3）综合式。将概括式和列举式合并在一起,如"由于战争、地震、水灾、火灾、暴风雪或其他不可抗力而不能履行合同的一方不负有违约责任"。综合式是最为常用的一种方式。

（三）不可抗力事件的处理

1. 通知

《公约》还规定，在不可抗力事件发生后，违约方必须及时通知另一方，并提供必要的证明文件，而且在通知中应提出处理意见。如果因未及时通知而使另一方受到损害，则应负赔偿责任。

我国《合同法》也规定："……应及时通知另一方，以减轻可能给另一方造成的损失"。

不可抗力事件出具证明的机构，大多为当地商会。在我国，由中国国际贸易促进委员会（即中国国际商会）出具。

拓展阅读

处理不可抗力事件的注意事项

2. 确认

另一方接到不可抗力事件的通知和证明文件后，应根据事件性质，决定是否确认其为不可抗力事件，并把处理意见及时通知对方。

3. 法律后果

《公约》规定，一方当事人享受的免责权利只对履约障碍存在期间有效，如果合同未经双方同意宣告无效，则合同关系继续存在，一旦履行障碍消除，双方当事人仍须继续履行合同义务。

所以，不可抗力事件所引起的后果，可能是解除合同也可能是延迟履行合同，应由双方按《公约》规定结合具体情况商定。

四、仲裁

（一）争议的解决方式

在国际贸易中，双方在履行合同过程中有可能发生争议。由于买卖双方之间的关系是一种平等互利的合作关系，所以，一旦发生争议，首先应通过友好协商的方式解决，以利于保护商业秘密和企业声誉。如果协商不成，则当事人可按照合同或争议的情况采用调解、仲裁或诉讼方式解决争议。

1. 调解

调解（conciliation）是双方当事人自愿将争议提交选定的调解机构（法院、仲裁机构或专门的调解机构），由该机构按调解程序进行调解。若调解成功，则双方应签订和解协议，作为一种新的契约予以执行；若调解意见不为双方或其中一方接受，则该意见对当事人无约束力，调解即告失败。

中国在诉讼和仲裁中，均采用了先行调解的程序。

2. 仲裁

仲裁（arbitration）是双方当事人达成书面协议，自愿把争议提交给双方同意的仲裁机构裁决，仲裁机构作出的裁决是终局的，对双方都有约束力。仲裁方式具有专业性较强、解决争议时间短、费用低、能为当事人保密、裁决有权威性、异国执行方便等优点。

3. 诉讼

诉讼（litigation）是一方当事人向法院起诉，控告合同的另一方，一般要求法院判令另一方当事人以赔偿经济损失或支付违约金的方式承担违约责任，也有要求对方实际履行合同义务的。诉讼是当事人单方面的行为，只要法院受理，另一方就必须应诉。但诉讼方式的缺点在于立案时间长，诉讼费用高，异国法院的判决未必是公正的，各国司法程序不同，当事人在异国诉讼比较复杂,跨国执行困难。

综观上述三种解决争议的方式,在国际贸易实践中,仲裁是被广泛采用的一种方式。

(二)仲裁协议

1. 仲裁协议的形式

仲裁协议必须采用书面形式。一种是双方当事人在争议发生之前订立的,表示一旦发生争议应提交仲裁,通常为合同中的一个条款,称为仲裁条款。另一种是双方当事人在争议发生后订立的,表示同意把已经发生的争议提交仲裁的协议,往往通过双方函电往来而订立。

2. 仲裁协议的作用

仲裁协议表明双方当事人愿意将他们的争议提交仲裁机构裁决,任何一方都不得向法院起诉。仲裁协议也是仲裁机构受理案件的依据,任何仲裁机构都无权受理无书面仲裁协议的案件。仲裁协议还排除了法院对有关案件的管辖权,各国法律一般都规定法院不受理双方订有仲裁协议的争议案件,包括不受理当事人对仲裁裁决的上诉。

3. 仲裁协议的内容

仲裁协议一般应包括仲裁地点、仲裁程序、仲裁裁决的效力及仲裁费用的负担等。

仲裁地点是协议中最为重要的一个问题。因为,仲裁地点与仲裁适用的程序和合同争议所适用的实体法密切相关。通常均适用于仲裁所在地国家的仲裁法和实体法。

进出口贸易合同中的仲裁地点,可以采用下列四种规定方法:规定在我国仲裁;规定在被诉方所在国仲裁;规定在双方同意的第三国仲裁;规定在对方所在国仲裁。由于我国企业目前大多缺乏在国外申诉的能力,所以,应力争在我国仲裁。

仲裁裁决是终局的,对双方当事人均有约束力,当事人不得向任何机构提出变更裁决的请求。

仲裁费用的负担可在协议中订明,通常由败诉方负担,也可规定由仲裁庭裁决。

(三)仲裁机构和仲裁程序

1. 仲裁机构

世界上许多国家和一些国际组织都设有专门从事国际商事仲裁的常设机构,如国际商会仲裁院、英国伦敦仲裁院、英国仲裁协会、美国仲裁协会、瑞典斯德哥尔摩商会仲裁院、瑞士苏黎世商会仲裁院、日本国际商事仲裁会,以及我国的香港国际仲裁中心等。

我国的涉外仲裁机构为中国国际经济贸易仲裁委员会,设在北京,在上海和深圳设有分会。按我国仲裁法设立的各地方仲裁委员会,如上海仲裁委员会,也可受理国际商事仲裁案件。

仲裁机构不是国家的司法部门,而是依据法律成立的民间机构。

2. 仲裁程序

各国仲裁机构的仲裁规则对仲裁程序都有明确规定。按我国仲裁规则规定,仲裁的基本程序如下。

(1)申请仲裁。

申请人应提交仲裁协议和仲裁申请书,并附交有关证明文件和预缴仲裁保证金。

(2)受理仲裁案件。

仲裁机构收到仲裁申请书后,应在 5 天内对仲裁协议和提交的仲裁事项进行审查。确认协议有效,且所提交仲裁事项在协议范围之内,未过时效期限,可以接受申请,向申诉人发出受案通知,并向被诉人发出仲裁通知,附寄仲裁申请书及其附件。被诉人可以提交答辩书(我国仲裁规则为收到通知 45 天内)或提出反请求书(60 天内)。

如果仲裁机构审查后认为不能受理,则应将申诉书及其附件退还申诉人并说明理由。

(3) 指定仲裁员。

仲裁员通常由当事人指定。双方当事人均可在仲裁机构提供的仲裁员名册中指定或委托仲裁机构指定一名仲裁员,并由仲裁机构指定第三名仲裁员作首席仲裁员,共同组成仲裁庭。如果采用简易程序(按我国仲裁规则,除非当事人另有约定,争议不超过人民币 50 万元,或超过人民币 50 万元,但经一方当事人书面申请并征得另一方当事人书面同意的,可适用简易程序),仲裁庭由一名独任仲裁员组成,可由双方当事人共同指定或委托仲裁机构指定。

仲裁员为兼职聘任,由国内外法律或各行业的资深专家担任,中国国际经济贸易仲裁委员会内,外籍仲裁员约占 30%。组成仲裁庭的仲裁员中,至少有一名是律师,视具体争议的内容,还应指定具有专业知识的人士担任仲裁员。

(4) 仲裁审理。

组成仲裁庭后,即开始审理程序。仲裁审理案件有两种形式:一种是书面审理,也称不开庭审理,只根据有关书面材料对案件进行审理并作出裁决。海事仲裁通常采用书面审理形式。另一种是开庭审理,这是普遍采用的一种形式。除非当事人要求公开庭审,否则仲裁庭审理是不公开的,以保护当事人的商业机密。

仲裁庭有权确定仲裁审理的程序、方式、内容等事项,包括传唤证人、收集证据和咨询专家等。还可请求法院予以协助,如财产保全等。

(5) 仲裁裁决。

按我国仲裁规则,仲裁庭应在组庭之日起 9 个月之内作出仲裁裁决(必要时可延长)。

国际经济贸易仲裁庭多数由三名仲裁员组成,根据多数仲裁员的意见作出裁决。在仲裁庭不能取得多数意见时,依据首席仲裁员的意见作出裁决。

仲裁裁决采取调解先行的方式。

仲裁裁决是终局的,对双方当事人有约束力。

(四) 仲裁裁决的执行

仲裁裁决应由当事人自行执行。仲裁机构自身不具有强制执法的能力。一方如果逾期不予执行,另一方可向法院申请强制执行。

为了解决是否承认和执行外国仲裁裁决的问题,1958 年 6 月联合国通过了《承认和执行外国仲裁裁决公约》,简称《1958 年纽约公约》。我国于 1987 年 4 月正式加入这一公约。《1958 年纽约公约》规定,各缔约方必须承认和执行外国的仲裁裁决。作为例外,缔约方可作两项保留:经济"互惠保留"和"商事保留"。我国加入时也作了这两项保留,即在互惠的基础上,对另一缔约方领土内作出的仲裁裁决适用于该公约,且只承认商事法律管辖关系所产生的争议适用于该公约。

由于各国法律对仲裁裁决的终局性有所保留,所以,《1958 年纽约公约》在肯定外国仲裁机构仲裁的有效性和终局性的同时,也作了拒绝执行外国仲裁机构裁决的有关规定。

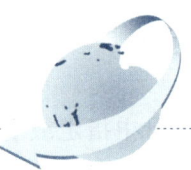

本 章 小 结

1. 标准在国际贸易中日益重要,了解并把握各种标准是进入国际市场的基础。

2. 交易磋商一般的步骤为:询盘、发盘、还盘、接受。其中发盘和接受为必不可少的法律步骤。在法律上,发盘称为要约,接受称为承诺。

3. 以信用证方式成交,制单结汇为一关键步骤,出口单据主要为汇票和发票、提单、保险单。

4. 商品检验是买卖双方交接货物中必不可少的环节,合同中通常对检验的时间作出明确的规定。

5. 检验机构有官方的,也有民间的。我国的商检机构为出入境检验检疫局,其是国家的技术执法机构。

6. 合同中的索赔条款主要有两类:异议和索赔条款和罚金条款。

7. 不可抗力条款是一种免责条款,在处理不可抗力事件中,其法律后果可能是解除合同或者是延期履行合同。处理不可抗力事件首先应认定不可抗力事件。

8. 与调解和诉讼相比较,仲裁是在国际贸易双方当事人发生纠纷而又协商不成时,可以首先选取的一种有约束力的纠纷解决方式。

基 本 概 念

溢短装条款　运输标志　原产地证书　保税货物　法定检验　违约责任　索赔
理赔　不可抗力　调解　诉讼　仲裁

复习思考题

一、选择题与判断题（请用手机扫描下方二维码作答）

二、简答题

1. 一份国际贸易合同通常包括哪些内容？

2. 进出口贸易中应如何选择计价货币？怎样规避因汇率变动带来的风险？

3. 报关主要有哪些手续？应提示哪些单证？

4. 单证不符将导致何种结果？实务中如何处理？

5. 何谓"担保放行"和"保税货物"？

6. 《联合国国际货物销售合同公约》对买方的检验权，以及检验的时间和地点有哪些规定？

7. 我国《商检法》对出入境商品的检验范围和检验标准是如何规定的？

8. 国际贸易中，买卖双方一旦发生争议，有哪四种解决争议的方式？简单说明各自的特点。

9. 说明仲裁的基本程序。

第十四章 国际贸易术语

引导案例

案例一

2024 年 3 月,我国某出口公司 A 与德国某进口公司 B 按 CFR 术语签订了一份出口服装的合同。根据该合同规定,A 公司需办理订舱。

货物装箱完毕后,由海运公司 C 在合同规定的装运期内,将货物送往汉堡港。货物到达汉堡港后不久,B 公司发现大批服装上有污渍,这将影响这批货物在该国市场的销售。而后经过 B 公司的调查,发现这些污渍是在运输过程中造成的。B 公司遂向 A 公司去电进行索赔。

A 公司则回电称,双方是以 CFR 术语成交的,根据《国际贸易术语解释通则 2020》,A 公司已完成了交货义务,之后在运输过程中发生的货物灭失或损坏的风险应该由 B 公司自己承担。同时,A 公司还认为,CFR 术语要求 B 公司负责购买保险,所以 B 公司应该自行向保险公司申请赔付。

B 公司再次来电称,卖方提供符合合同规定的货物是卖方的基本义务之一。在 CFR 术语下,既然是卖方负责租船订舱,其找到的海运公司 C 在运输过程中出现了问题,那么向 A 公司索赔是完全合理的。

最后,A 公司同意降价 10% 后收回货款,了结此案。

思考题:

1. 在 CFR 术语下,A 公司作为卖方,完成了交货义务,但 A 公司仍对货物造成的损失承担责任。这是否合理?

2. 既然 B 公司已经向保险公司投保,那么对于这次货物的损失,B 公司能否向保险公司申请赔付?

3. 负责运输的海运公司 C 作为承运人,在本案例中是否有责任?

案例二

2023 年,我国 H 出口公司与英国 D 公司签订一份 CIF 合同,由 H 公司向 D 公司出口一批轻工产品。在该合同中,有两项特殊条款:❶2023 年 10 月,该批货物由中国上海港运至英国利物浦港,D 公司须于 2023 年 8 月月底前将有关信用证开到 H 公司,H 公

12月1日前抵达目的港,D公司可以撤销合同,如届时货款已收妥,则须将所收货款全额退还H公司。

合同签订后,H公司的业务人员对该合同的CIF性质发生了争议。

一种意见认为,该合同虽订有两项特殊条款,但仍属CIF合同。因为:❶该合同是按CIF贸易术语签订的,而且贸易术语通常表明了合同性质;❷D公司的特殊要求只是为了保障自身利益而已;❸该合同规定以信用证方式付款,符合CIF贸易术语凭单付款的基本特征。

另一种意见则认为,根据《国际贸易术语解释通则2020》的解释,CIF术语属于典型的象征性交货,而不是实际交货。因此,在CIF术语成交的条件下,只要卖方按期在约定地点完成装运,并向买方提交了合同规定的全套合格单据,就完成了交货义务,而无须保证到货。本案中,该合同却把实际交货作为履行合同的条件,这就改变了CIF合同的性质,成为一个假的CIF合同,与H公司的成交意图是不符的,应重新签订合同。

思考题:

本案中,这一合同的性质是否还属于CIF合同?

第一节 贸易术语及其国际惯例

贸易术语又称价格术语,是国际贸易中用于商品报价的方式,是国际贸易与国内贸易相比最具"国际"特色的贸易条件。一般情况下,国际贸易术语由国际惯例规定。国际商会的《国际贸易术语解释通则》是国际贸易术语的依据。

一、贸易术语的概念

国际贸易中,买卖双方所承担的义务,会影响到商品的价格。在长期的国际贸易实践中,某些和价格密切相关的贸易条件逐渐与价格直接联系在一起,形成了若干种报价的模式。每一种模式都规定了买卖双方在相关贸易条件中所承担的义务和责任。用来说明这种义务的术语,被称为贸易术语。

贸易术语所表示的贸易条件,主要分两个方面:其一,说明商品的价格构成中,是否包括成本以外的主要从属费用,即运费和保险费;其二,确定交货条件,即说明交货方式与交货地点,以及买卖双方在交接货物方面彼此所承担的责任、费用和风险的划分。

贸易术语是国际贸易中表示价格的必不可少的内容。在报价中使用贸易术语,明确了双方在货物交接方面各自应承担的责任、费用和风险,说明了商品的价格构成,从而简化了交易磋商的手续,缩短了成交时间。

另外,由于规定贸易术语的国际惯例对买卖双方应承担的义务作了完整而确切的解释,因而避免了由于对合同条款的理解不一致,从而在履约中可能产生的某些争议。

二、关于贸易术语的国际惯例

有关贸易术语的国际惯例,主要有三种。

(一)《1932年华沙牛津规则》(Warsaw-Oxford Rules)

该惯例由国际法协会制定,共21条,主要说明CIF买卖合同的性质。具体制定了买卖双方所承担的费用、风险和责任,以及所有权转移的方式。

(二)《1990 年美国对外贸易定义修正本》

该惯例由美国九大商业团体制定,并经美国商会、美国进口商协会和全美对外贸易协会组成的联合委员会通过和公布。修正本对以下六种术语作了解释。

(1) EXW(ex works):产地交货。

(2) FOB(free on board):在运输工具上交货。其中,FOB 又分为六种,其中第五种为装运港船上交货价,即 FOB vessel(named port of shipment)。

(3) FAS(free along side):船边交货。

(4) CFR(cost and freight):成本加运费。

(5) CIF(cost, insurance and freight):成本加保险费加运费。

(6) DEQ(delivered ex quay):目的港码头交货。

该惯例在美洲国家影响较大。在与采用该惯例的国家进行贸易时,要特别注意与《国际贸易术语解释通则》等其他惯例的差别,双方应在合同中明确规定贸易术语所依据的惯例。

(三)《国际贸易术语解释通则》

该惯例由国际商会制定,最早产生于 1936 年,后经多次补充修订。20 世纪 90 年代通用的是 1990 年的修订版,称为《国际贸易术语解释通则 1990》(Incoterms® 1990),简称《90 通则》,于 1990 年 7 月 1 日正式生效。

该版本的贸易术语,较之前版本作了较大的修改,适应了当代国际贸易中因集装箱运输和电子数据交换方式所带来的重大变革。

国际商会在《90 通则》实施过程中,收集了众多贸易商对该通则的意见,在 1999 年公布了《国际贸易术语解释通则 2000》(Incoterms® 2000),简称《2000 通则》。该版本并未改动《90 通则》的术语分类和名称,共包含了四组 13 种贸易术语,只是在个别术语的具体规定上作了更改,以求更准确地反映贸易实践中的做法。

随着国际贸易的快速发展,国际商会于 2007 年发起对《2000 通则》进行修改的动议。历时三年,《国际贸易术语解释通则 2010》(简称《2010 通则》)于 2010 年 9 月正式面世,并于 2011 年 1 月 1 日起生效。

《2010 通则》考虑了"区域经济一体化"跨地区发展而导致的无关税区的不断扩大,商业电子信息使用的增加、运输方式的变化,以及对运输安全的进一步关注,将贸易术语总数由 13 条调整至 11 条,更新并整合了与"交货"相关的规则,对规则的陈述更为明确。

《2010 通则》取消了《2000 通则》中的四种术语:DAF(边境交货)、DES(目的港船上交货)、DEQ(目的港码头交货)和 DDU(未完税交货)。把不同的交货地点归并为指定目的地,相应地增加了 DAT(运输终端交货)和 DAP(目的地交货)。这两个新增的贸易术语的交货都在指定目的地发生,不同之处仅在于卸货责任不同。DAT(运输终端交货)指货物已从运输工具卸下后交由买方处置(与以前的 DEQ 相同),而 DAP(目的地交货)指货物运至目的地后需由买方负责卸货(与以前的 DAF、DES、DDU 相同)。《2010 通则》将贸易术语按运输方式合并成两大类,一类是适用于任何运输方式的贸易术语,另一类是仅适用于海运和内河水运的贸易术语。

目前,国际商会发布的新版通则是《国际贸易术语解释通则 2020》(Incoterms® 2020),简称《2020 通则》,已于 2020 年 1 月 1 日生效施行。与《2010 通则》相对比,《2020 通则》既有结构上的调整,也有内容上的变化,但总体上沿袭了《2010 通则》的分类(2 类、4 组、11 个术语),同时更加接近当前贸易实践。《2020 通则》对《2010 通则》的修改主要表现为以下五个方面。

(1) FCA(货交承运人)术语下附加已装船提单。

《2020 通则》中,关于 FCA 术语增加了一个附加选项,即:买卖双方可以约定买方指示其承运人在货物装运后向卖方签发装船提单,卖方随后方才有义务向买方(通常通过银行)提交提单。

(2) 增加 CIP 术语的保险范围,即 CIP 保险条款调整为必须符合《协会货物保险条款》条款(A)的承保范围。

(3) 允许卖方/买方使用自己的运输工具。

(4) 将 DAT 术语改为 DPU 术语。

(5) 在运输责任及费用划分条款中增加安保要求与费用。

《2020 通则》中的贸易术语如表 14-1 所示。

表 14-1　《2020 通则》中的贸易术语

类　型	英　文	中　文
适用于任何运输方式或多种运输方式的术语	EXW	工厂交货
	FCA	货交承运人
	CPT	运费付至
	CIP	运费、保险费付至
	DAP	目的地交货
	DPU	卸货地交货
	DDP	完税后交货
适合于海运和内河水运的术语	FAS	船边交货
	FOB	船上交货
	CFR	成本加运费
	CIF	成本、保险费加运费

三、贸易术语与买卖合同

(一)国际货物买卖合同中的价格构成

国际贸易中的商品价格,由市场的供求关系决定,但在买卖双方洽谈价格时,双方通常会对价格构成进行评估和洽商。

国际贸易商品价格构成主要包括:成本、费用和利润。成本是一个比较复杂的因素,包括采购或制造成本、国内物流成本、管理成本、资金成本及捐税等,属于卖方内部核算的内容。费用是指由于进出口环节的各种手续而产生的相应费用,主要包括国际运输的运费、保险费、通关费用、结算费用等。利润由市场供求关系、双方的交易目的等决定。

由于国际市场是一个非常成熟的买方市场,故而价格信息对交易双方来说均比较充分,甚至可以说是比较"透明"的。在交易洽谈中,在双方认可的成本和利润的基础上(由双方的采购和营销战略规定),在实务操作层面上,主要讨论费用的负担问题。

国际贸易术语把费用的负担问题,主要是运费、保险费和通关费用,按照手续费用不可分的方式,作了具体的规定。

(二)国际货物买卖合同中的交货方式

《2020 通则》规定,交货用来指明此时货物灭失或损坏风险由卖方转移至买方。

国际货物买卖合同规定的交货方式主要有两种:一种是实际交货,一种是象征性交货。

1. 实际交货

实际交货是指卖方把货物置于买方的实际控制之下,交货地点可以在卖方所在地,也可以在买方所在地或其他指定地点,交货后,所有权和风险一并由卖方转移至买方,交货的费用,可由双方专门约定。在国际贸易术语中,规定实际交货方式的贸易术语有 EXW、DAP、DPU、DDP 共四个。

2. 象征性交货

象征性交货是指卖方在合同规定的装运地点完成规定的装运手续,比如把货物装至船上或者交给指定的承运人等,推定为完成交货,然后,以约定的方式向买方提交货运单据。双方达成的合同为装运合同,即卖方只需按合同规定"发货",而无需保证何时到货,且对运输风险不承担责任。装运的费用由双方专门约定。在国际贸易术语中,规定象征性交货的贸易术语有 FCA、FAS、FOB、CFR、CIF、CPT、CIP 共七个。

3. 交货方式与结算方式

交货方式与结算方式两个贸易条件的关联程度较大,一般而言,国际贸易中较多采用了象征性交货,即装运合同的方式达成交易。在这种方式中,卖方在完成装运(通常也称为交货)后,应向买方交付相应的单据。单据通常由银行转交,而买方(或买方指定的银行)在支付货款后取得单据,包括发票、代表货物所有权的海运提单、代表保险权益的保险单等,即凭单付款。象征性交货与凭单付款相结合,是国际贸易合同中常见的方式,凭单付款的结算方式主要有跟单托收和信用证等。本书第十六章会有详尽的讨论。

四、国际贸易惯例的性质

国际贸易惯例本身并不是法律,当事人有权在合同中自主采用或不采用某种国际惯例。

如果当事人在合同中明示适用某一惯例,则该惯例对双方当事人有法律约束力。如果双方当事人虽未明示适用某一惯例,但并未在合同中作出相反的规定,如果该惯例为业内所普遍认同,即"当事人知道或理应知道"这一惯例,则按《联合国国际货物销售合同公约》的规定,该惯例对当事人亦具有法律效力。

对于本章所讨论的规定贸易术语的各种惯例,在历史和地域的背景下,不同的当事人有不同的选择。

应该指出的是,即使当事人在合同中采用了某种惯例,也有可能对惯例的规定做出一些变更或添加,根据"意思自治"的原则,双方在合同中约定的对惯例的修改,是有法律效力的。

考虑到无关税区的扩大及美国等国家常在纯国内买卖合同中使用国际贸易术语,《2010 通则》便正式确认,国际和国内货物买卖合同均可适用。

第二节　装运港交货的三种常用贸易术语

《2020 通则》中共有 11 个贸易术语,其中使用较多的是装运港交货的三种贸易术语:FOB、CFR 和 CIF。这三种贸易术语,都只适用于海运和内河运输,买卖双方在货物交接中的责任、费用、风险划分中所承担的义务基本一致,只是在运输和保险的责任上有所区别。

一、对三种贸易术语的基本解释

(一) FOB

FOB 即 free on board(... named port of shipment)——装运港船上交货(……指定装运港)。

按照《2020 通则》的解释,卖方必须在合同约定的装运期内,按港口的惯常方式,在指定的装运港将货物装上买方指定的船只,并及时通知买方。卖方必须承担货物在装运港置于船上为止的货物灭失或损坏的一切风险,以及与货物有关的一切费用。

买方要负责租船订舱,支付运费,在合同规定的期间到达装运港接运货物,并将船名及装船日期给予卖方充分的通知。买方必须承担货物在装运港置于船上时起货物灭失或损坏的一切风险,以及与货物有关的一切费用。

卖方要负责取得出口报关所需的各种证件,并负责办理可能发生的出口手续。买方则负责取得进口报关所需的各种证件,并负责办理可能发生的进口及过境运输的海关手续。

卖方应向买方提供通常的单证,证明已完成交货装船的义务。其中的运输单据则应在买方承担费用和风险的条件下,卖方给予一切协助,取得有关运输合同的运输单据。买方应接受与合同相符的货物和单据,并按合同规定支付货款。

在买卖双方已约定或符合惯例的情况下,赋予电子信息与纸质信息同等效力。在实务中,常见的是用电子数据交换(EDI)信息取代纸质单据。

专栏 14-1
FOB 方式对于出口方的潜在风险

上海某外贸公司出口一批钢材,以 FOB 方式成交。在合同规定期内,对方如期开出信用证,该公司凭此从银行获得打包贷款,并用以采购钢材准备出口。但对方未在信用证规定期内派船,最终导致该公司所采购的钢材未能出口,必须向银行偿付贷款的本息。

通常信用证是出口方风险保障的可靠凭证,但由于银行在信用证中所作的付款保证是有条件的,而如果以 FOB 方式成交,则该条件是否能满足,还依赖于买方的按期派船接货,故以信用证方式成交,必须注意 FOB 方式中蕴含的风险。

思考题:

若买卖双方以 FOB 贸易术语成交,并且规定以信用证方式支付货款,则在履约过程中,卖方应注意规避哪些风险?

(二) CFR

CFR 即 cost and freight(... named port of destination)——成本加运费(······指定目的港)。

CFR 与 FOB 不同之处有以下几点。其一,由卖方负责租船订舱并支付运费。按照《2020 通则》的解释,卖方只需按通常条件租船订舱,经习惯航线运送货物。对买方提出关于船舶和航线的要求,如并未在合同中约定,卖方有权拒绝或接受。

其二,关于运输单据,CFR 术语规定,应由卖方自行承担费用,且除非另有约定,卖方应提交可以转让的海运提单或者安排好使买方能以通知承运人的方式出售在途货物;而 FOB 无此要求,可以提交海运提单,也可以提交不可转让的海运单。

在货物装船、风险转移、办理进出口手续和接单付款方面,CFR 买卖双方的义务和 FOB 是相同的。比如:尽管 CFR 方式是由卖方负责办理运输,但这纯属代办性质,和 FOB 一样,风险转移以货物"置于船上"为界,运输途中风险由买方承担,卖方仍然只管装运,无须保证到货。

(三) CIF

CIF 即 cost, insurance and freight(... named port of destination)——成本加保险费、运费(······指定目的港)。

CIF 和 CFR 不同之处如下。以 CIF 方式成交,卖方还承担为货物办理运输保险并支付保险费的义务。在 FOB 和 CFR 中,由于买方是为自己所承担的运输风险而办理保险,因而不构成一种义务。按照《2020 通则》的解释,卖方应在不迟于货物置于船上时,办理货运保险。在合同无明示时,卖方可按保险条款中最低责任的险别投保,投保金额最低为 CIF 价格的 110%。

二、在具体业务中应注意的几个问题

(一) 风险和费用的划分界限问题

《2020 通则》以"置于船舶之上"作为划分买卖双方所承担的风险和费用责任的界限。这里的风险是反映货物灭失或损坏的风险,而费用是指正常运费以外的费用。

具体来说,对于 CFR 和 CIF 术语,此类合同通常特别关注目的港,不一定会指定装运港,但这是风险转移至买方的地方。风险和费用转移的地点不同,可能对买方具有利益关系,合同中应尽可能准确地指定装运港。另外,实际业务中,卖方应向买方提供"已装船提单",这表明双方约定由卖方承担货物装入船舱为止的一切风险和费用责任。提单上表明的装船日期,为买方开始承担风险的日期。

(二) FOB 方式中的船货衔接问题

按《联合国国际货物销售合同公约》的规定,卖方有权决定在合同约定的装运期内的任何一天交货。以 FOB 方式成交,若买方所派船只到港时,卖方尚未备妥货物,将造成船只空舱或滞期。为了解决这一问题,《2020 通则》规定,买方应给予卖方关于船名、装船地点和所要求的交货时间的充分通知。在实务中,为了保证卖方备货和买方派船接货相互衔接,到船通知是必不可少的。如果买方未及时发出通知,或该船未按时到达,则自约定的交付期间届满时起,买方将对合同项下货物承担风险责任。如需要,可在合同中对买方应在船到港多少天之前通知卖方作出规定。如果买方已作出这一通知，但卖方到期未能备妥货物，则卖方将承担由此产生的空舱费、滞期费等费用和损失。

（三）CFR 方式中的装船通知

不论以何种方式成交，卖方都有义务向买方发出装船通知。内容包括船名、航班、启航日期、货物装船日期及实际装运数量等。其作用是通知买方或其代理人做好接货准备。

但在 CFR 方式中，卖方向买方发出装船通知，还具有通知买方及时办理保险的作用。买方办理进口货物保险时，保险公司按有关的装船通知承保。如果卖方未能及时向买方发出装船通知，致使买方未能及时办理保险，则万一货物在运输途中发生灭失或损坏，其风险仍由卖方承担。所以，CFR 方式中，卖方应特别注意向买方发出装船通知。

（四）《1990 年美国对外贸易定义修正本》中的 FOB

《1990 年美国对外贸易定义修正本》将 FOB 分为六种，其中前三种是在出口国内陆指定地点的内陆运输工具上交货，第四种是在出口地点的内陆运输工具上交货，第五种是在装运港船上交货，第六种是在进口国指定内陆地点交货。其中，只有第五种 FOB vessel 是装运港船上交货，与《2020 通则》的 FOB 相近。但该术语规定出口报关的责任在买方而不在卖方，即卖方只是"在买方请求并由其负担费用的情况下，协助买方取得由原产地及/或装运地国家签发的、为货物出口或在目的地进口所需的各种证件"。所以，我国在与美国、加拿大等国洽谈进口贸易使用 FOB 方式成交时，除在 FOB 后注明 vessel 外，还应明确由对方（卖方）"承担风险及费用，取得出口许可证及其他官方批准文件，并办理货物出口所必需的一切海关手续"。

（五）关于租船运输时，装卸费用的负担问题

根据《2020 通则》规定，除非运输合同另有规定，由卖方承担有关的装船费用，由买方承担包括驳船费和码头费在内的卸货费用。

如果使用班轮运输，班轮运费内已包括了装卸费用，即由承办运输的一方支付装卸费用。但在大宗货物使用程租船运输时，船方是否承担装卸责任，即运费中是否包括装卸费用，需由租船合同另行规定。这样，就会因租船合同不同而带来装卸费用负担的不确定性，故如该批货物系用程租船方式运送，买卖双方在商定买卖合同时，应明确装卸费用由谁来负担，通常以贸易术语的变形，即在贸易术语后加列字句来加以说明。

（1）以 FOB 方式成交，需明确装船费用由何方负担。常见的 FOB 术语的变形有：FOB liner terms（FOB 班轮条件），装船费用按照班轮的做法，由支付运费的一方，即买方负担；FOB under tackle（FOB 吊钩下交货），卖方负责将货物交至买方指定的船只吊钩所及之处，吊装费用由买方负担；FOB stowed（FOB 理舱费在内），卖方承担包括理舱费在内的装船费用；FOB trimmed（FOB 平舱费在内），卖方承担包括平舱费在内的装船费用。平舱费是指对入舱的散装货物平整所产生的费用。有些合同中，不管货物是件杂货（包装货）还是散装货，会笼统地采用 FOBST（FOB stowed and trimmed），表明卖方承担包括理舱费和平舱费在内的装船费用。

（2）以 CFR 和 CIF 方式成交，需明确卸货费用由谁负担。CFR 和 CIF 术语的变形相类似，以 CIF 为例，主要有：CIF liner terms（CIF 班轮条件），卸货费由支付运费的一方，即卖方负担；CIF ex ship's hold（CIF 舱底交货），买方负担将货物从舱底吊卸到码头的费用；CIF landed（CIF 卸到岸上），卖方负担将货物卸到目的港岸上的费用，包括驳船费用和码头费用；CIF ex tackle（CIF 吊钩下交货），卖方负责将货物自船舱起吊，卸至船舶吊钩所及之处的费用，如船舶在离岸处卸货，买方须负责租用驳船接货的各项费用。

（六）装运合同

卖方在装运港将货物装至船上以运交买方，然后卖方通过一定程序（比如，直接寄交或通过银行按约定条件移交）向买方提交包括物权凭证（海运提单）在内的全部合格单据，即完成了交货义务，运输单据上的出单（或装运）日期，即"交货日期"。这种方式称为象征性交货。以这种方式订立的合同，合同中只规定了货物的"装运时间"，即把货物装至船上或交付承运人的时间，所以又称为装运合同，以区别于交货合同。以本节三种术语签订的合同为装运合同。

装运合同在国际贸易中被广泛采用，与之对应的结算方式如托收和信用证，均为凭单付款，这些方式也要求买方承担货物装运后的风险和费用，下一节中向承运人交货的三种术语，也均属于装运合同的报价方式。

（七）关于保险

FOB 和 CFR 由买方为自身的运输风险投保，与卖方无关，故不构成合同义务。

专栏 14-2
对贸易术语的规定在合同中作出变更或添加

我国某外贸公司向英国某公司出口一批核桃仁，以 CIF 方式成交，合同规定 10 月份装运，英国进口商强调核桃仁必须在圣诞节前向食品制造商交付，故要求合同中加列"12 月 2 日前到达伦敦港"的条款，我方估计航程约为 35 天，同意加列。

我方于 10 月上旬发运货物，但船在航行中途发生抛锚，为保证按时抵达，租用大马力拖船拖带，于 12 月 3 日凌晨抵达伦敦港。时值核桃仁低落行情，对方以货物未按合同规定时间到达为由，提出退货索赔要求。

CIF 系典型的象征性交货，属于装运合同。《2020 通则》并不禁止买卖双方在合同中对贸易术语作出变通，但一旦加列到达条款，则在买卖双方的风险责任上有了实质性的变化：卖方必须考虑可能产生的本应由买方承担的运输风险导致的延迟抵港的责任。

思考题：

《2020 通则》并不禁止买卖双方在合同中对贸易术语作出变通。然而，一旦加列了所谓的"到达条款"，则在买卖双方的风险责任上有了实质性的变化。在本案例中，卖方应如何与买方磋商适当的合同条款，以避免此种风险的发生？

（八）电子单据

随着电子商务的发展，《2020 通则》规定了在各方约定或符合惯例的情况下，赋予电子信息与纸单证同等效力，但在运输单据中，应特别关注海运提单。由于海运提单具有物权凭证的性质，而电子单据在物权的确认和转移上有一定的困难，所以，《2020 通则》规定，只有在双方当事人同意采用电子商务的前提下，海运提单才可被电子提单替代。

第三节　向承运人交货的三种贸易术语

一、"货交承运人"的概念

向承运人交货的贸易术语有三种,它们是:FCA 即 free carrier(... named place)——货交承运人(……指定地点);CPT 即 carriage paid to(... named place of destination)——运费付至(……指定目的地);CIP 即 carriage and insurance paid to(... named place of destination)——运费、保险费付至(……指定目的地)。这三种贸易术语不仅适用于海运和内河运输,而且适用于航空、铁路和公路运输。它们均属于装运合同的报价方式。

"承运人"是指与其签订运输合同的一方,可以是"契约承运人"(如货运代理),或是"实际承运人"(如船公司、航空公司等)。

"货交承运人"是指卖方把已经出口清关的货物,交付给(卖方或买方)指定的承运人。《2000 通则》对"货交承运人"的具体方式作了规定:如果指定地是卖方的场所,则卖方应把货物装上前来接货的运输工具;如果指定地并非卖方的场所,则卖方只需将货物运送至指定交货地点,并将其置于承运人或其代理人的支配之下,即完成交付,不负责装卸货物。

从《2010 通则》开始,《国际贸易术语解释通则》就删除了这些规定,只是指出,由于风险在交货地点转移至买方,特别建议双方尽可能清楚地写明指定交货地内的交付点。在实务中,原来的规定还可以参考采用。

二、和传统贸易术语的比较

FCA、CPT、CIP 与传统的 FOB、CFR、CIF 相比较,有以下三个共同点:都是象征性交货,相应的买卖合同为装运合同;均由出口方负责可能发生的出口报关,进口方负责可能发生的进口和过境报关;买卖双方所承担的运输、保险责任互相对应。FCA 和 FOB 一样,由买方办理运输;CPT 和 CFR 一样,由卖方办理运输;而 CIP 和 CIF 一样,由卖方承担办理运输和保险的责任并支付费用。由此而产生的操作注意事项,也是相类似的。

这两类贸易术语主要有以下不同点。

(1)适合的运输方式不同。FCA、CPT、CIP 适合于各种运输方式,而 FOB、CFR、CIF 只适合于海运和内河运输。

(2)风险点不同。FCA、CPT、CIP 方式中,买卖双方风险和费用的责任划分以"货交承运人"为界,而传统的贸易术语则以"置于船上"为界。

(3)装卸费用负担不同。FCA、CPT、CIP 均由承运人负责装卸,因而不存在需要使用贸易术语变形的问题。

(4)运输单据性质不同。海运提单具有物权凭证的性质,可以转让,而海运单、航空运单和铁路运单等,不具有这一性质。CFR 和 CIF 术语,强调了所交运输单据应为可转让的海运提单,而 CPT 和 CIP 则无此要求(即使在海运方式中)。

所以,除了风险点不同,可以把 FCA、CPT、CIP 看成是 FOB、CFR、CIF 从海运方式向各种运输方式的延伸。

第四节　其他贸易术语

目前,《2020 通则》中包含了 11 种贸易术语,除了上述六种和下节将述及的 FAS 属于象征性交货的贸易术语,其他四种都属于实际交货方式的贸易术语,即卖方应将货物置于买方或其代理人的实际控制之下,才算完成了交货义务。

现对余下五种贸易术语进行简介。

一、EXW

EXW 即 ex works(... named place)——工厂交货(……指定地点)。卖方在其商品的产地或储存地将货物交由买方处置,即完成了交货义务。买方则负责自行将货物装运,并承担其间的全部风险、责任和费用,包括货物可能的出入境手续和费用。这个术语是卖方承担义务最少的贸易术语,如买方无法直接或间接办理货物出境手续,则不宜采用这一方式。这是一个较为常用的贸易术语,适合于国内贸易。前述的 FCA 与之相近,一般更适合国际贸易。

专栏 14-3
EXW 在国际物流解决方案中的应用

我国 A 外贸公司作为某汽车制造公司的采购商,向汽车公司指定的零部件供应商采购汽车部件。零部件生产厂商分布在法国各地。A 公司研究后,决定以 EXW 方式成交,并委托我国国际货运代理在法国各生产地点受领货物,自行完成从交货地到法国某港口的法国国内运输,完成集货后从法国港口运至中国上海港,再转运至汽车公司所在地。与以 FOB 方式成交相比,这种方式降低了进口成本,且在到货时间上有更好的把握。在国际物流中,当在出口国装运时需要集运的物流业务时,适宜采用 EXW。

思考题:

本案例中,与 FOB 术语成交相比,对 A 公司而言,采用 EXW 术语成交有哪些优点?

二、FAS

FAS 即 free alongside ship(... named port of shipment)——船边交货(……指定装运港)。卖方负责将货物交至装运港买方指定的船边。若买方所派船只不能靠岸,卖方应负责用驳船把货物运至船边,卖方在船边完成交货义务,风险责任同时转移,由买方负责装船的手续和费用。卖方的交单义务,与 FOB 相同。

三、DAP

DAP 即 delivered at place(... named place of destination)——目的地交货。卖方将货物运至指定目的地,将还在运输工具上可供卸载的货物交由买方处置时,即交货。卖方承担将货物运送到指定地点的一切风险。如运输合同中已包含了在目的地的卸货费用,该费用仍应由卖方承担。买方自行负责从运输工具上卸载货物,并承担可能发生的费用和一切风险。该术语取代了《2000通则》中的DAF、DES、DDU,同样由买方负责卸货。

四、DPU

DPU即delivered at place unloaded(... named place of destination)——卸货地交货。DPU是《2020通则》中新增的贸易术语。

卖方将货物交付至买方所在地可以卸货的任何地方,而不必须是在运输终端,但要负责卸货,承担卸货费。当货物从到达的运输工具中实际卸下后,风险和成本都转移给了买方。卖方负责办理出口清关手续,但无义务办理进口清关,也无义务支付任何进口税。

DPU是唯一要求卖方在交货地点卸货的术语。DPU适用于任何运输方式。

五、DDP

DDP即delivered duty paid(... named place of destination)——完税后交货(……指定目的地)。卖方将货物运至进口国的指定地点,将仍处于抵达的运输工具上,但已完成进口清关,且可供卸载的货物交由买方处置,即交货。卖方应承担交货前的一切风险、责任和费用,其中包括可能的货物进口报关的手续和费用,以及支付进口关税和其他进口环节税。

与EXW相反,DDP是卖方所承担义务最多的贸易术语。DDP术语适用于各种运输方式,实际业务中往往为多式联运,货物以集装箱方式装载。

实际上,DDP与DAP相比,卖方多了一个办理可能发生的进口海关通关手续并支付费用与关税,而在DAP中是由买方承担的。如果双方希望买方承担所有进口清关的风险和费用,则应使用DAP术语(相当于《2000通则》中的DDU)。

专栏 14-4
贸易术语和运输方式的匹配性

贸易术语与运输方式相匹配主要表现在以下几点。

一是从2010年版本开始,《国际贸易术语解释通则》按照所适用的运输方式将11组Incoterms进行了分类,一类是适用于任何单一运输方式和多种运输方式的术语,另外一类是适用于海运和内河水运的术语。信用证运输方式的要求体现在信用证44场(44A/44B/44E/44F),运输方式与贸易术语的不匹配可能导致风险责任划分得不清楚。所以,开证行在信用证开立阶段应注意审核开证申请书中所选贸易术语和运输方式之间的匹配性,以确保客户真实意思的表达。

二是集装箱运输下选择FAS、FOB、CFR、CIF价格术语,可能出现货交承运人和货装船边/船上这一段风险真空区间,所以上述贸易术语并不适用于集装箱运输,对应正确的是应选择使用货交承运人的术语船边交货(FCA)、运费付至(CPT)、运费和保险费付至(CIP)。而且在最新2020版本中FCA术语下新增变通条款,如买方要求,卖方需要协助买方从承运人获取已装船提单,意图是想要正确引导实务中存在的集装箱运输方式下贸易术语使用不规范的问题。

三是注意选定的贸易术语后指定地点和信用证44栏位的匹配,贸易术语后指定地点的含义如下：对于 E 组、F 组贸易术语（＋指定交货点/装货港）指货物交付完成与风险转移的地点，该地点一般位于卖方（受益人）所在地，如卖方工厂或者卖方所在码头、港口等，所以实务上通常与信用证 44A/44E 匹配；对于 C 组贸易术语（＋指定目的地/港口）指卖方必须组织货物运输并支付运费到该目的地，该地点通常位于买方所在地点（港口），所以实务上通常与信用证 44B/44F 匹配；对于 D 组贸易术语（＋指定目的地），该地点既是交货地也是目的地，卖方负责组织运输并支付运费到该目的地，通常与信用证 44B/44F 匹配，且该地点应尽量详细规定。

（资料来源：刘慧芝.国际贸易术语对信用证实务的影响[J].中国外汇,2023(14).）

思考题：

与《2010 通则》相比，《2020 通则》在贸易术语和运输方式的匹配方面，主要有哪些变化？

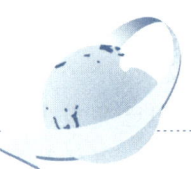

本 章 小 结

1. 国际贸易中最具有特色的贸易条件，是报价中使用了贸易术语。贸易术语由国际贸易惯例规定其内涵。国际贸易惯例是国际法的渊源之一，为业界所认同。

2. 国际贸易术语规定了买卖双方在货物交接方式、价格构成和费用、风险责任划分方面各自的权利和义务。

3.《国际贸易术语解释通则 2020》一共规定了两类 11 种贸易术语，视不同的交易由买卖双方选择使用。

4. 与《国际贸易术语解释通则 2010》相比，《国际贸易术语解释通则 2020》主要体现出五方面的变化：❶DAT（运输终端交货）变成了 DPU（卸货地交货）。❷提高 CIP 的最低保险范围。❸FCA 术语下就提单问题引入了新的附加机制。❹当采用 FCA、DAP、DPU 或 DDP 时，买卖双方可以使用自有运输工具。❺每个国际贸易术语项下的 A4 和 A7 部分都明确规定了与安全有关的义务的分配规则，为履行该义务产生的费用的承担方式也在 A9/B9 部分载明。

基 本 概 念

贸易术语　风险　FOB　CFR　CIF　承运人　FAS　EXW　FCA　CPT　CIP　DAP　DPU　DDP

复习思考题

一、选择题与判断题（请用手机扫描下方二维码作答）

二、简答题

1. 何谓贸易术语？贸易术语是如何规定的？

2. 简述装运交货的三种贸易术语的含义，并比较它们的异同点。

3. 使用装运港交货的三种贸易术语时，分别应注意哪些问题？

4. 何谓"货交承运人"？为什么说 FCA、CPT、CIP 是 FOB、CFR、CIF 从海运方式向各种运输方式的延伸？

5. 写出《国际贸易术语解释通则 2020》所规定的两类 11 种贸易术语的英文缩写和中文名称；简述其含义。

第十五章 国际货物运输

引导案例

2022 年,某欧洲制造企业与一家位于亚洲的供应商签订了一份合同,购买一批精密机械部件,采用 DAP(delivered at place,目的地交货)贸易术语进行交易。供应商负责安排从产地到欧洲最终用户的全程运输,并需保证货物安全无损地送达指定地点安装调试。

在运输过程中,出现了如下一系列问题:

运输路线问题:供应商选择了一条包含多个转运点的多式联运方案,包括陆路、铁路和海运。然而,由于中东地区突发冲突,原定的海运线路受到封锁,不得不临时改道,增加了运输时间和成本。

清关延误:在中转国 A,由于新的贸易政策调整,原本适用的优惠关税不再有效,导致清关手续复杂化,产生额外税费和滞港费,货物被暂时扣押。

货物损坏:在陆路运输阶段,由于承运人在装卸过程中操作不当,导致部分精密部件受损。虽然供应商购买了全面运输保险,但保险公司对于某些特殊原因造成的损失提出了争议。

合规问题:抵达最终用户所在地时,发现部分机械部件因未符合欧盟最新的环保标准而无法顺利通关和投入使用,这引发了额外的合规整改成本和时间延宕。

思考题:

1. 根据 DAP 术语,供应商是否应对因不可抗力(中东冲突)引起的运输延误和额外费用负责?

2. 供应商是否有义务了解并遵循所有中转国家的最新贸易政策,并承担由此产生的额外费用?

3. 货物损坏的责任归属,以及保险公司拒绝赔付部分损失的合理性如何界定?

4. 在满足贸易合同中商品规格的前提下,供应商是否应知晓并确保产品符合目的地国的所有相关法规标准,特别是环境保护方面的规定?

货物运输是国际贸易的一个重要环节,涉及各种运输方式相应的业务程序。运输单据是基本结算单据之一。国际贸易合同中的运输条款,是合同的主要条款。经济发展带来的专业化分工的进步,使货运代理有了长足的发展,大大提高了国际贸易业务的效率。

第一节　运　输　方　式

国际贸易的货物运输方式,主要采用海洋运输,也包括航空运输和铁路运输。随着集装箱装载形式的出现,多式联运迅速发展。

一、海洋运输

海洋运输是国际贸易中最主要的运输方式,占国际贸易总运量中的 90%。我国绝大部分进出口货物,都是通过海洋运输方式达成的。海洋运输的运量大,运费低,航道四通八达,但速度慢,航行风险大,航行日期不易确定。按照船舶的经营方式,海洋运输可分为班轮运输和租船运输。

(一)班轮运输

1. 班轮运输的特点

班轮运输的特点:班轮运输有固定的船期、航线、停靠港口和相对固定的运费率;班轮运费中包括装卸费,故班轮的港口装卸由船方负责;班轮承运货物的数量比较灵活,货主按需订舱,特别适合于一般件杂货和集装箱货物的运输。

2. 班轮运费

班轮运费由班轮运价表规定,包括基本运费和各种附加费。基本运费分成两大类:一类是传统的件杂货运费,另一类是集装箱包箱费率。

(1)件杂货运费基本上按每个运费吨作计费单位。按毛重计费时,运费吨为公吨,在运价表内以"W"表示。按体积计费时,运费吨为立方米,在运价表内以"M"表示。运价以"W/M"表示时,即按货物毛重(公吨数)或体积(立方米数),从高计费。按运费吨计价的货物一般分为二十个等级,第一级货物运费率最低,第二十级货物运费率最高。

计算件杂货基本运费,首先应确定该货物的通用英文名称(按"H.S."分类);然后查"货物分级表",以明确该货物的等级和计算标准;最后查"航线费率表"得到该航线某一等级货物的基本运费率,即可算出该批货物的基本运费。

件杂货也有按商品价格的百分比或件数计收运费的。在运价表内以"A.V."表示。大宗低值货物,可由船、货双方议定运价。

班轮运费中的附加费名目繁多,其中包括:超长附加费、超重附加费、选择卸货港附加费、变更卸货港附加费、燃油附加费、港口附加费、港口拥挤附加费、绕航附加费、转船附加费和直航附加费等。

附加费由"航线费率表"所附的"附加费率表"规定,有以基本运费的百分比表示,也有以单位运费吨费率表示。附加费在运费中占有相当高的比例,必须全部计入运费。但某些附加费,如港口费、港口拥挤附加费等,若由卖方办理运输,可以不计入运费,在合同中规定由买方负担。

(2)集装箱包箱费率有三种方式:❶FAK(freight for all kinds)包箱费率,采用这种费率时,货物分普通货物、半危险品货物、危险货物和冷冻货物四类,各类货物均不分等级,只按箱型规定的费率收费。❷FCS(freight for class)包箱费率,采用这种费率,将货物分为五类:普通货物、化学非危险品、半危险品货物、危险品货物和冷藏货物。其中普通货物与前述件杂货一样分为 20 等级。运价本中按货物种类、普通货等级和箱型规定包箱费率。❸ FCB(freight for class basis)包箱费率,采用此种费率,其货物分类和普通货等级与 FCS 相同,唯一不同之处在于与货物的计价标准(W/M)有关,运价本中按货物种类、普通货等级、计价标准和箱型规定包箱费率。

集装箱运输费用中,除上述海运运费外,还需包括有关的集散运费、服务费和设备使用费。

此外,班轮公司对不同商品混装在同一包装内,按其中收费较高者计收运费。同一票商品,包装不同,则计费等级和标准也不同,如托运人未按不同包装分别列明毛重和体积,则全票货物按收费较高者计收运费。同一提单内有两种及以上不同货名,如托运人未分别列明毛重和体积,亦从高计费。

(二) 租船运输

租船是指包租整船。租船费用较班轮低廉,且可选择直达航线,故大宗货物一般采用租船运输。租船运输没有固定船期和航线,租船方式主要有定程租船和定期租船两种。

1. 定程租船

定程租船(voyage charter)是以航程为基础的租船方式,又称程租船。船方必须按租船合同规定的航程完成货物运输任务,并负责船舶的运营管理及其航行中的各项费用开支。定程租船的运费一般按货物装运数量计算,也有按航次包租金额计算。

租船双方的权利和义务,由租船合同(charter party)规定,定程租船方式中,合同应明确船方是否负担货物在港口的装卸费用。如果船方不负担装卸费用,则应在合同中规定装卸期限或装卸率。

(1) 定程租船合同关于货物装卸费的规定。由于定程租船是不定期租船,故船方一般不愿意负责安排港口的装卸作业。所以,在定程租船合同中,应对租船费用是否包含装卸费作出规定,并应与合同中的规定相适应。

❶ 船方负担装卸费用,又称"班轮条件"(liner terms)。货方负责把货物运至装运港船边,船方负责装船;船到目的港,船方负责卸货,如果船未靠岸,则通常由货方负担驳船费用。租船费用中,应已包括了装卸费用。

❷ 船方管装不管卸(free out, F.O.)。租船费用中已包括了装货费用,船到目的港,由货方自行安排卸货。

❸ 船方管卸不管装(free in, F.I.)。租船费用中已包括了卸货费用。在装运港,由货方自行安排装船,船到目的港,由船方负责卸货,但驳船费用和码头费通常由货方负担。

❹ 船方不管装不管卸(free in and out, F.I.O.)。采用这一方法时,还应规定货物上船后,船方是否负担理舱或平舱的费用,如果均不负担,则应规定为"船方不管装卸、理舱和平舱"(F.I.O.S.T.)。

(2) 装卸时间(lay time)。装卸时间是在程租船合同中,船方不管装卸时需订立的条款,主要是规定允许完成装卸作业的时间和如何计算时间,以及与之相应的滞期费和速遣费。如租方未能在限期内完成装卸作业,则为了补偿船方由此而造成延迟开航的损失,应向船方支付一定的罚金,即滞期费。如租方提前完成装卸作业,则由船方向租方支付一定的奖金,称为速遣费。通常速遣费为滞期费的一半。计算装卸时间的规定主要有以下三种：

❶ 日（days）或连续日（consecutive days）。指日历日，不分昼夜，不管休息日或节假日。

❷ 累计 24 小时好天气工作日（weather working days of 24 consecutive hours）。指在好天气情况下，以工作时间累计，满 24 小时为一个工作日，若港口作业时间为每天 8 小时，5 天内有 2 天下雨，则累计为一个好天气工作日。

❸ 连续 24 小时好天气工作日（weather working days of 24 consecutive hours）。指在好天气情况下，连续 24 小时为一个工作日，即要求港口保持昼夜连续作业，扣除坏天气。这种规定国际上普遍采用。

对于基本上不受气候影响，可以连续作业的货物和港口，可以采用第一种规定；对于昼夜连续作业的港口，第二种和第三种规定并无区别；对于只能日间作业的港口，货方往往要求按第二种方式计算装卸时间。

2. 定期租船

定期租船（time charter）是按一定时间租用船舶进行运输的方式，又称期租船。船方应在合同规定的租赁期内提供适航的船舶，并负担为保持适航的有关费用。租船人在此期间可在规定航区内自行调度支配船舶，但应负责燃料费、港口费和装卸费等运营过程中的各项开支。

专栏 15-1
以信用证方式成交，以租船方式运输的合同中存在的风险

我国某外贸公司从南美某公司进口食糖 4 万吨，以 CIF 方式成交，以信用证方式支付。合同中规定以租船方式装运，我方开出了包含相应内容的信用证。卖方在租船出运货物后，向我方开证银行寄单索偿。我方开证行在单证一致的前提下予以付款，外贸公司按约定付款赎单。但该船迟迟未抵目的港。后经有关部门调查，该船在南美港口启航后，在中途改变航线，驶往第三国港口卸货。我方再向南美出口商交涉，该出口商已杳无音信。该交易系对方利用控制租船行动，进行诈骗。

目前，我国银行一般不接受租船提单。

思考题：

以信用证方式成交，以租船方式运输的合同中存在的风险点有哪些？为了防范风险，出口商在签订销售合同时和申请信用证时应做哪些考虑和具体规定？

二、铁路运输

铁路运输是仅次于海洋运输的一种主要运输方式。铁路运输运量较大，速度较快，运输风险明显小于海洋运输，能常年保持准点运营。

三、航空运输

航空运输有其他运输方式无法比拟的优越性：运送速度快；运输安全准确；可简化包装，节省包装费用。航空运输方式主要有班机运输、包机运输、集中托运和航空快递业务。

航空运费按 W/M 方式计算，但其重量体积比为 1 千克比 6 000 立方厘米（相当于水的比重的 1/6），故实际运费计算大多以千克为单位。尽管航空运费一般较高，但对体积大、重量轻的货物，采用空运反而有利。且空运计算运费的起点比海运低，运送快捷准点。所以，小件货物、鲜活商品、季节性商品和贵重商品适宜采用航空运输。

四、集装箱运输和国际多式联运

集装箱运输是指将货物装载于标准规格的集装箱内进行运输，适合于海洋运输、铁路运输和航空运输等各种运输方式。集装箱运输以其高效优质低成本的特点，成为当今最重要的一种货物装载形式。在集装箱运输的基础上，发展了把多种运输方式有机地结合起来的国际接连贯运输，即国际多式联运。

（一）集装箱运输

集装箱运输实际上是货物运输过程中的一种装载形式。集装箱是一种能反复使用的便于快速装卸的标准化货柜。国际标准化组织（ISO）推荐了三个系列十三种规格的集装箱，在国际运输中常用的集装箱规格为 20 英尺和 40 英尺两种。即 1A 型 $8' \times 8' \times 40'$，1AA 型 $8.6' \times 8' \times 40'$，1C 型 $8' \times 8' \times 20'$。

集装箱按其装载货物所属货主，可分为整箱货和拼箱货。整箱货（FCL）可由货方自行装箱后直接送到集装箱堆场（CY）。整箱货到达目的地后，送至堆场由收货人提取。堆场通常设在港口装卸区内或交通枢纽站附近，是集装箱的中转站。货物以集装箱装载后，即可运往集装箱码头，堆放至码头内的集装箱堆场等待装船。

如果一家货主的货物不足一整箱，则需送至集装箱货运站（CFS）由承运人把不同货主的货物按性质、流向进行拼装，称为拼箱货（LCL），然后再发往堆场。货到目的地，拼箱货应送至货运站由承运人拆箱后分别由收货人提取。货运站一般设在港口或车站附近，并有海关和检疫机构现场办公。

集装箱这种交接方式应在运输单据上予以说明。国际上通用的表示方式为：

FCL/FCL 或 CY/CY（整装整拆）：发货人自己装箱/收货人自己掏箱；

FCL/LCL 或 CY/CFS（整装拼拆）；

LCL/FCL 或 CFS/CY（拼装整拆）；

LCL/LCL 或 CFS/CFS（拼装拼拆）：集装箱货运站负责配、装箱/货运站掏箱交货。

每个集装箱有固定的独一无二的编号，装箱后封闭箱门的铅封上印有号码。集装箱号码和封印号码可取代运输标志，显示在主要出口单据上，成为运输中的识别标志和货物特定化的记号。

（二）国际多式联运

国际多式联运主要是以集装箱装载形式把各种运输方式连贯起来进行国际运输的一种新型运输方式。按照《联合国国际多式联运公约》的解释，"国际多式联运"必须具备以下五个条件:至少是两种不同运输方式的国际连贯运输;有一份多式联运合同;使用一份包括全程的多式联运单据;由一个多式联运经营人对全程运输负责;是全程单一的运费率。

国际多式联运制定全程单一的运费率,主要由三部分组成:各种运输方式的运费、装运港包干费,以及中途港的中转费用。

第二节 运 输 单 据

运输单据的种类很多,包括海运提单(ocean bill of lading)、海运单(sea waybill)、航空运单(air waybill)、铁路运单(rail waybill)、承运货物收据(cargo receipt)和多式联运单据(MTD)等。

一、海运提单

海运提单是承运人收到货物后出具的货物收据,也是承运人所签署的运输契约证明,提单还代表所载货物的所有权,是一种物权凭证。

海运提单可以从不同角度予以分类。

(1) 根据货物是否装船,可分为"已装船提单"(shipped B/L)和"备运提单"(received for shipment B/L)。"备运提单"上加注"已装船注记"后,便成为"已装船提单"。以 FOB、CFR、CIF 方式成交,买卖双方在合同中约定的装运日期,是指货物全部装上船的日期;以FCA、CPT、CIP 方式成交,合同中的装运日期,应是货物交给承运人监管的日期。但不管以何种术语达成交易,买方通常都要求卖方提交已装船提单。已装船提单的签发日期,即装船日期。

(2) 根据提单对货物外表状况有无不良批注,可分为清洁提单和不清洁提单。国际贸易结算中,银行只接受清洁提单,即承运人未在提单上批注货物外表有何不良情况。如果货物表面受损,或者出现包装破裂、淋湿、散包等情况,则承运人将在提单上作有关的不良批注,此时为不清洁提单。托运人必须重新包装,或更换受损货物,才可改签清洁提单。

(3) 根据提单"收货人"栏内的书写内容,可分为记名提单和指示提单。提单"收货人"栏,又称提单抬头,表明货物所有权的归属。记名提单,该栏记载特定收货人名称,只能由该收货人提货,不能转让。指示提单,又分不记名指示和记名指示:不记名指示提单填写"To order…"(凭指示),意即由托运人指定,提单由其背书后可以转让。记名指示提单填写"To the order of…"(凭某某指示),该某某为具体的指示人,提单由其背书后可以转让,通常为受托银行。背书又分两种形式:一种由有权背书人单纯签署,称为空白背书。另一种除背书人签署外,还写明被背书人(受让人)的名称,称为记名背书。在国际贸易中,通常采用"凭指示空白背书提单",习惯上称"空白抬头、空白背书"。

(4) 按船舶运营方式的不同,可分为班轮提单和租船提单。班轮提单上载明运输合同的条款,船货双方受其约束。而租船提单则受另行制定的租船合同约束,故在使用该提单时,往往要提供租船合同副本。在以信用证方式支付的业务中,如果没有规定,银行不接受租船提单。

二、海运单

海运单也是一种承运人出具的货物收据，并且是承运人和托运人之间的运输契约的证明。但它不是一种物权凭证。海运单收货人栏上必须作记名抬头，即写明实际收货人的名称。货到目的港，收货人凭有效证件或提货凭条向承运人提取货物。

在国际贸易中，有时会因为航程较短或银行审单、寄单时间长，而导致货到单不到的情况。如果使用海运提单，则收货人无法提货，或者凭银行担保提货而增加费用开支。在这种情况下，海运单的使用将使收货人得以方便提货。

但由于海运单不是物权凭证，故对买卖双方和结算银行来说都会在权利保障上出现问题。对卖方来说，直接以买方为收货人将导致过早转移所有权而出现收款风险；对银行来说，也无法通过持有单据而控制物权，因此，必要时在获得银行同意后，可把收货人作成银行，以解决上述问题；对买方来说，如果付款期早于到货期，则有可能因托运人指示承运人变更收货人而遭受损失。

三、航空运单

航空运单是承运人与托运人之间签订的运输契约，也是承运人或其代理人签发的货物收据。航空运单不仅应有承运人或其代理人签字，还必须有托运人签字。航空运单与铁路运单一样，不是物权凭证，不能凭以提取货物，必须做成记名抬头，不能背书转让。

收货人凭航空公司的到货通知单和有关证明提货。航空运单正本一式三份，分别交航空公司、托运人和随机带交收货人。副本若干份，由航空公司按规定分发。托运人凭留存的第三份正本办理结算。

四、铁路运单

铁路运输分为国际铁路联运和通往中国港澳地区的国内铁路运输，分别使用国际铁路货物联运单和承运货物收据。

该运单为发送国铁路和发货人之间缔结的运输合同。运单签发，表示承运人已收到货物并受理托运。装车后加盖承运日戳，即承运开始。运单正本随同货物送至终点站交收货人，是铁路同收货人交接货物、核收运杂费用的依据。运单副本加盖日戳后是卖方办理银行结算的凭证之一。

铁路运单不是物权凭证，必须作成记名抬头，不能背书转让，不能凭以提货。货到目的地后，铁路运单抬头上记明的收货人接承运人通知后，凭有效证件提货。

五、承运货物收据

承运货物收据既是承运人出具的货物收据，也是承运人与托运人签署的运输契约，还具有物权凭证的作用，托运人据以结算，收货人凭以提取货物。

六、多式联运单据

多式联运单据是由承运人或其代理人签发，其作用与海运提单相似，既是货物收据，也是运输契约的证明。在单据做成指示抬头或不记名抬头时，可作为物权凭证，经背书可以转让。

在国际贸易中,有时需以其他运输方式和海运相连接,此时在海运提单上会加上前程运输方式和收货地点,这种提单称为联运提单。多式联运单据表面上和联运提单相仿,但联运提单承运人只对自己执行的一段负责,而多式联运承运人对全过程负责;联运提单由船公司签发,包括海洋运输在内的全程运输,多式联运单据由多式联运承运人签发,也包括全程运输,但多种运输方式中,可以不包含海洋运输。

第三节　合同中的装运条款

合同中的装运条款,应具体规定交货时间、装运地、目的地、能否分批装运和转运等内容。

一、交货时间

《国际贸易术语解释通则 2020》规定,对于 FAS、FCA、FOB、CFR、CIF、CPT、CIP 的合同,卖方只要在合同规定的装运地(港),将货物装到船上或船边或交付承运人监管就算完成了交货义务,以这类贸易术语成交的合同是一种装运合同;合同中的交货时间,实际上是装运时间,卖方对何时到货并不承担责任。而 E 组和 D 组的贸易术语中,卖方必须将货物置于买方的实际控制之下;因而,合同中规定的交货时间是买卖双方实际交接货物的时间。交货时间是合同中的重要条款。推迟或提前交货都构成违约。

二、分批装运和转运

(一) 分批装运(partial shipment)

在大宗货物交易中,买卖双方根据运输条件和供需情况,可在合同中规定分批装运条款。合同中若未予规定,则视为不允许分批装运。

分批装运条款可笼统规定允许卖方分批装运,也可具体规定批次的数量和装运的日期,即分期装运。后种做法对卖方有严格限制,按照《跟单信用证统一惯例》,若其中有一期未按信用证规定装运,则信用证对该期及以后各期均告失效。

《跟单信用证统一惯例》规定,除非信用证明示不准分批装运,可视作允许分批装运。多张运输单据表面上注明同一运输工具、同一航次、同一目的地的多次装运,即使注明不同的装运日期或不同装货地点,也不视作分批装运。

专栏 15-2
《跟单信用证统一惯例》中关于分批装运规定的应用

我国某外贸公司向欧盟 G 公司出口花生仁 500 公吨,5 月份装运,信用证方式支付。我方于 5 月 10 日在青岛将 300 公吨花生装上 H 轮,H 轮再驶往烟台,于 5 月 20 日又装了 200 公吨,分别出具了两张已装船提单。我方在向银行交单时,开证行认为单证不符:信用证规定不允许分批装运,而卖方于 5 月 10 日和 5 月 20 日分批在青岛和烟台装船,违反信用证的规定。我方认为,按国际惯例规定:同一运输工具、同一航次的多次装运,即使注明不同日期和装货地点,也不视作分批装运。

最终,开证行接受单据,支付了货款。

思考题:

在进行分批装运时,每批次的运输单据(如海运提单或多式联运提单)应明确哪些内容?

(二) 转运(transhipment)

转运包括运输过程中的转船、转机,以及从一种运输工具上卸下再装上另一种运输工具的行为。合同中若未予规定,则视为不允许转运。

经修订后于 1994 年生效的《跟单信用证统一惯例》,大大放宽了对转运的限制。按其规定,信用证未明确禁止转运,即允许转运。即使信用证禁止转运,只要运输单据包括全程运输,该禁止只对港到港方式中非集装箱化的件杂货、散装货有约束力。根据 2007 年《跟单信用证统一惯例》(UCP600),除非信用证中有明确禁止转运的条款,否则转运是被默许的。即使信用证中明确禁止转运,银行仍可能接受一些特定情况下含有转运声明的运输单据。例如,如果提单上注明了货物将发生转运,但同时能证明货物已经装入集装箱并采用多式联运方式运输,银行可能仍会接受这样的提单,尽管这存在一定的例外性和风险考量。如果转运发生,相关的运输单据如提单或多式联运单据必须清楚记载转运的情况,且单据本身必须与信用证的其他条款相符。

本 章 小 结

1. 国际贸易主要采用海洋运输方式,海洋运输可分为班轮运输和租船运输。
2. 运输单据中最常用的海运提单具有货物所有权凭证的性质。
3. 合同中的交货时间通常是指装运时间,而较少指到达时间。

基 本 概 念

班轮　W/M　包箱费率　定期租船　定程租船　集中托运　国际多式联运　指示提单　分批装运　转运

复习思考题

一、选择题与判断题（请用手机扫描下方二维码作答）

二、简答题

1. 班轮运费是如何计算的？

2. 程租船和期租船方式中，船货双方的费用负担是如何划分的？

3. 简述我国对外贸易铁路运输的基本方式。

4. 航空运输有哪几种主要形式？

5. 如何在运输单据中表达集装箱装载形式的运输环节？

6. 各种运输单据作为结算凭证，是如何使用的？

7. 合同中的装运条款包括哪些内容？

第十六章　国际货物运输保险

引导案例

　　2018年,中国某保健品公司(以下简称"中国A公司")出口一批鳕鱼鱼肝油胶囊至英国B公司,并向保险公司投保了"协会货物保险条款一切险"[ICC(A),简称"一切险"]。该批货物采用常温包装的运输方式,装运港为中国深圳港,目的港为英国费利克斯托港,但在途经热带地区时未对集装箱采取任何控温措施。到达目的港后,英国B公司收货拆箱,发现鳕鱼鱼肝油胶囊处于粘连状态,已经无法出售,遂联系中国A公司,拒收全部货物并拒绝支付货款13万余美元。

　　中国A公司在收到通知后立即向保险公司报案。次日,保险公司委托境外公估公司对索赔及损失进行现场调查。公估公司认定货损原因系高温,并在现场调查后出具检验证书,称"货物送达后在签收时没有任何标注或异议,纸箱外包装状况良好。拆箱时发现纸箱里的胶囊紧紧粘在一起且被分开后有凹陷、变形,因此,货物被拒收"。检验人认为:"集装箱长时间暴露在阳光下会使其温度显著升高,导致箱内货物在运输途中经历相当高的温度。因此,对温度敏感的货物应装于冷藏或隔热的集装箱内,而鱼肝油胶囊应被储存于25摄氏度以下。"

　　在检验人检测货物因受损而不可再用于正常销售后,该批货物被折价出售变现,残值6 000余美元。据公估报告,保险公司以货损是货物经受高温且在运输过程中没有采取温控措施为由拒绝理赔。中国A公司遂将保险公司诉至上海海事法院,请求判令被告支付保险赔偿金人民币77万余元及利息损失。上海海事法院开庭审理了这起海上保险合同纠纷案并作出一审判决,驳回中国A公司全部诉讼请求。判决后,原告中国A公司未提起上诉。

　　(资料来源:王庆颖."一切险"并非"一切"险——由一则国际贸易海洋运输保险案例引发的思考[J].上海保险,2023(2).)

　　思考题:

　　一切险虽名为"一切",并不代表对所有可能发生的损失都予以赔付,它规定了哪些除外责任?

国际货物运输路途长、环节多,运输过程中会遇到各种风险而造成货物损失。进出口商人通过投保货物运输险,将不定的损失变为固定的费用。投保后,万一货物在运输过程中发生约定范围内的损失,可从保险公司得到经济上的补偿。货物在运输过程中可能遭受的风险和损失是多种多样的。为了明确责任,保险公司在其保险险别条款中,对不同险别的承保范围作了详细的规定。

第一节　海上运输保险的承保范围

一、保险利益

保险人所承保的标的,是保险所要保障的对象。但被保险人(投保人)投保的并不是保险标的本身,而是被保险人对保险标的所具有的利益,这个利益,叫作保险利益(insurable interest)。投保人对保险标的不具有保险利益的,保险合同无效。

国际货运保险同其他保险一样,被保险人必须对保险标的具有保险利益。在国际货运中,这一保险利益体现在对保险标的所有权和所承担的风险责任上。

保险利益的大小并不等同于保险标的价格。买方以合同价格购买标的物,买方一旦获得标的物后,通过处分标的物还能获取利润。一旦标的物灭失,买方所受到的损失不仅仅是购买标的物所支付的价格,还失去了可以获得的利润。如果因标的物灭失而使买方违反了与第三人之间的合同义务,买方还将承担违约责任。所以,买方对保险标的所具有的利益,通常高于合同价格。

被保险人在投保时所确定的保险金额,表达了被保险人对保险标的物所具有的利益。

二、风险

保险业把海运货物的风险分成海上风险和外来风险。风险是造成损失的原因。海上风险是具有普遍意义的原因,而外来风险是具有针对性的原因。

(一)海上风险

海上风险(perils of the sea)包括自然灾害和意外事故。自然灾害(natural calamity),仅指恶劣气候、雷电、洪水、流冰、地震、海啸,以及其他人力不可抗拒的灾害,而不是指一般自然力所造成的灾害。意外事故(fortuitous accident),主要包括船舶搁浅、触礁、沉没、碰撞、失火、爆炸,以及失踪等具有明显海洋特征的重大意外事故。

(二)外来风险

外来风险(extraneous risks)是指海上风险以外的各种风险,分为一般外来风险和特殊外来风险。一般外来风险,是指偷窃、破碎、渗漏、玷污、受潮受热、串味、生锈、钩损、短量、淡水雨淋等。特殊外来风险,主要是指由于军事、政治及行政法令等和某些特殊情况造成的风险,从而引起货物损失,如战争、罢工、交货不到、拒收等。

三、海损与费用

(一)海损

海损(average)是指货物在海运过程中由于海上风险而造成的损失,海损也包括与海运相连的陆运和内河运输过程中由于自然灾害和意外事故而造成的货物损失。

1. 全部损失与部分损失

海上损失按损失的程度可以分成全部损失和部分损失。

（1）全部损失（total loss）又称全损，指全部的被保险货物遭受损失。有实际全损（actual total loss）和推定全损（constructive total loss）之分。实际全损是指货物全部灭失或全部变质，而不再有任何商业价值。推定全损是指货物遭受风险后受损，尽管未达实际全损的程度，但实际全损已不可避免，或者为避免实际全损或修复受损货物所需支付的费用和继续将货物运抵目的地的费用之和超过了保险价值。推定全损需经保险人核查后认定。

（2）部分损失。不属于实际全损和推定全损的损失，为部分损失（partial loss）。

2. 共同海损与单独海损

按照造成损失的原因，可分为共同海损（general average）和单独海损（particular average）。

（1）在海洋运输途中，船舶、货物或其他财产遭遇共同危险，为了解除共同危险，有意采取合理的救难措施所直接造成的特殊牺牲和支付的特殊费用，称为共同海损。在船舶发生共同海损后，凡属共同海损范围内的牺牲和费用，均可通过共同海损清算，由有关获救受益方（即船方、货方和运费收入方）根据获救价值按比例分摊，然后再向各自的保险人索赔。共同海损分摊（average contribution）涉及的因素比较复杂，一般均由专门的海损理算机构进行理算（adjustment）。

（2）不具有共同海损性质，且未达到全损程度的损失，称为单独海损。该损失仅涉及船舶或货物所有人单方面的利益损失。

按照保险条例，不论投保何险种，由于海上风险而造成的全部损失和共同海损均属保险人的承保范围，对于推定全损的情况，由于货物并未全部灭失，被保险人可以选择按全损或按部分损失索赔。倘若按全损处理，则被保险人须提交"委付通知"，把残余标的物的所有权交付保险人，经保险人接受后，可按全损得到赔偿。

（二）费用

海上风险还会造成费用支出，主要有施救费用（sue and labour expenses）和救助费用（salvage charges）。施救费用，是指被保险货物在遭受承保责任范围内的灾害事故时，被保险或其代理人或保险单受让人，为了避免或减少损失，采取各种措施而支出的合理费用。救助费用，是指保险人或被保险人以外的第三者采取了有效的救助措施之后，由被救方付给的报酬。保险人对上述费用都负责赔偿，但以总和不超过保险金额为限。

四、外来风险的损失

外来风险的损失是指除海上风险外的其他风险所造成的损失。这类损失，不按损失的程度区分成全损和部分损失，而是按造成损失的原因分类，以作为保险公司承保的依据。它分成一般外来风险所造成的损失和特殊外来风险所造成的损失。

第二节　我国海运货物保险险别

中国人民保险公司制定的货运保险条款，称为《中国保险条款》（CIC）。该条款对保险人的承保责任范围，按照风险和损失的性质，制订了各种险别，可分为基本险和附加险两大类。

1981 年 1 月 1 日修订的《中国保险条款》包括《海洋运输货物保险条款》《陆上运输货物保险条款》《航空运输货物保险条款》及《邮包保险条款》。该四种条款结构相似,本节介绍海洋运输的货物保险。

一、基本险

基本险(principle risk)可以单独投保。被保险人投保时,必须选择一种基本险投保。海洋货运保险的基本险包括平安险(FPA)、水渍险(WPA 或 WA)和一切险(all risks)。另外,还规定了仓至仓条款和除外责任。

(一)平安险

平安险的承保范围,包括海上风险所造成的一切损失和费用,由自然灾害造成的单独海损除外。具体包括:

(1)在运输过程中,由于自然灾害造成被保险货物的实际全损或推定全损;

(2)由于运输工具遭遇搁浅、触礁、沉没、互撞、与流冰或其他物体碰撞,以及失火、爆炸等意外事故,造成被保险货物的全部或部分损失;

(3)只要运输工具曾经发生搁浅、触礁、沉没、焚毁等意外事故,不论这类意外事故发生之前或者以后曾在海上遭遇恶劣气候、雷电、海啸等自然灾害造成的被保险货物的部分损失;

(4)在装卸转船过程中,被保险货物一件或数件、整件落海所造成的全部损失或部分损失;

(5)被保险人对遭受承保责任内危险的货物采取抢救、防止或减少货损措施支付的合理费用,但以不超过该批被救货物的保险金额为限;

(6)运输工具遭遇自然灾害或者意外事故,需要在中途的港口或者在避难港口停靠,因此引起的卸货、装货、存仓,以及运送货物所产生的特别费用;

(7)共同海损的牺牲、分摊和救助费用;

(8)运输契约订有"船舶互撞责任"条款,按该条款规定应由货方偿还船方的损失。

(二)水渍险

水渍险的承保范围,包括海上风险所造成的一切损失和费用,即在平安险的基础上,加上自然灾害造成的单独海损。

(三)一切险

一切险的承保范围,包括水渍险的所有责任,还包括由一般外来风险所造成的损失。

(四)仓至仓条款

根据保险条款规定,上述基本险承保责任的起讫,采用国际保险业通用的仓至仓条款(W/W clause)。该条款规定,保险人的保险责任自被保险货物运离保险单所载明的起运地仓库或储存处所开始运输时生效,直到该货物到达保险单载明目的地收货人的最后仓库或储存处所或被保险人用作分配、分派或非正常运输的其他储存处为止。如果未抵达上述目的地,则在货物于最后卸载港全部卸离海轮后 60 天为止。在上述 60 天内如再需转运,则开始转运时保险责任终止。

(五)除外责任

上述基本险还规定了下列除外责任(exclusions):❶被保险人的故意行为或过失所造成

的损失；❷属于发货人责任所引起的损失；❸在保险责任开始前，被保险货物已存在的品质不良或数量短差所造成的损失；❹被保险货物的自然损耗、本质缺陷、特性及市价跌落、运输延迟所造成的损失和费用；❺属于海洋运输货物战争险条款和货物罢工险条款规定的责任范围和除外责任。

二、附加险

附加险(additional risk)承保由外来风险所造成的损失，可分成一般附加险和特殊附加险，分别对应于一般外来风险和特殊外来风险。

（一）一般附加险

一般附加险包括：偷窃、提货不着险(theft, pifferage and non-delivery, TPND)，淡水雨淋险(fresh water and/or rain damage)，渗漏险(leakage)，短量险(shortage)，钩损险(hook damage)，破碎碰损险(clash and breakage)，锈损险(rust)，混杂玷污险(intermixture and contamination)，串味险(taint of odour)，受潮受热险(sweat and heating)，包装破裂险(breakage of packing)等。

（二）特殊附加险

特殊附加险主要有战争险(war risk)、罢工险(strike risk)、舱面险(on desk)、拒收险(rejection)、交货不到险(failure to deliver)、黄曲霉素险(aflatoxin)、进口关税险(import duty)，以及货物出口到港澳地区的存仓火险责任扩展条款(FREC)等。已投保战争险后另加保罢工险不另收费，一般同时投保。战争险的责任起讫不是"仓至仓"，保险人只负水面责任。

附加险不能单独投保。可在投保一种基本险的基础上，根据货运需要加保其中的一种或多种。投保了一切险后，因一切险中已包括了所有一般附加险的责任范围，所以，只在特殊附加险中选择加保。

（三）卖方利益险

当合同中规定由买方投保，一旦买方对货物受损部分拒付，则保险公司将因买方无保险利益而拒付，而卖方又不是被保险人，由此卖方将承担该次货损。为此，在 FOB、FCA 和 CFR、CPT 合同中，卖方应视交易状况投保卖方利益险，如果货物在运输途中遭受承保范围内的损失，则卖方可直接向保险公司索赔，保险公司赔付后，取得由卖方转让的向买方或第三方索赔的权利。

第三节 英国伦敦保险业协会货物保险条款

在国际保险市场上，各国保险组织都制定有自己的保险条款，但最为普遍采用的是英国伦敦保险业协会所制订的《协会货物条款》(Institute Cargo Clause, ICC)。我国企业按 CIF 或 CIP 条件出口时，一般按《中国保险条款》投保，但如果国外客户要求按《协会货物条款》投保，则一般可予接受。

《协会货物条款》的现行规定于 1982 年 1 月 1 日修订公布，1983 年 4 月 1 日起正式实施，共有六种险别：❶协会货物条款(A)[简称 ICC(A)]；❷协会货物条款(B)[简称 ICC(B)]；❸协会货物条款(C)[简称 ICC(C)]；❹协会战争险条款(货物)(IWCC)；❺协会罢工险条款(货物)(ISCC);❻恶意损害险条款(Malicious Damage Clause)。

以上六种险别中,ICC(A)险相当于中国保险条款中的一切险,其责任范围更为广泛,故采用承保"除外责任"之外一切风险的方式表明其承保范围。ICC(B)险大体上相当于水渍险。采取承保"除外责任"之外列明风险的方式。ICC(C)险相当于平安险,但承保范围较小些,仅承保重大意外事故所致损失,也采用列明风险的方式表示其承保范围。六种险别中,只有恶意损害险属于附加险别,不能单独投保且被包括在ICC(A)险的承保范围中。其他五种险别的结构相同,体系完整。因此,除ICC(A)、ICC(B)、ICC(C)三种险别可以单独投保外,必要时,战争险和罢工险在征得保险公司同意后,也可作为独立的险别进行投保。

第四节 我国进出口货物保险的做法

一、出口保险

凡按CIF和CIP条件成交的出口货物,由出口企业向当地保险公司逐笔办理投保手续。应根据合同或信用证规定,在备妥货物,并确定装运日期和运输工具后,按规定的保险险别和保险金额,向保险公司投保。投保时应填制投保单并支付保险费,保险公司据以出具保险单或保险凭证。

投保的日期应不迟于货物装船的日期。出口保险的保险金额应包括货价、买方的交易费用、预期利润,以及因货损而可能产生违约的赔偿责任,称为加成投保。投保金额若合同没有明示规定,则应按CIF或CIP价格加成10%;如果买方要求提高加成比率,则一般情况下可以接受,但增加的保险费应由买方负担。

保险单证是主要的出口单据之一。保险单证所代表的保险权益经背书后可转让。卖方在向买方(或银行)交单前,应先行背书。

二、进口保险

按FOB、CFR、FCA和CPT条件成交的进口货物,由我国进口企业自行办理保险。为简化投保手续和避免漏保,一般采用预约保险的做法,即被保险人(投保人)和保险人就保险标的物的范围、险别、责任、费率,以及赔款处理等条款签订长期性的保险合同。投保人在获悉每批货物启运时,应将船名、开船日期及航线、货物品名及数量、保险金额等内容,书面定期通知保险公司。保险公司对属于预约保险合同范围内的商品,一经启运,即自动承担保险责任。

未与保险公司签订预约保险合同的进口企业,则采用逐笔投保的方式,在接到国外出口方的装船通知或发货通知后,应立即填写"装货通知"或投保单,注明有关保险标的物的内容、装运情况、保险金额和险别等,交保险公司,保险公司接受投保后签发保险单。

三、保险金额和保险费

保险金额又称投保金额,是保险人赔付的最高限额,也是理赔金额的依据。保险费按保险金额和所投保险别的保险费率计算。

若卖方投保,保险金额需按加成率计算:

$$保险金额 = CIF(或 CIP)价 \times (1 + 投保加成率)$$

而
$$保险费 = 保险金额 \times 保险费率$$

由于 $\qquad$ CIF(或 CIP)价 = CFR(或 CPT)价 + 保险费

所以可从 CFR(或 CPT)价计算 CIF(或 CIP)价,公式如下:

$$CIF(或\ CIP)价 = \frac{CFR(或\ CPT)价}{1-[保险费率 \times (1+投保加成率)]}$$

四、保险索赔

进出口货物在运输途中遭受损失,被保险人(投保人或保险单受让人)可向保险公司提出索赔。保险公司按保险条款所承担的责任进行理赔。

索赔主要程序如下。

(一) 损失通知

被保险人获悉货损后,应立即通知保险公司或保险单上指明的代理人。后者接到损失通知后,应即采取相应的措施,如检验损失、提出施救意见、确定保险责任和签发检验报告等。

(二) 向承运人等有关方面提出索赔

被保险人除向保险公司报损外,还应向承运人及有关责任方(如海关、理货公司等)索取货损货差证明,如系属承运人等方面责任的,则应及时以书面方式提出索赔。

(三) 采取合理的施救、整理措施

被保险人应采取必要的措施以防止损失的扩大,保险公司对此提出处理意见的,应按保险公司的要求办理。所支出的费用可由保险公司负责,但以与理赔金额之和不超过该批货物的保险金额为限。

(四) 备妥索赔单证,提出索赔要求

索赔单证除正式的索赔函外,应包括保险单证、运输单据、发票、检验报告、货损货差证明等。保险索赔的时效一般为两年。

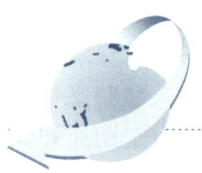

本 章 小 结

1. 货物运输保险的承保范围由风险和损失的种类进行界定。

2. 我国海运保险条款把险别分成两大类:基本险和附加险。其中,基本险分为平安险、水渍险和一切险;附加险分为一般附加险和特殊附加险。

3. 英国伦敦保险业协会所制订的《协会货物条款》是目前世界上被广泛采用的保险条款,共有六种险别。它结构清楚、体系完整,是较为合理的一种运输保险条款。中国保险公司在开展国际海上货物运输保险业务时,也可以参照该条款来设计自己的保险产品,或者直接采用这些条款作为保险合同的基础。

4. 我国出口货物采用逐笔投保方式,进口货物采用预约保险或者逐笔投保方式。货物在运输途中出险,被保险人按规定步骤索赔。

基 本 概 念

保险利益　海上风险　外来风险　海损　推定全损　共同海损　基本险　附加险
CIC　仓至仓条款　ICC　除外责任　预约保险

复习思考题

一、选择题与判断题（请用手机扫描下方二维码作答）

二、简答题

1. 何谓"保险利益"？货物运输保险中是如何认识保险利益的？

2. 按保险公司的规定造成海运货损的原因有哪几种？

3. 简述我国 CIC 海运货物保险条款的内容。

4. 简述 ICC 的险别。

5. 如何计算投保金额和保险费？

6. 简述保险索赔的主要程序。

第十七章 国际贸易结算

2023年3月,中国某大型设备制造商A公司与巴西一家能源开发公司B公司达成一项金额为2亿美元的重大机械设备采购协议。双方约定采用不可撤销信用证方式进行结算,信用证条款规定分三批发货,每批设备分别对应不同的装运期和到货期,并明确了每批货物的详细规格、数量和质量标准。此外,信用证规定由伦敦某知名银行作为开证行,由中国工商银行作为通知行和议付行。

合同签订后,B公司在开证行开出三份独立的不可撤销循环信用证,每份信用证均包含了货物的具体信息,以及相应的装运期限和最后交单日期。

A公司在收到信用证后,开始筹备生产,并在第一批设备完工后,按照信用证要求备齐所有必要的单据,包括商业发票、装箱单、原产地证书、符合国际商会URC 522格式的全套清洁海运提单(标明"ON BOARD"和船只名称等详细信息),以及由权威机构出具的质量检验报告。

第一批货物按时装船并发往巴西指定港口,同时A公司将全套单据提交给中国工商银行进行议付。议付行审核单据后,认为单据表面相符,遂将单据寄给开证行请求付款。开证行在收到单据后再次进行严格审核,确认无误后按信用证条款向A公司支付了第一批货物的款项。

在第二批货物装运前,国际市场钢材价格突然大幅上涨,影响了A公司原材料成本,使其面临利润压缩的风险。此时,A公司尝试与B公司协商修改信用证的部分条款以反映成本增加,但由于信用证的不可撤销性质,更改必须得到开证行和B公司的同意。双方经过多轮谈判,最终决定由B公司补偿一定比例的成本,并由开证行对剩余两份信用证做了适当的增额修改。

在接下来的两批发货中,A公司严格按照修订后的信用证条款执行,并在单据齐全的情况下成功通过银行获得了全额货款。最终,A公司顺利完成所有设备的生产和运输,并收到了全部货款。

思考题:

在国际贸易结算中,信用证作为金融工具在保障买卖双方权益、管理和控制风险方面的作用有哪些?

在国际贸易中,货物和货款的相对给付通常不是由买卖双方当面完成的。卖方发货交单,买方凭单付款,以银行为中介,以票据为工具进行结算,是当代国际结算的基本特征。结算过程中买卖双方所承受的手续费用、风险和资金负担,则是双方选择结算方式所考虑的主要因素。

第一节　票　据

国际贸易结算,是非现金结算,或者通过银行汇兑,或者使用以支付现金为目的并且可以流通转让的债权凭证——票据为主要的结算工具。票据作为一种信用工具,其特有的替代现金支付和流通,提供信用保障,以及融资和结算的功能,使得票据在国际贸易结算和贸易融资中得到广泛的应用。票据可分为汇票、本票和支票。国际贸易结算中以使用汇票为主。

一、汇票

(一) 汇票的概念

汇票(bill of exchange, draft)是出票人签发的,委托付款人在见票时或者在指定日期,无条件支付确定的金额给收款人或者持票人的票据。汇票是一种无条件支付的委托,有三个基本当事人:出票人、付款人和收款人。

(二) 汇票的内容

根据我国《票据法》的规定,汇票必须记载下列事项:表明"汇票"的字样;无条件支付的委托,应理解成汇票上不能记载支付条件;确定的金额;付款人名称,在国际贸易中,通常是进口方或其指定银行;收款人名称,在国际贸易中,通常是出口方或其指定银行;出票日期;出票人签章,在国际贸易中,通常是出口方。

汇票上未记载上述规定事项之一的,汇票无效。汇票尚需列明付款日期、付款地点和出票地点,称为相对应记载事项。若未列明,则可根据《票据法》予以确定。

(三) 汇票的种类

汇票从不同角度可分成以下几种:

(1) 按出票人不同,可分成银行汇票和商业汇票。银行汇票(banker's draft),出票人是银行,付款人也是银行。商业汇票(commercial draft),出票人是企业或个人,付款人可以是企业、个人或银行。国际贸易结算中,主要使用商业汇票。

(2) 按是否附有包括运输单据在内的商业单据可分为光票和跟单汇票。光票(clean draft),指不附带商业单据的汇票。银行汇票大多是光票。跟单汇票(documentary draft),是指附有包括运输单据在内的商业单据的汇票。跟单汇票大多是商业汇票。国际结算中主要使用商业汇票中的跟单汇票。

(3) 按付款日期不同,汇票可分为即期汇票和远期汇票。汇票上付款日期有四种记载方式:见票即付(at sight);见票后若干天付款(at … days after sight);出票后若干天付款(at … days after date);定日付款(at a fixed day)。若汇票上未记载付款日期,则视作见票

拓展阅读

银行汇票和商业汇票的当事人在交易中的不同角色

即付。见票即付的汇票为即期汇票。其他三种记载方式的汇票为远期汇票。

（4）按承兑人的不同，汇票又可分为商业承兑汇票和银行承兑汇票。远期的商业汇票，经企业或个人承兑后，称为商业承兑汇票。远期的商业汇票，经银行承兑后，称为银行承兑汇票，银行成为该汇票的主债务人，所以，银行承兑汇票属于银行信用，有时也称为银行汇票。

（四）票据行为

汇票使用过程中的各种行为，主要有出票、提示、承兑和付款，都由《票据法》加以规范。如需要转让，通常应经过背书行为。如汇票遭拒付，还需作成拒绝证书以行使追索权。汇票的票据行为如图 17-1 所示。

图 17-1　汇票的票据行为

1. 出票

出票（issue）是出票人签发汇票并交付给收款人的行为。出票后，出票人即承担保证汇票得到承兑和付款的责任。如汇票遭到拒付，出票人应接受持票人的追索，清偿汇票金额、利息和有关费用。收款人取得汇票，成为汇票的债权人，拥有付款请求权和追索权。

2. 提示

提示（presentation）是持票人将汇票提交付款人要求承兑或付款的行为，是持票人要求实现票据权利的必要程序。提示又分付款提示和承兑提示。即期汇票，只有付款提示；远期汇票，还可能有承兑提示，然后在汇票到期再作付款提示。

3. 承兑

承兑（acceptance）是指付款人在持票人向其提示远期汇票时，在汇票上签名，承诺于汇票到期时付款的行为。具体做法是付款人在汇票正面写明"承兑"（accepted）字样，注明承兑日期，于签章后交还持票人。付款人一旦对汇票作出承兑承诺，即成为承兑人，以主债务人的地位承担汇票到期时付款的法律责任。

4. 付款

付款（payment）是付款人在汇票到期日，向提示汇票的合法持票人足额付款。持票人将汇票签收注销后交给付款人作为收款证明，汇票所代表的债务债权关系即告终止。

5. 背书

背书（endorsement）是转让票据权利的行为。汇票是可流通转让的证券，汇票持票人在汇票背面签署，并记载日期，然后把汇票交付给受让人。背书后原持票人成为背书人，票据权利由原持票人转移至受让人，背书人和出票人一样，成为汇票的债务人。

背书包括空白背书和记名背书两种。以空白背书方式转让，原持票人（背书人）只签署自己的名字，而不记载受让人（被背书人）的名字；以记名背书方式转让时，背书人在汇票背面签署自己的名字，并且记载被背书人的名字。

根据我国《票据法》的规定，空白背书无效，汇票的收款人只能以记名背书的方式转让汇票权利，即在汇票背面签上自己的名字，并记载被背书人的名字，然后把汇票交给被背书人即受让人，受让人成为新的持票人，是票据的唯一债权人。

受让人作为持票人有以背书方式再行转让汇票的权利。当汇票经过不止一次转让时,其背书必须连续,即被背书人和背书人名字前后一致。对受让人来说,所有以前的背书人和出票人都是他的前手,对背书人来说,所有他转让以后的受让人都是他的后手,前手对后手承担汇票得到承兑和付款的责任。经过多次背书转让的汇票,有多个背书人在汇票上签署,即有多人作为汇票的债务人为汇票权利作担保,则该汇票的债权也愈加可靠。

在金融市场上,最常见的背书转让为汇票贴现,即远期汇票经承兑后,尚未到期,持票人背书后,由银行或贴现公司作为受让人,从票面金额中扣减按贴现率计算的贴息后,将余款付给持票人。

在国际贸易结算中,常用的是"委托收款背书"(endorsement for collection)。背书人在记载被背书人时,后面写明"委托收款"(for collection)字样,背书人委托被背书人以代理人身份行使汇票权利,票据权利并未转让。

6. 拒付和追索(dishonour & recourse)

持票人向付款人提示,付款人拒绝付款或拒绝承兑,均称拒付。另外,付款人逃匿、死亡或宣告破产,以致持票人无法实现提示,也称拒付。

出现拒付,持票人有追索权,即拥有向其前手(背书人、出票人)要求偿付汇票金额、利息和其他费用的权利。在追索前,必须按规定做成拒绝证书和发出拒付通知。拒绝证书用以证明持票人遭拒付的事实,由付款地公证机构出具,也可由付款人自行出具退票理由书,有关付款人破产的司法文书也可作为拒绝证书使用。拒付通知用以通知前手关于拒付的事实,使其准备偿付并进行再追索。

二、本票

本票(promissory note)是出票人签发的,承诺自己在见票时无条件支付确定金额给收款人或者持票人的票据。根据我国《票据法》对本票的定义,本票的出票人只能是银行,即银行本票。国外《票据法》允许企业和个人签发的本票,称为一般本票。在国际贸易中使用的本票通常为银行本票。银行本票都是即期的。一般本票可以是即期的也可是远期的。

三、支票

支票(cheque,check)是出票人签发,委托办理支票存款业务的银行或者其他金融机构在见票时,无条件支付确定的金额给收款人或持票人的票据。

支票是以银行为付款人的即期汇票。支票出票人签发的支票金额,不得超出其在付款人处的存款余额。如果存款低于支票金额,银行将拒付。这种支票称为空头支票,出票人要负法律上的责任。

四、变形票据

(1)汇票的出票人是收款人,称为己收汇票,常见于托收。
(2)汇票的出票人是付款人,称为对己汇票,相当于本票。
(3)支票的付款人是收款人,用于出票人向银行解付款项。

第二节 汇付和托收

汇付和托收是国际贸易结算中常见的凭商业信用进行结算的方式。

一、汇付

汇付(remittance)是指付款人通过银行将款项汇交收款人。

(一)汇付业务的一般做法

在国际贸易中如采用汇付,通常是由买方按合同规定的条件和时间(如预付货款、货到付款或凭单付款),通过银行将货款汇交卖方。

汇付有四个当事人,即汇款人、汇出行、汇入行和收款人,其流程如图 17-2 所示。

图 17-2 汇付流程

汇付根据汇出行向汇入行发出汇款委托的方式分为电汇和票汇。

1. 电汇(T/T)

汇出行接受汇款人委托后,以电传方式或通过 SWIFT 网络将付款委托通知收款人当地的汇入行,委托它将一定金额的款项解付给指定的收款人。因银行利用在途资金的时间短,且需支付电传费用,所以,电汇的费用比信汇的费用高。国际贸易中的汇付,主要采用电汇。

2. 票汇(D/D)

票汇是以银行即期汇票为支付工具的一种汇付方式。由汇出行应汇款人的申请,开立以其代理行或账户行为付款人,列明汇款所指的收款人名称的银行即期汇票,交由汇款人自行寄交收款人,由收款人凭票向汇票上的付款人(汇入银行)取款。

(二)汇付的应用

买卖双方对每一种结算方式,都从手续费用、风险和资金负担的角度来考虑它的利弊。

汇付的优点在于手续简便、费用低廉。

汇付的缺点是风险大,资金负担不平衡。因为,以汇付方式结算,可以是货到付款,也可以预付货款。如果是货到付款,卖方向买方提供信用并融通资金。如果是预付货款,则买方向卖方提供信用并融通资金。无论哪一种方式,风险和资金负担都集中在一方。在我国外贸实践中,汇付一般用来支付小额贸易价款、订金、货款尾数和佣金等项费用,不是一种主要的结算方式。在发达国家之间,由于大量的贸易是跨国公司的内部交易,而且外贸企业在国外有可靠的贸易伙伴和销售网络,因此,汇付是主要的结算方式。

在分期付款和延期付款的交易中,往往采用汇付方式支付货款,但通常需辅以银行保函或备用信用证,所以,又不是单纯的汇付方式了。

二、托收

托收(collection)是债权人(出口方)委托银行向债务人(进口方)收取货款的一种结算方

式。托收根据是否随附货运单据,分为跟单托收和光票托收。国际贸易中使用的多为跟单托收。

(一) 托收业务的一般做法

其基本做法是出口方先行发货,然后备妥包括运输单据(通常是海运提单)在内的货运单据并开出汇票,把全套跟单汇票交出口地银行(托收行),委托其通过进口地的分行或代理行(代收行)向进口方收取货款。

托收业务流程,如图 17-3 所示。

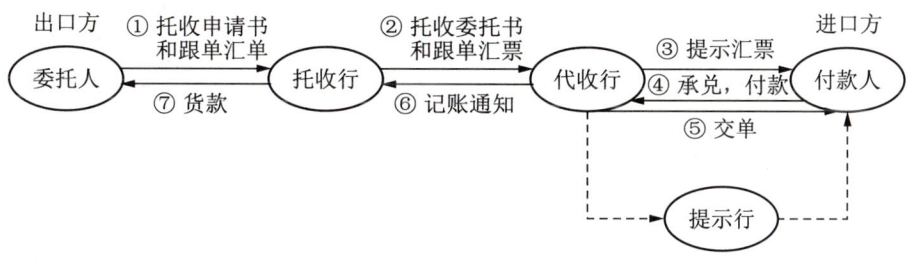

图 17-3 托收业务流程

上图中的当事人分别如下所示。

(1) 委托人(principal)。通常为出口方,为委托银行办理托收的主体。

(2) 托收行(remitting bank)。为出口地银行,接受委托人的委托,以代理人身份转托国外银行收取货款。

(3) 代收行(collecting bank)。为进口地银行,是托收行的代理人,接受委托向付款人收取货款并按规定条件交单的银行。

(4) 提示行(presenting bank)。提示行通常为代收行,但如果代收行因地域或往来关系等不便于处理托收事项时,可委托另一个银行向付款人提示单据并收取货款。

(二) 跟单托收的种类

跟单托收有两种交单方式:付款交单和承兑交单。

1. 付款交单(D/P)

出口方在委托银行收款时,指示银行只有在付款人(进口方)付清货款时,才能向其交出货运单据,即交单以付款为条件,称为付款交单。按付款时间的不同,又可分为即期付款交单和远期付款交单。

(1) 即期付款交单(D/P sight)。出口方按合同规定日期发货后,开具即期汇票(或不开汇票)连同全套货运单据,委托银行向进口方提示,进口方见票(和单据)后立即付款,银行在其付清货款后交出货运单据。

(2) 远期付款交单(D/P after sight)。出口方按合同规定日期发货后,开具远期汇票连同全套货运单据,委托银行向进口方提示,进口方审单无误后在汇票上承兑,于汇票到期日付清货款,然后从银行处取得货运单据。

2. 承兑交单(D/A)

承兑交单是指出口方发运货物后开具远期汇票,连同货运单据委托银行办理托收,并明确指示银行,进口方在汇票上承兑后即可领取全套货运单据,待汇票到期日再付清货款。

承兑交单和汇付中的货到付款一样,都是买方未付款之前,即可取得货运单据,凭以提取货物。一旦买方到期不付款,出口方便可能银货两空。因而,出口方对采用此种方式持严格控制的态度。

(三) 跟单托收业务程序示意图

(1) 即期付款交单的一般业务程序,如图 17-4 所示。

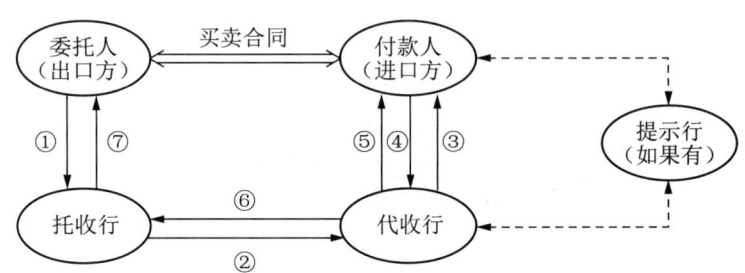

图 17-4　即期付款交单的一般业务程序

❶ 出口方发运货物后,填写托收申请书,开立即期汇票(或不开立汇票),连同商业单据,交托收行委托收款;

❷ 托收行接受委托后,将汇票、单据和托收申请书寄交进口地的代收行;

❸ 代收行按照托收指示向付款人提示汇票和单据;

❹ 付款人审单无误后付款;

❺ 代收行向付款人交单;

❻ 代收行按托收指示规定的方式将货款交付托收行;

❼ 托收行向出口方交付货款。

(2) 远期付款交单的一般业务程序,如图 17-5 所示。

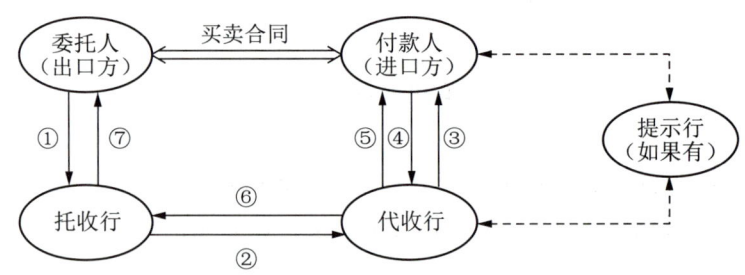

图 17-5　远期付款交单的一般业务程序

❶ 出口方发运货物后,填写托收申请书,开立远期汇票,连同商业单据,交托收行委托收款;

❷ 托收行接受委托后,将汇票、单据和托收委托书寄交进口地的代收行;

❸ 代收行按照托收指示向付款人提示汇票和单据,付款人审单无误后,在汇票上承兑,代收行收回汇票和单据;

❹ 付款人到期付款;

❺ 代收行向付款人交单;

❻ 代收行按托收指示规定的方式将货款交付托收行;

❼ 托收行向出口方交付货款。

（3）承兑交单的一般业务程序，如图 17-6 所示。

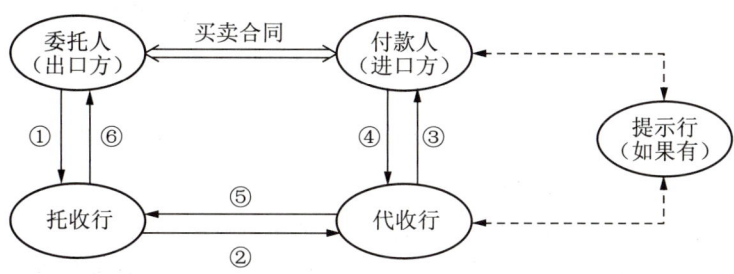

图 17-6 承兑交单的一般业务程序

❶ 出口方发运货物后，填写托收指示，开立远期汇票，连同商业单据，交托收行委托收款；

❷ 托收行接受委托后，将汇票、单据和托收指示寄交进口地的代收行；

❸ 代收行按照托收指示向付款人提示汇票和单据，付款人审单无误后，在汇票上承兑后，代收行收回汇票，将单据交给付款人；

❹ 付款人到期付款；

❺ 代收行按托收指示规定的方式将货款交付托收行；

❻ 托收行向出口方交付货款。

（四）跟单托收中的汇票与单据

1. 托收中的汇票

跟单托收中的汇票，出票人为出口方（委托人），付款人为进口方。收款人则有两种记载方式，常见的一种是以出票人为收款人，即已收汇票，在托收时以"委托收款背书"方式，交付给托收行，托收行作为"委托收款背书"的被背书人，再以"委托收款背书"方式转托代收行，代为行使付款请求权。另一种方式则以托收行为收款人，在银行叙做出口押汇时，这种做法比较常见。

即期付款交单中，付款人在银行提示单据时即行付款，汇票的作用并不重要，完全可以由商业发票取代，所以，采用即期付款交单方式，出口方可以开立即期汇票，也可以不开。但在远期付款交单和承兑交单中，汇票是必不可少的。

2. 托收中的单据

依运输方式的不同，运输单据有海运提单、航空运单、铁路运单、多式联运单据等。在托收中最常用的是海运提单，因为，海运提单具有货物所有权凭证的性质，跟单托收的本意就是出口商将作为货物所有权凭证的商业单据向进口商提示，进口商只有付款或承兑后才能取得货物所有权凭证，凭以提取货物。前面讲述的托收的业务程序，也建立在交付物权凭证的基础上。

航空运输和铁路运输中，其运输单据并不具有货物所有权凭证的性质，必须在运输单据上标明收货人的名称，货到目的地，由收货人凭身份证明和有效证件提货。

除了上述汇票和运输单据，跟单托收中委托人还必须提交其他商业单据。究竟提交何种商业单据，取决于合同条款，所提交的单据应能在表面上证明卖方已履行了在合同中所承担的义务。

(五)跟单托收方式下的进出口押汇

进出口押汇业务,是指进出口企业以代表货物所有权的商业单据和汇票作抵押,由银行提供贷款的一种融通资金的方式。跟单托收业务中,有出口押汇和进口押汇两种方式。

1. 出口押汇

跟单托收项下的出口押汇,是出口方发货后,开出汇票连同全套商业单据,交托收银行委托收款时,由银行买入汇票及所附单据,将票款金额扣除从付款日至预期收款日的利息和手续费,先行垫付给出口方。出口方可将叙做出口押汇的托收行作为汇票的收款人,或对以自己为收款人的汇票经背书转让给托收行。托收行作为持票人通过代收行向进口商提示收款。

出口押汇是托收行对出口方的资金融通,但由于跟单托收的付款依赖于买方的信用,而出口地银行往往难以掌握交易的详情和买方的资信,且手中持有的押汇单据的变现能力不大,故银行一般不愿承做跟单托收下的出口押汇业务。

我国银行在进出口双方资信良好的情况下,也可限额和按一定比例叙做跟单托收项下的出口押汇业务。

2. 进口押汇

采用远期付款交单方式,如果汇票到期日迟于到货日[注意:这正是国际商会在《托收统一规则》(URC522)中所反对的情形],则货物卸下后因无人认领而遭受风险,货主也会因违反海关规定(船进港后十四天之内必须报关)而被处罚。事实上大多数进口方是不会盲目签订这种既增加卖方资金负担又给自己造成麻烦的买卖合同,通常进口方事先就和当地的一家银行有约定,这家银行作为进口方向出口方指定的代收行(注意:在一般情况下是由委托人自己或委托托收行选择一家信誉良好的银行作为代收行),允许进口方在付款前开立"信托收据"(trust receipt,T/R)向代收行借出单据先行提货。信托收据是进口方开出的一张保证书,承诺以被托人(trustee)的身份代银行提取货物,货权仍属银行。如果将货物出售,则售得货款应交付银行或暂代银行保管,银行作为信托人(truster)有权随时取消信托,收回货物。

具体做法:由进口方承兑汇票后出具信托收据向代收行借出单据,先行提货,然后在汇票到期日付款,收回信托收据。但如果进口方到期不能付款,则代收行应对此负责,承担向委托人付款的责任。所以,代收行同意进口方凭信托收据借单,是代收行以提供信用担保的方式给进口方融通资金,代收行为了控制风险,只有在进口方信誉较好时才愿意借单。

如果出口方在托收指示上授权代收行在进口方出具信托收据时借出单据,那么,日后进口方到期拒付的风险就由出口方自己承担,这种做法被称为"付款交单,凭信托收据借单",实际上这种方式本质上已不是付款交单而是承兑交单了,不属于进口押汇的范围。

国际商会在《托收统一规则》中明确表示,不应该做远期付款交单。事实上,银行很少对托收叙做进口押汇,或者只叙做部分货款融通。

(六)跟单托收的性质和特点

托收是一种凭商业信用结算的方式,在跟单托收时,银行只提供代收货款代为交单的服务,是否能收妥货款依赖于进口方的信用,银行不负责任。托收和汇付一样,属于凭商业信用进行结算的一种方式。

1. 托收对卖方有一定的风险

托收方式中,卖方先行发货,然后委托银行收取货款。在付款交单方式中,买方不付款便不能取得货物,因而对卖方有一定的保障。但这种保障是不充分的,如果由于某种情况,比如,买方缺乏资金、货物市价下跌等,买方拒绝付款,尽管卖方还能控制货物所有权,但由于货物已发运至国外,卖方将承担货物存仓保险、转售或运费的损失。至于承兑交单,则由于在买方付款前已交出货物,故风险更大,一纸商业承兑汇票并不能为卖方带来充分的保障,有可能银货两空。

2. 出口方有一定的资金负担

对于跟单托收方式,银行一般较少叙做出口押汇,故出口方有一定的资金负担,其大小视汇票付款期限而定。对于即期付款,出口方发货到收回货款一般在15～20天;对于远期汇票,则还需加上从承兑到付款的日期。

3. 托收是卖方给予买方以融资优惠的结算方式

跟单托收对买方有利,因为,卖方先行发货,买方无虞收货之风险,而且不需要垫付资金,或仅需垫付短时间资金;如是承兑交单,则还能利用卖方的资金。故托收被认为是卖方给予买方以融资优惠的结算方式。

第三节 信 用 证

一、信用证的概念

信用证(letter of credit)是银行出具的一种有条件的付款保证。

《跟单信用证统一惯例》指出:"跟单信用证"和"备用信用证"(以下统称"信用证"),意指一项约定,不论其如何命名或描述,系指一家银行("开证行")应其客户("申请人")的要求和指示或以其自身的名义,在与信用证条款相符的条件下,凭规定的单据:❶向第三者("受益人")或其指定人付款,或承兑并支付受益人出具的汇票,或❷授权另一家银行付款,承兑并支付该汇票,或❸授权另一家银行议付。

在国际贸易中,上述信用证概念中的申请人是进口方,开证行是进口地银行,受益人是出口方。可以对信用证作如下理解。

(1) 信用证是开证行应进口方的请求,向出口方开立的在一定条件下保证付款的凭证。

(2) 付款的条件是出口方(受益人)向银行提交符合信用证要求的单据。

(3) 在满足上述条件的情况下,由银行向出口方付款,或对出口方出具的汇票承兑并付款。

(4) 付款人可以是开证行,也可以是开证行指定的银行。收款人可以是受益人,或者是其指定的银行。

对于信用证概念中表达的"约定"应特别注意以下两点:其一,由银行承诺付款,而在汇款和托收方式中,银行均未作出此种承诺;其二,条件是由受益人提交符合信用证要求的单据。在国际贸易中单据是第三者或当事人出具的履约证书,所以信用证的约定是要求受益人以单据的形式向银行证明自己已履行合同义务,银行即向其支付货款。对一个实际上已履行了合同义务的出口方来说,要提交这样的单据是能够做到的。因而信用证所提出的条件,并未对卖方构成合同义务的实质性的变更或添加。

二、信用证的一般业务程序

在国际贸易结算中使用的跟单信用证有不同的类型,其业务程序也各有特点,但都要经过申请开证、开证、通知、交单、付款、赎单这几个环节。现以最常见的即期信用证为例,说明其业务程序。

即期信用证的一般业务程序,如图 17-7 所示。

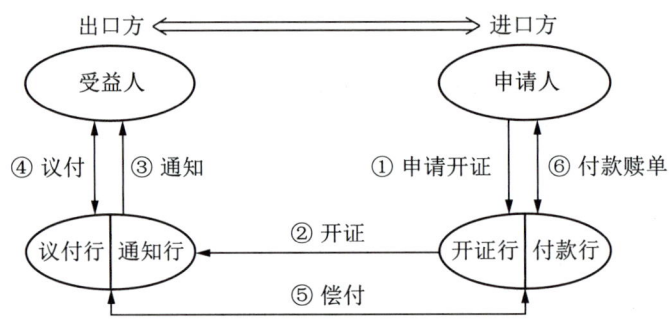

图 17-7　即期信用证的一般业务程序

进出口双方签署买卖合同中规定以信用证方式支付货款。具体程序如下。

(一)申请开证

开证申请人即合同的进口方,应按合同规定的期限向所在地银行申请开证。申请开证时,申请人应填写并向银行递交开证申请书,开证申请书的内容包括两个方面:一是指示银行开立信用证的具体内容,该内容应与合同条款相一致,是开证行凭此向受益人或议付行付款的依据。对于这一部分内容,申请人也可附上合同,由银行据以缮制信用证后交申请人确认。二是关于信用证业务中申请人和开证行之间权利和义务关系的声明。

(二)开证行开立信用证

开证行接受申请人的开证申请后,应严格按照开证申请书的指示拟定信用证条款,有的草拟完信用证后,还应送交开证申请人确认。开证行应将其所开立的信用证经邮寄或电传或通过 SWIFT 电信网络送交出口地的联行或代理行,请它们代为通知或转交受益人。

(三)通知行通知受益人

通知行的主要责任是鉴定信用证签名或电传密押的真实性,而且,受益人如有问题也可通过这家银行进行查询。通知行收到信用证后,经核对签字、印鉴或密押无误,应立即将信用证通知受益人,并留存一份副本备查。

通知行通知受益人的方式有两种:一种是将信用证直接转交受益人;另一种是当该信用证以通知行为收件人时,通知行应以自己的通知书格式照录信用证全文经签署后交付受益人。这两种形式对受益人来说,都是有效的信用证文本。

受益人收到信用证后,应立即进行审核,如果发现信用证中所列条款内容与买卖合同不相符合,或者不符合有关国际惯例(主要是《国际贸易术语解释通则》和《跟单信用证统一惯例》中的规定),则应立即通知申请人要求修改。申请人向开证行提交修改申请书,开证行做成修改通知书后,按原来信用证的传递方式交付通知行,经通知行审核签字密押无误后转达受益人。

(四)交单议付

受益人对信用证的内容审核无误,或收到修改通知书审核后可以接受,即可根据信用证的规定发运货物,缮制并取得信用证规定的全部单据,开立汇票(或不开汇票,视信用证规定),连同信用证正本和修改通知书(如果有修改通知书),在信用证规定的有效期和交单期内,递交给通知行或与自己有往来的银行或信用证中指定的议付银行办理议付。

议付是受益人利用信用证取得资金融通的一种方式,即由受益人向上述当地银行递交信用证规定的全套单据,银行在单证一致的前提下,扣除了预付款的利息和手续费后,购进受益人出具的汇票和全套单据,俗称买单,又称出口押汇。议付是可以追索的。

按《跟单信用证统一惯例》的规定,如果开证行在信用证中清楚表明适用于议付,则开证行对议付行承担了付款责任。如果开证行在信用证中表明该证适用于付款或承兑方式,则开证行并不对买单银行承担信用证所规定的付款责任,该行此时可作为汇票的善意持票人或受益人的委托人向开证行索偿。

即使开证行在信用证中指定了议付行,议付行也不承担必须议付的责任。信用证也不禁止受益人直接向开证行交单。但通常议付是受益人获取货款的一种最为安全便捷的方式。

(五)寄单索偿

议付行议付后,取得了信用证规定的全套单据,即可凭单据向开证行或其指定银行请求偿付货款。开证行和付款行的付款,是不可追索的。开证行或付款行如果发现单据和信用证不符,则应在不迟于收到单据的次日起 7 个营业日内通知议付行表示拒绝接受单据,并说明不符处及对单据的处理。如果未能在该期限内表示拒绝,则开证行必须履行付款责任。

(六)申请人付款赎单

开证行在向议付行偿付后,即通知申请人付款赎单。开证人应到开证行审核单据,若单据无误,则付清全部货款与有关费用(如果开证时曾交付押金,则应扣除押金的本息);若单据和信用证不符,则申请人有权拒付。申请人付款后,可从开证行取得全套单据。此时申请人与开证银行之间因开立信用证而构成的契约关系即告结束。

三、信用证的当事人

信用证的基本当事人有三个:开证申请人(applicant)、开证行(issuing bank)和受益人(beneficiary)。其他当事人主要有:通知行(advising bank)、议付行(negotiating bank)、付款行(paying bank)、偿付行(reimbursing bank)、保兑行(confirming bank)和承兑行(accepting bank)。

(一)开证申请人

开证申请人又称开证人(opener)。在国际贸易中,申请人即货物销售合同的买方。申请人所填写的开证申请书,确立了申请人和开证行之间的契约关系。申请人的主要契约义务和权利如下:

1.对信用证承担最终的责任

申请人作为信用证业务的委托人,对信用证承担最终的责任。如果有关当事人在信用证名下确立的债务债权关系不能得到清偿,则应由申请人负责偿付。比如,开证行不履行向受益人付款或受益人未按信用证规定支付银行费用等,均应由申请人承担偿付责任。

2.及时付款赎单

申请人在接到开证行赎单通知时,应立即向开证行偿还垫款。如果申请人发现单据与信用证规定不符,则有权拒绝赎单,开证行将承担因不可追索的付款而造成的一切后果。

(二) 开证行

在信用证业务中,开证行的义务和权利主要由三方面的契约关系所规定:其一是由开证申请书确立的与申请人的契约关系;其二是由信用证确立的与受益人的契约关系;其三是由信用证表达的对通知行、议付行、付款行、保兑行等的委托请求,如果受托银行接受了委托,则开证行就与之建立了委托代理关系。开证行的主要权利和义务如下:

1.根据开证申请人的指示开证

开证申请书是申请人对开证的委托指示。开证行作为代理人,应按通常代理人所遵循的三条原则行事,即按委托人指示行事;按常规行事;按从事专业所应有的谨慎原则行事。其中按常规办事,应理解为开证行有义务向信用证有关当事人提供一切服务,比如答复通知行咨询,向申请人提出有利于信用证业务的建议和提供咨询等。按谨慎原则行事则应理解为银行必须对自己工作中的过失负责。

2.应按照《跟单信用证统一惯例》(UCP600)的要求开立信用证

开证行在开立信用证(issuance of credit)时,除了应严格按照申请人的指示拟定信用证的内容,还应按上述惯例来制作信用证。《跟单信用证统一惯例》(UCP600)规定:如果信用证含有某些条件而未列明须提交与之相符的单据,银行将认为未列如此条件,且对此不予理会。因此,开证行在开立信用证时,必须把申请人在开证申请书上所提出的条件,都加以"单据化",使受益人通过提交单据来证明已履行合同的义务。上述惯例还规定:一切信用证均须明确表示它适用于即期付款、延期付款、承兑抑或议付。开立信用证时不应以申请人作为汇票付款人。所有信用证均须规定一个到期日及一个付款、承兑交单地点。对议付信用证尚需规定一个议付交单地点,但自由议付信用证除外,规定的付款、承兑或议付的到期日,将视为提交单据的到期日,等等。开证行在开立信用证时,不得违反上述惯例中的有关规定;否则,将导致不能有效地进行支付业务,甚至使信用证本身无效。

3.承担独立的、首先的付款责任

开证行在信用证中向受益人承诺,只要受益人提交与信用证规定相符合的单据,开证行即向受益人或其指定的银行付款。尽管开证行是接受申请人的委托而作出了付款承诺,但这一承诺不受申请人和开证行之间关系变化的影响,所以即使申请人破产倒闭,开证行仍必须履行其在信用证中所作出的保证付款的承诺。一旦付款,即无追索权。

4.开证行的拒付

信用证是一种有条件的支付承诺,因而,当提交的单据不符合信用证规定,开证行有权拒付。《跟单信用证统一惯例》(UCP600)规定:开证行及/或保兑行(如有的话)或代理它们的指定银行在收到单据时,必须仅以单据为依据来确定它们是否表面上符合信用证条款,如果单据表面上不符合信用证条款,银行可拒绝接受单据。如果银行拒绝接受单据,即拒绝付款,则必须毫不迟延地以电讯方式就此发出通知,如不可能,就以其他方式发出通知,但不得迟于收到单据的次日起的第七个工作日,这种通知必须发给从它收到单据的银行,或者,如从受益人直接收到单据,则发给受益人。该通知必须列明关于银行拒受单据的所有不符点,还需说明它是否保留单据听候交单人处理或退回交单人。如银行未按上述规定行事,则银行将无权宣称单据与信用证条款不符,不得行使拒付的权利。

5. 取得质押的权利

开证行在接受申请人开证申请时,为了避免风险,有权要求申请人支付押金及在开证申请书中列明质押文句,即保证申请人在无力支付时,货物作为质押品,可由开证行自行处分。

由于银行通常不愿承担处分货物的麻烦,所以开证行主要是通过收取押金的方式来控制申请人。对于风险较大的业务,开证行会增加押金,甚至收取相当于信用证金额百分之百的押金。在实务中,许多银行对于资信良好的客户,在核定的授信额度之内,免予收取押金,作为一种提供优惠服务以承揽国际结算业务的营销手段。

6. 开证行对其受托银行的责任

在信用证中,有时开证行会委托其他银行作为保兑行、议付行、付款行、偿付行或其他代理银行办理有关业务,如果受托银行接受委托为开证行垫付了资金,开证行应及时偿还。这些受托银行在其代理权限内行事,由开证行承担可能发生的风险责任,并按费率表向各银行支付有关费用。如果信用证中规定银行费用由受益人承担,则各银行应向受益人收取。

(三) 受益人

在国际贸易中,受益人即货物销售合同的卖方。在信用证业务中,受益人接受信用证意味着受益人既得到了开证行的付款保证,也确认了开证行在信用证中所提出的付款条件。受益人由信用证所规定的权利和义务如下:

1. 受益人所提交的单据,必须做到单单一致、单证一致

《跟单信用证统一惯例》(UCP600)规定,银行只凭表面上符合信用证条款的单据付款、承担延期付款责任、承兑汇票或议付;又规定,单据中的数据,在与信用证、单据本身以国际标准银行实务参照解读时,无须与该单据本身中的数据、其他要求的单据或信用证中的数据一致,但不得矛盾。此规定表明,单据与信用证、单据与单据之间,应"实质相符"或"基本相符"。

因此,在信用证业务中,受益人要得到开证银行付款,必须做到实质上的"单单一致"和"单证一致"。只要受益人所提交的单据表面上符合上述两个一致,开证行应履行其付款承诺。

2. 受益人所提交的单据必须符合《跟单信用证统一惯例》(UCP600)的规定

信用证中对单据的规定,具体体现了相应的货物销售合同对卖方的要求,这些被要求提交的单据实际上是卖方的履约证明书。但是《跟单信用证统一惯例》(UCP600)对于单据还提出了普遍必须遵守的规则,比如:海运提单上"承运人或船长的任何签署或证实,必须视情况可识别其为承运人或船长。代表承运人或船长签署或证实的代理人还必须表明被代理的一方(即承运人或船长)的名称和身份"。"保险单据表面上必须是由保险公司或保险商或其代理人出具和签署的。除非信用证特别授权,保险经纪人出具的暂保单将不予接受"。"商业发票中对货物的描述必须符合信用证中的描述。而在所有其他单据中,货物的描述可以

使用统称,但不得与信用证中货物的描述有抵触"等。受益人所提交的单据如果不符合《跟单信用证统一惯例》(UCP600)的规定,将不被银行接受。

3. 受益人有要求改证的权利

在履行以信用证方式支付的贸易合同中,出口方既要履行合同的义务,做到交付的货物与合同的要求一致,出具的出口单据与交付货物的情况一致,又要满足信用证的要求,即单单一致、单证一致。所以,对于受益人来说,货物与合同一致、单据与货物一致、单单一致、单证一致,是一个统一体。

作为一种有条件的支付承诺,信用证中单据化的条件必须与货物销售合同中卖方所承担的义务相一致。如果不相一致,受益人将无法以递交单据作为履约证明的方式实现其请求付款的权利。因而信用证的内容如果与合同不一致或与有关国际惯例不一致,则受益人有权要求申请人指示开证行修改信用证。

（四）通知行

通知行是开证行在受益人当地的代理行,通知行接受开证行的委托,向受益人转交信用证,可收取手续费,它的具体责任如下:

1. 验明信用证的真实性

如果开证行将信用证直接送交受益人,则受益人无法确认其真实性。故而在信用证业务中,要求开证行将信用证先行寄送受益人当地的代理行,即信用证的通知行,由其鉴定信用证上的签字、印鉴或密押,确定真实无误后,以通知行的身份签发通知书并将信用证转交受益人,受益人从当地银行直接得到信用证真实性的保证,有效地避免了对方伪造信用证的风险。

如果通知行无法鉴别信用证的表面真实性,则应毫不迟延地通知开证行说明它无法鉴别,如果通知行仍决定通知受益人,则必须告知受益人它未能鉴别该证的真实性。

2. 通知行的审证责任

通知行除了审核信用证的真实性,还在道义上承担了审核信用证有关内容的责任,以力求向客户提供良好的服务。这一审证的内容通常包括开证银行的资信、偿付路线是否合理,以及信用证文句是否存在疏漏错误等。

（五）议付行

《跟单信用证统一惯例》并未对议付行作出定义,而一般地把兑现的银行统称为指定银行。在信用证的各种偿付方式中,议付是最常见的一种。议付行即由开证行指定的买入受益人所交汇票和单据的银行,开证行可在信用证中指定一家银行议付。如果开证行在开出信用证时未指定银行,则接受受益人交单议付的任何一家银行被视为进行议付的指定银行。实务中称其为议付行。

1. 议付行在单证相符的前提下才能议付

议付行之所以议付,是因为开证银行的付款承诺,相信开证行的信用。但开证行的付款承诺是有条件的,所以议付行进行议付也应满足同样的条件,即单证一致,这样才能在垫付货款后,从开证行处收回垫款。

2. 议付行有追索权和取得质押的权利

议付是可以追索的,议付行在议付后,如果不能从开证行处得到付款,则议付行有权向受益人追索已垫付的货款。此外,银行为了避免风险,除了在受益人交单议付时明确追索权,还往往要求受益人出具质押书,声明一旦发生意外时,议付行有权处理单据及其所代表的货物。

3. 议付行的收益

议付行在议付时,可扣除自议付日至从开证行收回垫款日的押汇利息及手续费。对于即期汇票,计息天数为议付行向开证行寄单邮程、开证行审单日程和汇款日程的天数;如为远期汇票,则在上述天数外,还需加上汇票上所规定的见票后定期付款的天数。

4. 背批信用证

议付行在议付单据后,应把议付金额、日期、受益人发票号码等有关内容记录在信用证背面,这种记录称为背批。背批用来说明使用信用证的情况,以防止超额或重复使用信用证。

(六) 保兑行

应开证行的请求,在信用证上加具保兑的银行称为保兑行。保兑行和开证行一样,对信用证承担付款责任。

保兑行对受益人的承诺,也是独立的、第一性的。受益人或议付行可以在开证行和保兑行之间任择一家交单,保兑行收到符合信用证条款的单据,必须按信用证的规定予以付款或延期付款或承兑后到期付款。保兑行的付款同样是不可追索的。保兑行付款后,向开证行索偿,由开证行偿还其垫付的货款。如果保兑行在受益人所在地,则也可作为开证行指定的议付行。不同于一般议付行的议付,保兑行的议付是不可追索的。

保兑行为信用证开证行的信用作了担保,并承担独立的付款责任。万一开证行无理拒付或倒闭,由于保兑行只掌握受益人交来的单据,不像开证行那样还有申请人交付的押金,故除非申请人愿意付款赎单,否则保兑行将承担损失。因而,保兑行要在充分信任开证行的情况下才会同意保兑。

(七) 付款行

开证行在信用证中指定一家银行为信用证项下汇票的付款人或是不需要开立汇票的付款信用证的执行付款的银行,称为付款行。付款行往往是开证行自己,如果是另一家银行,则通常为出口地银行或货币清算中心地的银行,以简化汇兑手续。

付款行应是开证行的代理行,一旦信用证中指定了另一家银行作付款行,受益人或议付行应向付款行寄单索偿,付款行应审核单据无误后才能付款,付款后无追索权,付款行再向开证行寄单索偿。付款行有权拒绝付款,此时仍应由开证行承担付款责任。

(八) 偿付行

偿付行是指开证行在信用证中指定的,代开证行向议付行或付款行清偿垫款的银行。开证行指定偿付行是为了便于调拨资金,所以偿付行总是开证行在国外的账户银行,并且双方订有代理业务的协议。

开证行在信用证中指定偿付行的同时,应向偿付行给以适当指示。出口地银行在议付或付款后,一面把单据寄给开证行,一面向偿付行发出索偿通知书,偿付行在开证行授权范围内予以清偿。

如果索偿行是付款行,偿付行的清偿即了结开证行对付款行的债务。如果索偿行是议付行,偿付行的清偿并不构成付款,如果开证行审单后发现与信用证条款不符而拒付,开证行可自行向议付行要求退款。

《跟单信用证统一惯例》(UCP600)规定:开证行不应要求索偿行向偿付行提供与信用证条款相符的证明。所以,比较付款行和偿付行可以发现,虽然同样是开证行的付款代理,付款行经审单后才行付款,然后向开证行索偿;而偿付行并不审单,清偿时动用的是开证行账户中的资金。

由于一旦开证行发现单证不符而偿付行已偿付,开证行要求索偿行退款较为困难,故我国开证行通常不指定国外偿付行。

(九)承兑行

在承兑信用证中,开证行可以在信用证中规定由自己或指定的另一家银行作为汇票的付款人,承兑受益人出具的远期汇票,并到期向受益人付款。该指定银行即承兑行。

议付信用证也可使用远期汇票,此时承兑该汇票的将是开证行或开证行指定的付款行。但这类信用证汇票的收款人通常是议付行,所以付款行承兑后,到期向议付行付款。当然议付信用证并不禁止受益人直接向开证行或付款行交单,此时,远期议付信用证和承兑信用证就没有什么区别了,但在实务中这种做法极为罕见。

四、信用证的内容

目前,信用证大多采用全电开证,各国银行使用的格式不尽相同,文字语句也有很多差别,但基本内容大致相同,主要包括以下几个方面:

(1)信用证本身的说明。信用证的类型:说明可否撤销、转让;是否经另一家银行保兑;偿付方式等。信用证号码,开证日期,有效期和到期地点。

(2)信用证的当事人。必须记载的当事人:申请人、开证行、受益人、通知行。可能记载的当事人:保兑行、指定议付行、付款行、偿付行等。

(3)信用证的金额和汇票。信用证的金额:币别代号、金额、加减百分率。汇票条款:汇票的金额、到期日、出票人、付款人。

(4)货物条款。货物条款包括货物名称、规格、数量、包装、单价及合约号码等。

(5)运输条款。运输条款包括运输方式、装运地和目的地、最迟装运日期、可否分批装运或转运。

(6)单据条款。单据条款说明要求提交的单据种类、份数、内容要求等。基本单据包括:商业发票、运输单据和保险单。其他单据包括:检验证书、产地证、装箱单或重量单等。

(7)其他规定。其包括对交单期的说明;银行费用的说明;对议付行寄单方式、议付背书和索偿方法的指示。

(8)责任文句。通常说明根据《跟单信用证统一惯例》开立,以及开证行保证付款的承诺。但电开信用证可以省略。

(9)有权签字人的签名或电传密押。

五、信用证的业务特点

(1)信用证是一种银行信用。开证银行在信用证中作出承诺,在单据符合信用证条件的情况下,开证行负首要的付款责任。

（2）信用证是一种自足文件。信用证的开立以买卖合同为基础，但信用证一经开出，就是一种独立的完整的契约文件。在信用证业务中，当事人只按信用证的规定办事，不受买卖合同的约束。

（3）信用证是一种单据业务。在信用证业务中，各有关方面处理的是单据，而不是和单据有关的货物、服务或其他行为。银行严格审核单据，以确定单据表面上是否符合信用证条款。而对单据的形式、准确性和真实性等不负责任。

上述信用证的特点，不仅保证了银行对信用证业务的可操作性，也保证了受益人所得到的银行信用是充分的、不受干扰的。但是，如果出口方所出具的单据和货物不一致，甚至伪造单据，则申请人（进口方）有可能遭受必须付款而又得不到合同规定货物的风险。此时进口方只能凭合同向对方交涉。

六、信用证的种类

（一）按基本性质分类

1. 根据是否要求受益人提交单据分为跟单信用证和光票信用证

（1）跟单信用证是开证行凭跟单汇票或单纯凭单据付款的信用证。单据是代表或证明货物已交运的运输单据。例如，提单、铁路运单、航空运单等。通常还包括发票、保险单等商业单据。国际贸易中一般使用跟单信用证。

（2）光票信用证是开证行仅凭不附单据的汇票付款的信用证。汇票如果附有文件不包括运输单据的发票、货物清单等，则仍属光票。

2. 根据是否有另一家银行为信用证加保，可分为保兑信用证和不保兑信用证

保兑信用证（confirmed letter of credit）是指开证行开出的信用证，由另一家银行保证对符合信用证条款规定的单据履行付款义务。对信用证加保兑的银行称为保兑行，保兑行承担与开证行相同的独立的付款责任。保兑信用证通常用于开证行的信用不足以支持其所承诺的付款义务的情况。卖方可要求买方开立保兑信用证。买方也可主动开立保兑信用证，即使合同上并无此要求。

当开证银行资信好和成交金额不大时，一般都使用不保兑信用证。

3. 按信用证付款方式，分为即期付款（sight payment）信用证、延期付款（deferred payment）信用证、承兑信用证

即期付款信用证和延期付款信用证都在信用证中明确规定一家银行为付款行，凭提交的单据即期付款或延期付款。承兑信用证则规定由开证行或指定的承兑行对受益人开出的远期汇票进行承兑。

信用证必须明确表示它适用于上述哪一种付款方式。上述三种信用证的兑现方式有两种：其一是"承付"，即付款或承兑并付款；其二是"议付"，即出口押汇。故此，UCP600 与UCP500 不同，不再另行规定"议付信用证"。

UCP600 规定，即使信用证上未注明可否撤销，仍为不可撤销信用证。国际贸易中使用的信用证，只能是不可撤销信用证。不可撤销信用证是指信用证一经开出，在有效期内，未经受益人、开证人及保兑行（如果有）的同意，开证行不得片面修改或撤销信用证的规定和承诺。以前 UCP500 中规定的可撤销信用证已不复存在。

（二）按附加性质分类

1. 可转让信用证

可转让信用证（transferable credit）上注有"可转让"（transferable），受益人有权将信用证的全部或部分转让给一个或数个第三者（即第二受益人）使用。可转让信用证的受益人一般是中间商，第二受益人则是实际供货商。

受益人可以要求信用证中的授权银行（转让行），向第二受益人开出新证，新证由原开证行承担付款责任。新证中原证条款不变，但其中信用证金额、商品单价可以减少；有效期和装运期可以提前；投保比例可以增加；申请人可以变成原受益人。可转让信用证只能转让一次，即第二受益人不能再转让给新的受益人，但转回给第一受益人是允许的。

在使用过程中，当第二受益人向转让行交单后，第一受益人有权以自己的发票和汇票替换第二受益人的发票和汇票，以取得原证和新证之间的差额。

2. 循环信用证

循环信用证（revolving credit）是指信用证被全部或部分使用后，其金额可恢复使用，直至达到规定的次数或累积总金额为止。这种信用证适用于分批均衡供应、分批结汇的长期合同，以使进口方减少开证的手续、费用和押金，使出口方既得到收取全部交易货款的保障，又减少了逐笔通知和审批的手续和费用。

循环信用证的循环方式可分为按时间循环和按金额循环。

循环信用证的循环条件有三种。❶自动循环。不需开证银行的通知，信用证即可按所规定的方式恢复使用。❷半自动循环。在使用后，开证行未在规定期限内提出停止循环的通知，即可恢复使用。❸非自动循环。在每期使用后，必须等待开证行通知，才能恢复使用。

如果双方所订立的买卖合同中已明确规定了分期分批均衡交货的条款，则通常应使用自动循环信用证，以保证出口方（受益人）得到的信用证是不可撤销的。

3. 假远期信用证

假远期信用证（usance credit payable at sight）中，远期汇票即期付款，所有贴现和承兑费用由买方负担。这种信用证，受益人开出的是远期汇票，但议付时等同于即期汇票，不因此增加受益人支付贴息的负担。对开证申请人来说，通过支付贴息和手续费，取得了延期付款的融资方便。为了降低融资成本，申请人往往找一家提供优惠贴现率的银行作为开证行。

4. 带电汇偿付条款的信用证

即期信用证中的带电汇偿付条款的信用证（credit with T/T reimbursement）规定，议付行在议付后可以电传方式通知开证行，要求开证行立即以电汇方式将货款拨交议付行。这种方式使出口商在议付时减少扣减贴息的计息天数，但开证行未经审查即先行付款，故开证行往往在信用证中指定一家可靠的议付行，即限制议付信用证。

5. 背对背信用证

背对背信用证（back to back credit）是指受益人以原证为抵押，要求银行以原证为基础，另开立一张内容相似的信用证。背对背信用证通常由中间商申请开立给实际供货商。其使用方式与可转让信用证相似，所不同的是原证开证行并未授权受益人转让，因而也不对新证负责。即可转让信用证的原证和新证由同一家开证行承担付款责任；而背对背信用证和原证分别由两家不同的银行作为开证行。

背对背信用证的受益人可以是国外的，也可以是国内的。

6. 对开信用证

对开信用证（reciprocal credit）是指两张互相制约的信用证，进出口双方互为开证申请人和受益人，双方的银行互为开证行和通知行。这种信用证一般用于双方互相支付的交易合同，比如，补偿贸易、易货贸易和对外加工装配业务。

对开信用证通常在先行开出的信用证中注明，该证需待回头信用证开出后才生效。

七、《跟单信用证统一惯例》

《跟单信用证统一惯例》是国际商会制订的、旨在统一各国对跟单信用证条款的解释而供银行界自愿采用的条例，对跟单信用证当事人的权利和义务，有关业务和术语作了统一的解释，成为信用证业务的行为准则。该惯例于 1930 年 5 月 15 日公布，先后于 1951、1962、1967、1974、1983 和 1993 年六次修改；最新的版本于 2006 年完成，简称 UCP600，于 2007 年 7 月 1 日实施。

UCP600 已为各国银行普遍接受，但其本身不是一个国际性的法律规章。在开立信用证的正文上，均表明适用于 UCP600，对各有关当事人具有约束力。

UCP600 对信用证业务的各项规定，体现了独立性、完整性、可靠性与可操作性的统一。操作中常见的主要规定简介如下：

（1）汇票不应以申请人作为付款人。

（2）银行审单时间为收到单据次日起算的至多 5 个银行工作日。若开证行因单证不符拒绝接受单据，则必须在前述审单期内向寄单银行发出拒付通知，并说明不符处及单据处理方式。

（3）指定银行在相符交单下，对汇票及/或单据预付或同意预付款项，从而买入汇票及/或单据，仅审核单据而未付出价金不构成议付。

（4）信用证必须规定一个交单的截止日和交单地点，兑付银行的所在地即交单地点，除规定的交单地点外，开证行所在地也是交单地点。

（5）保兑行自加具保兑之时起，即不可撤销地承担付款或议付责任。

（6）对于信用证的修改，受益人可以作出接受或不接受的通知，也可以保持沉默直至交单为止。交单时按修改书制单，即表示接受，修改书生效；若没有按修改书制单，则应由受益人另具通知书以示拒绝。

（7）运输单据的签署必须表明承运人（或多式联运经营人）或其代理人的身份，代理人签署时应标明被代理人（承运）的身份或名称。具体而言，运输单据既可由承运人、船东、船长或租船人，也可由货代、船代中的任何人出具。

（8）信用证中的禁止转运条款，仅对海运中港至港的非集装箱方式的转船有约束力。对于一张包括全程运输的运输单据，即使注明转运，仍可接受。

（9）装运期以单据签发的日期为准，若单据上另有装船日期、起飞日期、由承运人接管日期等批注，则以该日期为准。

（10）发票必须由受益人开立，以申请人为抬头，如果信用证未规定必须签署，则发票可以不加签署。发票金额如超过信用证金额，仍可接受，但对超额部分不予支付。

（11）信用证业务项下各项费用，由指示方（申请人）负担。即使信用证规定此类费用由受益人或其他人负担,如遭拒付,则指示方仍有支付的最后责任。故费用的最终承担者为开证申请人。

(12) 信用证均为不可撤销信用证,而只有注明"可转让"(transferable)一词的信用证,才是可转让信用证。

(13) 通知行通知信用证或修改证的行为,表示其已确信信用证或修改证的表面的真实性,且该通知准确地反映了其收到的信用证或修改的条款。

(14) 有"约"(about,approximate)字样的,应理解为允许金额或数量或单价有不超过10%的增减幅度。信用证不是以包装单位件数或货物自身件数的方式规定货物数量时,货物数量有5%的增减幅度,只要不超过信用证规定的金额即可。

(15) 信用证规定的每一种单据,至少提交一份正本。

(16) 转让信用证中,第二受益人的交单必须交给转让行。

本 章 小 结

1. 票据是国际结算中的主要工具,汇票的使用是结算的基本业务。

2. 汇付以商业信用为基础,在国际贸易中,汇付是使用最多的结算方式,尤其是其中的电汇。

3. 托收也以商业信用为基础,常用的是跟单托收中的即期付款交单。以托收方式成交,卖方先行发货,故仍有一定风险。

4. 信用证以银行信用为基础,对先行发货的卖方而言,降低了结算风险。信用证还有强大的融资功能,是一种在买卖双方缺乏信任的交易中,经常采用的结算方式。但信用证的资金和费用成本较高,尤其对买方而言,还存在单货不符的风险,在国际贸易中,若非双方互不信任,并不把信用证作为首选的结算方式。

基 本 概 念

汇票 汇付 电汇 跟单托收 D/P D/A 信用证 UCP600

复习思考题

一、选择题与判断题（请用手机扫描下方二维码作答）

二、简答题

1. 汇票的主要票据行为有哪些？请简要说明。
2. 汇付有哪几种方式？应用在贸易中有何优缺点？
3. 托收分哪几种？简述跟单托收的业务程序。
4. 何谓信用证？简述其一般业务程序。

主要参考文献

[1] ABRAHAM K G, TAYLOR S K. Firms' use of outside contractors: theory and evidence[J]. Journal of labor economics, 1996, 14(3).

[2] ANTRAS P, HELPMAN E. Global sourcing[J]. Journal of political economy, 2004, 112(3).

[3] ANTRAS P. Firms, contracts and trade structure[J]. The quarterly journal of economics, 2003, 118(4).

[4] ANTRAS P. Incomplete contracts and the product cycle[J]. American economic review, 2005, 95(4).

[5] BERNARD A B, REDDING S J, SCHOT P K. Comparative advantageand heterogeneous firms[J]. Review of economic studies, 2007, 74(1).

[6] BERNARD A B, JENSEN J B. Exporters, skill upgrading and the wage gap[J]. Journal of international economics, 1997, 42(1).

[7] BERNARD A B, EATON J, JENSEN J B, et al. Plants and productivity in international trade, American economic review, 2003, 93(4).

[8] CLERIDES S K, LACH S, TYBOUT J R. Is learning by exporting important? miorodynamic evidence from Colombia, Mexico and Morocco[J]. The quarterly journal of economics, 1998, 113(3).

[9] GROSSMAN G M, HELPMAN E. Outsourcing in a global economy[J]. The review of economic studies, 2005, 72(1).

[10] GUSTAVO C, CHIARA C, JONATHAN H, et al. Measuring an understanding productivity in UK market services[J]. Oxford review of economic policy, 2006, 22 (4).

[11] HOPENHAYN, HUGO. Entry, exit and firm dynamics in long run equilibrium[J]. Econometrica, 1992, 60(5).

[12] HOPENHAYN, HUGO.Exit, Selection and the value of firms[J]. Journal of economic dynamics and control, 1992, 16(3).

[13] HUMMELS, DAVID, JUN I, et al. The nature and growth of vertical specialization in world trade[J]. Journal of international economics, 2001(54).

[14] EATON J, KORTUM S, KRAMARZ F. Dissecting trade: firms, industries and export destinations[J]. American economic review, 2004, 94(2).

[15] MELITZ M J. The impact of trade on intra-industry reallocations and aggregate industry productivity[J]. Econometrica, 2003, 71(6).

[16] NUNN N, TREFLER D. Incomplete contracts and the boundaries of the multinational

firm[J]. Journal of economic behavior & organization，2013，94(10).

[17] NUNN N. Relationship-specificity，incomplete contracts and the pattern of trade[J]. The quarterly journal of economics，2007，122(2).

[18] 李春顶.新贸易理论文献综述[J]，世界经济文汇,2010(1).

[19] 赵伟.高级贸易学十讲[M].北京:北京大学出版社,2014.

[20] 石广生.中国加入世界贸易组织知识读本:世界贸易组织基本知识[M].北京:人民出版社,2001.

[21] 曹建明,贺小勇.世界贸易组织[M].3 版.北京:法律出版社,2011.

[22] 张海东.世界贸易组织概论[M].2 版.上海:上海财经大学出版社,2010.

[23] 林琼慧,林俐,陈婷.国际贸易理论与实务[M].北京:经济科学出版社,2022.

[24] 芬斯特拉,泰勒.国际贸易[M].3 版.北京:中国人民大学出版社,2017.

[25] 冷柏军.国际贸易实务[M].4 版.北京:中国人民大学出版社,2023.

教师教学资源服务指南

关注微信公众号"**高教财经教学研究**",可浏览云书展了解最新经管教材信息、申请样书、下载课件、下载试卷、观看师资培训课程和直播录像等。

课件及资源下载

电脑端进入公众号点击导航栏中的"教学服务",点击子菜单中的"资源下载",或浏览器输入网址链接http://101.35.126.6/,注册登录后可搜索相应资源并下载。

样书申请及培训课程

点击导航栏中的"教学服务",点击子菜单中的"云书展",了解最新教材信息及申请样书。

点击导航栏中的"教师培训",点击子菜单中的"培训课程"即可观看教师培训课程和"名师谈教学与科研直播讲堂"的录像。

联系我们

联系电话:(021)56718921　　　　　　高教社本科经济类教师交流QQ群:247459712